판단력

JUDGMENT
Copyright ⓒ Noel M. Tichy and Warren Bennis, Inc., 2007
Korean translation copyright ⓒ Book21 Publishing Group, 2009

All rights reserved including the right of reproduction in whole or in part in any form.
This edition published by arrangement with Portfolio,
a member of Penguin Group (USA) Inc. through Shinwon Agency Co.

이 책의 한국어판 저작권은 신원 에이전시를 통한
포트폴리오와의 독점계약으로 (주)북이십일에 있습니다.
저작권법에 의하여 한국 내에서 보호를 받는 저작물이므로 무단전재와 복제를 금합니다.

판단력

위기에 빛을 발하는 리더의 첫 번째 조건

워렌 베니스·노엘 티시 지음 | 김광수 옮김

www.book21.com

차례

1 | 판단력과 리더십

판단력은 리더십의 핵심 · 16
대통령의 의사결정 · 20
새로이 떠오르는 판단력 연구 · 24
논의의 초점 · 28

2 | 리더의 판단 매트릭스

판단 매트릭스 · 40
판단의 3대 영역 : 인물, 전략, 위기 · 43
판단 프로세스 : 준비, 결정, 실행 · 54
자원과 후원자들 · 70
현명한 판단과 어리석은 판단의 구조 · 74
재실행 회로 · 74

3 | 스토리라인 구축

TPOV와 판단력 · 87
보잉을 위한 짐 맥너니의 스토리라인 · 92
위기 상황에서 발휘된 맥너니의 계획적 기회주의 · 104
판단 드라마의 주요 작가와 연출가 · 109

4 | 품성과 용기

품성 · 117
용기 · 124

5 | 인물 판단

최고경영진 선발 · 151
래플리의 P&G 스토리라인 · 152
인물 판단의 해부 · 155
팀이 먼저, 전략은 둘째 · 168

6 | CEO 승계를 위한 인물 판단

최고위직 인물 판단 · 176
리더십 파이프라인 · 180
어리석은 CEO 선택은 조직을 파멸시킨다 · 181

7 | 전략 판단

전략 개념 되짚어 보기 · 213
다섯 기업의 리더십과 전략 판단 · 220

8 | GE의 전략 판단

GE를 위한 이멜트의 성장 전략 · 246
GE의 판단 실행 단계 · 260

9 | 위기 판단

초진 간호사의 위기 판단 · 280
초진 간호사와 조직의 리더 · 286
위기 판단과 급박한 시간 그리고 근본 원인 · 295
잘못된 위기 판단에서 얻는 교훈 · 302
사람을 경계하라 · 318

10 | 위기는 리더십 계발의 기회

얌! 브랜드의 위기 · 327
필 스쿠노버와 서킷시티의 위기 · 335

11 | 지식 창조

자신에 대한 지식 창조, 나를 향한 여정 · 360
사회인맥과 팀의 지식 창조 · 369
조직과 관련된 지식 창조 · 373
현장 리더의 판단력 향상 · 377
'상황적 지식' 창조 · 387

12 | 미래 세대를 위한 판단력

혁신을 향한 뉴욕 시의 여정 · 395
조엘 클라인의 인물 판단 · 403
학교장을 위한 리더십 계발 프로그램 · 411
학교장과 교사가 미래를 결정한다 · 415

13 | 위대한 리더의 덕목, 판단력

| 리더십 판단을 위한 안내서 |

SECTION 01 리더십 판단 프로세스 · 425
SECTION 02 자신과 관련된 지식 · 437
SECTION 03 미래를 위한 스토리라인 · 449
SECTION 04 당신의 팀 · 462
SECTION 05 조직과 관련된 지식 · 478
SECTION 06 이해관계자와 관련된 지식 · 501
SECTION 07 현명하게 결정하라 · 513

참고문헌 · 516

Chapter 1
판단력과 리더십

판단Judgment : 효과적인 리더십의 핵심이다. 크게 인물과 전략, 위기의 세 영역으로 구분되며 상황에 따라 내려지는 의사결정 프로세스를 의미한다. 각 영역에서 리더의 판단은 준비와 결정, 실행의 세 단계로 나뉜다. 현명한 판단을 위해 리더는 자신과 사회적 인맥, 조직, 이해관계자에 대한 상황적 지식부터 충분히 확보해야 한다.

- **현명한 결정은 리더의 필수 책무다.**
  - 판단이 올바르다면, 나머지는 거의 문제될 게 없다.
  - 판단이 올바르지 않다면, 나머지는 아예 문젯거리조차 될 수 없다.
- **장기적인 성공은 현명한 판단의 결과물이다.**
  - 현명한 리더는 사소한 것과 중요한 것을 잘 가려낸다.
  - 현명한 리더는 중요한 결정이 제대로 실행되도록 집중력을 발휘한다.
- **리더는 결정을 내리고 실행 과정을 점검한다.**
  - 리더는 중요 인사들과의 관계를 관리한다.
  - 리더는 팀원들을 동원하고 가동해 지원을 이끌어 낸다.

⋮

마이클 암스트롱이 최고경영자직에 오른 1997년 11월 1일, 그 무렵 AT&T의 기업 가치는 1,300억 달러 정도였다. 지난 100여 년의 역사를 되짚어 볼 때 절정기의 모습이라고 할 수는 없지만 여전히 막대한 자본력과 많은 기회를 보유한 대기업임이 틀림없었다. 그러나 암스트롱의 취임 이후 8년간 AT&T는 어느 면에서도 두각을 나타내지 못했다. CEO의 어리석은 전략 판단이 거듭되면서 회사뿐 아니라 암스트롱 자신의 화려했던 경력도 비극적인 최후를 맞고 말았다. 2005년, 거의 빈털터리가 된 AT&T는 한때 자회사였던 SBC에 그것도 169억 달러라는 헐값에 팔리고 말았다. 그나마 합병기업이 AT&T란 이름을 유지하기로 한 덕분에 명맥이라도 이을 수 있었다.

1999년, 칼리 피오리나가 휴렛패커드HP에 합류할 때만 해도 그녀는 '기업재편 전문가'로서 높은 명성을 누리고 있었다. 이 신임 CEO는 한동안 경영 실적이 지지부진했던 HP에 일대 혁신을 일으킬 참이었다. 그로부터 6년, 피오리나는 여전히 HP의 최고위직을 맡고 있으면서도 회사에 온전히 마음을 붙이지 못했다. 게다가 실적도 들쭉날쭉했다. 변화를 주도할 용기와 품성은 갖고 있었지만 격식과 서열을 따지지 않는 HP의 자유로운 문화에 도무지 적응하지 못했다. 그녀를 바라보는 주위의 시선도 곱지 않을뿐더러 회사 내부에서의 인기도 예전 같지 않았다. 설상가상으로 수익 목표를 달성하지 못한 해가 임기 중 절반을 넘겼고, 그사이에 HP의 주가도 58퍼센트나 곤두박질쳤다. 그러던 2002년 5월 7일, 컴팩 인수가 마무리되었다. 피오리나는 240억 달러 규모의 이 거래를 CEO인 자신의 화려한 업적으로 만들고자 오랫동안 힘든 싸움을 벌였다. 하지만 이 전략적 판단은 실행 과정에서 문제를 드러냈고, 결국 화난 HP 이사진이 2005년 초에 그녀를 해고할 좋은 빌미가 되고 말았다.

앨런 래플리가 프록터앤갬블P&G의 고삐를 거머쥔 2000년, 160년의 역사를 자랑하던 소비재 제조회사 P&G는 심각한 경영난을 겪고 있었다. 래플리가 CEO에 오르기 직전, P&G는 그해 첫 분기의 수익 목표를 달성하기 어려울 것이라고 공개적으로 시인했다. 주가도 요동쳤다. 2000년 1월에 116달러까지 치솟았던 주가는 불과 두 달 남짓 만인 3월에는 60달러로 무려 절반 가까이나 폭락했다.

HP의 피오리나처럼 래플리도 새로운 시장과 성장 활로를 찾아야 한다는 심각한 도전에 직면했다. 오래된 경영 모델에다 한물간 운영 방식까지 더해진 '노쇠한 기업'에는 이것만이 살 길이었다. 더군다나 그는 전임 CEO였던 더크 재거가 17개월을 재직하고 불명예스럽게 물러난 뒤의 유산을 고스란히 물려받은 상태였다. 컴팩 인수라는 '초대형' 사건을 터뜨리고도 아무런 소득도 얻지 못한 피오리나처럼 래플리도 질레트 인수라는 도전을 감행한다. 그러나 570억 달러를 들인 질레트 인수는 경영 진화의 측면에서 꽤 괜찮은 시도였고, P&G의 이름을 단 직후부터 질레트는 상당히 좋은 실적을 내놓기 시작했다.

사실 질레트를 인수하기 전에도 래플리는 P&G의 체질을 개선하는 데 꽤 성공을 거두고 있었다. 그로부터 몇 년 뒤인 2006년 말, P&G의 주가는 상승행진을 이어가고 있었다. 2000년 이후로 S&P 500지수의 상승률이 10퍼센트에 그친 데 반해 P&G의 주가 상승률은 66퍼센트라는 기염을 토했다.

래플리가 P&G의 경영권을 거머쥔 지 겨우 몇 개월이 지났을 때, GE의 제프 이멜트는 매우 생소한 상황에 놓이게 되었다. 2001년 주식시장 폭락의 여파로 GE의 주가도 고전을 면치 못하는 상황에서 그는 〈포춘〉[1]과 〈비즈니스위크〉[2]에서 '세기의 경영자'로 칭송받던 잭 웰치의 뒤를 잇고 있었다.

잭 웰치는 20년 임기에서 마지막 도전인 허니웰(얼라이드시그널이 허니웰을 인수해 명칭을 그대로 사용했음) 인수를 성사하지 못한 채 GE를 떠났다. 하지만 GE는 여전히 거대한 발전기였고, 이 발전기에서 더 많은 전력을 생산하는 것이 제프 이멜트에게 주어진 과제였다. GE의 2000년도 연매출은 1,300억 달러인 데다 잭 웰치가 정한 연매출 성장률 10퍼센트라는 목표를 이어 나가려면 신임 CEO인 이멜트는 매 분기 35억 달러의 신규 매출을 올려야 했다. 그러기 위해 이멜트는 과감한 조직 개편을 단행했다. 첨단기술과 신흥시장을 중심으로 회사의 경영 모델을 대폭 재편한 것이다. 2007년 중반 GE의 주가는 이런 그의 노력에 따뜻하게 화답했다. 이멜트는 취임 후 매년 약 8퍼센트의 평균 성장률을 달성했다. 1,000억 달러 이상의 규모를 자랑하는 대기업이라 해도 절대 작지 않은 업적이었다.

AT&T와 HP의 전임 CEO 마이클 암스트롱과 칼리 피오리나는 회사의 면모를 제대로 바꾸지 못했다. 그 때문에 두 대기업은 얼마 되지도 않은 기간에 주식가치의 심각한 하락을 지켜봐야 했고, 결국 두 사람의 자리도 사라지고 말았다.

반면에 P&G의 앨런 래플리, GE의 제프 이멜트와 잭 웰치는 앞서의 두 사람보다 결코 쉽지 않은 상황에 처했지만 결과는 정반대였다. CEO인 당사자들과 더불어 두 회사도 성공가도를 이어왔다. 그뿐 아니라 어려움에 처하더라도 신속히 회복할 수 있는 능력도 갖추고 있다. 대체 그 비결이 무엇일까?

바로 판단력이다.

사람들은 살아가면서 수없이 많은 결정을 한다. 그중에는 '어느 회사의 식품을 고를까?' 하는 사소한 결정도 있고 '어떤 사람과 결혼할까?' 또는 '어떤 직업을 택할까?'와 같은 중요한 결정도 있다. 삶의 성공 여부는 이 모든 결정의 합으로 판가름난다. 우리는 지금껏 현명한 결정을 얼마나 많이 하며 살아왔던가? 그보다 정말로 중요한 상황에서 현명하게 결정했던가? 현명하게 판단하는 능력에 따라 그 사람의 삶의 질이 결정된다. 특히 한 조직의 리더는 다른 사람의 삶에도 영향을 미치게 마련이므로, 리더의 지위에 오른 사람에게는 현명한 결정의 중요성이 훨씬 커진다. 그리고 리더가 얼마나 현명하게 결정하느냐에 따라 그 조직의 성공과 실패가 엇갈린다.

이 책의 제목에서도 알 수 있듯이 리더십의 핵심이 바로 판단력이다. 리더로서 해야 할 가장 중요한 일이 하나 있다면 그것은 바로 '현명한 결정'이다. 불확실한 상황, 서로 충돌하는 요구, 여기에다 여러 경로로 압박이 가해지더라도 오로지 조직의 생존과 성공을 담보할 수 있는 결정을 내리고 행동으로 실천해야 한다. 그것이 리더로서 조직의 가치를 높이는 지름길이다. 이처럼 리더는 현명하게 판단하고, 그 결정을 조직에 알리고, 올바른 실행을 지도하여 조직의 성공을 이끈다.

리더십 판단 프로세스를 규명하고, 어떻게 하면 다른 리더들보다 현명하게 판단하고 실행할 수 있는지를 탐구하고 이해시키는 것이 이 책을 쓰는 우리의 가장 큰 바람이다. 이렇듯 쉽지 않은 목표를 세운 것은 예리한 판단력이야말로 리더의 성공과 실패를 가름하는 결정적인 요인이라고 확신하기 때문이다. 리더의 판단 과정에 대한 깊이 있고 냉철한 이해 없이는 리더십 연구도 완전할 수 없다(대다수 리더십 연구 사례에서 판단력을 도외시해 온 이유에 대해서는 나중에 자세하게 설명하겠다. 힌트를 준다면 '감히 말을 꺼내기가 어렵기' 때문이다).

판단력은 리더십의 핵심

판단력 연구 과정에서 모두 공통적으로 깨닫는 사실이 하나 있다. 사람들은 판단의 중요성을 그리 심각하게 받아들이지 않고 살아간다는 점이다. 판단은 복잡한 현상이고, 행운과 역사적 변화에 의해 좌우되며, 개인의 개성을 비롯해 다양한 변수의 영향을 받고, 한번 내린 판단은 좀처럼 뒤집기 어려운 속성을 띤다. 그러므로 올바른 판단이론을 계발해야 하는 필요성이 더더욱 커진다. 최종적 판단에 이르렀는데도 예측하지 못한 혹은 시대적 변화 때문에 모든 판단 과정을 처음으로 되돌려야 하는 경우도 허다하다.

'판단과 의사결정'이 하나의 연구 분야로 부각되어 많은 논의와 기록이 진행되고 있는 요즘이라 하더라도 1817년에 영국의 시인 존 키츠가 동생에게 보낸 편지의 한 구절을 음미해 볼 필요가 있다. 이 편지에서 키츠는 셰익스피어를 향한 존경심을 이렇게 묘사했다. "그는 예기치 못한 사실이나 이유에 직면해 모든 것이 불확실하고 의심스러운 상황에서도 초조해하지 않는, 실로 대단한 '소극적 포용력 Negative Capability'을 지닌 사람이었다."[3]

판단력이라는 혼돈의 지대로 들어서는 우리에게는 강렬한 호기심에 반해 당장 믿고 따를 만한 지침이 없다. 그래서 순간적으로 발휘되는 통찰력조차도 순식간에 무위로 돌아갈 수 있다는 것을 알아야 한다.

그러나 이 판단력과 관련해 많지는 않지만 우리가 정확히 파악한 것도 분명히 있다.

첫째, 무엇보다 판단력은 리더십의 핵심이며 정수다. 판단이 올바르다면 나머지는 거의 문제될 게 없다. 그러나 판단이 올바르지 않다면 나머지는 아예 문젯거리조차 될 수 없는 법이다. 대통령이나 포춘 500대 기업의 CEO, 프로야구팀 감독, 전쟁터의 사령관 등 어떤 리더라도 여기서 예외일 수 없다. 리더는 최고 아니면 최악의 결정으로 사람들에게 기억될 뿐이다.

해리 트루먼 대통령은 원자폭탄을 투하하라는 명령을 내린 장본인으로 후세에 기억되고 있다. 닉슨 대통령은 워터게이트 사건을, 클린턴 대통령은 모니카 르윈스키와의 추문을 떠올리게 한다. 기업 CEO들은 또 어떤가? 코카콜라의 로베르토 고이주에타는 뉴 코크로 망가졌다가 코크 클래식으로 예전의 명성을 되찾았다. 마이클 델은 '미스터 다이렉트Mr. Direct'로 불린다. 칼리 피오리나는 선구적인 여성 경영자로 인정받았지만, 사람들의 기억 속에는 'HP의 위대한 문화를 파괴한 장본인'으로 남아 있다.

리더십이란 근본적으로 결정의 역사를 의미하며, 이것이 바로 리더의 일대기를 형성한다. 훌륭한 리더십에는 반드시 현명한 판단이 필요하다.

둘째, 의사결정에서 가장 중요한 것은 성공과 실패, 즉 결과다. 나머지는 아무것도 아니다. 장기적인 성공이야말로 현명한 판단의 유일한 지표다. '수술은 성공적인데 환자가 죽었다?' '영리하게 처신했는데도 결과가 시원찮다?' 이런 경우를 성공이라고 부를 수는 없다. 판단이란 그 조직이 애초에 기대한 목표를 달성했을 때 비로소 성공적이라고 할 수 있다. 그게 전부다. 열정과 의지, 부단한 노력도 중요하겠지만 만족스러운 결과 없이는 모두 무용지물이다. 저명한 경영 저술가 피터 드러커도 1954년에 출간한 저서 《경영의 실제》에서 이 점을 언급했다. "경영의 궁극적 시험대는 실적이다. 지식보다는 오히려 실적이야말로 확실한 증거이자 목표다."

보스턴 레드삭스 팀의 감독을 지낸 그래디 리틀이 좋은 예다. 뉴욕 양키스와의 일곱 번째 아메리칸리그 페넌트레이스(정규 시즌) 맞대결이 열린 2003년, 그래디 리틀은 페드로 마르티네스를 마운드에 올렸다. 마르티네스는 역동적인 투구로 7회까지 양키스 타자들을 능수능란하게 요리했지만 갑자기 흔들리기 시작했다. 한 타자를 볼넷으로 출루시키고 다음 타자에게 단타를 맞더니 그다음 타자마저 볼넷으로 출루시킬 위기에 처했다. 이때 리틀이 투수 교체를 염두에 두고 마운드에 올라갔다. 평범한 팬이라도 마르티네스의 구위가 떨어졌음을 알 수 있었다. 이미 115개 이상의 공을 던졌으니 위력이 떨어질 만도 했다. 하지만 마운드에 선 마르티네스는 아직 힘이 남아 있으니 계속 던지겠다고 리틀을 설득했다. 이때부터 양키스 타자들은 마르티네스를 유린하기 시작했다. 그 회에만 4점을 더 뽑아낸 양키스는 결국 레드삭스와의 맞대결을 승리로 이끌었다. 그리고 불과 얼마 뒤에 그래디 리틀은 해임되었다.

그동안 비극으로 끝날 수도 있었던 상황에서 그래디 리틀이 적절한 투수 교체를 통해 투수를 구원하고 승부까지 뒤집은 경우도 적잖이 있었을 것이다. 그러나 그는 결정적인 순간에 잘못된 판단을 하고 말았다. 정규 시즌의 우승 여부를 놓고 메이저리그 100년 라이벌 양키스와 벌인 경기에서 내린 결정 하나가 리틀의 명성에 찬물을 끼얹었을 뿐 아니라 이후의 이력에도 치명적인 오점을 남겼다. 그는 그때까지만 해도 비교적 유능한 감독의 반열에 서 있었지만, 그 후로는 사람들에게 당시의 결정적 오판으로 기억될 터였다.

판단의 중요성을 시사하는 사건은 세계사에서도 쉽게 찾을 수 있다. 그중 하나가 존 F. 케네디와 쿠바 미사일 위기다. 케네디는 소련의 움직임에 기민하게 대처해 긴장을 완화시키고 숙명의 대결을 피할 수 있었다. 당시의 급박했던 상황이 널리 알려진 뒤로 사람들은 케네디의 용기 있는 결단에 존경을 표한다. 하지만 그 반대였다면 어땠을까? 그때의 판단이 잘못되었거나 케네디가 아닌 다른 누군가가 그런 판단을 했다면, 아마도 사후 40여 년이 지난 지금에 와서 그를 영웅으로 생각할 사람은 아무도 없을 것이다.

결정을 하고도 미적거리며 실행을 미루는 것도 불행을 자초하는 길이다. 머크Merck에서 바이옥스의 출시를 연기했거나, 아니면 당시 CEO였던 레이 길마틴이 바이옥스의 리콜을 2, 3년만 일찍 단행했더라면 과연 머크가 지금의 모습이었을까? 이 약이 심장병 환자에게 치명적이라는 증거가 산더미처럼 쌓이기 전에 손을 썼더라면, 길마틴은 지금도 머크의 CEO로 남아 있고 회사도 수천 건의 소송에서 자유로울 수 있지 않았을까?

현명한 판단이야말로 훌륭한 리더십의 핵심이다.

대통령의 의사결정

리더의 판단력이 이렇게 중요한데도 왜 제대로 조명받지 못하는 것일까? 리더십을 파헤치는 조사 자료들이 폭증하는데도 판단력에 대한 관심이 지지부진한 이유는 무엇일까? 우리와 동료들, 그리고 다른 많은 리더십 연구가가 판단력을 리더십의 핵심으로 여기면서도 정작 연구 대상에서 제외해 온 이유는 무엇일까?

판단 프로세스의 유동성과 불확실성도 그 이유 중 하나다. 어떤 상황이든 저마다의 독특한 배경과 방식, 참여자들이 있게 마련이다. 현대 의학의 아버지라 불리는 윌리엄 오슬러는 19세기 중반에 이렇게 안타까움을 토로했다. "모든 환자가 동일하다고 가정할 때 비로소 의학은 기술이 아닌 과학이 될 수 있다." 그의 말을 판단에 대입하면 이렇게 바뀐다. "모든 문제가 동일하다고 가정할 때 비로소 판단은 기술이 아닌 과학이 될 수 있다." 처칠도 전쟁에 관련된 의사결정의 어려움에 대해 말한 바 있다. "무서운 '만약' 만 잔뜩 쌓인다."

상황의 특수성 못지않게 개인마다 지닌 독특한 개성과 스타일 등도 변수로 작용한다. 미국 제35대 대통령 취임일을 열하루 남겨 둔 1961년 1월 9일, 케네디는 매사추세츠 주 의회에서 상원의원으로서 마지막으로 기념비적인 연설을 했다. 그중 한 대목이다.

> 미래의 어느 날, 역사의 심판이 열려 우리 각자의 판단을 심판받는다면 …… 소속된 조직을 떠나 그 판단의 성공과 실패 여부는 다음 네 가지 질문에 대한 대답으로 판가름날 것입니다.

우리는 진정으로 용기 있는 사람이었는가?

우리는 진정으로 신실Integrity한 사람이었는가?

우리는 진정으로 결단력 있는 사람이었는가?

우리는 진정으로 헌신적인 사람이었는가?[4]

그로부터 38년 후에 하버드의 케네디 스쿨에서 '대통령의 의사결정'이란 제목으로 열린 회의에서 케네디와 가장 가까운 조언자이자 연설문 작성자였던 테드 소렌슨이 과거에 모시던 대통령의 의사결정 스타일에 대해 회고해 달라는 요청을 받았다. 소렌슨의 대답은 다음과 같았다. "'눈에 보이지 않는' 자질의 중요성은 아무리 강조해도 지나치지 않습니다. 조직이나 그 체계, 절차 같은 것보다 훨씬 중요합니다. 물론 그런 것들도 중요하지만, 판단의 중요성에 견줄 만한 건 아무것도 없습니다." (그러면서 재차 강조했다.) 마지막으로 소렌슨은 이렇게 정리했다. "판단이란 그 결정에 동원한 정치 감각보다도 중요합니다. 여기서 제가 말하는 정치의 개념은 대단히 광범위한 의미입니다. 즉 의회에 대한 이해, 국가에 대한 이해, 포용할 수 있고 설명할 수 있으며 옹호할 수 있는 그 모든 것에 대한 이해를 포괄하는 개념입니다."[5]

그 회의에서는 다른 전직 대통령 5명의 의사결정 스타일에 대한 토론도 있었다. 이 논의를 주도한 회원들은 모두 그 대통령들과 함께 일한 인연이 있는 사람이었다. 예상대로 회원들이 소개한 전직 대통령들의 의사결정 방식은 모두 제각각이었다. 의사결정에 관한 한 어디에나 적용되는 '프리 사이즈' 방식의 해법은 없는 법이다.

그날 회의 모습은 적어도 겉으로는 다양한 차이와 특징이 유사성을 압도하는 형국이었다. 탁월한 군인에다 전쟁으로 잔뼈가 굵은 드와이트 아이젠하워는 거대 조직을 성공적으로 움직이는 원동력이 바로 조직 구조라고 여겼다(국무부를 견제하기 위해 국가안전보장회의NSC를 재편한 것도 이 같은 맥락이다). 국무장관 존 포스터 덜레스가 외교정책을 좌우지했다는 설도 있지만, 아이젠하워는 작은 것들은 적절히 위임하되 중요한 사안은 직접 챙기는 대통령이었다. 반면 린든 존슨과 제럴드 포드 대통령은 상원의원이었던 경력 덕분에 '중개 역할'에 익숙했다. 그래서 절충과 연대를 모색하는 데 거의 반사적인 역량을 발휘했다.

하지만 제럴드 포드가 현명한 의사결정자라고 생각하는 사람은 많지 않다. 여기에는 그럴 만한 이유가 있다. 그의 결정 중에서 후대에 기억되는 대표적인 것이 바로 리처드 닉슨의 사면이다. 그러나 포드가 훗날 인정했듯이 이때의 결정은 원칙을 따라서라기보다 대통령 취임 후의 짧은 밀월 기간에 여러 세력의 요구를 들어주려는 데서 나온 감각적 판단이었다.

제럴드 포드가 실용주의를 추구했다면 로널드 레이건은 이상주의적인 성향이 강했다. 20세기의 미국 대통령 중에서 가치를 추구한 사례를 든다면, 윌슨 대통령의 첫 임기를 제외하면 단연 레이건을 손꼽을 수 있다. 레이건은 다음과 같은 하나의 원칙을 임기 내내 고수한 대통령이다. "이 사회와 경제의 창조적 원동력은 자유인이

다 …… 민주주의가 위대한 것은 대다수 사람의 자유를 보장하기 때문이다."⁶

아버지 부시(조지 허버트 워커 부시, 41대)는 협력을 중시하고 책임감이 강하며 친화력 있는 대통령이었다. 이상주의자도 아니고 충동적이지도 않았던 그는 앞서 소개한 다른 대통령들에 비해 고문들에게 기대는 경향이 많았던 듯하다. 그의 임기 중에 내린 가장 중요한 결정 역시 가장 신뢰하던 조언자인 브렌트 스코크로프트와 제임스 베이커의 입김이 많이 작용했다. 두 사람은 바그다드를 침공하지 않고 사담 후세인을 제거할 방법을 강력히 촉구했다. 이 결정이 얼마나 현명했는지를 판단하기 위해서는 조금 더 많은 시간과 역사가 흘러야 할 듯하다.

아들 부시(조지 워커 부시, 43대)도 역사의 심판이 뒤따를 결정을 잇달아 내렸다. 그 결정들은 대통령 부시를 후대에 기억시킬 결정적인 사건일 뿐 아니라 미래의 대통령들에게까지 영향을 미칠 것으로 보인다. 분명한 것은 2003년의 이라크 침공 결정은 그 의도와 상관없이 잘못된 정보에서 비롯되었으며 외교정책의 심각한 실패 사례라는 점이다. 대통령인 아들이 이라크를 침공하기로 결정하기까지 아버지 부시가 어떤 역할을 했는지는 아직까지 밝혀지지 않았다. 다만 상대적으로 젊은 아들이 역사 속에서 자신의 역할을 바라보고 행동하는 데는 아버지가 어느 정도의 영향을 미친다는 게 일반적인 생각이다. 두 부시 대통령의 나머지 이야기가 어떤 식으로 전개되든지 그 부자가 미국 역사에 막대한 영향을 미친 것만큼은 부인할 수 없다.

하버드에서 열린 그 회의에서 테드 소렌슨은 판단력에 대한 최근까지의 사고방식을 비교적 정확히 반영하는 이야기를 하나 소개했다. 여기에는 서로 다른 세대의 두 변호사가 등장한다.

점심 자리에서 나이 지긋한 대표변호사 바로 옆에 신입 변호사가 우연히 앉게 되었다. 젊은 변호사는 한참이나 선배인 변호사를 향해 말했다. "대표님께서는 누구보다도 뛰어난 판단력으로 정평이 나 있습니다. 그 배경이 무엇인지 여쭤 봐도 되겠습니까?" 고참 변호사가 대답했다. "그래요, 내 판단력을 칭송하는 사람들이 있긴 하죠." 그러자 젊은 변호사가 다시 물었다. "실례가 아니라면 하나만 더 여쭙고 싶습니다. 어떻게 해서 그처럼 훌륭한 명성을 얻으셨습니까?" "아마도 좋은 판단을 여러 번 했기 때문일 겁니다." "그렇다면 그처럼 현명한 판단을 할 수 있었던 바탕이 무엇인지 여쭤도 될까요?" 젊은 변호사의 질문에 고참 변호사가 대답했다. "그건 경험에서 나오는 것이지요." "마지막으로 하나만 더 여쭙겠습니다. 그 경험의 바탕은 무엇인가요?" 젊은이의 거듭된 질문에 노련한 법률가인 그는 이렇게 답했다. "잘못된 결정이지요."

새로이 떠오르는 판단력 연구

최근 판단과 의사결정의 중요성이 점점 부각되면서 유명 경영대학원들도 하나둘씩 이를 주제로 학과를 개설하고 있지만, 빌프레도 파레토의 80/20 법칙에 이르기까지는 아직 갈 길이 먼 듯하다. 20퍼센트의 이해만 뒷받침된다면 성공과 실패 여부를 80퍼센트까지 예측할 수 있지만 아직은 그 20퍼센트에 이르지 못한 상태다. 그래도 우리는 여전히 앞으로 나아가고 있다.

1957년 정치학자 허버트 사이먼은 합리성의 한계를 주제로 한 독창적인 연구를 통해 '제한적 합리성Bounded Rationality'이라는 유명한 용어를 정립했다. 사이먼은 전통 경제학과 게임 이론의 '초이성적 과열Hyperrational Exuberance' 개념을 반박하면서, 의사결정이 이루어지는 현실세계에서는 복잡하고 비이성적인 측면을 충분히 고려해야 한다고 주장했다. 심리학자 대니얼 카너먼도 (기대효용이론을 포함하는) 합리적 선택이론의 맹점을 적나라하게 파헤쳤다. 그가 쓴 글의 한 대목을 살펴보자. "연구에 따르면 사람들은 선택이 필요할 때 시야가 좁아지고, 미래의 기호Tastes를 예측하는 기술도 떨어지고, 부정확한 기억이나 과거의 경험에 대한 오판 때문에 잘못된 선택을 하는 경향이 있다."7 이처럼 '만약의 상황'이 너무 많고 현실이 복잡하며 올바른 판단을 이끄는 과학적 프로세스도 없고 행운을 기대하기도 어려운 형편이라면, 그동안의 리더십 연구 사례에서 판단력 부분이 쏙 빠져 있는 것도 그리 놀랄 일은 아니다.

현명한 판단인지 아닌지를 정확히 판별하기 어려울 때가 많다는 점도 현실적인 어려움 가운데 하나다. 부시 대통령이 2003년에 이라크를 침공해 애초의 목적을 달성했는지 아니면 그것이 21세기 들어 최악의 결정이었는지 단언할 사람이 있을까? 학자들에 비하면 그나마 시인들이 진실에 한 걸음 더 가까이 다가가 있는 것처럼 보인다.

시인 오든의 금언을 되짚어 보자.

> 필연은 순전히 우연하게 다가온다.
> 사람을 복잡하게 만드는 것은 현실이다.[8]

오든의 이 말이 틀리지 않다면, 사안의 중요성을 떠나 판단에 대한 의문 자체를 무시하거나 아니면 이미 내린 판단을 고쳐야 하는지에 대한 의문조차도 무시하는 편이 낫다. 그러나 희망적인 사실은 보증까지 할 수는 없지만, 그래도 낙관적인 요소가 분명히 존재하므로 지금 한창 떠오르고 있는 '판단과 의사결정' 연구의 가능성과 추진력을 한층 높여 준다는 점이다.

새로이 떠오르는 이 분야의 미래를 낙관하는 것은 결코 과장이 아니다. 이렇게 낙관할 수 있는 것은 그만큼의 충분한 근거가 있기 때문이다. 고전경제학의 선택이론과 효용이론, 루돌프 카르납과 W.V. 콰인과 루트비히 비트겐슈타인의 논리수학적 연구, 노버트 위너와 제이 포레스터와 J.C.R 리클라이더에 의한 컴퓨터와 시스템 과학의 비약적 발전, 커트 르윈과 레온 페스팅거를 포함해 많은 사회심리학자가 의사결정의 집단역학과 '집단사고Groupthink' 연구에서 얻은 통찰력, 리처드 노이슈타트와 어니스트 메이 등 정치과학자들이 대통령의 의사결정 과정을 연구해 발견한 것 등이 모두 그 근거에 해당한다.

여기에다 꾸준히 늘어나고 있는 전기 작가와 역사가들의 존재도 빼놓을 수 없다. 존 루카치의 《세계의 운명을 바꾼 1940년 5월 런던의 5일》은 처칠의 리더십을 이야기 형식으로 서술한 책인데, 셰익스피어의 《헨리 5세》에 못지않은 장엄함을 자랑한다.[9] 이외에도 자신의 의지로 결정을 실행한 의사결정자들이 직접 쓴 글도 매우 중요하다. 그 결정이 순수하게 자신의 판단에서 나온 것이든 아니든 실무자들의 사례는 사람들에게 지혜를 주는 소중한 원천이며 경고성 메시지 또한 담고 있다.

판단이론을 획기적으로 발전시킨 사례로는 심리학자 대니얼 카너먼과 아모스 트버스키의 획기적인 연구가 대표적이다. 두 사람은 독창적인 연구를 통해 의사결정이 행동경제학의 중추적 요소 중 하나임을 입증했다. 이외에도 인지신경학자와 긍정심리학자들에 의해 폭넓고 의미 있는 연구가 다양하게 진행되었다.

로버트 스턴버그, 안토니오 다마지오, 대니얼 길버트, 피터 와이브로, 미하이 칙센트미하이, 조지 뢰벤슈타인, 칼 웨익, 게리 클라인 등이 대표적인 학자다. 특히 마지막 두 사람은 실제 리더들이 압박감 속에서 의사결정을 하는 과정을 연구해 왔으므로 우리의 작업에도 각별한 관심을 보여 주었다. 그들은 통제된 환경에서 벗어나 복잡하고 끊임없이 변화하는 현실 속에서 리더의 판단이 실제로 어떻게 이루어지는지 탐구해 왔다.

웨익과 클라인의 연구는 많은 것을 시사한다. '진행하면서 하나씩 완성해 나가는' 우리의 방법론과 두 사람의 그것이 매우 유사하기 때문이다. 대부분의 연구자와 달리 우리는 '체계적이지 못한' 환경에서 일하는 많은 리더와 그 팀들을 직접 만나 의사결정 양식을 연구했다. 이런 경험을 통해 우리는 판단 과정에 대한 연구 없이는 어떠한 리더십 연구도 완벽할 수 없다는 사실을 깨달았다.

논의의 초점

누구나 결정을 한다. 사람들이 살아가면서 내리는 결정은 수도 없이 많다. 일상생활에서만 해도 매일 아침 출근할 길을 선택하는 등 사소한 결정부터 배우자나 직업의 선택과 같은 중대한 결정에 이르기까지 매우 다양하다. 그러나 이 책에서는 '진부한 일반화'를 모든 상황에 적용하는 것만큼은 피하려 한다. 그러려면 초점부터 달라져야 한다. 따라서 우리가 정말로 관심 있게 여기는 부분만을 대상으로 해 최대한 많은 것을 얻어낼 것이다. 그리고 리더들과의 대화를 통해서 현명한 리더가 어떤 식으로 중요한 결정을 내리는지 살펴볼 것이다.

리더

리더는 판단이라는 난해한 세계의 중심인물이다. 남자든 여자든 리더는 행동의 주체인 동시에 설계자다.

별로 비중도 없는 사람들이 내린 결정이 때로는 좋은 결과를, 때로는 나쁜 결과를 낳을 수도 있다. 하지만 대부분 중요한 의사결정은 거의 주인공이 한다. 물론 그 과정에는 결정을 돕는 사람이 개입할 때도 많다. 이것이 바로 조연들의 역할이다.

이아고가 없다면 연극 〈오셀로〉가 온전히 감동을 전할 수 있을까? 아니면 전설로 불리는 인텔의 전략 수정 과정에 대해 생각해 보자. 인텔은 오랫동안 메모리칩 산업을 지배해 왔다. 그러던 1984년 어느 날, 일본 회사들이 모방 칩으로 공략해 들어오자 당시 2인자였던 앤디 그로브는 1인자였던 고든 무어를 찾아가 이렇게 물었다. "우리가 쫓겨나고 이사회에서 새로 최고경영자를 맞이한다면, 그가 회사에서 가장 먼저 할 일이 무얼까요?" 무어는 "사람들의 머릿속에서 우리를 지우려 하겠지"라고 대답했다. 그때 그로브가 다시 말했다. "그럼 우리도 그렇게 해보죠? 나갔다가 다시 들어와 그대로 실천하면······."[10] 그 후의 이야기는 알려진 대로다. 앤디 그로브가 '외부인의 시각'을 추구하지 않았다면 과연 오늘의 인텔이 '메모리 회사'로서의 인지도와 '마이크로프로세스 대기업'으로서의 명성을 유지할 수 있었을까?

기억하라. 리더는 판단 프로세스의 주인공이다. 물론 주인공은 주변의 수많은 조연과 단역의 도움 없이는 홀로 설 수 없다. 매주 혹은 매일 수십만 직원의 생활에 영향을 미치는 결정을 내리는 제프 이멜트는 자신의 판단 프로세스를 이렇게 설명한다. "결정은 늘 내가 하지만 그전에 많은 조언을 듣습니다. 그렇다고 결정을 위임하지는 않습니다. 그저 이 사람 저 사람의 생각을 물어볼 뿐이며, 어느 정도 정리되면 그때 결정합니다." 물론 결정에 따르는 책임은 전적으로 그의 몫이다.

집단적·사회적 네트워크

논의의 초점은 리더에 맞춰져 있지만 리더와 주변 사람의 관계에 대해서도 살펴보아야 한다. 조연 없이는 주인공도 있을 수 없다. 한 사람이 모두 할 수 있는 일이라면 굳이 팀이나 조직을 만들 이유가 없다. 그러나 지금은 팀의 존재가 과거 어느 때보다 필요한 시대다.

산업사회에서 한 사람의 역할로 일이 종결되는 경우는 극히 드물다. 랜스 암스트롱의 팀 동료들이 우승을 앞두고 마지막 바퀴를 돌 때 굳이 그를 앞세우는 것은 그만한 이유가 있기 때문이다. 리더의 결정은 주변에 있는 모든 사람의 삶에 영향을 미친다. 투자자나 직원, 고객, 대중에 이르기까지 모든 이해관계자가 리더의 결정에 따라 때로는 승리자가, 때로는 패배자가 되곤 한다.

오늘의 조직세계에서는 현명한 결정을 내렸을 때 그 영광을 리더가 독차지하는 경향이 있다. GE의 최고경영자를 지낸 잭 웰치를 '세기의 경영자'로 선정한 〈포춘〉은 무엇보다 그가 강조해 온 '속도 경영'을 크게 칭송했다. 그러나 잭 웰치의 역할은 '환경 조성'에 지나지 않았다. 경영진과 참모들, 특히 필요한 정보를 제때 제공해 주고 결정된 내용을 신속히 추진해 낸 'A 플레이어'들이 없었더라면 GE의 성공은 애초에 불가능했을 것이다.

그러므로 현명한 결정을 위해서는 다양한 이해관계자의 참여와 협력이 가장 중요하다. 유능한 마스터 피아니스트는 연주 중에 코드의 강약을 슬기롭게 조율한다. 이것을 탄주법이라 부른다. 마찬가지로 유능한 리더도 이와 동일한 조율법을 배워야 하지만, 그러기 위해서는 어느 정도 시간이 필요하다. 현명한 판단을 위해, 이사회를 놀라게 하지 않기 위해, 고객을 유혹하기 위해, 계획을 실천할 의지와 자원을 직원들에게 부여하기 위해서는 이해관계자들의 참여와 협조가 필수적이다.

이때 리더로서 반드시 고민해야 할 두 가지 질문이 있다. '당신이 부르면 언제든 아랫사람들이 달려와 줄 것인가?' '리더로서 당신은 아랫사람들의 참여와 협조를 이끌어 낼 수 있는가?' 이런 능력이 없는 리더는 아무리 화려한 약속을 하더라도 결국은 실패할 수밖에 없다. 로마의 장군이자 정치가인 카토는 당대의 웅변가 두 사람의 리더십을 이렇게 비교했다. "키케로가 말하자 군사들은 경탄을 금치 못했다. 카이사르가 말했을 때 군사들은 너나없이 진군을 시작했다." 단순히 연설을 잘하는 것과 리더십은 별개다. 군사들을 진군하게 한 것은 리더십 있는 연설이었다. 행동이 뒷받침되지 않으면 아무리 훌륭한 판단도 무의미하다.

'남보다 현명한 결정을 하는 사람은 도대체 어떤 점이 다른 것일까?' 이 책의 집필을 구상하며 가장 먼저 가졌던 의문이다. 항상 현명한 사람은 없다. 누구나 실수를 하고 오판도 한다. 그런데도 남들보다 좋은 실적을 올리는 사람은 분명히 있다. 그렇다면 우리가 처음 제기한 의문 자체에 문제가 있다는 뜻이다.

중요한 것은 리더가 내린 현명한 결정의 '횟수'와 '비율'이 아니다. 그보다는 '중요한 사안'을 얼마나 현명하게 판단하느냐가 더욱 중요하다. 유능한 리더는 결정도 물론 현명하게 하지만 무엇보다 정말 중요한 사안을 구분해 그것부터 올바르게 처리한다. 즉 결정의 필요성을 인식하는 것부터 문제의 구체화, 중요한 사안의 분류, 실행팀의 구성과 사기 증진 등 모든 과정에서 두드러진 능력을 선보인다.

유능한 리더는 상대적으로 더 중요한 일에 시간과 노력을 집중한다. GE에 재직하던 시절 잭 웰치는 자신이 시간 관리에 철저하지 않았더라면 본사의 관료주의적 분위기에 젖어 회사에 아무런 도움도 주지 못했을 것이라고 말했다. 피터 드러커도 《피터 드러커의 자기경영노트》에서 이렇게 적고 있다. "경영자의 시간은 다른 사람들의 것이라고 해도 틀리지 않다 …… (경영자는) 조직의 노예다."[11] 그러나 지금도 수많은 리더가 사소한 일에 얽매여 로마제국의 몰락을 방치하고 있다.

앞에서 우리는 방법론Methodology이라는 용어를 언급한 바 있다. 그런데 여기서는 '방법론들Methodologies'이란 표현이 더 적절할 것 같다. 우리는 많은 리더와 그 팀들에 대한 공식적인 조사에서 체계적인 인터뷰에 이르기까지 가능한 모든 사회과학 방법론을 적용했다.

그동안 우리가 만난 사람의 수를 헤아린다면 수천 명은 족히 될 것이다. 하지만 이 책에서는 논점을 흐트러뜨리지 않기 위해 '대표적인' 일부 사례만을 살펴보았다. 또한 우리의 논리를 입증하기 위해 역사적 사실과 문헌의 내용도 일부 인용했다. 자료의 원천이 무엇이든 '우리의 일차적 목적은 리더들의 현명한 판단을 돕고 다음

세대까지 물려줄 수 있는 실용적인 메커니즘을 개발하는 데' 있다.

그러기 위해 리더들이 가장 중요한 결정을 내릴 때 직면하게 되는 궁금증과 수수께끼를 하나씩 밝혀낼 것이다.

Chapter 2
리더의 **판단 매트릭스**

- 현명한 결정은 일회적 사건이 아니라 프로세스의 결과물이다.
  - 리더가 프로세스의 필요성을 인식하고 구축하는 것이 먼저다.
  - 실행과 수정을 통해 프로세스를 완성해 나간다.
- 리더는 세 가지 핵심 영역에서 결정을 내려야 한다.
  - 사람과 관련된 결정이 가장 어렵고 또 가장 중요하다.
  - 나머지 두 핵심 영역은 전략과 위기다.
- 현명하게 결정하기 위해서는 자기인식이 필요하다.
  - 독단적 결정은 바람직하지 않다. 지원팀의 역할이 중요하다.
  - 성공하기 위해서는 다른 사람의 참여를 북돋아야 한다.

⋮

"핑거슈피첸게퓨르Fingerspitzengefühl!"

작고한 웨인 다우닝이 언젠가 우리와 함께한 자리에서 했던 말이다. 다우닝은 미국 특수작전사령부 사령관을 역임한 사성장군 출신이다. "상황에 따른 감각이 필요합니다. 언제 어떻게 행동해야 할지 알아야 합니다. 핑거슈피첸게퓨르가 필요한 것이지요."

핑거슈피첸게퓨르! 독일어인 이 말은 보통 영어로 '직감Sure Instinct'이라 번역된다. 더 엄밀히 이야기하면 이 말이 의미하는 것은 '손가락 끝으로 느끼는 감각'이다. 다우닝은 직감이 경험에서 나온다고 말했다. 그의 말이 옳다. 현명한 결정을 내리는 데는 경험이 매우 중요하다.

리더십 연구가 혹은 전공 학생이 적지 않은데도 판단력을 주제로 출간된 책이 많지 않은 것은 그만큼 이 분야가 어려운 탓일 것이다. 그래서 중요하면서도 이보다 조금 수월한 주제로 옮겨가는 편이 훨쎈 편하고 또 그러고 싶은 유혹을 느끼기도 한다. 그러나 다우닝은 그러지 않았다. 그와 나누는 길고 심오한 대화 속에서 우리가 평소에 남의 말을 얼마나 잘 듣는지, 우리 자신에 대해서는 얼마나 깊이 생각하는지 그리고 직관력이 올바른 판단에 얼마나 중요한지에 대해서도 되짚어 보게 되었다. 판단을 잘하려면 안테나가 예민해야 한다. 본능적으로 이해하거나 직감적으로 알아차려야 한다.

제프 이멜트의 말처럼 "그래, 결심했어!" 하고 직감할 때가 있다. 하지만 그 직감은 다양한 생각과 행동으로 얽힌 복잡한 그물의 한 갈래에 지나지 않을지도 모른다. A지역의 야구팀이 B지역 팀을 이겼다고 해서 A지역이 B지역보다 낫다고 할 수는 없다. 하물며 전략과 프로세스, 타이밍, 훈련, 고용에 관련해서도 이처럼 단순한 발상에 의존할 수 있을까? 스포츠팬이라면 누구나 알고 있듯이 스포츠 세계 하나만 하더라도 알아야 할 것이 너무도 많다.

마찬가지로 현명한 판단을 위해서는 많은 연습이 필요하다. 직감 하나만으로 현명한 판단을 보장하지는 못한다. 현실 세계에서 현명한 판단은 보통 점진적 프로세스를 의미한다. 양자이론, 소아마비 백신, 입체파(미술), 이중나선구조DNA, 아이팟 등 경영계와 과학·공학·예술 분야의 모든 획기적 발견은 실수와 착오, 수정, 발전, 재시도로 이어지는 부단한 노력의 결과물이다. 현명한 판단에는 직관뿐 아니라 '순간적 번뜩임'이 필요할 수도 있지만, 매번 판단을 할 때마다 이런 '번뜩임'이 찾아오는 것은 아니다. 탈무드의 금언처럼 "기적을 바라되 그것에 의존해서는 안 된다".

우리는 현명한 판단력이 현명한 리더십의 기본 유전자라는 발상을 단호히 거부한다. 반대로 유능한 리더들이 어떤 식으로 현명한 결정을 내리는지 그 과정을 나타내는 '판단 매트릭스'를 규명하는 데 주력했다.

우리라고 해서 모든 해답이 있는 건 아니다. 그러나 우리는 수많은 리더의 수많은 결정 과정을 오랫동안 지켜봐 왔다. 현명한 결정과 어리석은 결정도 지켜보았고, 그렇고 그런 결정을 내린 뒤에 수정 과정을 거쳐 훌륭한 결과를 이끌어 내는 모습도 보았다. 그리고 정확한 결정을 내리고도 실행에 집중하지 않거나 중요한 순간에 자리를 비워서, 혹은 심각한 상황 변화를 깨닫지 못해서 결과를 엉망으로 만드는 경우도 보았다. 많이 보고 들으며 우리도 많은 것을 배웠다. 그리고 이 모든 지식과 경험을 한데 모아 만들어 낸 것이 바로 판단 매트릭스다.

판단 매트릭스를 소개하는 데는 두 가지 목적이 있다. 첫째는 잦은 의사결정에 시달리는 리더들이 스스로 판단력을 계발하고 다른 사람들도 더 나은 판단을 할 수 있게끔 돕도록 하기 위해서다. 그리고 둘째는 판단력에 대해 조금 더 활발한 대화를 전개하려는 목적에서다. 더 많은 리더가 더욱더 현명한 결정을 내리도록 돕는 것이 우리의 바람이다. 그동안 우리는 판단력에 대해 더 깊이 집중할 필요성을 느껴왔다. 이제 이 문제에 대해 '구체적으로' 설명하고자 한다.

판단 매트릭스

'결정'이라는 단어가 주는 느낌과 달리 조직의 리더가 내리는 결정은 결코 한순간에 벌어지는 일회성 사건이 아니다. 스포츠 경기의 심판처럼 리더도 어느 순간에 이르면 앞으로의 방향을 정하는 결정을 내린다. 그러나 스포츠 심판과 달리 그 결정을 곧바로 잊어버리고 다음 단계로 넘어갈 수는 없다(그러다가는 큰 낭패를 겪을 수도 있다). 결과적으로 리더가 결정을 내리는 그 순간은 전체 프로세스의 한 과정에 속할 뿐이다.

이 프로세스는 리더가 판단의 필요성을 느끼는 순간부터 시작되어 성공적인 실행으로 이어지기까지 계속된다. 결정의 결과가 좋을 때 그 리더는 "훌륭하게 판단했다"는 말을 듣게 되는 것이다. 그리고 리더는 훌륭한 판단을 위해 상황을 다각적으로 검토해서 최선의 대안을 이끌어 내는 프로세스에 능숙해져야 한다. 우리는 이 프로세스를 세 단계로 구분한다.

시기
- 사전 상황 : 리더가 결정을 내리기에 앞서 어떤 일이 벌어지고 있는가?
- 결정 : 궁극적으로 현명한 판단을 내리려면 리더는 어떻게 행동해야 하는가?
- 실행 : 자신의 결정이 좋은 결과로 이어지려면 리더가 어떤 것을 챙겨야 하는가?

영역

프로세스의 단계와 각 단계에 쏟는 관심, 결정에 소요되는 시간 등은 사안의 중요성에 따라 달라질 수 있다. 우리는 치밀한 판단이 필요한 3대 영역을 다음과 같이 구분한다.

- 인물People 판단
- 전략Strategy 판단
- 위기Crisis 판단

이해관계자

결정을 하는 주체는 리더지만 그 결정을 위해서는 리더 주변의 세계와도 긴밀하게 협력해야 한다. 리더의 인간관계야말로 현명한 판단에 필요한 정보를 얻는 중요한 원천이다. 또한 리더의 인간관계가 좋아야 결정된 사항을 효율적으로 추진할뿐더러 실행 과정에서 빚어지는 다양한 이해관계도 능동적으로 관리할 수 있다. 다양한 유형의 이해관계자들과 적극적으로 교류하고 인간관계를 원만하게 유지하는 리더만이 현명한 결정을 내릴 수 있는 것이다.

더불어 리더는 이런 인맥을 활용해 다른 사람도 훌륭한 결정을 하도록 도움으로써 조직 전체의 의사결정 역량을 향상시켜야 한다. 이 과정에서 필요한 지식의 유형에는 네 가지가 있다.

- 자신과 관련된 지식 : 나는 어떤 식으로 배우는가? 현실을 똑바로 바라보는가? 관심 있게 보고 듣는가? 자기계발의 의지가 있는가?

- 사회인맥과 관련된 지식 : 강한 팀을 만드는 요령을 알고 있는가? 현명한 판단을 위해 팀원들에게 무엇을 어떻게 가르칠 것인가?
- 조직과 관련된 지식 : 조직을 활용해 팀원들의 장점을 극대화하는 방법을 알고 있는가? 조직의 자원을 활용해 팀원들의 현명한 판단을 돕고 그 요령을 가르치는 복합 프로세스를 구축할 수 있는가?
- 주변 상황과 관련된 지식 : 고객, 협력회사, 관공서, 주주 집단, 경쟁회사 등 다양한 이해관계자 사이에 유기적인 관계를 형성하는 방법을 알고 있는가?

판단 매트릭스

판단 : 효과적인 리더십의 핵심이다. 크게 인물과 전략, 위기의 세 영역으로 구분되며 상황에 따라 내려지는 의사결정 프로세스를 의미한다. 각 영역에서 리더의 판단은 준비와 결정, 실행의 세 단계로 나뉜다. 현명한 판단을 위해 리더는 자신과 사회적 인맥, 조직, 이해관계자에 대한 상황적 지식부터 충분히 확보해야 한다.

		영역		
		인물 결정 실행 이전	전략 결정 실행 이전	위기 결정 실행 이전
지식 창조	자신과 관련된 지식			
	사회인맥과 관련된 지식			
	조직과 관련된 지식			
	주변 상황과 관련된 지식			

판단의 3대 영역 : 인물, 전략, 위기

조직의 생존과 번영을 위해 중요한 판단을 내려야 하는 영역은 크게 인물과 전략, 위기의 세 가지로 나뉜다. 이 영역에서 판단이 결여되거나 엉뚱한 결정이 내려질 때는 조직에 치명적인 결과를 불러올 수도 있다.

인물 판단

세 영역 중 어느 하나에서라도 판단 착오가 있으면 조직은 치명적인 대가를 감수해야 하며, 이 중 잘못된 판단을 할 가능성이 가장 높은 영역이 바로 사람과 관련해서다. 팀 구성원들과 관련해 리더가 잘못된 판단을 하거나 팀원 관리를 제대로 못 한다면, 그 조직은 직원들에게 정확한 방향과 전략을 제시할 수 없을뿐더러 위기가 닥쳤을 때도 효과적으로 대응할 수 없다. 따라서 가장 먼저 '적임자들'로 팀을 구성하는 것이 필요하다. 자리에 맞는 사람들로 팀을 구성해야 전략 수립과 위기 대처가 가능한 것이다.

칼리 피오리나의 후임으로 마크 허드가 CEO에 선임되면서 HP는 모든 것이 달라지기 시작했다. 그는 피오리나의 전략적 포트폴리오뿐 아니라 그녀가 구성한 경영진을 거의 바꾸지 않고서도 전임 CEO의 실망스러운 업적을 화려한 성공으로 되돌려 놓았다. 피오리나가 CEO에서 물러난 2005년, 190억 달러를 들인 그녀의 작품인 컴팩 인수는 전략적으로 중대한 판단 착오라는 것이 드러났다. 이 일로 HP는 빈사 상태에 빠졌다. HP의 주가가 15퍼센트나 곤두박질치던 그 시기에 경쟁회사인 델컴퓨터의 주가는 90퍼센트라는 기록적인 폭등세를 이뤘다. 그러니 HP 임직원들의 사기는 불을 보듯 뻔한 일이었다.

두 달 뒤 마크 허드가 '명가 재건'의 기치를 내걸고 HP의 CEO로 취임했다. 컴팩과의 합병은 이미 돌이킬 수 없는 일이었다. 그럼에도 월스트리트는 그에게 전략적 변화를 요구했다. 회사를 회생시키려는 대안 중 하나는 그의 취임 이전에 여러 번 논의된 대로 수익성 높은 프린터와 빈곤에 허덕이던 PC 부문을 분리하는 것이었다. 그러나 오랫동안 고민하던 허드는 HP 사람들에게 정작 중요한 것이 바로 새로운 비전이라고 판단했다. 그래서 이것저것 바꾸기보다 기존의 비즈니스 방식에 숨어 있던 성가신 문제들부터 해결해야 한다고 생각했다.

마크 허드의 리더십 철학과 성향은 칼리 피오리나의 것과 달라도 너무 달랐다. 피오리나는 자신을 HP의 야심적 총아로 여기던 유명인이었다. 그래서 여러 회의에 참석해 연설할 때도 HP를 위한 원대한 비전을 자랑삼아 설명하는 일이 많았다. 하지만 그녀의 이런 자기과시형 스타일과 저조한 실적은 결국 직원과 투자자들 모두로부터 자신을 고립시키는 결과를 낳고 말았다.

반면에 NCR의 CEO를 지낸 허드는 실무형 경영자 그 자체였다. HP 사람들이 처음부터 그를 두 손 들고 환영할 수 있었던 것은 그의 '반反피오리나' 이미지 때문이었다. 그녀와 달리 허드는 화려한 조명을 꺼리며 오로지 회사 내부의 문제들을 해결하고 고객을 만족시키는 데만 집중했다. 피오리나의 실패를 딛고 성공을 쟁취할 수 있었던 것도 그의 소탈한 스타일과 현실적인 접근방식 때문이었다. 허드는 컴팩과의 합병 후에 2만 6,000명을 감원한 데 이어 추가로 1만 5,000명의 인력을 더 줄였다. 그리고 회사 밖에서 핵심 경영진 몇 명을 물색해 영입하는 한편, 비용 절감을 HP의 최우선 과제로 정했다. 다른 CEO였다면 이런 움직임이 별 호응을 얻지 못했을지도 모른다. 그러나 마크 허드는 회사의 임직원들과 협의해 집요하게 계획을 추진했다. 특히 HP의 기초체력을 향상시키는 데 주력하며 피오리나가 지키지 못한 약속을 하나씩 이뤄 나갔다. 피오리나의 편에서 보자면 허드는 결과적으로 그녀가 내린 전략적 판단의 수혜자가 되었다. 컴팩과의 합병이 마침내 효과를 발휘하기 시작하는 등 전반적으로 HP의 체질이 개선되었다.

한편 머크에서는 '인물 판단' 영역에서 여러 차례 심각한 실수가 있었다. 그중에서도 가장 의아한 결정은 다름 아닌 레이 길마틴을 CEO로 영입한 것이다. 머크의 바이옥스가 심장에 문제를 일으킨다는 증거가 속속 등장하는데도 대응을 회피하는 듯하던 길마틴은 결국 수십억 달러 규모의 회수 조치를 지시했다. 하지만 이 조치가 내려질 무렵에는 이미 전 세계 80여 개국에서 8,600만 명 이상이 바이옥스를 복용하고 있었다.

길마틴 이전의 CEO로서 은퇴를 계획하고 있던 로이 바젤로스는 후임자를 물색하던 1993년에 최고운영책임자COO였던 리처드 마컴Richard Markham을 유력한 후보로 지명했다. 그런데 바젤로스의 은퇴를 불과 몇 개월 앞두고 마컴이 '일신상의 이유'를 들어 느닷없이 회사를 떠나 버리자 머크의 이사회는 대대적으로 CEO 후보자 물색에 나서야 했다.

바젤로스의 은퇴 날짜가 코앞에 닥치자 다급해진 이사회는 레이 길마틴이라는 어설픈 선택을 하고 만다. 의료기술 업계의 고만고만한 회사인 벡턴디킨슨의 CEO를 지낸 길마틴으로서는 머크라는 훨씬 크고 복잡한 회사를 경영할 준비가 되어 있지 않았다. 더구나 기존의 의료기술 업종과 머크가 속했던 제약 업종은 분야부터 완전히 달랐다.

마크 허드 역시 HP보다 훨씬 작은 회사에 몸담았지만 NCR과 HP의 사업 분야는 적어도 벡턴디킨슨과 머크처럼 현격하게 다르지는 않았다. 실제로 HP의 이사들은 허드의 영입 배경으로 그와의 면접 내용을 언급했다. HP 이사회와의 면접에서 허드는 HP가 어떤 곳이며 어떻게 성공을 구가해 왔는지에 대해 매우 깊이 있게 설명했다고 한다.

길마틴이 머크의 CEO로 취임했지만 그가 간절히 바라던 '고효율 팀'을 구성할 능력은 부족했다. 전임자였던 바젤로스는 의학박사로서 머크의 연구팀을 이끌며 오랫동안 이 회사에 재직했다. 특히 자신이 의학 전문가였기에 다른 과학자에게 의존하지 않고서도 비즈니스와 관련해 훌륭한 판단을 할 능력이 있었다. 반면에 길마틴은 의학 연구와는 동떨어진 사람이었기 때문에 많은 것을 주변 사람에게 의존할 수밖에 없었다. 설상가상으로 그가 의지한 사람들조차 적임자가 아니었다. 결과적으로 제대로 팀을 꾸리지 못한 탓에 좋은 정보와 조언을 얻기 어려웠던 것이다.

칼리 피오리나 역시 HP를 이끌기에 어울리지 않는 인물이었다. 그녀는 HP에 몸담기 전에 AT&T에서 영업과 마케팅 책임이사를 거쳐 루슨트테크놀로지스의 '국제 서비스 사업부' 책임자까지 올랐다. 그러나 구조적으로 복잡하고 사업 영역도 다양한 다국적 하이테크 대기업을 이끈 경험은 없었다. 게다가 피오리나와 길마틴 모두 사람을 판단해 본 적이 거의 없을 뿐 아니라 경쟁력을 극대화하도록 팀을 구성해 본 경험도 드물었다.

사람을 판단하는 일은 나머지 두 가지의 판단보다 훨씬 복잡하고 어렵다. 특히 아랫사람에 대한 리더의 편애나 반감으로 냉정한 판단이 어려울 때도 있고, 리더에게 선택받지 못한 사람이 반발하는 경우도 적지 않다. 하지만 누가 어떻게 반응하든 사람에 대한 판단은 정확하고 냉철해야 하며 하나의 프로세스로 진행되어야 한다.

많은 구성원이 있는 조직에서의 인물 판단은 자칫 '승부 게임'으로 비칠 수 있다. 그래서 사람들은 그저 지지 않으려고 정치적 영향력을 행사하기도 한다. 이때 리더가 현명하게 판단하기 위해서는 그들 각자의 영향력을 적절히 조율할 수 있어야 한다.

전략 판단

길마틴의 머크가 처한 위기는 바이옥스뿐만이 아니었다. 그는 이외에도 여러 차례의 전략적 판단 착오를 범했다(사람을 잘못 판단함으로써 결국 다른 문제들을 양산한 것이다). 길마틴이 취임하기 전의 머크는 신약을 개발할 때 과학자들에게 전적으로 의존했다. 이것은 머크의 성공을 이끈 중요한 전략이기도 했다. 그런데 1990년대 중반에 접어들어 몇몇 유망 의약품에 문제가 생기면서 신약 공급에 큰 차질이 생겼다. 머크의 '독자주의적' 문화에 직면한 데다 조언받을 사람조차 없었던 길마틴은 문제의 심각성을 제대로 인식하지 못한 탓에 전략적 변화를 꾀할 수가 없었다.

리더의 역할은 그 조직을 성공의 길로 이끄는 것이다. 따라서 현재의 전략으로 성공에 이를 수 없다면 새로운 방향을 찾는 것이 리더가 해야 할 일이다. 그리고 전략을 올바르게 판단하려면 (첫째) 먼 지평을 내다보고 의문점을 찾아내어 해결하는 리더 자신의 능력과 (둘째) 리더가 도움을 얻으려고 선택한 사람들의 후원이 중요하다.

잭 웰치는 피터 드러커와 교류했던 덕분에 전략적 사고에 많은 영향을 받았다고 한다. GE의 CEO로 취임한 직후에 잭 웰치가 피터 드러커를 초청해 만남을 가졌다. 두 사람은 GE의 방대한 사업 부문에 대해 논의했는데, 드러커가 웰치에게 이렇게 물었다. "지금 이 사업을 하고 있지 않다면, 그래도 이 분야에 진출할 생각이 있으신가요?" 이 한마디가 잭 웰치의 사고를 일깨우는 데 결정적인 역할을 했다. 덕분에 잭 웰치는 '1, 2위가 아니면 그렇게 만들든지, 문을 닫든지, 아니면 매각하라!'는 자신만의 전략을 세울 수 있었다.

업계에서 1위 또는 2위의 사업부만을 통해, 그리고 1위나 2위가 될 가망이 없는 사업부는 중단시키거나 매각해 GE의 성공을 이끈다는 그의 전략은 이렇게 완성되었다. 대표적인 사례가 1984년에 있었던 GE 하우스웨어스Housewares의 매각이었다. 언론은 GE의 유망한 사업부 하나를 팔아먹었다면서 잭 웰치를 비난했다. 그러나 아시아의 값싼 제품들이 물밀듯이 몰려오는 상황에서 경영난이 점점 심해지던 이 사업부를 매각한 것은 시기적으로나 방향 측면으로나 매우 적절했다. 잭 웰치는 피터 드러커와의 교류를 통해 새로운 전략적 사고방식의 틀을 마련했다. 그리고 이 판단은 GE의 역사까지 크게 바꿔 놓았다.

20년의 임기 동안 잭 웰치는 GE의 전략을 여러 번 수정했다. 그러나 피터 드러커가 제기한 근본적인 질문만큼은 절대 잊지 않았다. 1990년대 중반, GE 크로톤빌 리더십 연수원에서 강의를 듣던 중간관리자들이 그에게 도전을 해왔다. '1, 2위가 아니면 안 된다'는 전략 때문에 각 사업부 경영자들이 잔머리를 쓰는 바람에 회사에 막대한 손해를 끼친다는 주장이었다.

실제로 사업부 경영자들은 시장 범위를 너무 좁게 설정하는 경향이 있었다. 그 때문에 해당 영역 내에서는 1, 2위를 차지할지 몰라도 회사 차원에서는 큰 기회를 놓치고 있었다. 중간관리자들의 의견을 들은 그는 모든 사업부 경영자에게 시장을 재규명하도록 지시해 각 사업부의 시장 영역을 10퍼센트 이상 늘렸다. 또한 1990년대 중반에는 GE를 단순히 상품만 판매하던 곳에서 서비스까지 제공하는 회사로 탈바꿈시켰다. 물론 그때도 GE는 다양한 장비와 전자장치를 생산했지만, 예컨대 CAT 스캔 장비나 MRI 외에도 유능한 방사선팀을 병원에 지원하는 등 새로운 경영 모델을 도입했다. 각종 장비는 병원의 효율적인 운영을 돕기 위해 제공하는 소프트웨어와 더불어 다양한 지원방식 중 하나에 불과했다.

잭 웰치의 뒤를 이은 제프 이멜트는 GE의 전략에 대해 자신만의 판단을 내렸다. 이멜트는 GE를 첨단기술 회사로 탈바꿈시키겠다는 전략을 세웠다. 그래서 나노 기술과 분자영상의학을 비롯해 10대 기술을 선정하고, 이 전략을 실행하고자 100억 달러를 들여 아머샴(영국의 생명공학업체)을 인수하는 등 여러 차례의 인수를 단행했다.

제프 이멜트는 전략적 판단이야말로 회사의 가치를 높이는 지름길이라고 믿는다. 2004년 가을, 미시간 주 MBA 모임에서 그는 이렇게 말했다. "지금은 전략을 세우고 업종을 선택하는 것이 그 어느 때보다 중요한 시대입니다. 여러분이 GE의 회장이라면 의료산업이나 오락산업 같은 분야 중에서 어느 것을 선택할지 고민에 고민을 거듭해야 합니다. 오늘의 환경에서 잘못된 전략을 세우면 아무리 훌륭하게 실행하고 운영을 잘하더라도 돌이킬 수 없습니다. 따라서 어떤 산업이 바람직하고 어떤 경영 모델이 적합한지 제대로 알아야 합니다. 전략이 그 어느 때보다 중요합니다."[1]

위기 판단

리더로서 위기 상황을 현명하게 판단하는 것도 매우 중요하다. 위기는 글자 그대로 매우 위험한 순간이기 때문이다. 이 시기의 실수 역시 인물과 전략의 판단 실수만큼이나 치명적이다. 차이가 있다면 시기가 시기인 만큼 위기 상황에서 실수를 하면 곧바로 치명적인 결과로 이어진다는 점이다.

과거의 위기 상황에서 어떤 판단이 이루어졌는지 살펴보는 것도 중요하다. 문제를 해결하는 것이 매우 중요한 위기 상황에서는 선례를 살펴봄으로써 과거 위기에 대처했던 사례를 집약해서 파악할 수 있다. 위기에 대처하려면 리더의 가치관과 목표의식이 분명해야 하며, 모든 경영진 사이의 커뮤니케이션도 개방적이고 원활해야 한다. 또한 정보를 수집해 분석하는 프로세스를 갖추고 실행에도 만전을 기해야 한다. 위기 상황에서 현명하게 판단하기 위해서는 이 모든 요소가 필요하며, 위기라는 압박감이 클수록 더더욱 중요하다.

위기 상황에서도 평소에 해오던 대로 대처하는 조직이 바로 전쟁터에 나선 군대다. 군대의 리더들은 지위고하에 상관없이 위기 대처를 일상적인 역할로 받아들인다. 위험 수준이야 비즈니스보다 전쟁터가 훨씬 심하겠지만 상황의 긴급성이나 예측 불가능성, 심각성은 다를 게 없다. 따라서 비즈니스 리더라면 위기 상황에서 군대 리더들의 대처방식을 되짚어 보고 교훈을 얻어야 한다.

웨인 다우닝은 위기 상황에서 가장 필요한 것으로 자기 자신의 지혜를 꼽았다. 그의 말처럼 어떤 상황인지 최대한 정확히 파악한 다음에 주어진 여건에서 목적을 달성하기 위해 최선의 전략을 세워야 한다. 그리고 무엇보다 전략적 목표부터 분명하게 알아야 한다. 다음은 다우닝의 말이다. "위기 속에서도 이를 망각하는 사람을 볼 때마다 소스라치게 놀라곤 합니다. 이런 사람도 해결책을 찾아내긴 하겠지만 머지않아 그것이 본래의 목적과 동떨어져 있음을 깨닫게 되지요. 임무에 집중하지 못하면 결국 쓸데없는 데 시간과 노력을 허비할 뿐입니다."

위기는 군사조직에만 한정되지 않는다. 모든 조직이 어떤 식으로든 위기에 직면하곤 한다. 그중에는 사람의 생명까지는 아니더라도 조직에 치명적인 손실을 끼치는 위기도 있다. 판단 착오로 위기에 제대로 대처하지 못하면 그 조직 자체가 아예 사라질 수도 있다. 기업의 위기 사례 중 가장 자주 거론되는 것이 바로 존슨앤존슨J&J의 타이레놀 사건이다. 상점 판매대에서 독극물이 든 타이레놀 캡슐이 발견되었다. 그러자 당시 J&J의 최고경영자였던 짐 버크는 그 제품의 신속한 회수를 지시해 직원뿐 아니라 소비자에게도 깊은 인상을 남겼다. 그 후 소비자들은 이 회사의 타이레놀에 더 깊은 신뢰를 보였다. 짐 버크는 위기 상황에서도 신속하게 판단했다. 이런 결정이 가능했던 것은 '소비자 우선!'이라는 J&J의 신조 덕분이었다.

존 챔버스의 위기 판단

타이레놀 사건보다 더 심각하면서 한 기업의 생존마저 위협했던 사례는 2001년 초에 일어난 시스코의 주가 폭락 사태였다. 존 챔버스가 최고경영자로 일하던 당시, 시스코는 한마디로 최고의 기업이었다. 짧은 기간이었지만 시스코의 시가총액은 5,310억 달러까지 치솟으며 GE(2000년 3월 5,200억 달러 기록)를 능가해 세계 최고를 기록했다. 그러다 2001년 초에 접어들어 업계 전체의 주가가 폭락하면서 시스코는 거의 치명적인 위기에 직면했다. 챔버스의 말을 들어 보자. "그때 누군가가 우리더러 70퍼센트 성장률이 어떻게 45일 만에 마이너스 30퍼센트까지 떨어질 수 있느냐고 물었다면, 아마도 난 산술적으로 불가능한 일이라고 답했을 겁니다. 그만큼 회사는 자유낙하 상황이었지요."[2]

시스코의 주가는 2000년에 80달러 이상까지 올랐지만 2002년 하반기에는 9.42달러라는 사상 최저가를 기록했다(최고가일 때는 S&P 평균보다 250퍼센트 높았으며 최저가는 50퍼센트 아래였다). 같은 CEO 밑에서 세계 최고의 시가총액을 기록했다가 그처럼 곤두박질친 사례는 비즈니스 역사상 처음이었다. 그리고 2007년 중반에는 주가가 다시 28달러까지 회복되어 시가총액도 1,700억 달러까지 늘어났다.

IBM의 위기 역시 기업의 존폐까지 위협받을 정도였지만, 시스코와는 성격이 많이 달랐다. 존 에이커스가 IBM을 이끌던 1990년대 초, 이 회사의 시가총액은 1,000억 달러에 육박하다가 380억 달러까지 폭락했다. 이 일로 존 에이커스는 쫓겨났고 이사회에서 위기를 타개할 수 있는 새 CEO를 외부에서 물색한 끝에 루 거스너를 영입하기에 이르렀다. 반면에 챔버스의 위기 판단은 비즈니스 역사상 가장 인상적인 반전의 출발점이 되었다. 그뿐 아니라 절벽에서 떨어질 때의 리더와 이후 상황 판단을 통해 회사의 생명력을 되살려낸 리더가 동일 인물이라는 사실도 주목할 만한 부분이다.

위기가 불거지기 전에 미리 상황을 감지해 대비책을 내놓았어야 한다는 비난을 들을 법도 했다. 실제로 시스코 안팎의 사람들 중에는 앞서 위기의 조짐을 느낀 이도 더러 있었다. 비록 늦은 감이 없지 않았지만 챔버스는 위기가 본격화된 직후에 신속히 사태 수습에 돌입했다. 전체 인력의 18퍼센트에 해당하는 8,500명을 감원하고, 그 무렵에 추진하던 모든 인수 협상을 중지했으며, 부서 간 협력 체제로 전환하고, 불필요한 지출을 줄이는 등 시스코를 위한 새로운 전략적 발판을 마련했다. 덕분에 그의 말처럼 "시스코는 51일 이후부터 이미 앞을 향해 달리기 시작했다."[3] 루슨트와 노텔, 스리컴 같은 경쟁 IR(정보검색) 회사들이 회복까지 여러 해가 걸린 점과 비교하면 대단히 빠른 속도였다.

위기 상황에서 신속한 조치로 브랜드와 회사의 명성을 모두 구한 J&J의 짐 버크와 달리 존 챔버스는 오로지 회사를 살리는 데 역점을 두었고, 그 후에는 회사의 각 부문을 이끌 적임자를 선정하기 위해 많은 노력을 기울였다. 또한 위기에서 완전히 벗어나고자 새로운 전략도 구축했다. 이 과정을 거쳐 시스코는 완전히 새로운 회사로 거듭났다. 단순한 이미지 개선이 아니라 재창조되었다고 해도 과언이 아니었다. 그리고 J&J 역시 소중한 브랜드 하나를 지켜내는 동시에 훌륭한 평판을 창조해 냈다.

판단 프로세스 : 준비, 결정, 실행

인물, 전략, 위기의 3대 영역에서 이루어지는 판단 프로세스는 그 결정의 필요성을 인식하는 것에서 시작해 성공적인 실행에 이르기까지 계속된다.

결정이란 단순한 일회성 행사가 아닌 매우 복잡한 '흐름'의 하나라는 것을 이해하고 나면 어느 순간 '수정'의 필요성을 깨닫게 된다. 그리고 불가피한 상황이 벌어지는 순간도 있다. 폭탄이 떨어지고, 회사가 팔리고, 주요 경영진이 해고되고, 기회가 사라지는 것이 모두 돌이킬 수 없는 일이다.

JP모건체이스에서 뱅크원을 인수하기로 결정한 뒤로 되돌아올 길은 없었다. 그러나 실행 과정을 수정할 때는 여러 가지 기회도 뒤따르게 마련이다. 합병 결정이 현명했는지는 언젠가 드러날 테고, 실행 과정은 발전 또는 가치 파괴Value Destruction 현상으로 전개될 것이다. 그 결과는 JP모건체이스의 회장인 제이미 다이먼과 경영진 그리고 주요 인사들이 선택하는 전략과 판단의 '수준'에 따라 달라질 것이다.

결정을 일회성 사건이 아니라 연속적 흐름으로 이해해야 하는 또 다른 이유는 그 속에 있는 수많은 기회를 꽃피우기 위해서다. 칼리 피오리나가 2001년 컴팩을 인수하기로 한 전략적 판단에는 문제가 없었다. 그러나 그 결정은 실행 과정의 오류로 빛을 잃고 말았다. 훌륭한 결정을 내리고도 행동이 뒷받침되지 않은 탓에 제대로 합병을 추진하지 못했고 애초에 기대한 실적도 올릴 수가 없었다. 결과적으로 피오리나의 컴팩 합병은 오판으로 드러난 것이다. 물론 피오리나의 뒤를 이어 HP의 CEO에 선임된 마크 허드가 이 합병을 성공적으로 마무리하긴 했지만, 그렇다고 피오리나의 결정이 제대로 실행되지 못한 사실을 덮을 수는 없다. 합병 결정이 무난히 해결될 수 있었던 것은 허드의 취임 이후로 새롭고 현명한 결정이 이어졌기 때문이다.

　결정의 필요성을 인식하고도 실행에 서툴러 일을 그르친 피오리나와는 달리 과거 AT&T와 웨스팅하우스, GM의 경영자들은 판단 프로세스의 시작 단계부터 실수투성이였다. 이른바 '삶은 개구리 Boiled Frog' 현상에서 벗어나지 못한 탓이다. 냄비 속의 물을 서서히 데우면 그 속의 개구리가 뛰쳐나가지 않는 것처럼, 이들 기업의 경영자들 역시 변화하는 경쟁 환경에 신속하고 적극적으로 대처하지 못했다. 그들은 업계에서 진행되는 변화를 그저 점진적인 현상의 하나로 간주한 채 대응을 미루다가 결국 회사를 존폐 위기까지 내몰았던 것이다.

　현명한 결정에 관한 한 화려한 경력을 자랑하는 앤디 그로브는 삶은 개구리 현상과 정반대되는 인물이다. 현명한 판단력을 갖춘 사람이 그렇듯이 그 역시 업계의 지평을 끊임없이 관찰하며 중대한 변화를 인지한다. 컴퓨터 산업의 격동기에 인텔을 이끈 그로브는 저서 《승자의 법칙》에서 자칭 '전략적 변곡점 SIP, Strategic Inflection Point'에 대해 설명한다.[4] SIP는 '10배 효과 Ten-times Force', 즉 변화의 유형에 따라 10배의 상대적 파급효과가 미칠 수 있다는 것을 의미한다. 따라서 그는 중대한 변화의 시점을 인지해 신속하고 과감하게 대응하는 것이야말로 리더의 중요한 역할이라고 말한다. 인텔이 늘 게임의 선두를 유지해 올 수 있었던 것은 작은 변화라도 신속히 감지해서 임직원들에게 정확한 방향을 제시하고 의욕을 북돋운 결과다.

현명한 판단은 지금 알고 있는 것을 얼마나 깊이 생각하느냐에 따라 좌우된다. 그리고 판단하는 사람의 지적 수준과 가치관, 정보를 수집하고 분석하는 능력도 필요하며, 여기에다 경험과 지식까지 뒷받침되어야 한다. 판단 프로세스를 설계하고 이끄는 능력은 학습 과정과 직결된다. 그러나 프로세스의 진행에 문제가 생기는 것은 주로 리더가 '기본'을 간과한 결과일 때가 많다.

준비 단계

의사결정의 필요성을 감지하고 규명하라

바버라 터치먼이 저서 《바보들의 행진》에서 지적했듯이 현실을 제대로 인지하지 못해 변화의 필요성마저 깨닫지 못하다가는 치명적인 상황에 빠질 수도 있다.[5] 비즈니스 세계에서 미국의 철강회사들과 디지털 이큅먼트DEC나 컴팩 같은 하이테크 회사들이 종말을 고한 것, 그리고 자동차 제조회사들이 심각한 경영난에 직면한 것 등은 모두 중대한 결단의 필요성을 제대로 인식하지 못한 결과다. 이것은 앤디 그로브의 최대 강점이자 켄 올슨의 최대 약점이기도 하다. 올슨은 DEC의 수장으로서 컴퓨터와 IT 산업의 개혁과 발전을 이끌어야 하는데도 오히려 회사를 자만에 빠뜨렸다.

의사결정의 필요성에 대한 감지 여부는 세 가지 영역에서 각기 차이가 있다. 특히 '인물 판단' 영역에서는 미래를 위한 준비가 아니라 '시기가 닥쳤을 때' 결정이 이루어지는 경우가 더 많다. 최고경영자든 중간관리자든 조직의 모든 사람이 언젠가는 그 자리를 떠나게 마련이다. 이렇게 되면 후임자를 정해야 한다. 그런데 좋은 평판을 듣고 있는 상당수 대기업조차도 유독 최고경영자에 대해서는 제대로 승계 준비를 하지 않고 있다.

조직의 측면에서는 리더를 정하는 것만큼 중요한 일도 드물다. 적합한 인물을 현명하게 선택하는 것이야말로 대단히 중요한 과제다. 하지만 지난 10여 년간 머크와 HP, 3M, 보잉, 코닥, 모토로라, AT&T(미국 통신회사 SBC에 매각되었지만 이름은 유지함) 등 많은 대기업이 외부 인사를 최고경영자로 영입했다. 그런데 이 회사들의 경영진은 최고경영자에게 위기가 닥치기 10년 전에는 무엇을 하고 있었을까? 그들은 유능한 새 인물을 일찌감치 발굴해야 하는 필요성조차 느끼지 못했던 것이 사실이다.

반면에 GE와 펩시, 인텔, P&G 같은 회사들은 내부의 CEO 후보자들을 물색하고 리더십 파이프라인Leadership Pipeline을 구축함으로써 현명한 의사결정을 돕는다.

인물 판단이 중요한 또 다른 이유는 회사에 있어서는 안 될 사람을 내보내기 위해서다. '잡초 제거' 실험은 많은 리더에게 큰 부담으로 작용한다. 꼭 필요한 일이지만 심리적인 부담 때문에 실행은 엄두도 내지 못한다. 이처럼 현실의 어려움에 맞서는 일이야말로 리더가 반드시 해야 하는 가장 어려운 일 중 하나다. 더군다나 사람을, 특히 평소에 친분이 있던 직원을 해고하는 것은 리더로서 감당하기 어려운 고통이기도 하다.

리더도 사람이기 때문인데, 사람에게는 누구나 맹점이 있다. 그 맹점 때문에 현실을 왜곡된 시선으로 바라보기도 하고 사람에 대해 애착을 느끼기도 한다. 그리고 조직의 하위직에서 고위직으로 올라갈수록 리더가 느끼는 고충도 커지게 마련이다. 엔론의 CEO를 지낸 켄 레이가 제프 스킬링과 앤디 패스토를 일찌감치 해고했더라면 어땠을까? 켄 레이가 악질적인 사기꾼은 아니었다 하더라도 회사에 있어서는 안 될 사람을 방치한 책임만큼은 피하기 어렵다. 문제는 엔론과 같은 극단적인 사례가 그리 드물지 않다는 사실이다.

앞서 언급했듯이 전략적 판단을 위해서는 현실의 지평을 면밀히 점검해 사전에 의사결정의 필요성을 인지하는 것이 중요하다. 조직의 리더가 전략적인 결정의 필요성을 인지하려면 앤디 그로브에게 교훈을 얻을 필요가 있다. 그는 내일의 환경을 면밀하게 예측해 조직을 개조해야 한다고 주장하는데 이런 태도를 늘 견지하기는 어렵다. 그러기 위해서는 엄격한 자기통제와 더불어 지속적인 관찰이 필요하기 때문이다. 조직의 리더가 전략적 판단의 필요성을 인지하지 못해 재앙을 초래한 사례는 수없이 많다. 저명한 경제학자 조지프 슘페터(1883~1950)는 새롭게 등장한 업종의 대부분이 크게 번성하지 못하는 주된 이유가 변화의 필요성을 깨닫지 못한 결과라고 지적했다. 전신에서 전화, 철도에서 자동차, IBM 하드웨어에서 마이크로소프트 소프트웨어에 이르기까지 많은 업종에서 이런 현상이 빚어졌다.

위대한 리더들은 피터 드러커가 늘 그랬듯이 어떤 산업이 오늘에 유망하고 또 어떤 산업이 내일에 유망할지를 끊임없이 연구한다. 드러커는 '의도적 폐기Purposeful Abandonment'를 주장한다. 다시 말해 더 이상 통하지 않는 것은 버리고 내일의 돈벌이가 되는 것에 집중하라는 뜻이다. 환경이 바뀌면서 비즈니스 이론도 달라지곤 한다. "당신을 이곳으로 이끈 것이 저곳까지 이끈다는 보장은 없다"는 말도 있다. 미래를 예비해야 한다. 현명한 리더는 전략적 판단의 필요성이 불거지기 전에 미리 준비한다.

위기는 누구나 느낄 수 있을 정도의 극심한 충격과 함께 그 실체를 드러내곤 하지만, 반면에 소리 없이 다가오는 위기도 있다. 머크의 경영진은 의사결정의 필요성을 감지하고 규명하는 데 소홀했다. 바이옥스 문제를 사전에 입증할 데이터가 무궁무진했는데도 결국은 리콜뿐 아니라 법적 분쟁까지 자초하고 말았다.

조직의 리더는 두 가지 능력을 갖춰야 한다. 첫째는 인식의 차원으로, 중요한 신호와 그렇지 않은 것의 차이를 인지하는 능력을 갖춰야 한다. 그리고 둘째는 감성의 차원으로, 위기가 닥쳤을 때 머뭇거리지 말고 정면으로 맞서야 한다. 잭 웰치는 이 두 가지를 두루 갖춘 리더를 찾았으며 특히 후자, 즉 어려운 결단을 내릴 수 있는 리더의 자질을 더 높이 평가했다. 그는 힘든 상황에서도 주저하지 않고 결정을 내릴 수 있는 능력을 '결단력Edge'이라고 표현했다. 결단력이 있는 리더는 상황을 가늠해 "예"와 "아니요"로 대답할 뿐 "글쎄요"란 대답은 피한다.

의사결정을 구체화하고 명칭을 붙여라

결정의 필요성을 인지한 리더는 그 내용을 구체화하고 명칭을 붙여야 한다. 여기서 구체화는 전체 프로세스를 견인하는 역할을 한다. 이 책의 공동 저자인 노엘 티시는 1970년대에 어느 경영자의 사례를 보면서 '초안의 힘'이 얼마나 위력적인지 실감했다. 초안의 힘이란 어떤 문제를 구체화하고 여기에 명칭을 부여하는 과정에서 상당한 힘이 형성된다는 것을 의미한다. 1990년대에 잭 웰치는 가중되는 가격 압박을 상쇄하려면 서비스 수준을 향상해야 한다고 각 사업부 경영자들을 독려했다. 그리고 GE의 이런 전략에 대해 다음과 같은 표현을 사용했다. "우리는 서비스를 별도로 취급하는 제조회사가 아닙니다. 우리는 경쟁력 있는 제품을 갖춘 서비스 회사입니다."

미국 전역에서 675개 이상의 매장을 운영하는 베스트바이는 '제품 중심의 대형 소비가전 소매회사'로서 큰 성공을 거두었다. 하지만 2002년 이 회사의 CEO로 있던 브래드 앤더슨과 경영진은 점점 높아지는 소비자 위상을 고려해 '고객 중심형' 전략을 수립하고 고객 각자에게 맞춤형 제품과 서비스를 제공하려고 노력해 왔다.

'구체화'를 주제로 출간된 사회심리학 도서는 수도 없이 많으며, 그 사람의 '인지 지도Cognitive Maps'가 어떻게 만들어져 있느냐에 따라 세상을 이해하는 방식도 달라진다. 이것을 '의식모형Mental Model'이라고도 부르는데, 창의적인 리더는 이런 의식모형을 활용해 아랫사람이 특정 문제를 더 생산적으로 생각하고 접근하도록 유도한다.

"기존의 비즈니스 포트폴리오로 성공할 수 있는 방법을 찾아라!"

HP의 마크 허드는 신임 CEO로 취임한 직후에 내린 판단을 이렇게 정리했다. "우리의 비즈니스 포트폴리오가 가진 가치를 충분히 실현해야 합니다. 그러기 위해서는 전략적인 부분보다 그 전략의 실행에 초점을 맞춰야 합니다."[6] 취임 후 투자자들에게 보낸 첫 연차보고서에서 그가 남긴 글의 한 대목이다. 이처럼 그는 각 사업부의 실적을 향상시키는 데 주력했다. 만약 그때 그가 다른 판단을 내렸다면, 즉 '어떤 비즈니스에 주력할 것인가?'에 초점을 맞췄다면 이후에 수집한 정보도 달랐을 것이다. 따라서 포트폴리오 역시 대대적인 개편이 뒤따랐을 것이며, 그 결과도 크게 달라졌을 것이다.

루 거스너가 IBM의 경영권을 쥔 1990년대 초, 빅 블루(Big Blue, IBM의 애칭)가 심각한 위기에 빠졌다. 무려 81억 달러의 적자를 공개하기 직전이었다. 아집에 빠져 PC 혁명을 도외시하고 고립을 자초한 탓에 한때 독보적인 PC 제조회사였던 IBM의 명성은 땅에 떨어졌다. 거스너는 이런 상황에서 내린 판단을 이렇게 구체화했다. "1993년 봄에 내가 해야 했던 가장 중요한 일은 경영의 초점을 시장에 맞추는 것이었습니다. 그것만이 성공의 유일한 방책이었으니까요. 그리고 만나는 사람들 모두에게 이렇게 말하고 다녔습니다. IBM 운영자의 하나가 바로 고객이고, 우리는 그에 맞춰 회사를 바꿔야 한다고 말입니다."[7] 그 뒤로 거스너는 우리가 잘 알고 있듯이 근대 비즈니스 역사상 가장 인상적인 반전 스토리를 써 내려가기 시작했고, 결국 IBM을 5년 만에 80억 달러의 적자 회사에서 50억 달러의 흑자 회사로 돌려놓았다.

위기 판단을 구체화하는 과정에서 많은 사람이 자주 저지르는 실수는 바로 '기간을 너무 짧게 잡는 것'이다. 위기는 말 그대로 심한 압박을 받는 시간이지만, 기간이 짧으면 소모하는 자원의 양에 비해 목표에 이르는 과정이 비효율적이 되기 쉽다. "위기 상황에서 병사들을 이끄는 것은 임무입니다. 비즈니스 세계에서 그 임무는 비즈니스 전략을 완수하는 것이지요. 반드시 임무를 달성해야 합니다. 분주히 움직이면서 만족을 느낄 수도 있지만, 그 움직임이 임무와 동떨어져 있다면 결국 자원만 낭비한 채 되돌아와 다시 시작해야 합니다." 다우닝 장군이 한 말이다.

레이 길마틴은 바이옥스 사태를 적절히 구체화하지 못했다. 이 실수가 결국 여러 차례의 판단 착오로 이어져 머크의 생존마저 위태롭게 만든 것이다.

적합한 인물을 동원해 효율적으로 가동하라

팀의 목표에 기여할 수 있는 능력을 가진 사람을 제시간에 동원하고 그렇지 못한 사람은 배제하는 것이 중요하다. 인재를 선발할 때는 조직의 서열을 무시해야 할 경우도 있고, 때로는 뜻하지 않은 곳에서 원하는 사람을 찾아내는 경우도 있다. 어떤 사람을 얼마나 많이 확보하느냐를 결정하는 일도 쉽지 않다. 사람을 고를 때는 두뇌와 경험도 필요하겠지만 인성과 의지도 그에 못지않게 중요하다. 또한 집단사고가 필요하지 않을 수도 있고, 불평꾼과 우유부단한 사람의 경우에도 도움이 되지 않는다.

GE도 그릇된 판단 때문에 전자제품 사업부에서 매서운 경험을 한 적이 있다. 1980년대에 GE는 컴프레서 부문의 실패로 10억 달러의 손실을 기록했다.

1980년대 초, GE의 전자제품 사업부는 기존의 소형 에어컨에 주로 사용되던 컴프레서에서 아이디어를 얻어 냉장고에 사용할 회전형 컴프레서를 새롭게 설계했다. 신형 컴프레서는 기존의 것과 비교하면 부품 소비량이 3분의 1에 불과하고, 생산비도 절반 수준이었으며, 에너지 소비효율도 훨씬 높았다. 그러나 위험도 적지 않았다. 이 제품에 들어갈 부품은 오차 허용도가 머리카락의 100분의 1에 불과할 정도로 정교해야 했으며, 새로운 자동화 공장을 설립하는 데만 1억 2,000만 달러를 투자해야 했다. 당시 CEO였던 잭 웰치는 임원들과의 난상토론 끝에 이 계획을 승인했다. 외부에서 구입하기보다 신형 컴프레서를 자체 개발하는 게 현명하다고 판단한 것이다. 그러나 이 판단은 머잖아 쓰라린 경험으로 되돌아왔다.

신형 냉장고를 선보인 1986년, 많은 소비자가 이 제품을 구입하면서 GE의 시장점유율도 2퍼센트 높아졌다. 회전형 컴프레서는 공학기술의 비약적인 발전을 의미했다. 그러나 이듬해인 1987년, 회전형 컴프레서 냉장고가 잇따라 고장 나기 시작했다. GE 엔지니어들의 연구로 그 원인이 밝혀졌는데 핵심 부품의 내구성이 예상에 훨씬 못 미친 데다 수리도 매우 어려웠다. 이때 잭 웰치가 또 하나의 결단을 내렸다. 다른 회사에서 구입한 일반 컴프레서로 모두 교체하도록 한 것이다. 1988년 주주들에게 보내는 연차보고서에서 그는 이렇게 적었다. "우리는 고객을 지원하고 만족시키는 회사라는 명성을 더 강화함으로써 지금의 어려움을 극복해 나갈 것입니다."

결론적으로 판단 프로세스에 문제가 있었던 것이다. 적합한 인물을 동원해 활용했더라면 판단이 달라질 수도 있었겠지만 당시에는 그런 존재가 가까이에 없었다. 몇몇 엔지니어가 우려를 전달하려고 했지만 층층이 쌓인 관료주의적 서열 때문에 그 목소리는 위까지 전달되지 못했다. 그릇된 결정에 이르게 된 과정을 돌이켜 본 웰치는 이렇게 결론지었다. "당시에는 승인을 얻으려면 여러 단계를 거쳐야 했지만 결정에 대한 책임은 어느 누구도 지지 않았습니다. 우리에겐 주인의식이 필요합니다." 이 결정으로 GE는 막대한 금전적 손실과 더불어 평판까지 훼손되고 말았다. 이 일과 다른 몇몇 유사한 사건에서 교훈을 얻은 웰치는 GE의 계급주의를 타파하는 데 온 힘을 기울였다. 중요한 결정을 내릴 때마다 그 분야에 대한 전문지식을 갖춘 인재를 활용해 현명한 판단을 내리는 것이다.

의사결정이라는 배에 사람을 승선시킬 때는 균형을 맞춰야 한다. 다시 말해 현명한 결정과 실행을 도울 사람 못지않게 그 결정에 이의를 제기할 수 있는 사람도 필요하다. 지금까지 숱한 리더들이 반대자의 가치를 평가 절하하는 바람에 수없이 많은 실패를 되풀이했다. 포드에서는 그 대가로 잭 네이서가 자리에서 물러났다. 당시 포드는 파이어스톤 타이어 문제로 익스플로러 자동차들이 전복되면서 사망사고가 연이어 발생했다. 네이서는 이 문제에 대처하는 데 거의 모든 시간을 할애했다. 그러나 믿을 만한 팀이 없었던 탓에 네이서가 해결책을 찾는 사이 몇몇 임원은 오히려 그를 쫓아낼 궁리만 하고 있었다. 리더는 어떤 상황에서도 항상 반대자를 염두에 두고 정치력을 발휘해야 한다.

결정 단계

결정을 내려라

제프 이멜트는 주변 자원을 활용해 충분히 고민하고 나서야 결정을 내린다. 리더가 하나의 결정을 내리기 위해서는 타이밍도 고려해야 하고 앞으로 투입될 인력과 자원의 양도 가늠해야 한다. 웨인 다우닝 장군도 전장에서 군대를 이끌 때 이와 비슷한 프로세스를 적용한다고 했다. GE의 제프 이멜트처럼 회사의 전략 방향을 결정하고 실행에 이르기까지는 몇 년 동안의 일관된 노력이 필요할 수도 있다. GE에서 2001년부터 시작된 탈바꿈의 씨앗은 이멜트의 머릿속에서 그려지고 고위직 인사들과의 대화 속에서 자라났다. 이후 GE는 몇 년에 걸친 연속적이고 일관성 있는 결정을 통해 전략적 방향을 수정할 수 있었다.

실행 단계

행동으로 옮겨라

"결과가 없다면 아무리 깊이 생각한들 의미가 없습니다. 소리만

요란하고 결과는 내지 못하는 사람이 세상에 너무나 많습니다." 허니웰의 CEO를 지냈으며 베스트셀러 《실행에 집중하라》의 공동 저자인 래리 보시디의 말이다.[8] 실행은 현명한 판단을 행동으로 표현하는 중요한 과정이다. 결정을 내렸다면 자원과 인력, 정보, 기술 등 그 결정을 지원할 수 있는 모든 것을 동원해야 한다. 합리적인 실행 없이는 아무리 좋은 계획도 공허할 뿐이다. 이 책에서 강조하듯이 현명한 결정에는 항상 좋은 결과가 뒤따라야 한다.

2002년, 베스트바이를 고객 중심적 회사로 탈바꿈시키겠다고 결정한 브래드 앤더슨과 경영진은 몇 년간의 관심과 노력이 필요한 프로세스를 시작했다. 일단 결정이 내려지자 그는 이후 6개월간 베스트바이에서 가장 수익성이 높은 고객집단을 분석하고자 몇 개의 태스크포스팀을 구축했다. 그리고 경영진 중에서 고수익 고객집단을 담당할 사람들을 선발하고, 구조 개선이 필요한 매장들을 선정하는 등 새 전략을 펼치는 데 필요한 모든 자원을 가동해 장기적인 실행에 돌입했다. 실행 기간은 일단 2007년까지로 계획되어 있었지만 그 후로도 베스트바이의 노력은 변함없이 전개되고 있다.

배우고 지속적으로 수정하라

의사결정은 결과에 따라 옳고 그름이 엇갈리므로 실행 과정에서 지속적으로 조율할 필요가 있다. 리더의 판단 과정은 하나의 프로세스이며, 실행 단계에서 어떤 노력이 따르느냐에 따라 결과도 크게 달라진다.

잭 웰치가 2000년 10월, 허니웰을 410억 달러에 인수하기로 한 것이 좋은 예다. 당시만 하더라도 이 결정에 이의를 단 사람은 없었고, 누구나 잭 웰치가 GE를 이끌어 온 20년의 역사에서 기념비적인 사건이 되리라 생각했다. 사실 이 결정에 이르기까지는 적지 않은 시간이 걸렸다. 허니웰은 몇 년간 GE의 인수 레이더망 안에 포함해 둔 회사로, 잭 웰치와 GE는 허니웰과 그 비즈니스 영역에 대해 잘 알고 있었다. 웰치는 이른바 '계획적 기회주의Planful Opportunism'를 실천했다. 먼저 '계획'의 측면에서 보면 허니웰을 파악하기 위한 계획 단계('결정의 준비 단계')가 이미 GE에서 깊이 있게 진행된 상태였다. 그리고 '기회주의'적 측면에서는 GE의 경쟁회사인 유나이티드테크놀로지가 허니웰에 눈독을 들이는 모습을 간파한 잭 웰치가 이 회사의 인수를 '기회'로 간주하고 추진하게 된 것이다. 결정은 치밀하면서도 신속했는데 두 가지 중요한 이유가 있었다. 하나는 유나이티드테크놀로지의 허니웰 인수를 저지하는 것이고, 다른 하나는 허니웰을 인수함으로써 GE의 비즈니스를 강화할 수 있다는 것이다. GE에는 두 가지가 모두 전략적으로 매우 중요했다. 잭 웰치는 여기에다 또 하나를 덧붙였다. 허니웰 인수로 신임 CEO가 지나치게 많은 일을 떠안게 될 것을 염려해 GE 이사회에 자신의 퇴임 시기를 미루어 달라고 주문한 것이다.

판단 프로세스가 실행 단계로 접어들자 잭 웰치는 자신의 신조 한 가지를 실천할 기회를 얻었다. "과거의 현실도 아니고 자신이 소망하는 현실도 아닌, 지금 있는 그대로의 현실에 맞서야 한다!" GE와 허니웰의 거대한 합병에 앞서 미국 법무부의 승인을 받았으며, 이 합병이 (반독점법과 관련해) 아무런 문제 없이 이루어졌다고 EU 집행위원회에도 통보했다. 이제 잭 웰치가 ('실행 단계에서') 해야 할 일은 거의 끝났고, 남은 것은 EU 집행위원회의 손으로 넘어갔다. 그런데 집행위원회가 합병에 반대했던 것이다. 당시 집행위원회의 반독점 수장이던 마리오 몬티는 이렇게 말했다. "두 회사가 EU의 경쟁법을 충족할 수 없다는 사실에 대해 우리도 유감으로 여깁니다. EU는 미국 법무부와 공조해 이 문제를 면밀히 심사했습니다. 그러나 불행히도 그 결론은 서로 달랐습니다."[9]

2001년 6월, GE는 경쟁법과 관련된 문제를 해결하려고 EU 집행위원회에 몇 가지 제안을 했다. 그러나 집행위원회는 GE의 제안이 문제 해결에 미흡하다고 판단해 거부했다. 7월 3일, EU는 공식적으로 두 회사의 합병에 반대 의사를 발표했다. EU의 거부라는 복병에다 경기침체에 따른 위기까지 겹치자 잭 웰치는 신임 CEO인 제프 이멜트의 의견도 고려해 결국 허니웰과의 합병을 없었던 일로 하기로 결정했다.

그렇다면 허니웰 인수 결정은 현명했다고 해야 할까 아니면 그 반대로 보아야 할까? 흥미로운 질문이다. 적어도 충분한 정보를 바탕으로 준비한 허니웰 인수 결정(준비 단계)은 현명했다. 현명했는지 여부에 논란의 여지가 있다면 그것은 실행 단계에서나 거론될 만한 이야기다. 잭 웰치와 경영진이 EU의 결정을 더 정확하게 예견할 방법이 있었을까? 그 해답은 누구도 알 수 없다. 그러나 허니웰의 인수를 포기한 최종 결정은 현명했다. 첫째는 GE가 거대 합병을 파기한 데 따르는 막대한 위약금을 지급할 필요 없이 이 문제에서 벗어날 수 있었다는 점 때문이다. 그리고 둘째는 신임 CEO인 제프 이멜트가 잭 웰치의 입장 때문에 굳이 이 문제에 얽매일 이유가 없었다는 점이다. 어느 모로 보더라도 최종적인 결과는 GE에 큰 다행이었다.

자원과 후원자들

개인이 내린 판단이 얼마나 효과적인지는 자원을 확보하고 적절한 후원자들과 교류하는 능력에 따라서도 크게 좌우된다. 이 자원과 후원자들은 보통 겹치게 마련이다. 유능한 리더는 현명한 결정을 내리기에 앞서 다음 네 가지 유형의 지식을 활용한다.

자신과 관련된 지식

당신이 누구인지 알고 있는가? 당신이 달성하려는 목표에 대해 분명한 가치관을 형성하고 있는가? 그 목표를 이루기 위해 무엇을 하고 무엇을 하지 않을 것인지에 대해 분명한 가치관이 있는가? 무엇을 알고 무엇을 모르는지 정확히 알고 있는가? 타인의 마음을 움직여 긍정적인 반응을 이끌어 낼 수 있는가? 과거의 경험을 미래의 안내판으로 활용할 수 있는가? 들을 준비가 되어 있는가? 리더로서 현명한 결정을 내리기 위해서는 평소 다른 사람의 말에 귀 기울이고 사고를 발전시키며 낡은 관념에서 벗어날 수 있어야 한다. 제프 이멜트는 이 과정을 "자신을 향한 심오한 여정"이라고 표현했다.[10] 리더는 항상 더 나은 방법을 찾으려고 노력해야 하며, 때로는 지금의 것을 부수고 새로운 것을 받아들일 줄도 알아야 한다.

사회인맥과 관련된 지식

사회심리학에서 말하는 사회인맥은 개인이 만난 사람 중에서 인연이 되는 모든 유대관계를 포함한 지도를 의미한다. 따라서 인맥은 개인이 활용할 수 있는 사회인적자본이라고 할 수도 있다. 개인이 만난 사람을 '점'으로, 유대관계를 '선'으로 연결하면 근사한 사회인맥 도표를 그릴 수 있다. 그러나 이 책에서 말하는 인맥이란 비즈니스 목표를 달성하기 위해 의지하거나 동원할 수 있는 사람의 범위를 뜻한다. 리더십은 팀 스포츠다. 리더가 매사를 현명하게 판단하려면 그가 이끄는 팀과 조직, 주요 이해관계자들의 유기적인 협력이 중요하다. 따라서 리더는 팀워크를 계발하고, 각 개인의 재능을 최대한 북돋우며, 모두 각자의 책임 영역에서 최선의 판단을 할 수 있도록 학습 환경을 조성해야 한다.

조직과 관련된 지식

유능한 리더는 팀과 조직, 모든 이해관계자의 판단력을 향상시키고자 끊임없이 노력해야 한다. 베스트바이의 CEO 브래드 앤더슨과 경영진은 모든 비즈니스 측면에서 고객 중심적인 회사를 만들고 있다. 실제로 매장의 모든 직원에게 전략적 판단을 통해 기존의 제품 중심적이고 획일적인 경영 모델에서 벗어나 각 매장 고객들의 인구학적 특성에 따라 제품을 선별하고 마케팅 방식도 수정하도록 권장한다. 이것은 고착화된 모델이 아니다. 매장 관계자는 그날그날 배우고 경험한 내용에 따라 지속적으로 전략을 수정하도록 훈련받는다. 이 방식은 전략에 대한 집중력을 유지시키는 동시에 매장 관계자의 판단력을 향상시킨다는 점에서 유익하다. 캘리포니아 주 웨스트민스터 매장에 근무하던 20세 직원은 이렇게 말했다. "정말 좋은 경험을 했습니다. 저는 제가 담당한 코너의 제품 진열 방식을 바꾸고, 통로를 넓히고, 진열 제품의 양도 늘려야겠다고 판단했습니다. 결과는 대성공이었습니다. 매장 전체의 하루 매출과 비교할 때 제가 맡은 코너의 매출이 훨씬 많이 늘었거든요. 하지만 문제도 있습니다. 진열 제품이 많다 보니 재고가 지나치게 많이 늘어난 것이지요. 덕분에 투하자본이익률ROIC이 계속 떨어지고 있습니다. 재고를 빨리 처분해야 하는 상황이지요."

이 문제를 잠시 생각해 보자. 과거의 베스트바이는 매장 직원에게 스스로 판단할 수 있는 재량권을 주지 않았다. 오로지 본사에서 결정한 표준을 획일적으로 준수해야 할 뿐이었고, 따라서 어느 매장을 가든 진열 형태나 제품 종류가 모두 동일했다. 그뿐 아니라 직원들은 금전관계나 고객 중심 전략에 대해 훈련받을 기회도 얻지 못했다. 그러나 웨스트민스터 매장 직원의 사례에서도 알 수 있듯이 브래드 앤더슨과 경영진이 고객 중심 전략을 실천하면서부터 매장 직원들도 나름의 정보를 바탕으로 스스로 판단하는 능력을 갖춰 가고 있다.

주변 상황과 관련된 지식

고객과 협력회사, 지역사회, 회사 경영진이 한데 어울려 현명한 판단을 위한 지식을 창조해 내는 것이 마지막 네 번째 항목이다. 협력회사들과 함께 '워크아웃(Work-Out, 구조조정)'에 돌입한 GE가 한층 합리적인 판단을 이끌어 내려면 그들 모두와 교류하며 지식을 창출해야 했다. '워크아웃'이란 용어는 GE가 비공식 공개회의에서 처음 사용했으며, 직원들과 여러 협력회사가 힘을 모아 회사의 문제를 '해결한다'는 의미를 담고 있다. GE 메디컬시스템스 사업부의 구조조정 과정에서는 MRI와 CAT 스캔 장비의 성능을 향상시키는 일이 도마 위에 올랐다. 이 문제를 해결하고자 GE의 중간관리팀과 금속 캐비닛 제작회사, 코닥, 3M, 하이테크 부품 제조회사 등 다양한 협력회사 관계자가 참여했다.

GE 메디컬시스템스의 관리자들과 6~7명으로 구성된 6개 협력회사 팀이 참석한 워크숍의 초점은 MRI와 CAT 스캔 장비의 성능과 생산성을 향상시키는 데 맞춰졌다. 3일간 열린 워크숍에서 참석자들은 처음에는 상대방을 의식하며 갈등도 빚었지만, 시간이 흐를수록 필요 없는 경계의식을 버리고 제품의 성능 향상이라는 공동 목표를 향해 마음을 열고 협력하기에 이르렀다.

고객과 회사를 연결시키는 것도 새로운 지식을 창조하는 지름길이다. 세무관리와 지급관리 소프트웨어 판매회사인 인튜이트에서는 콜센터를 통해 고객과 교류한다. 회계사들은 수수료를 지급하고 인튜이트의 세무관리 소프트웨어를 이용해서 고객의 세무관리 업무를 대행해 준다. 이때 인튜이트의 콜센터 직원들은 회계사들이 고객을 위해 최선의 결정을 내리도록 지원한다. 그러기 위해 인튜이트는 회계사들에게 최적의 프로세스를 제공해 주는 데이터베이스를 개발해 왔으며, 이를 통해 고객과 관련된 새로운 지식을 창조함으로써 계속해서 회계사들의 현명한 판단을 돕는다.

현명한 판단과 어리석은 판단의 구조

[도표 2.1]은 좋든 나쁘든 판단의 결과에 영향을 미치는 리더의 행동양식과 함께 판단 단계를 그림으로 나타낸 것이다.

어떤 리더의 행동도 완벽할 수는 없는 법이다. 한 단계를 거르는 실수를 했다면 유능한 리더는 그 단계로 되돌아와서 다시 시작해야 한다. 한 예로 P&G의 CEO 앨런 래플리는 동원·가동 단계를 빠뜨린 것을 깨닫고는 이미 결정이 내려진 상황이었지만 이 단계로 되돌아와 경영진과 다시 시작했다. 얌! 브랜드Yum! Brands의 CEO 데이비드 노박은 멀티브랜딩 전략(한 매장에서 KFC와 타코벨 등을 동시에 취급하는 방식)을 이미 시작하고도 이 단계로 되돌아와야 했다. 결정은 했지만 전략을 실행할 인력을 정하지 못했기 때문이다.

재실행 회로

판단 프로세스는 단선적이지 않다. 하나의 프로세스를 관리하는 리더는 더러 실수도 할 수 있고 이를 회복하는 방법도 여러 가지다. 프로그래밍 용어 중에 '리두 루프Redo Loop'란 것이 있다. 여기서 '리

[도표 2.1] 리더십 판단 프로세스

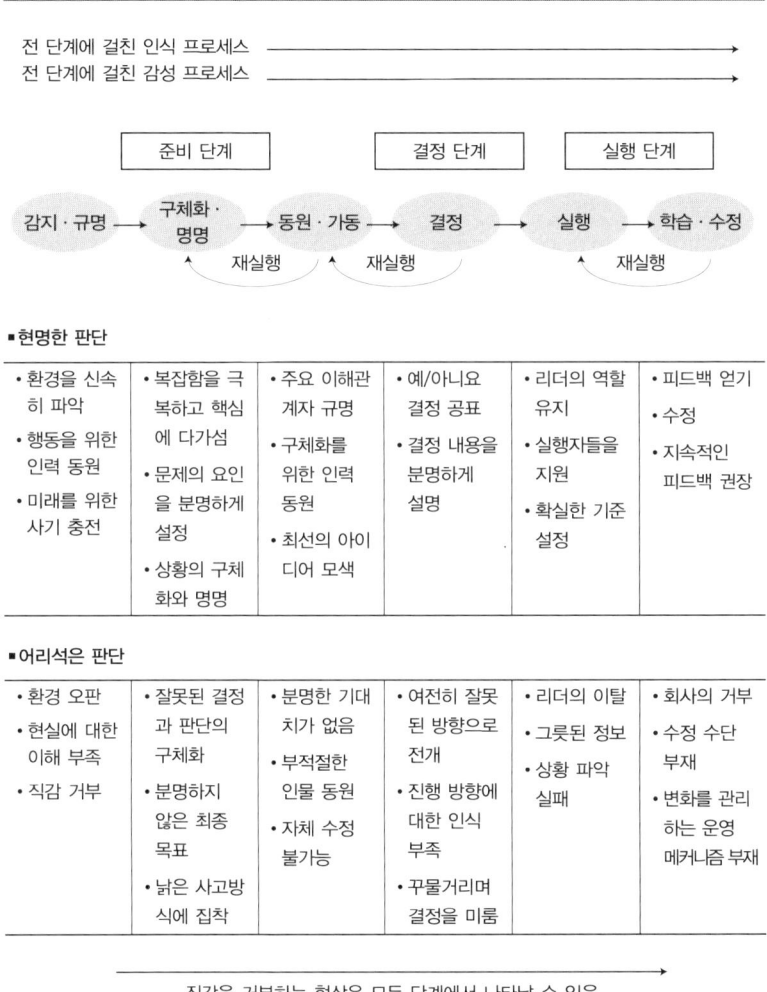

Chapter 2 리더의 판단 매트릭스

두(Redo, 재실행)'란 '하나의 회로를 반복해서 다시 시작한다'는 뜻이다. 이 책에서는 리더가 특정 프로세스를 다시 시작해야 할 때, 즉 자체 수정Self-Correcting이 필요한 경우에 이 용어를 사용할 것이다.

나중에 다시 설명하겠지만, P&G의 앨런 래플리는 CEO의 임무 중 자회사 CEO를 선정하는 과정에서 '재실행 회로'를 활용했다. 부회장과 다른 임원들을 참여시키는 과정을 빠뜨린 탓에 조금 늦더라도 이 단계부터 되밟아 현명한 판단을 할 수 있었다. 데이비드 노박도 매장의 멀티브랜딩 전략을 실행하다가 어쩔 수 없이 앞 단계로 되돌아왔지만, 이 과정에서 얻은 교훈을 통해 오히려 전략을 더 효과적으로 실행할 수 있었다. 잭 웰치의 허니웰 인수 사례 역시 실행 과정에서 상황을 되짚어 본 덕분에 결과가 크게 달라졌다. 허니웰 인수라는 예견된 결과가 인수 포기라는 극적인 상황으로 반전된 것이다. 결국 GE와 유나이티드테크놀로지 어느 쪽도 허니웰을 인수하지 않았다.

이로써 리더십 판단 프로세스에 대한 설명이 시작되었다. 여기서 무엇보다 중요한 것은 리더란 전략을 수립해 실행할 수 있고 뜻하지 않은 위기가 닥쳤을 때도 적절히 대응할 수 있는 '적합한' 인물을 골라 팀에 포함해야 한다는 점이다.

유능한 리더는 자신의 판단력도 뛰어날 뿐 아니라 다음 세대 경영자들도 현명한 판단력을 갖추도록 돕겠다는 책임의식이 있다. 오늘의 승리와 더불어 내일을 위한 팀을 구축하는 것, 이것이 유능한 리더의 차별화된 능력이다.

나아가 판단은 '순간의 사건'이 아니라 하나의 과정, 즉 프로세스다. 말콤 글래드웰은 저서 《블링크》에서 이렇게 주장했다.[11] "전문가들은 무언가를 결정할 때 모든 대안을 논리적으로 비교하지 않는다. 그보다는 상황을 신속히 가늠해 곧바로 실행한다." 반면에 제롬 그루프먼은 저서 《닥터스 씽킹》에서 이와 상반된 의견을 제시한다.[12] "직관에 지나치게 의존하는 것은 매우 위험하다. 의료 분야에서 합리적인 판단이란 첫 느낌과 신중한 분석이 조화를 이루어야 한다."

서로 씨름하는 이 두 가지 견해는 조직적 판단을 내려야 하는 리더가 아니라 '전문가'에게 해당되는 것이다. 우리가 이 책에서 말하려는 '판단'은 판단과 실행 과정에서 조직 전체뿐 아니라 다른 사람에게까지 영향을 미치는 성질의 것이다.

GE의 CEO 제프 이멜트가 신기술 도입에 수십억 달러를 투자하겠다고 결정한 것은 결코 '순간의 판단'이 아니었다. 그는 회사를 위해 중요한 판단을 내릴 때는 준비 단계만 1년 이상이 걸린다고 한다. 그래서 구체화 · 명명 단계가 끝나고 자원의 동원 · 가동까지 준비되었을 때 비로소 결정 내용을 공개한다.

제프 이멜트는 결정된 사안을 제대로 실행하기 위해 몇 년의 시간도 아낌없이 할애한다. 바꾸어 말하면 아무리 훌륭한 결정이라도 실행이 잘못되면 '어리석은 판단'으로 귀결될 수 있다는 뜻이다. 따라서 이멜트는 판단 프로세스를 성공적으로 유지하는 데 '재실행 회로'를 적극 활용한다.

Chapter 3
스토리라인 구축

- 성공한 리더는 현명한 판단을 유도하기 위해 의식체계를 활용한다.
  - TPOV(가르칠 수 있는 관점)를 통해 방향과 실행 가치를 설정한다.
  - 이야기식의 스토리라인을 통해 미래의 시나리오를 활성화한다.
- 성공적인 스토리라인은 흥미롭고 실용적이어야 한다.
  - 스토리라인은 앞으로 전개되는 일련의 사건 속에서 서로 괴리된 요소를 연결해 준다.
  - 리더는 스토리라인을 바탕으로 규모와 복잡성, 불확실성에 대처할 수 있다.
- 스토리라인은 살아 있다 : 변화하는 상황에 대처하는 과정에서 점점 진화한다.
  - 리더는 예견된 목표를 시험하기 위해 다양한 선택을 할 수 있다.
  - 스토리라인은 조직의 모든 서열 단계에서 하위 스토리라인을 구축하는 기초로 작용한다.

⋮

보잉의 최고경영자직에 오른 지 1년 뒤, 짐 맥너니는 보잉과 법무부 사이에 있었던 법적 분쟁이 종식되자 이 상황을 진술하려고 상원 군사위원회 청문회에 참석했다. 이 자리에서 그는 군사위원회와 나아가 전 세계를 향해 이렇게 말했다.

이 나라의 의회와 납세자들이 보잉에 신뢰를 보내는 이유에 대해 잠시 말씀드리고자 합니다. 미국 정부와 일하는 이 나라의 모든 회사는 고도의 법적·윤리적 기준을 따라야 한다는 것이 보편적인 생각입니다. 하지만 우리 보잉은 그 기준을 충족하지 못했다는 점을 솔직히 인정합니다.[1]

이는 맥너니가 2005년 7월, 보잉의 CEO에 오른 이후 리더로서 내린 가장 크고 어려운 결단이었다. 보잉의 직원 몇 명과 간부 2명의 부적절한 행위에 대해 법무부가 3년에 걸쳐 조사해 온 이 사건은 2006년 보잉이 6억 1,500만 달러의 합의금을 지급하기로 하면서 종결되었다. 법무부와의 합의를 통해 보잉은 형사적 책임을 면했을 뿐 아니라 범죄 사실을 인정할 필요도 없게 되었다. 그러나 이 합의 금액은 범죄로 추정되는 행위에 대해 군수장비 공급업자가 지급한 최고 액수였다. 〈월스트리트저널〉은 이 사건을 다음과 같이 정리했다.

보잉은 1990년대 후반에 경쟁회사 록히드마틴의 내부 문건 수천 페이지를 부정한 방법으로 입수해 정부의 로켓개발사업 경쟁에서 이용하다가 그 대가를 치르게 되었다.

또한 그로부터 몇 년 뒤, 보잉은 공군에서 수십 억 달러 규모의 계약 권한을 갖고 있던 공군 조달팀의 여성 고위 관리 달린 드루윈을 불법적으로 채용했다. 이 여성은 100대 이상의 공중급유기를 리스 또는 구매하는 200억 달러 이상의 계약 부문에 개입하는 등 일상적인 조달 과정에서도 영향력을 행사했다.

이런 문제들 때문에 보잉의 CFO(최고재무책임자) 마이클 시어스가 2003년에 해고되었고 회장 필 콘딧도 곧이어 사임했다. 법무부에 이어 의회까지 나서서 조사를 벌인 이 사례는 냉전 이후 펜타곤의 조달 사업 스캔들 중 최악의 사건으로 꼽힌다.

그로 말미암아 공군 고위 관리 출신인 달린 드루윈뿐 아니라 마이클 시어스도 연방 교도소에서 복역했다.[2]

이 사건은 이제 1년밖에 지나지 않은 신임 CEO에게 주어진 힘든 시련이었다. 몇 주 뒤인 8월 1일, 맥너니는 심각한 위기에 처한 보잉을 옹호하려고 상원 군사위원회 청문회에 참여함으로써 처음으로 공개석상에 모습을 드러냈다. 상원의원 존 워너John Warner는 다음과 같은 말로 군사위원회 청문회를 시작했다.

보잉에 대해 사법부에서 3년 전부터 조사해 온 두 사건을 논의하고자 오늘 우리가 이 자리에 모였습니다. 아시다시피 보잉이 공군의 첨단 소모성 발사체 프로그램EELVP에 참여하려고 경쟁회사의 내부정보를 부적절한 방법으로 취득해 사용한 것이 하나이고, 다른 하나는 공군의 고위 관리인 달린 드루윈을 고용한 정황과 관련된 사건입니다.3

맥너니가 한때 명망이 높았던 회사였지만 심각한 문제에 직면해 그 명예가 크게 실추된 보잉의 CEO가 된 지는 갓 1년밖에 지나지 않았다. 그는 CEO에 오르기 전, 이사회 구성원으로 재직했으므로 훗날 자신이 물려받게 될 위기 상황에 대해 누구보다 잘 알고 있었다. 두 사건이 세상에 알려진 직후에 보잉에서 취한 선택은 세 가지였다. 첫 번째와 두 번째는 이사회를 통한 '인물 판단'으로, 보잉의 이사회는 당시 CEO이던 해리 스톤사이퍼의 사퇴를 압박하는 한편 3M의 CEO이던 짐 맥너니를 새 리더로 선임했다.

마지막 세 번째는 위기를 타개하려는 맥너니 자신의 역할이었다. CEO인 맥너니는 보잉의 명예를 훼손하는 주장에 맞서 싸우며 논의를 더 장기화할 수도 있었다. 또는 문제의 심각성을 교묘하게 표출해 전임 CEO에게로 화살을 돌릴 수도 있었다. 그러나 그가 선택한 방향은 정반대였다. 맥너니는 이 위기를 보잉의 내부 문화와 리더십을 획기적으로 탈바꿈할 기회라고 판단했다. 이번 일을 통해 회사에 새로운 유전자를 이식함으로써 보잉을 최고의 경쟁력과 윤리성을 갖춘 세계적인 기업으로 만들겠다고 생각한 것이다. 나아가 이 문제 때문에 두고두고 보잉의 이미지와 브랜드가 훼손될까 봐 염려한 그는 신속한 합의를 통해 상황을 종결하는 것이 현명하다고 판단했다. 이 위기에 대해 맥너니는 다음과 같이 진술했다.

두 사건은 보잉에 뼈저린 자기반성의 여지를 남겼습니다. 누구도 의심치 않는 신뢰성과 신실이라는 자화상의 역사를 가진 회사가 큰 실수를 했습니다. 이번 자기반성을 계기로 보잉은 미국 비즈니스 세계에서 가장 강건한 윤리성을 갖춘 회사로 거듭날 것입니다. 그리고 지금의 이 어두운 역사에서 얻은 교훈은 앞으로도 영원히 사라지지 않을 유산으로 남을 것입니다.[4]

짐 맥너니는 2001년 GE에서 잭 웰치의 후임 CEO를 선정할 때 최종 물망에 올랐던 세 사람 중 한 명이다. 하지만 제프 이멜트가 잭 웰치의 후임자로 결정되자 맥너니는 미니애폴리스의 3M 회장으로 취임했다. 2005년 초, 보잉에서 처음 영입 제의를 받았을 때 그는 응하기 어려울 것으로 생각했다. 3M에 온 지 겨우 4년밖에 지나지 않았기 때문이다. 맥너니는 그동안 어려운 회사를 되살리는 데 열정을 쏟아부었고 재무관리도 엄격하게 진행해 왔다. 덕분에 회사의 수익성과 주가 모두 50퍼센트 가까이 성장했고, 3M의 미래를 위해 새로운 리더를 물색하는 작업도 이미 시작한 상태였다. 그래서 3M에서의 일이 마음에 들고 떠나고 싶은 생각도 없다고 보잉 측에 의사를 전달했다.

하지만 우주항공산업은 맥너니가 쉽게 거절하기 어려울 정도로 매력적인 분야였다. 1990년대 후반, 그는 GE의 에어크래프트엔진Aircraft Engines 사업부를 이끌어 업계 선두에 올려놓았다. 이때는 보잉의 협력회사로서 이 회사의 항공기를 구입하는 고객에게 엔진을 판매하기도 했다. 또 2001년에는 보잉의 이사회에도 참여했으므로 이곳 사람들이나 업계 분위기, 사업 특성에 대해서도 잘 알고 있었다. 그만큼 이 분야에 열정도 있었고, 직업 인생을 마무리한다면 꼭 이 분야에서 끝을 맺고 싶다는 생각도 했다. 이렇게 고민에 고민을 거듭한 끝에 그는 보잉의 CEO 직함을 받아들였다. 이런 기회가 다시 오리라는 보장도 없었고, 무엇보다 자신이 정말로 바라던 일이었기 때문이다.

필 콘딧이 갑작스럽게 퇴장하자 보잉 이사회는 퇴직한 해리 스톤사이퍼를 다시 불러들였다. 보잉의 전 사장으로 폭넓은 존경을 받던 스톤사이퍼는 어려운 회사를 다시 맡아 하나씩 해결해 나가기 시작했다. 하지만 그러던 중에 스톤사이퍼가 사내 여성 임원과 부적절한 관계를 맺고 있다는 이메일이 공개된다. 윤리적 문제를 해결하기 위해 필사적으로 매달리던 상황에서 또다시 이런 문제가 불거지자 이사회는 스톤사이퍼에게 어려운 결단을 요구하고 결국 그의 사임 약속을 받아 냈다. 이때가 2005년 3월이었다.

좋은 시절에도 보잉처럼 크고 복잡한 회사를 경영하는 것은 대단히 어려운 일이다. 하물며 그때는 보잉이 큰 시련에 부딪힌 상태였다. 필 콘딧은 보잉에 몸담은 지 거의 40년 만인 2003년 말에 반강제적으로 회사를 떠났다. 콘딧은 비록 개인적으로는 기소 대상이 되지 않았지만, 그가 지휘하던 보잉의 정부 관련 사업에서 윤리적으로 심각한 위반행위가 발견되었다. 게다가 이 문제는 보잉의 고위직 인사들과 관련이 있었으므로 이사회는 모든 것을 콘딧의 잘못된 판단 탓으로 돌렸다.

짐 맥너니가 보잉에 합류했을 때는 고위직 인사뿐 아니라 말단 직원들까지도 혼란과 상실감에 휩싸여 있었다. 게다가 최고위직 리더들이 2년도 채 안 되는 사이에 두 번이나 불미스러운 사고를 일으키면서 보잉의 이미지는 떨어질 대로 떨어졌다. 특히 보잉의 조직문화를 바꾸려고 했던 스톤사이퍼마저 불명예 퇴장하자 직원들은 더 큰 혼란에 휩싸였다. 그야말로 문화의 전환기에서 커다란 장해물과 맞닥뜨린 것이다.

보잉의 이사회 구성원으로서 이미 이런 상황을 눈여겨본 맥너니는 당시의 보잉이 감당해야 할 법적 · 정치적 · 사업적 책임과 역동성을 충분히 이해하고 있었다. 그뿐 아니라 과거의 일을 정리하고 미래를 향해 새로운 결단을 내려야 할 시기와 구체적인 내용에 대해서도 고민했다.

짐 맥너니를 아는 사람은 적어도 그가 정말 중요한 결정을 남들에게 전가할 사람이 아니라는 사실을 잘 안다. 맥너니는 세계적인 팀 플레이어다. 보잉에는 맥너니 외에도 이사회와 법무팀 등 중요한 역할을 담당하는 사람이 많았다. 맥너니는 이들의 식견과 판단력을 존중했다. 그렇지만 방향을 제시하고 상황을 주도적으로 이끌어 나간 사람은 바로 그였다. 보잉을 세계 최고의 기업으로 부활시켜야 한다고 판단한 그는 사법부와의 신속하고 우호적인 합의만이 보잉의 명예를 되살리고 내부와 외부의 이해관계자들과 관계를 유지하는 길이라 믿었다.

TPOV와 판단력

2장에서는 유능한 리더가 현명한 판단에 이르기 위해 활용하는 판단 매트릭스에 대해 소개했다. 이 책의 나머지 부분에서는 이 매트릭스를 좀 더 상세히 파고든다. 특히 앞에서 살펴본 훌륭한 리더들이 주어진 자원을 활용해 현명하게 결정하고 효과적으로 실행하는 과정에 대해서도 설명할 것이다. 이 매트릭스가 다른 리더들의 의사결정 과정에도 도움이 되리라 믿는다. 아울러 조직의 모든 구성원이 현명하게 판단하고 다른 사람의 현명한 의사결정을 북돋우는 문화도 정착될 것이다. 하지만 판단 매트릭스에 대한 자세한 설명에 앞서 이어지는 몇 장에서는 리더들이 현명한 의사결정을 하기 위해 활용하는 몇몇 자원과 특징에 대해 살펴볼 것이다.

판단 프로세스를 '어떻게' 운영하느냐는 리더가 '어떤 사람인가'에 따라 달라진다. 늘 최선의 결정을 내리는 위대한 리더들은 현명한 판단을 지원하는 분명한 사고체계를 소유하고 있다. 이들의 머릿속에는 이 세상이 어떻게 운행되고 있고 어떻게 해야 원하는 결과를 창조할 수 있는지에 대한 구상이 담겨 있다. 그뿐 아니라 이들은 품성과 용기, 내면의 원칙과 직관력 등 리더에게 중요한 자질도 갖추고 있다.

리더의 개인적인 자원은 성공을 지속시키기 위한 핵심 요소다. 이 매트릭스는 소중한 도구다. 그러나 리더로서 현명하게 판단하려면 이 매트릭스를 활용해 정확히 무엇을 겨냥할 것인가부터 알아야 한다. 무엇을 이룰 것이고, 어디로 향할 것이며, 어떻게 목표를 달성할 것인지 정확히 알아야 한다. 그리고 어려운 결정을 내리고 실행할 수 있는 용기도 필요하다. 이 매트릭스를 따르는 리더는 누구든 자신의 타율을 향상시킬 수 있지만 정신적·도덕적 엄격함 없이는 일관된 결과를 유지할 수 없다.

이 책을 쓰기에 앞서 공동 저자인 우리 두 사람은 변형 리더십 Transformational Leadership에 대해 그리고 미래의 성공을 위해 조직을 현명하게 파괴한 후 새로이 구축한 리더들에 대해 많은 글을 썼다. 어려운 시장 환경에서 회사를 성공으로 이끌었거나 회사의 사명을 달성한 리더에 대해 연구하는 데 평생을 바쳤고, 특히 변화하는 환경에서 성공을 유지하기 위해 과감한 변신을 시도한 리더에게 깊은 관심을 두었다. 성공한 리더는 훌륭한 교사와 같다. 이들은 교육을 통해 조직을 이끌고, 다른 사람들도 리더와 교사가 될 수 있도록 독려한다.

노엘 티시는 성공한 리더가 훌륭한 이유를 '가르칠 수 있는 관점 TPOV, Teachable Points of View'을 활성화하는 데 많은 시간과 노력을 투자해 왔기 때문이라고 말한다.[5] 리더는 TPOV를 통해 자신에게 필요한 지식과 경험을 습득하고 타인에게도 교육한다. 성공한 리더와 교사는 TPOV를 활용해 자신의 아이디어와 가치관을 이식함으로써 다른 사람들의 의욕을 북돋우고 분명한 의사결정에 이르도록 돕는다.

TPOV는 변형 리더십의 핵심이며 타인을 리더로 성장시키는 버팀목일 뿐 아니라 리더 자신의 판단력과 실행력을 유도하는 데 중요한 역할을 한다. 펩시코의 수장이자 세계적 수준의 교사이기도 했던 로저 엔리코는 "하나의 관점은 IQ 50과 맞먹는 가치가 있다"고 말했다.[6] 따라서 하나의 관점을 가진 사람에게 또 하나의 관점을 교육하는 것은 결국 판단 과정에서 50의 IQ를 추가하는 것과 같다.

조직의 미래 성공을 위해 스토리라인을 구축하려는 리더에게는 TPOV의 중요성도 상대적으로 크다. 살아 있는 이야기는 리더의 판단에 도움을 주어 그것을 현실로 만드는 데 기여할 뿐 아니라 다른 사람들의 의욕과 실천을 촉구하는 좋은 사례가 되기도 한다.

노엘 티시가 저서 《리더십 엔진》에서 쓴 것처럼 이야기와 TPOV는 서로 밀접하게 연결되어야 한다.

이런 관점은 조직의 방향을 설정하고 운영 원칙으로도 활용된다. 그러나 '관점'이라는 것이 무미건조한 지적 개념에 그쳐서는 안 된다.

효과적인 결과를 얻으려면 리더의 관점이 살아 있어야 한다. 그래야 아랫사람도 그 관점을 따르고 실천할 수 있다. 즉 리더는 자신의 관점을 이성적으로뿐 아니라 감성적으로도 아랫사람에게 이해시켜야 한다. 그러기 위해서는 개인적인 이야기를 만들 필요가 있다. 여기서 이야기와 관점은 불가분의 관계에 있다. 이야기 없이는 어떤 관점도 무미건조한 개념에 지나지 않는다. 반면에 모든 이야기는 리더의 관점 위에서 만들어져야 한다. 관점이 결여된 이야기는 한낱 흥밋거리에 지나지 않으며, 이런 식으로는 사람들에게 방향을 제시할 수 없다.[7]

짐 맥너니가 사법부와의 합의 여부를 판단할 때 핵심은 그가 보잉의 미래에 대한 관점을 갖고 있었다는 사실이다. 그는 무엇이 보잉의 성공을 이끄는지 분명히 알고 있었다. 그러기 위해 어떤 문화와 가치관이 필요한지 이해했고, 그 비전을 현실로 만들기 위해 어떤 식으로 직원들의 의욕을 북돋울지도 잘 알고 있었다. 그뿐 아니라 그는 이런 요소를 조합해 보잉의 미래를 위한 스토리라인 구축에도 돌입했다.

맥너니는 미래가 서서히 펼쳐짐에 따라 자신의 머릿속에 있는 다양한 요소들 사이에서 벌어질 상호작용에 대해서도 미리 생각하고 있었다. 다시 말해 어떤 사건이 벌어져 리더의 결단이 필요할 때 그동안 자신이 구상해 온 내용에다 몇 가지 대안을 얹어 미래의 결과를 최대한 정확히 예측할 수 있었다는 뜻이다. 이처럼 광범위한 관점에서 만들어진 스토리라인은 맥너니에게 당장의 작은 문제에 집착하기보다는 앞으로 보잉에 닥쳐올 상황을 거시적으로 이해하고 관심을 유지하는 데 큰 도움이 되었다.

리더의 TPOV는 보통 말을 통해 전달된다. 하지만 이를 통해 조직에 미래의 인물 판단과 전략 판단, 위기 판단에 관한 체계적인 도움을 주기 위해서는 리더가 직접 미래의 이야기를 문서로 작성할 필요가 있다. 조직이 복잡하고 규모가 클수록 과거보다는 미래를 지향하는 톨스토이의 《전쟁과 평화》 같은 이야기가 더 많이 등장한다.

누구든 비전과 이야기를 통해 자신의 행동을 북돋울 능력이 있다. 휴가 계획이 그 좋은 예다. 휴가는 미래 비전의 하나로, 실제 사람과 사건 등을 바탕으로 미래의 휴가 계획을 세운다. 예를 들어 그랜드 케이멘 섬으로 떠나는 휴가 여행이 어떠했으면 좋을지, 해변으로 휴가를 떠난다면 어떤 호텔에서 어떻게 레저 활동을 즐길지 미리 구상하는 것이다. 물론 잔뜩 기대했던 호텔이 생각보다 지저분하고, 음식도 형편없으며, 레저 시설도 엉성해서 애초에 구상했던 이야기가 현실의 벽에 부딪힐 때도 있다. 그러나 미래의 이야기가 여행을 향한 의욕을 북돋우는 것은 분명한 사실이다. 이야기가 맛깔날수록 그리고 현실적일수록 그것을 현실로 만들 가능성도 높아진다.

리더는 이 점을 명심해야 한다. 리더는 극작가이자 연출가이자 감독이다. 리더는 마음속의 드라마를 구상하고, 믿을 수 있는 몇몇 친구나 동료와 함께 '극장 밖에서' 실현할 수 있는지 시험해 보아야 한다. 그래서 현실의 평가를 바탕으로 각본을 수정한 뒤에 조직이라는 큰 무대에 올리고 실행 과정에서 반복적으로 수정하고 조율해야 한다. 나아가 각 단계별 리더들은 기본 스토리라인을 바탕으로 부차적 줄거리나 이야기를 만들 수도 있다.

리더의 스토리라인은 언제나 살아 있다. 따라서 상황에 따라 진화하기도 한다. 그럼에도 스토리라인은 유기적인 동시에 탄탄하고 구체적이어야 한다. 그래야 이를 바탕으로 복잡하고 불확실한 상황에서도 적절히 대처할 수 있다. 머릿속에 스토리라인을 담고 있는 리더만이 불확실한 상황에도 더 유연하게 대처하는 법이다.

분명한 스토리라인을 보유한 리더는 결정의 시기가 다가왔을 때 '계획적 기회주의'를 적극 활용할 수 있다. 여기서 '계획적'이란 의미는 확실한 TPOV를 바탕으로 구축한 미래의 스토리라인을 말한다. 그리고 '기회주의'란 정확히 예측하기 어렵지만 결정의 필요성 또는 기회가 닥쳤을 때를 뜻한다. 이처럼 스토리라인을 가진 리더는 사람이나 전략과 관련해서 현명한 판단을 내릴 뿐 아니라 위기에도 더욱 효과적으로 대응한다.

보잉을 위한 짐 맥너니의 스토리라인

짐 맥너니가 보잉을 위해 만든 스토리라인은 무엇보다 윤리적으로 매우 엄격함을 보였다. 즉 엄격한 기준을 바탕으로 보잉 내부와 외부의 모든 이해관계자와 새로운 파트너십을 구축해야 한다는 뜻이기도 했다. 또한 이 시나리오를 그가 원하는 방향으로 전개하는 과정에서 가장 중요한 것이 바로 엄격한 윤리 기준이라는 뜻이기도 했다. 당시의 여러 문제에서도 경험했듯이 윤리적·법적 기준이 더 이상은 도외시할 수 없는 중요한 판단 기준으로 자리 잡은 것이다.

맥너니는 보잉의 CEO로 취임하기 전부터 자신만의 TPOV를 정립해 이를 바탕으로 다른 리더들까지 이끌 수 있는 스토리라인 구축에 관심을 보였다. 그리고 보잉에 합류한 뒤에는 이 회사의 문화와 경영 계획 등 보잉의 긍정적인 요소를 통합해 스토리라인을 수정했다. 보잉을 위해 맥너니가 정립한 TPOV의 요소를 구체화하면 다음과 같다.

아이디어 : 시장에서 보잉을 성공한 회사로 만드는 방법

맥너니는 보잉의 경영진이 몇 년 전에 수립해 의사결정에 적용해온 핵심 역량 요소를 그대로 수용했다.

핵심 역량
- 대규모 시스템 구축
- 군살 없는 조직
- 고객에 대한 상세한 지식과 초점

맥너니는 보잉의 경영 실적을 향상시키기 위해 리더십 계발이나 신실, 가치관 같은 일반적인 원리 외에도 성장과 생산성 향상을 위한 요소를 통합한 경영 모델을 제시했다([도표 3.1] 참조).

가치관 : 보잉의 행동양식과 훌륭한 리더십을 구축하는 방법

맥너니는 리더십, 신실, 품질, 고객 만족도, 직원들의 협력, 다양

[도표 3.1] 보잉의 경영 모델

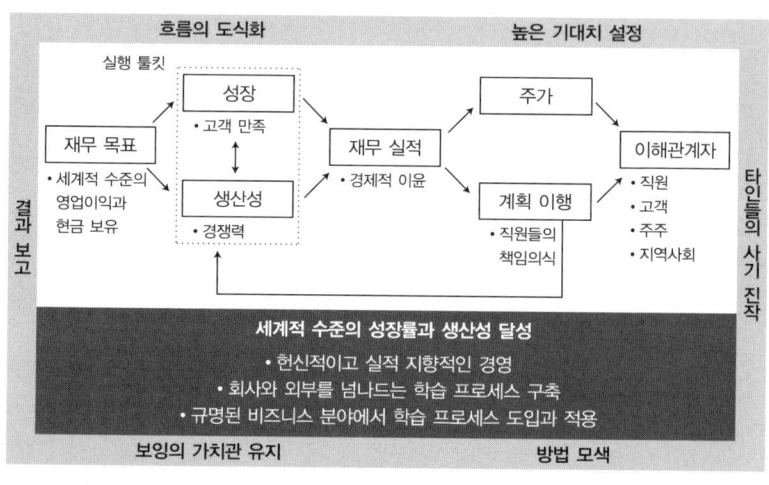

성과 헌신성을 겸비한 팀, 기업시민의식, 주주가치 향상 등 보잉의 기존 가치관을 그대로 물려받았다. 그리고 보잉뿐 아니라 일반적으로 잘 알려진 유능한 리더의 덕목에 리더십 계발과 직결된 내용도 덧붙였다.

규명 : 보잉의 리더
- 흐름의 도식화
- 타인들의 사기 진작
- 보잉의 가치관 유지
- 높은 기대치 설정
- 방법 모색
- 결과 보고

형상화 : 누구나 하는 것
- 행동과 말
- 매일
- 리더를 이끄는 리더

기대 · 측정 · 보상
- 인적자원HR 프로세스 강화

교육 : 보잉리더십센터
- 공정성과 개방성
- 계단함수 효과
- 리더를 교육하는 리더

에너지 : 목표를 달성하고자 긍정적인 감성 에너지를 북돋우는 방법
- 사람들의 자기발전 후원
- 고도의 기준 유지
- 재무 실적뿐 아니라 가치관에도 동일한 관심 부여
- 자발적으로 행동하도록 권한 부여

노엘 티시는 TPOV의 네 번째 요소로 '결단력'을 꼽았다. 결단력이란 현실을 기꺼이 받아들이고 어려운 결정도 과감하게 내릴 수 있는 능력을 말한다. 이 결단력은 의사결정 프로세스의 핵심이다. 리더는 결단력을 발휘해서 "예"와 "아니요"를 분명히 표현할 수 있어야 한다.

다음의 [도표 3.2]에서 보듯이 TPOV는 아이디어와 가치관, 감성 에너지와 연관되며 리더의 의식 속에서 존재하다가 결단의 순간에

[도표 3.2] TPOV와 스토리라인

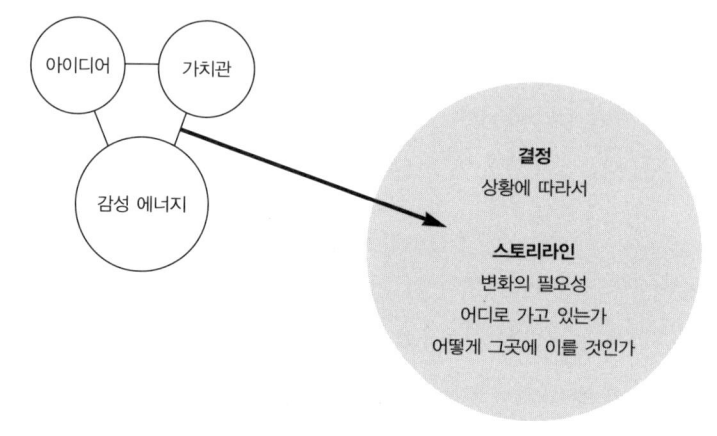

겉으로 드러난다.

맥너니는 자신만의 TPOV 요소를 활용해 스토리라인을 구축하기 시작했다. 사법부와의 문제를 해결하기 위한 판단 프로세스에서도 길잡이 역할을 한 이 스토리라인은 자신의 경영 모델과 다른 TPOV 요소를 드러내는 것이기도 했다. 그리고 맥너니가 월스트리트의 애널리스트와 보잉의 이해관계자들을 위해 설명한 이야기에도 이런 요소가 고스란히 담겨 있다.

보잉은 직원의 자질과 기술적 수준에 걸맞은 재무 실적을 올리려고 애쓰고 있으며, 그것이 오늘의 우리가 의미 있는 발전을 이루는 방법입니다. 요컨대 우리는 재무 실적과 관련해 매우 높은 기준을 충족시키고자 합니다. 그러기 위해서는 보잉을 부분의 합보다 더 크고 좋은 회사로 만들어야 합니다.

이 틀의 기초는 리더십과 책임 문화를 계발하고 발전시키는 것입니다. 우리는 이미 재무 목표를 달성하려는 도전을 시작했고 이를 우리의 임금체계와 직업계발과도 직결시켰습니다. 성장과 생산성을 모두 집중적이면서도 균등하게 추구하는 것이야말로 재무 실적을 향상시키는 초석입니다. 우리는 성장과 생산성을 동시에 달성해야 합니다. 이 두 가지는 서로 원동력으로 작용하기 때문입니다. 그리고 미래의 성장은 고객에서 시작해 고객으로 끝난다는 점도 잊어서는 안 됩니다. 기쁘게도 그동안 보잉의 각 사업부는 고객의 처지와 상황을 배려하는 문화를 발전시켜 왔습니다.

그리고 여기서 그치지 않을 것입니다. 더 나아가 성장을 간헐적인 기회의 연속이 아니라 정규 프로세스 가운데 하나로 정착시킬 것입니다. 이를 통해 우리는 고객의 요구를 경쟁회사보다 더 빠르고 훌륭하게 만족시켜 전 세계 고객에게 사랑받는 회사의 지위를 더욱 확고히 다질 것입니다.[8]

더불어 우리 직원들과 파트너, 협력회사들의 창의력을 한껏 계발함으로써 우리가 생산하는 훌륭한 제품과 제공하는 소중한 서비스의 가치를 더하고 비용을 줄일 기회를 끊임없이 찾아 나갈 것입니다.

우리의 성장은 고객으로부터 고무되어 언제까지나 고객을 지향할 것입니다. 우리 비즈니스의 주축을 이루는 고객으로는 전 세계의 항공사와 여행객이 포함됩니다. 그리고 다른 한 축에는 미국 군과 관련

정부기관도 있습니다. 이들이야말로 정말 멋진 고객입니다. 이들에게 귀 기울이고 이들의 요구를 만족시킬 최선의 길을 모색한다면 보잉의 앞날은 의심의 여지 없이 해가 갈수록 더욱 화려해질 것입니다.⁹

모든 것이 여기에 담겨 있다. 보잉의 미래 성공에 관련된 맥너니의 TPOV에 대한 모든 요소가 이 짧은 설명 속에 들어 있다. 이런 스토리라인을 머릿속에 담고 있었던 맥너니는 비록 단기간에 더 많은 지출이 따를 수도 있지만 어떻든 사법부와의 씨름에서 보잉이 더 유리한 처지에 설 수 있다고 생각했을 것이다.

어디로 가고 있는가, 어떻게 그곳에 이를 것인가

성공한 리더의 스토리라인은 TPOV의 모든 요소를 갖추고 있으면서도 결코 건조하지 않다. 다시 말해, 파워포인트로 작성해 화려하고 깔끔한 대신 기계적인 느낌을 주는 것이 아니라 현재에서 시작해 미래로 이어지는 생생한 이야기로 듣는 사람을 매혹시킨다.

성공한 리더는 조직이 나아갈 방향이나 목적지에 이를 방법과 관련해 이처럼 강력한 비전과 스토리라인을 만들어 낸다. 그다음 이것을 일종의 '자기학습 도구'로 활용한다. 즉 상황과 사람들에 맞춰 스토리라인을 수정하고, 짧게는 몇 분에서 길게는 몇 시간씩 연설을 통해 전달할 수도 있다. 내용이 추상적이든 구체적이든 스토리라인은 리더가 앞으로 인물과 전략에 대해 어떻게 판단해야 하고, 또 피할 수 없는 위기에 어떻게 대처해야 하는지 그 방향을 제시한다.

TPOV와 스토리라인

1963년 마틴 루터 킹 목사가 링컨 기념관에서 했던 '나에게는 꿈이 있습니다'라는 연설은 리더의 분명하고 논리적인 TPOV가 선명하고 고무적인 스토리라인으로 발전할 수 있다는 것을 보여 주는 가장 유명한 사례 중 하나다. 킹 목사의 결단력 있는 연설은 궁극적으로 민권운동의 성공에 크게 기여했다. 그만큼 킹 목사의 TPOV가 위력이 컸다는 뜻이다.

킹 목사의 연설 중에서 어느 부분이 TPOV에 해당하는지 구체적으로 살펴보자.

- 아이디어 : 킹 목사는 미국의 독립선언문 중에서 다음 구절이 언젠가는 실현될 것이라는 믿음이 있었다. "우리는 모든 사람이 평등하게 창조된다는 믿음을 자명하다고 여긴다."
- 가치관 : 그의 연설은 명예로운 비폭력 저항운동을 옹호했다.
- 에너지(팀워크와 긴급성) : 그는 즉각적인 행동이 생사를 가를 만큼 절박하다고 호소했다.
- 결단력 : "미국에서 흑인이 시민권을 인정받기 전까지는 어떠한 안주도, 안정도 없을 것입니다."

무엇보다 이 연설을 더 활력 있고 위력적으로 만든 것은 바로 킹 목사의 이야기였다. 그의 머릿속에 있던 스토리라인은 자신의 결단을 이끌었을 뿐 아니라 민권운동을 옹호하던 많은 사람에게 큰 용기를 심어 주었다.

- 아이디어 : 그의 아이들도 "언젠가는 피부색이 아니라 개인의 자질에 따라 평가받는 나라에서 살게 되리라"는 꿈을 설파했다.
- 가치관 : 갈등을 종식하고 정의와 박애를 증진시키는 믿음의 힘을 강조했다.
- 에너지와 결단력 : "언젠가는 우리에게도 자유로운 날이 올 것이라는 믿음이 있다면 우리는 함께 일하고, 함께 기도하고, 함께 싸우고, 함께 감옥에도 갈 수 있을 것입니다."[10]

성공한 리더의 스토리라인은 특히 다음 세 가지 영역의 질문에 대한 해답도 담고 있다.

- '우리는 지금 어디에 있는가? 어느 곳에서 내미는 손을 잡아야 하는가?' 스토리라인은 현재의 상황을 면밀히 살피고 진단한다. 이것이 이 여정의 출발점이다. 이 단계에서는 변화의 욕구를 강하게 북돋울 요소가 필요할 수도 있다.
- '우리는 어디로 가고 있는가? 무엇을 이루려 하는가? 우리가 달성하려는 성공의 척도는 무엇인가?' 감동적인 이야기는 변화의 동기를 부여할 뿐 아니라 밝은 등불의 역할도 한다. 이를 통해 목표가 만들어지면, 리더와 직원들은 혼란스러운 상황에서도 그 목표와 가장 근접한 방향으로 판단하고 실행할 수 있다.
- '그곳에 도달하기 위해 어떻게 할 것인가?' 이 문제는 부분적으로는 로드맵Road Map에, 다른 한 부분으로는 역할 규명에 해당한다. 로드맵은 목적지에 이르는 길과 더불어 그 과정에서 몇 가지 단계를 제시한다. 역할 규명은 계획의 실행 과정에서 해야 할 행동과 기여 방식을 기술한다.

2006년 초 맥너니가 경영진과 나눈 스토리라인은 앞서 애널리스트와 이해관계자들에게 밝힌 내용보다 훨씬 구체적이고 상세했다.

우리는 지금 어디에 있는가

맥너니는 변화의 필요성을 직감했다. '보잉은 지금 어디에 있고, 앞으로 어디로 가야 하는가?'

> 나는 지금보다 더 세계화된 회사를 원합니다. 우리는 어떤 경우엔 세계화에 따른 압박을 거부하기도 합니다. 하지만 당장은 어렵더라도 장기적으로 우리는 지금보다 훨씬 세계화된 회사로 발전할 것입니다. 그곳에는 많은 인재가 있고, 가르쳐야 할 것도 많습니다. 그리고 시장도 있습니다. 분명한 것은 우리가 지금 시장의 절반을 독식하고 있는 보잉의 유럽 상용기 사업부BCA처럼 막강한 회사로 성장해야 한다는 사실입니다. 그리고 비록 그들처럼 잘하지는 못할지라도 어떻게 하면 세계로 진출할 수 있는지 그 방법을 배워야 합니다. 그리하여 세계로 나서는 여정을 시작해야 합니다. 더 세계화된 회사로 말입니다.

우리는 어디로 가고 있는가

미래의 보잉을 세계적인 회사로 키우기 위해 당장 무엇을 해야 하는가?

그동안 보잉은 몇 차례의 굵직굵직한 합병과 인수를 통해 몸집을 키워 왔다. 특히 1997년의 맥도넬더글러스와의 합병은 회사 역사에서 가장 규모가 큰 합병 사례로 꼽힌다. 맥너니가 CEO로 취임했을 무렵의 보잉은 본사의 느슨한 보호막 속에서 민간 사업부와 방위 사업부들이 제각기 따로 움직이고 있었다. 이런 독자적인 행동을 공동의 가치관과 프로세스로 통합하고, 최상의 실무방식Best Practice을 공유하는 동시에 중복된 노력을 줄이는 것도 맥너니가 가진 비전의 일부였다.

내 머릿속에는 '다양한 사업체를 거느린 하나의 회사'라는 주제가 여전히 자리하고 있습니다. 제각기 다르지만 명확히 규명된 역할체계, 부분의 합보다 큰 회사, 이 모든 것을 재무 실적으로 입증하는 회사 말입니다. 이것이 내가 가진 이 회사의 비전이며, 나는 이 주제를 이루고자 되돌아왔습니다. 아직은 다다르지 못했지만, 목적지를 위해 노력하고 갈구하다 보면 머잖아 그곳이 시야에 들어올 것입니다.

그곳에 도달하기 위해 어떻게 할 것인가

그렇다면 남은 건 무엇일까요? 그렇습니다. 앞으로 5년에서 10년간 단계적으로 재무 실적을 변화시켜 나갈 것입니다. 당연히 새로 진출한 사업(보잉 상용기 사업부)에서도 점유율을 향상시킬 것이며, 몇몇 핵심 프로그램(보잉 종합 방위 시스템 등)의 진화도 앞으로 계속될 것입니다. 더불어 그 어느 때보다 높아진 경영 실적도 두 눈으로 확인할 것입니다. 세상의 모든 경영자가 이를 바라듯이 나 역시 그렇습니다. 나도 경영자의 한 사람이기 때문입니다. 나는 이기고 싶지 지고 싶지 않습니다. 다른 누군가를 지게 할 것입니다.

그러나 이 모든 것보다 중요하고 또 내가 바라는 것은 지금보다 더 유능하고 의욕적인 리더들입니다. 그들이 바로 회사를 지탱하는 존재입니다. 우리에게는 이미 유능한 리더, 유능한 직원이 많이 있습니다. 우리가 보유한 인재는 지금뿐 아니라 1, 2년 뒤에는 더욱 발전된 존재로 변모할 것입니다. 나도 그 진화 과정을 돕고 싶습니다. 지금의 우리보다 더 진화된 세대를 창조하기 위해, 그리고 지금의 이 회사에 비즈니스에 대한 더 뜨거운 열정을 가진 존재들을 창조하기 위해 도움을 주고 싶습니다.

마지막으로 맥너니는 능력과 열정이 뛰어난 직원을 보유하고 있는 만큼 회사도 더 번영하리라는 비전을 피력했다.

나는 보잉이 가장 일하기 좋은 회사가 되기 바랍니다. 지금도 여러 면에서 그렇지만, 앞으로 더 좋은 회사로 거듭나기 바랍니다.
보잉이 항공우주산업뿐 아니라 이 나라에서 가장 존경받는 회사가 되기 바랍니다. 그것이 내 바람입니다. 그것이 내가 열망하는 목표입니다. 직원이 성장할 수 있는 환경을 만든다면 회사도 성장한다는 내 믿음은 이 세상이 끝나는 날까지 계속될 것입니다. 간단합니다. 누구나 관심만 있다면 얼마든지 해답을 찾을 수 있습니다.

다음은 좋은 스토리라인을 구성하는 요소와 그것이 판단 프로세스를 어떻게 이끄는지에 대한 설명이다.

스토리라인과 판단

리더가 만드는 스토리라인의 핵심 요소
- 현재를 분석하고 미래를 구체화한다.
- 합리성과 감성을 모두 충족시킨다.
- 조직을 위한 스토리라인 구축은 유기적이고 지속적인 프로세스다.
- 스토리라인이 있다는 것은 조직이 장기적인 여정을 계속하고 있다는 점을 환기시킨다.
- 스토리라인은 상황의 변화에 따라 지속적으로 개선된다.
- 스토리라인은 조직과 그 구성원이 공유하는 믿음과 태도, 가치관을 규명한다.
- 스토리라인은 비즈니스와 관련해 목적의식을 일깨운다.
- 스토리라인에 포함된 이야기는 마음에서 비롯된 것으로 사람을 감동시키고 자발적인 참여를 유도한다.

판단
- 현명한 판단은 미래의 이야기를 풍요롭게 한다.
- 그릇된 판단은 이야기 전개를 방해하고 왜곡한다.
- 모든 단계의 리더들은 자신의 판단 지침이 될 수 있는 스토리라인을 구축해야 한다.

위기 상황에서 발휘된 맥너니의 계획적 기회주의

짐 맥너니와의 인터뷰에서 우리는 사법부와의 합의를 신속히 체결한 이유와 취임 초기에 보잉에서 내린 몇 가지 결정에 대해 대화를 나눴다. 여기서 그는 보잉이 그동안 걸어온 길과 앞으로 가야 할 방향에 대해서도 이야기했다. 리더의 유능함을 가늠하는 특징 중 하나가 바로 '계획적 기회주의'의 포용 여부다. 계획적 기회주의란 예상치 못한 사건이나 위기를 매우 '신중하고 계획적인 어젠다Agenda의 추진력'으로 활용하는 능력을 말한다. 이것이 바로 맥너니 자신이 실행한 부분이다. 그는 보잉의 스캔들과 그로 말미암은 위기 상황을 자신이 바라는 문화적 변화의 원동력으로 활용했다.

오랫동안 인수와 합병에 주력해 온 보잉은 공동의 조직문화와 운영원칙을 세우는 데 적잖은 어려움을 겪었다. "우리만의 방식이 있긴 했지만 썩 건강한 편은 아니었지요." 맥너니가 우리에게 한 말이다. 보잉의 조직문화는 핵심 인물들의 부적절한 행동을 제어할 만큼 확고하지 못해서 회사 전체를 위기에 빠뜨리곤 했다. 게다가 직원은 문제를 일으켜도 회사의 관료주의 뒤에 숨어 버리면 그만이었다. 한마디로 조직문화 자체가 직원의 행동을 포괄적으로 점검하고 균형을 유지하는 것과는 거리가 멀었다.

그래서 맥너니는 보잉의 조직문화 중에서 긍정적인 부분은 유지하되 역기능적인 것들은 과감히 철폐하기로 결심했다. 먼저 그는 취임 전에 이미 15만 5,000명 전 직원의 기여와 헌신을 이끌어 내려는 대담한 시도에 돌입했다. "모든 직원이 윤리적이고 순응적인 행동을 반복하는 경로는 세 가지입니다. 첫째는 훈련 프로그램을 통해서고, 둘째는 보잉의 행동강령에 다시 서명함으로써, 셋째는 사업부와 역할에 따른 윤리 서약서를 통해서지요." 그뿐 아니라 스톤사이퍼의 재임 시절에 내부 감사를 강화하려고 만든 '감사팀OIG, Office of Internal Governance'을 맥너니 직속으로 배치하고 이사회와도 정기적으로 교류하도록 했다. 감사팀의 임무는 고용에 따른 이해관계나 윤리 문제, 고위 경영진에 관련된 갈등의 가능성을 사전에 파악하는 것이다.

그다음으로 맥너니는 개방적인 조직문화를 건설하면서 자신의 개인적인 흔적을 남기려고 노력했다. 어려운 문제라도 터놓고 말할 수 있는 근무환경을 조성해 직원들이 자유롭게 의견을 교환하고, 비즈니스와 윤리 등에 관련된 어려운 문제도 현명하게 판단하도록 돕는 것이다. 다시 맥너니의 설명을 들어 보자.

> 보잉의 가치관과 실적 사이에는 어떠한 타협도 있을 수 없습니다. 우리 직원들은 주변에 일어난 일에 어떤 의문을 제기하더라도 괜찮다는 점을 알아야 합니다. 그것이 문제를 미연에 발견하는 길이기 때문입니다. 동료의 부적절한 행동을 덮어 버린 채 침묵으로 일관하는 것은 옳지 않습니다. 윤리와 순응은 보잉이 추구하는 리더십 계발의 핵심입니다. 이 문화는 세상이 끝나는 날까지 우리 리더들의 행동양식 속에 남을 것이며, 리더 육성과 계발부터 인력에 대한 평가와 임금 지급, 승진 등 모든 부문에서 핵심을 이룰 것입니다.

사법부와 늦지 않은 시기에 합의를 통해 사건을 일단락하고 빨리 다음 수순을 밟기로 한 맥너니의 판단은 옳았다. 그리고 이 판단 덕분에 그와 경영진이 향후 몇 년간 보잉의 내부와 외부를 어떻게 이끌어 나갈 것인지에 대한 주변의 기대치도 높아졌다. 아울러 위기 상황에서 그가 내린 판단은 그동안 만들어 온 보잉의 미래 이야기에도 상당한 영향을 미칠 것으로 보인다.

상원의원 존 매케인은 보잉이 드루윈 스캔들에 휘말렸을 때 이를 누구보다 강도 높게 비판한 사람이다. 하지만 상원 청문회에서 맥너니가 사법부와의 합의라는 현명한 결정을 내린 데 대해, 특히 거액의 합의금을 지급하고도 세금공제를 요구하지 않은 점을 높이 평가했다. 이 자리에서 매케인은 이렇게 말했다. "보잉이 세금공제에 연연해하지 않고 결정을 내렸습니다. 게다가 그동안 보잉은 몇 가지 변화를 추구해 왔고 오늘 이 자리에서 들은 이야기까지 감안한다면, 앞으로 이 회사가 얼마나 진지하게 새로운 모습으로 탈바꿈할지 기대됩니다."

매케인의 이 말은 보잉의 미래와 관련해 전권을 가진 짐 맥너니에게는 일종의 성서와 같은 것으로 느껴졌다. 그 뒤로 그는 매케인의 말을 자신의 스토리라인에 포함했고, 핵심 인사에 대한 결정을 내릴 때마다 후보자들이 맥너니 자신의 스토리라인을 얼마나 더 발전시킬 수 있을지 유심히 살폈다. 전략적 판단에서도 그는 스토리라인을 바탕으로 거시적인 맥락에서 결정했다. 또한 위기에 직면해서도 '불을 끄는 데' 연연하는 것이 아니라 오히려 이 상황을 역이용해 자신의 스토리라인을 장기적인 관점에서 보완했다.

맥너니는 상원 청문회에서 다음과 같이 증언함으로써 이 청문회도 자신의 리더십 어젠다를 계발하는 기회로 활용했다.

> 존경하는 의장님과 모든 위원님들, 저는 지난 14년간 회장이나 사장, 최고경영자를 맡아 회사를 이끌어 오면서 무언가 잘못되었을 때마다 그 근본 원인을 규명하는 것을 중요하게 여겼습니다. 그리고 이번 사건에 연루된 전직 직원들은 고객과 국가의 이해를 먼저 따져 보

[도표 3.3] 주요 리더들의 사례

회사	리더	배울 점
베스트바이	브래드 앤더슨	• 일선 매장 직원들의 판단력 증진 • 행동학습을 통한 고위 경영진의 판단력 증진
보잉	짐 맥너니	• 성장 지향적으로 대대적인 혁신(다국적 기업으로)
캐터필러	짐 오언스	• 성장 지향적 판단 촉구
서킷시티	필 스쿠노버	• 혁신 : 판단 – 전환
포커스호프	엘리너 조사이티스	• '인종주의와 빈곤을 철폐하기 위한 실질적 해법'을 통해 생활을 혁신하기로 판단
GE	제프 이멜트	• GE의 신전략 : 기술 성장과 다국적 조사 역량 향상
HP	마크 허드	• 전략 실행
인튜이트	스티브 베네트	• 현장의 판단력 증진
뉴욕 시 공립학교	조엘 클라인과 밥 놀링	• 학교장 리더십 아카데미를 활용한 인물 판단력 증진
폴라리스	톰 틸러	• 전략 판단력
특수부대	웨인 다우닝	• 위기 판단력
스틸케이스	짐 해케트	• 품성과 용기
트릴로지	조 라이만츠	• 트릴로지 대학을 인도와 중국으로 옮긴 인물·전략 판단력
얌! 브랜드	데이비드 노박	• 멀티브랜딩 전략 결정

고 윤리적으로 행동하는 대다수 보잉의 피고용자와 전혀 다르게 행동했다는 점을 분명히 밝힙니다.

보잉은 고도의 윤리 기준을 지키려고 노력합니다. 저는 앞으로도 이런 일이 재발하지 않도록 제게 주어진 모든 권한을 동원하여 노력해 나갈 것입니다.[11]

이 책의 나머지 부분에서는 자신만의 미래 스토리라인을 바탕으로 판단력을 강화하는 다른 리더들에 대해 살펴보겠다.

판단 드라마의 주요 작가와 연출가

이 책을 집필하고자 우리는 많은 리더와 인터뷰를 나누고 그들에 대해 연구했다. 리더는 조직의 미래 이야기를 연출하고 저술하고 감독하는 사람이며, 누구를 섭외(인물)하고 스토리를 어떻게 구성하고(전략) 위기에 어떻게 대응할 것인지 결정하는 사람이기도 하다.

[도표 3.3]에서 주요 리더들의 판단 사례를 참고하라.

리더는 TPOV와 미래 지향적 스토리라인 위에서 중요한 결정을 내린다. 마틴 루터 킹이 '꿈' 이야기의 토대 위에서 인물과 전략, 위기를 판단했듯이 짐 맥너니 같은 CEO들은 자신만의 기업 스토리라인을 통해 확고한 판단을 추구한다.

스토리라인은 결코 완성된 것이 아니며 리더의 판단에 따라 언제든지 수정될 수 있다. 그러나 탄탄한 스토리라인 없이는 리더의 판단이 조직의 미래를 이끄는 행동으로 이어지기 어렵다.

Chapter 4

품성과 용기

- 리더가 현명한 판단을 지속하기 위해서는 품성과 용기가 필요하다.
  - 품성은 도덕적 나침반을 제시한다.
  - 용기는 결과를 창조한다.
- 품성을 지닌 사람에게는 분명한 기준이 있다.
  - 품성을 지닌 사람은 스스로 책임의식을 느낀다.
  - 품성을 지닌 사람은 대중의 존경보다 자신의 자존감을 중시한다.
- 장해물에 직면해서도 기준을 지키기 위해서는 용기가 필요하다.
  - 용기 없는 품성은 무의미하다.
  - 품성 없는 용기는 위험하다.

주부 엘리너 조사이티스가 다섯 아이와 함께 디트로이트 교외에서 생활하던 1967년 7월, 이 도시에서 닷새에 걸친 인종폭동이 발생했다. 총탄의 난무가 그친 다음 날, 그녀는 친구이자 신부인 윌리엄 커닝엄과 도심을 향해 걷고 있었다. 군 탱크가 휩쓸고 간 참혹한 모습과 여전히 불꽃이 살아 있는 건물들을 지켜본 두 사람은 서로 얼굴을 보며 고개를 끄덕였다. "우리가 뭔가를 해야겠어요."

그로부터 몇 개월 뒤 커닝엄 신부는 세이크리드 하트 신학교의 영어 교사직을 그만두고 도심지 교구에서 일하기 시작했다. 그리고 조사이티스와 그녀의 남편은 교외의 안락한 집을 팔고 폭동의 진앙 부근으로 이사했다. 커닝엄 신부와 엘리너 조사이티스는 포커스호프 Focus : HOPE라는 단체의 설립에 착수했다. '인종차별주의와 빈곤에 대한 현명하고 실질적인 처방'을 내놓는 것이 이 단체의 설립 목적이었다.[1]

여성과 어린이를 위한 소규모 급식 프로그램에서 시작한 이 단체는 30여 년 사이에 부쩍 성장해 사회 서비스와 교육을 포괄하는 대규모 사회기관으로 발전했다. 이 단체가 처음에 급식 프로그램부터 시작한 이유는 굶주림과 영양 불균형이 유아기 시절의 발달을 저해해 정상적인 성장을 제약한다는 과학적 근거 때문이었다. 두 사람은 능력에 차이가 있으면 기회에도 차이가 있을 수밖에 없다고 생각했다. 그래서 어린이들에게 충분한 영양을 제공해 학습능력을 제대로 갖추도록 하는 것이 중요하다고 판단했고, 이것이 두 사람이 급식 프로그램을 시작하게 된 계기였다.

그러나 급식 프로그램이 포커스호프의 궁극적 목표였던 건 아니다. 이 단체의 장기적인 목표는 사람들을 경제적 주류로 만들고 스스로 부양할 수 있게 해 급식의 필요성을 아예 없애는 것이었다. 경제적 기회야말로 조사이티스와 커닝엄 신부가 생각하는 민권의 정의였다.

많은 좌절과 시행착오가 있었지만 두 사람은 디트로이트 시민을 위해 '평등의 장'을 만들겠다는 목표를 추구해 나갔다. 노인을 위한 급식 프로그램의 재원을 마련하기 위해 의회에 로비도 하고, 저소득층에 너무도 불평등한 곡물 가격 체계를 개선하기 위해 소송도 했다. 그렇게 문제를 해결하고자 실질적이고 현명한 해법을 추구하던 두 사람의 철학은 결국 한 가지 결론에 도달했다. 사람들에게 영양을 제공하는 것 못지않게 기술을 가르치는 것도 중요하다는 사실이었다.

이윽고 1981년, 포커스호프는 정밀 가공과 금속 가공 기술을 교육하기 위해 MTIMachinist Training Institute라는 학교를 설립했다. 당시 디트로이트에는 흑인 기계공의 수가 워낙 적었던 반면에 그 기술에 대한 수요는 매우 많았다. 따라서 조사이티스와 커닝엄이 학교를 설립한 목적은 고용주들이 도저히 거절할 수 없을 정도의 수준 높은 기술력을 갖춘 기계공을 육성하는 것이었다.

포커스호프는 학생들의 교육과 더불어 그들의 성공을 돕기 위해 몬테소리 유치원도 만들었다. MTI 학생뿐 아니라 지역사회 구성원이면 누구나 일하고 공부하는 동안 자녀를 이 유치원에 맡길 수 있도록 하기 위해서였다. 그리고 1989년에는 학생들의 읽기와 수학 능력을 배양시켜 다른 훈련기관에 보내거나 혹은 더 좋은 직장을 구하는 것을 돕기 위해 패스트 트랙FAST TRACK 프로그램도 도입했다. 또한 1997년에는 패스트 트랙 프로그램에 가입하기 원하는 사람을 위해 읽기와 수학의 기초를 가르치는 퍼스트 스텝First Step 프로그램도 만들었다.

2007년 포커스호프는 실로 놀라운 성과를 올렸다. 패스트 트랙과 퍼스트 스텝을 통해 유자격 기계공 2,700명을 배출했으며, 두 프로그램을 이수한 사람의 수는 거의 6,000명에 달했다. 또한 최신 설비를 갖춘 CATCenter for Advanced Technologies에서도 100여 명의 졸업생을 배출했고, 이들 모두 인근 3개 대학에서 졸업장 또는 학사 학위를 취득했다. 포커스호프의 교육 활동은 여기서 그치지 않았다. 시스코와 마이크로소프트, 컴퓨팅기술산업협회CTIA와 제휴관계를 맺은 ITC(정보기술센터)를 졸업한 600명에 가까운 졸업생 대부분이 그 분야에 종사하고 있다. 게다가 급식 프로그램도 더욱 발전해 최근에는 저소득 노년층이나 편모 가정의 어머니와 자녀 등 4만 3,000여 명에게 매달 식료품을 제공한다.

첫 30년간 커닝엄 신부와 조사이티스는 한 팀으로 같이 일했다. 그리고 커닝엄 신부가 사망한 1997년부터는 조사이티스가 CEO가 되어 예전처럼 활기차게 이 단체를 이끌고 있다. 커닝엄 신부가 사망한 1997년의 바로 그 주에는 토네이도가 몰아쳐 포커스호프 캠퍼스가 쑥대밭이 되었다. 그러나 조사이티스는 불과 1년도 채 지나지 않아 캠퍼스를 복원해 기능을 정상화했다.

포커스호프가 그저 열심히 노력해서 좋은 결과를 거둔 조직 사례 중 하나에 불과할지도 모른다. 그러나 이 단체 역시 현명한 판단의 중요성을 보여 주는 사례다. 중요한 일일수록 더 현명한 판단을 추구하는 리더의 일관된 노력 없이 지속적인 성공이란 있을 수 없다. 사실 MTI를 시작하는 데는 적잖은 위험이 따랐다. 당시 포커스호프는 미국에서 가장 성공적인 급식 프로그램 중 하나를 운영하고 있었기 때문에 이처럼 사업을 다각화하는 것은 자칫 큰 실수가 될 수도 있다는 사실을 두 사람은 잘 알고 있었다. 그런데도 MTI를 설립하기로 결정한 이유는 마땅히 그래야 한다고 판단했기 때문이다. 마찬가지로 엔지니어링 프로그램 역시 두 사람의 어려운 결단을 통해 시작되었다. 그러나 포커스호프의 긴 역사에서, 특히 초창기에 큰 실수를 했더라면 그 모든 노력이 한순간에 물거품이 될 수도 있었다.

품성과 용기! 이는 현명한 판단을 위해 중요한 두 가지 요소다. 어떤 프로세스에 따라 얼마나 열심히 노력하든, 그리고 우리가 제시한 방법론을 얼마나 정확히 따르든 품성과 용기 없이는 누구도 '고도의 판단'에 이르기 어렵다. 운이 좋아서 좋은 결정을 내리고, 또 좋은 결과를 얻을 수는 있어도 품성과 용기가 뒷받침되지 않으면 그것을 유지할 수 없다. 품성과 용기가 부족한 사람은 가장 어렵고 중요한 결정을 앞두고 머뭇거릴 수밖에 없다.

품성

품성을 갖췄다는 것은 어떤 의미일까? 이는 가치관이 있다는 뜻이다. 도덕적 나침반이 있어서 해야 할 일과 하지 말아야 할 일에 대한 분명한 척도가 된다는 뜻이다. 품성이란 어려운 결정에 앞서 옳고 그름을 알고 대처하는 것과 직결된다. 그리고 자신만의 목표와 기준을 잘 알고 준수하는 일에 관련된 것이기도 하다.

훌륭한 가치관과 원칙을 가진 품격자를 설명할 때 자주 등장하는 용어 중 하나가 '신실'이다. 정신의학에서는 품격자를 '신실한 사람'이라고 표현한다. 품성은 정직한 사람의 행동원리이며, 조직에서는 품성 지도Coaching를 통해 내부의 경쟁과 정치력을 조율하고 협력회사와 고객을 존중으로 대하도록 한다. 더불어 CEO의 품성은 중요한 모든 결정의 밑바탕이 된다.

품성은 개인의 이익을 넘어 조직과 사회에 '선善'을 가져다주는 요소이기도 하다. 피터 드러커의 표현대로 품성은 '누가 옳으냐 보다 '무엇이 옳으냐'에 더 큰 가치를 둔다.² 히틀러는 비록 악하기는 했지만, 원하던 결과를 상당 부분 손에 넣었고 어느 정도 성공도 거두었다는 점에서 현명한 판단력을 갖고 있었다고 주장할 사람이 있을지 모른다. 그러나 이 논리는 올바르지 못하다.

같은 논리대로라면 데니스 코즐로브스키(타이코)와 버니 에버스(월드컴), 앤디 패스토(엔론)처럼 최근의 기업 스캔들에 휘말린 부정한 사람들조차도 엄청난 권력과 돈이라는 목표를 달성했다는 이유로 추앙받아야 할 것이다. 그들은 혼란 속에서 결국 그릇된 판단을 했고, 그로 말미암아 자신의 직업 인생을 파멸로 이끌고 말았다. 하지만 우리가 가야 할 곳은 그곳이 아니다. 우리는 훌륭한 판단은 반드시 훌륭한 가치관에서 비롯되어야 한다고 믿는다. 부정한 결과는 설령 의도한 것이라 할지라도 성공으로 간주할 수 없으며, 부도덕적인 판단도 마찬가지다.

품성이란 그 사람만의 특징적이고 여과되지 않은 목소리이며, 다른 사람이 위조하거나 모방할 수 없다. 품성은 그 존재의 본질이며, 특히 요즘 세상에서는 그 사람의 행동양식에 큰 영향을 미친다. 혼돈Chaos은 이제 이론이 아니라 엄연한 현실이다. 혼돈을 받아들이고 함께 진화하는 방법을 배우는 것이야말로 오늘의 환경에서 성공을 이루는 핵심이다. 잭 웰치는 우리에게 "혼돈을 거부하면 앞으로의 방향도 알 수 없다"라고 말했다. 모든 것의 속도가 점점 빨라지고 있다. 생각할 시간도, 머릿속의 지식에 의존할 시간도, 육감을 동원할 시간도 점점 부족해진다. 과거의 조직과 최근 조직에서의 생활 차이는 골프와 서핑의 차이에 비유할 수 있다. 요즘은 끊임없이 변화하는 물결에 올라탈 수 있어야 한다. 따라서 장비도 수시로 바꿔야 한다. 결정을 내리기 위한 시간이 웬만큼 있다 하더라도 리더가 모든 요소를 '완전히' 꿰뚫을 수는 없다. 상황은 계속해서 변하므로 판단도 그에 맞춰 유연하게 내려야 한다.

스틸케이스의 CEO 짐 해케트Jim Hackett는 빌 메리어트를 만났던 이야기를 해주었다. 당시 해케트는 30대의 젊은 나이에 스틸케이스의 사장으로 재직하고 있었고, 빌 메리어트는 70대로서 메리어트 호텔 왕국의 건립자였다. 1990년대 초 두 사람의 만남을 주선한 이는 어느 컨설턴트였다. 해케트의 말대로 "나는 젊은 나이에 오래된 가족사업체를 변화시키려 하고 있었고, 그는 노년의 나이에 역시 오래된 가족사업체를 바꾸려 하고 있었기" 때문이다. 그 무렵 해케트의 비즈니스 운영 방식은 전적으로 자신의 가치관에 의존하고 있었다.

나이와 경험의 차이에도 의견이 잘 맞았던 두 사람은 오랫동안 가치관을 주제로 담소를 나눴다. 해케트는 워싱턴에서 비행기를 타고 미시간 주 그랜드래피즈에 있는 자신의 집으로 돌아오던 순간을 떠올렸다. "그의 평화를 나도 느낄 수 있었습니다. 자신이 해야 할 일을 아는 데서 오는 안정감 같은 것 말이지요. 확고한 가치관이 있었기에 호텔 운영에 따른 중요한 결정도, 수없이 반복되는 결정도 내릴 수 있었던 거지요. 그야말로 '완전한 평화' 그 자체였습니다. CEO에 오른 지 불과 6개월밖에 안 된 39세의 사람이 그런 평화를 느끼기는 무리지요. 하지만 그를 보며 나도 평화를 얻고 싶었습니다. 그러려면 중요한 결정을 내리기에 앞서 그 판단이 정말 옳은지 이해할 수 있는 기회를 얻는 것이 중요하지요."

그 뒤 몇 개월간 짐 해케트는 가치관에 대해 깊이 생각했다. 그리고 그해 말에 경영진이 참석한 자리에서 다음과 같은 연설을 했다. "비행기가 이륙한 순간부터는 무엇보다 비행기의 고도와 수평을 유지해 주는 장치가 중요하다고 합니다. 이런 장치가 제대로 작동해야만 적절한 비행 고도와 기체의 수평을 유지할 수 있기 때문이죠. 회사의 최고경영자인 나는 나 자신한테서 이 장치를 찾고 있었습니다. 메리어트 씨처럼 회사의 방향을 설정하고 그 방향이 정말 옳은지 판별해 줄 수 있는 그런 장치 말이지요."

마지막 인터뷰에서 그는 이렇게 추론했다. "내가 잘못 판단한 일도 많을 겁니다. 나 역시 인간의 한계를 벗어날 수 없기 때문입니다. 인간의 한계를 넘어서는 계획은 사실상 어렵습니다. 하지만 자신의 가치관이 확고하고 그 의미를 이해하는 사람은 어려운 판단 속에서도 평화를 얻을 수 있습니다."

GE의 제프 이멜트는 '리더의 판단'을 자신을 향한 진지한 여정에 비유했다. "자신의 영혼을 향한 진지하고 깊이 있는 여정 말입니다." 그러나 확고한 가치관 못지않게 그 가치관과 자신의 지속적인 교류도 필요하다. 이멜트는 이렇게 말한다. "하루하루 더 나은 존재로 발전하기 위해 이 여정을 떠나고 싶은 생각이 있나요? 그러면 얼마나 많이 배울 수 있을까요? 매일같이 거울을 바라보며 '오늘 결정은 별로였어. 다음엔 더 현명하게 판단해야지!' 하고 되뇔 자신이 있나요? 더 나은 회사를 만들기 위해 변화를 이끌고 싶다면 리더 자신부터 기꺼이 누군가의 후원자가 되겠다는 용기를 내야 합니다."3

2002년, 짐 해케트는 경영학과 1학년 학생들을 대상으로 한 강의 주제를 '확고한 가치관'으로 정했다. "여러분의 삶에 대해, 특히 직업 인생에 대한 탐색을 당장 오늘부터 시작해야 합니다. 다행히도 여러분이 찾아낸 것을 함께 고민해 줄 훌륭한 선생님들이 주변에 있습니다. 하지만 여러분의 가치관을 행동으로 옮기겠다는 결정은 오로지 자신의 몫입니다. 저는 빌 메리어트와 이야기를 나누면서 마음의 평화에 대해 되짚어 보게 되었습니다. 여러분도 확고한 가치관을 길잡이 삼아 앞날을 개척한다면 정신적 평화 단계에 이를 수 있습니다. 커다란 갈등에 직면했을 때는 어느 방향이 옳은지 분명하게 이해하는 것이 중요하다고 나 자신에게 말하곤 합니다. 무엇이 옳고 어떻게 행동해야 하는지 주변의 어느 누구도 정확히 말해 줄 수 없습니다."4

빌 메리어트와 만난 지 10년 후이자 이 강의를 하기 몇 해 전, 해케트는 매우 중대한 사업적 결단을 앞두고 있었다. 문제는 내화재耐火材였다. 당시 스틸케이스는 사무용 칸막이와 벽면용 외장재 등을 교체할 수 있도록 설계한 신상품 라인을 가동한 상태였다. 따라서 건축업자들은 동일한 벽면 패널을 구입해 설치한 뒤 나중에 필요에 따라 다른 제품으로 교체할 수 있었다. 문제는 스틸케이스가 사무용 칸막이 분야에서는 경험이 풍부했지만 벽면 패널 분야에서는 그렇지 못했다는 사실이다. 결국 문제가 생겼다. 벽면 패널로 사용한 자재가 내화 기준에 맞지 않았던 것이다.

해케트의 설명을 들어 보자. "설치에는 전혀 문제가 없었습니다. 심지어 고객이 먼저 우리에게 전화해서 걱정하지 말라고, 이 정도 재질이면 별 문제 없을 거라고 위로할 정도였지요. 게다가 우리 직원들 중에는 한번 설치된 패널을 다시 뜯는 일은 극히 드물 것이라고 떠들고 다니는 사람도 있었습니다. 틀린 말은 아니었지요. 아무리 교체할 수 있게 만들었다 해도 실제로 그럴 일은 거의 없을 테니까요."[5]

그런데 상황을 더욱더 어렵게 한 것은 통일되어 있지 않은 내화 기준이었다. 그 기준은 지역마다 모두 달랐다. 대체 어떻게 해야 그 많은 기준을 모두 만족시킬 수 있단 말인가?

그 해답의 열쇠는 바로 해케트의 품성이자 가치관에 있었다. 스틸케이스는 판매된 패널을 모두 회수해 가장 엄격한 내화 기준을 적용한 제품으로 전량 교체하고, 여기에 든 4,000만 달러의 비용은 손실로 처리했다. 덕분에 해케트와 다른 모든 이사들의 상여금은 포기할 수밖에 없었다.

해케트는 과거 비행기 안에서의 경험을 떠올리며 이렇게 말했다. "무엇을 어떻게 해야 할지 이미 예감하고 있었습니다. 비행기가 뜨고 나서는 결국 수평유지 장치에 의존할 수밖에 없는 법이지요. 시야도 전혀 확보되지 않고 천둥번개까지 간간이 치는 상황에서 비행기 조종사가 수평유지 장치를 무시한 채 자의적인 판단으로만 안전을 위협해서는 안 됩니다. 이 점을 명심해야 합니다. 문제가 생겼을

때는 우리의 판단방식, 보증하건대 사업을 하는 다른 사람들도 우리의 방식을 따르게 될 것입니다."⁶

짐 해케트에게 보상의 날은 2001년 9월 11일이었다. 비행기가 펜타곤으로 곤두박질친 그날 아침, 불타는 벽면 뒤에 설치되어 있던 외장재는 엄격한 내화 기준을 적용한 스틸케이스의 신제품이었다. "연료가 사방에 튀며 일어난 화재가 오히려 결정적인 증거가 되었습니다. 스틸케이스 자재가 그곳에 없었다면 화재는 더욱 확산되어 걷잡을 수 없는 재앙이 되었을 것입니다."⁷

등골이 오싹한 이야기지만, 이처럼 올바른 판단과 실행을 통해 대재앙을 모면하기도 한다. 하지만 대재앙이 하나 줄어들면 그 반대 상황에서 벌어졌을 참사에 대한 이야기도 하나 사라지는 셈이다. 누군가 나서서 뉴올리언스의 제방을 강화해야 한다고 주장했다면 어땠을까? 아니면 나사NASA에서 오링O-ring이 극한의 상황에서 제대로 기능을 할지 의심스럽다면서 우주왕복선 챌린지 호의 발사를 연기하자고 주장했다면? 그래서 두 가지 상황에서 모두 문제를 먼저 해결하는 쪽으로 가닥이 잡혀 참사가 발생하지 않았다면, 과연 이런 주장을 한 사람이 지금까지 사람들 입에 오르내리고 있을까? 아마도 그렇지 않을 것이다.

카트리나는 여전히 무서운 허리케인으로 기억되고 있지만, 실제 참사를 부른 것은 제방 붕괴로 말미암은 홍수 때문이었다. 누군가의 지혜로 제방을 미리 손질해 그 홍수를 막았다고 가정한다면 이렇게 말하는 사람도 있을지 모른다. "하느님, 제방을 지켜 주셔서 감사합니다." 하지만 대다수 사람은 하느님의 사자使者로 와서 현명한 판단으로 재앙을 막은 그 사람의 이름은 기억조차 하지 못할 것이다. 챌린지 호도 마찬가지다. 발사를 며칠 연기해 무사히 우주로 보냈다면, 그래서 참사가 일어나지 않았다면 애초의 문제와 그 문제를 지적한 사람에 대한 이야기도 사라지고 말 것이다.

인정받는 것이 중요하다는 뜻이 아니다. 품격자는 주변의 존경보다 자존감을 더 중시한다. 이들은 분명한 기준을 갖고 있으며, 그 기준을 이해하고 책임의식도 느낀다. 그리고 하나의 판단이 생사를 가르는 무서운 결과를 낳을 수도 있다는 것을 잘 알고 있다.

리더의 품성을 갖췄다는 것은 무엇보다 결과와 책임을 모두 수용한다는 뜻이다.

용기

짐 해케트처럼 품성과 자신만의 기준[8]을 가진 리더만이 현명한 판단을 유지할 수 있다. 훌륭한 품성이 결여된, 즉 강한 도덕성과 공공의 선을 향한 진심 어린 욕구가 결여된 리더는 기회주의적이고 자기만족적인 판단에 사로잡히기 쉽다. 그래서 현명한 판단에 따르는 어려운 선택을 회피하려는 경향이 있다.

그러나 우리가 정의하는 판단력은 단순한 의사결정 그 이상이다. 문제에 대한 올바른 해결책을 찾는 것뿐 아니라 약속한 결과를 만들어 내는 것이 모두 판단력에 포함된다. 또한 올바른 판단을 위해서는 용기도 필요하다. 노엘 티시는 의뢰 회사들과 미시간 대학의 경영학과 학생들을 대상으로 워크숍을 진행할 때 청중에게 그동안 자신이 한 현명한 판단과 어리석은 판단의 사례를 직접 적어 보도록 한다. 그런데 어리석은 판단과 관련된 내용에는 어김없이 다음과 같은 문구가 들어간다. "당시에 내가 뭘 해야 하는지 직감적으로 알고 있었지만 나는 그렇게 하지 않았다."

기준에 따라 행동할 수 있는 용기가 있는 리더는 현명한 판단을 충분히 실행으로 옮길 수 있다. 기준이라는 것은 보여 주지 않으면 의미가 없다. 즉 리더가 자기 기준에 맞춰 행동하지 않으면, 어느 누구도 그것이 리더의 기준인지 아닌지조차 판별할 수 없다.

20여 년 전, 톰 피터스와 로버트 워터먼이 어리석은 행동 유형을 두 가지로 구분한 적이 있다.

> 사격 준비 …… 발사 …… 조준
> 사격 준비 …… 조준 …… 조준 …… 조준 …… 조준 …… 조준……[9]

셰익스피어의 햄릿은 늘 '조준'만 하고 발사는 하지 못했다. 게다가 발사하더라도 엉뚱한 시간에 엉뚱한 대상에게 향하곤 했다. 오랜 시간이 흐른 지금까지 이 작품이 주목받는 이유 중 하나가 바로 햄릿의 '무기력함' 때문이다. 아무리 사려 깊은 사람, 아무리 사려 깊은 리더라도 이런 고통의 시간을 겪곤 한다. 햄릿은 자신이 무엇을 해야 하는지 알고 있고, 클라디우스를 죽이는 것이 명예를 회복하는 유일한 길이라는 것을 알았으면서도 적극적으로 행동에 나서지 못했다.[10] 이처럼 용기 없는 품성은 의미가 없다. 비극 작품을 제외하면 말이다.

현명한 판단을 실행하는 데 필요한 용기의 유형은 상황에 따라 달라진다. 그리고 가끔은 이 용기가 직접적인 위협을 부르기도 한다. 1960년대 엘리너 조사이티스가 디트로이트 도심으로 이사하겠다고 결정하자 그녀의 어머니는 다섯 손자를 데려가려고 변호사까지 고용했다. 심지어 시아버지는 며느리와 의절을 통보했고, 아주버니도 조사이티스가 자기 가문과 무관한 사람이라는 것을 알리려고 그녀의 처녀 시절 성을 쓰라고 요구했다. 비록 그녀의 어머니는 얼마 지나지 않아 딸의 입장을 두둔하기 시작했지만 시아버지는 끝내 그녀를 거부했고, 아주버니가 사과의 뜻을 전하기까지는 무려 35년이라는 세월이 필요했다.

그 긴 시간 동안 조사이티스 역시 수많은 위협과 협박성 편지를 받았다. 인종차별주의자들을 비롯해 포커스호프의 성공에 위협을 느낀 많은 사람이 그녀를 협박했다. 하지만 이 모든 위협에도 그녀는 의지를 꺾지 않았다. 오히려 그동안 포커스호프의 도움을 받은 사람들의 감사 편지뿐 아니라 협박 편지까지도 소중하게 보관했다. 자신이 하는 일이 옳다는 것을 반증하고 용기를 북돋우는 것이 바로 이 협박 편지들이었기 때문이다.

이미 70대에 들어선 지 오래인 지금도 조사이티스는 변함없이 자신의 가치관을 추구한다. 9·11 대참사 때문에 디트로이트의 아랍계 미국인 사회에서 보복 테러의 가능성이 고조되자 포커스호프에서 일하던 600여 명의 직원을 모두 소집했다. 그 자리에서 그녀는 뉴욕과 워싱턴, 펜실베이니아에서 발생한 참사에 대해 설명한 뒤 모든 직원이 포커스호프의 조직강령에 서명하도록 했다. 1968년에 제정된 조직강령의 내용은 다음과 같다.

우리는 모든 사람의 존엄과 아름다움을 인정하고 인종차별주의와 빈곤, 불의를 극복하기 위해 지성적이고 실용적으로 행동할 것을 다짐한다. 그리고 모든 사람이 자유와 조화, 신뢰, 사랑 속에서 살아가는 하나의 지역사회를 건설할 것이다. 경제적 지위와 국적, 종교적 뿌리에 상관없이 디트로이트와 인근 교외에서 살아가는 검은색, 흰색, 노란색, 갈색, 붉은색의 피부를 가진 모든 사람과 더불어 우리는 이 서약에 동참한다.[11]

이 행사가 끝나자 〈디트로이트프리프레스〉에서 그날의 일을 기사로 작성해 달라고 조사이티스에게 요청했다. 그녀는 '다양성을 포용하는 세상을 건설하다'라는 제목으로 그동안 자신과 포커스호프에서 있었던 일들을 써 내려갔다.[12] 이 기사가 보도되고 며칠이 지나자 늘 그렇듯이 인상 깊은 편지가 한 통 날아왔다. 편지 제목은 '다양성으로 당신 뒤나 닦아, 아줌마'였다. 그녀는 이 편지도 아직 보관하고 있다.

해리 트루먼도 엘리너 조사이티스와 마찬가지로 젊은 시절부터 뛰어난 리더로 추앙받은 것은 아니다. 자서전에 따르면 트루먼의 리더십은 제1차 세계대전에서 뜻하지 않은 경험을 하면서 빛을 발하기 시작했다고 한다.

트루먼의 인생이 영원히 뒤바뀌게 된 계기는 33세의 나이로 제1차 세계대전에 참전한 순간부터였다. 첫 시험의 순간은 비 오는 어느 날 밤 보주 산맥에서였다. 독일군이 그의 부대를 향해 포화를 쏟아부었다. 화약 연기로 주변이 온통 자욱해졌고 놀란 부대원들은 앞다투어 포격지를 벗어나려고 달리기 시작했다. 게다가 포탄 소리에 놀란 트루먼의 말이 나자빠지는 바람에 자칫 압사당할 뻔한 고비도 있었다.

작가 데이비드 매컬로는 이때의 상황을 이렇게 묘사했다. "땅바닥에 쓰러져서 부하들의 우왕좌왕하던 모습을 지켜보던 그가 그 자리에서 벌떡 일어서더니 미동도 하지 않은 채로 부하들에게 제자리로 돌아갈 것을 외쳤다. 그의 모습을 보면서 부끄러움을 느낀 부하들은 자기 자리로 되돌아와 예정대로 작전을 수행했다." 트루먼 덕분에 부대원들은 다시 모였고 그날 밤도 함께 보냈다. 그 후로 부하들은 해리 트루먼에게 충성을 다했다.[13]

역사가들은 이 뜻밖의 사건과 그 결과가 트루먼의 인생을 크게 바꿔 놓았다고 말한다. 하지만 그가 훗날 용기 있는 삶을 살 수 있었던 것은 당시의 경험을 긍정적인 방향으로 소화한 덕분이다.

엘리너 조사이티스나 해리 트루먼과 달리 대부분의 사람은 물리적 용기와 반항적 용기를 드러내야 할 만큼 공개적인 적대 상황에

처하는 경우가 그렇게 많지 않다. 정작 우리에게 필요한 것은 소리 없는 용기다. 이 용기는 자신의 내면을 깊이 탐구하며, 옳은 것을 인정하고 포용하는 데서 비롯된다.

P&G가 뇌물 공여를 거절하고 아프리카의 공장을 1년간 폐쇄하기로 결정할 때 필요했던 용기, 짐 해케트가 자신의 경영 실적과 직결된 4,000만 달러를 포기하고 패널의 회수를 지시했을 때 필요했던 용기도 바로 이것이다. 숱한 장해물에도 꿋꿋이 어려운 길을 선택하는 용기는 '그래야만 한다'는 신념에서 나온다.

장해물은 조직 속에도 곳곳에 자리한다. 자원이 늘 제한되어 있으므로 리더는 예산과 관련해서도 용기 있는 결단을 내려야 한다. 또한 결정한 내용을 성공적으로 실행하는 과정에서도 용기가 필요할 때가 많다. 새로운 계획에 적합하지 않은 재능이나 기질을 가진 직원을 해고하는 일, 다수의 신규 직원을 고용하는 일, 오랜 반대자들과 협력해야 하는 상황 등이 그 예다.

어려운 판단을 해야 하는 상황에서는 언제나 반대자들이 있게 마련이다. 현명한 리더는 사람들의 이해관계를 예민하게 알아내고 그들을 한 팀으로 유지하려고 노력한다. 아무리 반대자가 많은 팀이라 하더라도 일단 결정이 내려지면 대다수가 그 결정을 존중하고 따르게 마련이다. 이때 몇몇 사람이 여전히 강한 반대 의사를 드러내며 팀의 분위기를 해친다면, 리더는 일단 그들의 변화를 유도하다가 도저히 어렵다고 판단되는 경우 과감히 팀에서 내보낼 수 있어야 한다.

사람의 힘으로 도저히 극복하기 어려운 장해물('도전'이라는 표현을 쓰기도 한다)도 있다. 폭풍 같은 외부의 힘이 대표적이다. 그러나 기후마저도 정치적 대상이 되는 경우가 있다. 아무튼 이런 상황까지 인간의 힘으로 통제할 수는 없겠지만, 아무리 불확실하더라도 현재를 유지하려면 용기 있게 판단해야 할 경우도 있다.

중요한 판단에는 언제나 위험이 함께한다. 중요할수록 위험도 커지는 법이다. 많은 리더가 여기에서 좌절하곤 한다. 위험을 감당할 용기가 없어 판단 자체를 회피하는 것이다. 머크의 레이 길마틴을 예로 들어 보자. 사태를 신속히 판단해 행동으로 옮기지 않으면 스스로 파멸할지 모르는 상황인데도 그와 경영진은 결국 실행을 미루고 말았다. 반면에 인텔의 앤디 그로브는 아무런 조치도 취하지 않았을 때 일어날 상황을 오히려 두렵게 생각해 과감히 폭풍 속으로 뛰쳐나갔다.[14]

리더에게 정말로 어려운 장해물 중 하나가 바로 자신의 성향이다. 어떤 이는 확신이 부족해 결단을 내리지 못하고 머뭇거린다. 또 어떤 이는 옳은 판단대로 하려면 너무나 할 일이 많아 도저히 해낼 자신이 없다. 결국 그들은 타협점을 찾게 된다.

스탠퍼드 대학에 다니던 1989년, 4명의 친구와 함께 기업 소프트웨어 제조회사인 트릴로지Trilogy를 창업한 조 라이만츠Joe Liemandt는 2000년에 있었던 일을 이야기했다. 당시는 전자상거래와 그와 관련된 제품 개발이 폭발적인 인기를 끌던 시대였다. 다른 하이테크 회사들과 마찬가지로 트릴로지도 고객과 관련해서 이상은 높고 현실은 따라 주지 않는 회사였다. 트릴로지는 고객이 원하는 기능을 완벽히 갖춘 소프트웨어를 추구했지만, 기능이 제대로 작동하지 않는 경우도 더러 있었다. 게다가 고객의 문제를 해결하는 데 전혀 적합하지 않은 소프트웨어를 공급한 일도 있었고, 고객이 소프트웨어 사용법을 제대로 이해하지 못해서 애를 먹은 적도 있었다. 사정이 그러했지만 트릴로지는 소프트웨어를 팔아 돈을 벌면 또 다른 고객층을 겨냥해 움직였다.

"어느 곳에 판매한 제품이든 간에 설명서대로만 작동하면 된다는 것이 우리 회사의 경영 방침이었습니다. 그러다 몇 년 뒤에 이렇게 말하는 고객이 있었지요. '이 소프트웨어는 전혀 쓸모가 없네요.' 그때 우리는 대답했습니다. '그렇지 않습니다. 이 제품은 정상적으로 작동합니다. 계약할 때 드린 설명서대로 이 소프트웨어는 정확하고 빠르게 작동합니다. 만약 설명서대로 작동하지 않는다면 모든 금액을 환불해 드릴 것입니다. 하지만 우리 제품은 설명서대로 정확하게 작동합니다.'"

이는 당시 그 업종에 종사하던 많은 회사의 공통적인 관행으로 트릴로지만 특별히 그랬던 것은 아니었다. 기업 소프트웨어 업종에서 글로벌 프로젝트를 추진한 포춘 500대 기업의 약 50~80퍼센트가 결국 실패했다. 〈월스트리트저널〉도 기업 소프트웨어 프로젝트를 추진했다가 손실만 보고 막을 내린 회사들의 기사로 가득했다. 한 예로 허쉬Hershey는 대대적으로 시스템을 변경했지만 예상대로 작동하지 않는 바람에 그해 할로윈에 공급할 초콜릿 생산에 큰 차질을 입고 말았다.

하지만 트릴로지의 상황은 2000년에 들어서면서 크게 바뀌었다. 다음은 라이만츠의 설명이다. "상황의 심각성을 깨달았습니다. 이대로 가다가는 비즈니스 자체가 어렵다고 판단한 것이죠. 세상을 바라보는 관점부터 시작해 모든 걸 바꿔야 했습니다. 신제품 개발에서 배송에 이르기까지, 그리고 고객의 성공을 바탕으로 우리의 성공을 측정해야 한다는 사실 등 성공과 관련된 기준 자체를 바꿀 필요가 있었습니다."

누구보다 열정적인 성격의 소유자인 라이만츠는 자신의 이런 생각을 회사 전체에 알리기 시작했다. 회사의 많은 사람이 그의 뜻에 공감했다. 하지만 라이만츠와 만난 컨설팅 회사 책임자의 반응은 전혀 달랐다. 그 책임자는 단호한 어조로 이렇게 말했다. "라이만츠 씨, 솔직히 고객들까지 성공하게 할 방법은 없습니다. 그게 얼마나 어려운 일인지 모르는 사람은 없을 겁니다. 우리도 지난 10년 동안 방법을 찾아봤지만 역시나 어렵다는 결론에 도달했습니다. 라이만츠 씨! 모든 걸 바꾼다고 과연 미래까지 바뀔 수 있을까요?"

그 일은 라이만츠에게 중요한 전환점이 되었다. "이때부터 나는 정말 훌륭한 비전이 무엇인지 생각했습니다. 실행하기는 매우 어렵지만 훌륭한 비전과, 실행하기는 쉽지만 그릇된 비전의 차이에 눈을 뜨게 된 것이지요. 그 후로는 실행이 어렵다고 해서 비전이나 전략 자체가 무조건 잘못된 것은 아니라는 사실도 깨달았습니다. 실행이 너무 어렵다고 판단되면 선뜻 그 비전을 채택하기가 어렵습니다. 그 때문에 어쩔 수 없이 그릇된 비전을 선택할 가능성이 높아지지요.

그래서 속으로 이런 생각도 하게 마련입니다. '정말 훌륭한 아이디어야. 하지만 추진하기엔 너무 벅차. 그렇다면 포기하는 수밖에.' 또 이렇게 생각하는 사람도 있겠지요. '훌륭한 아이디어라는 건 틀림없어. 하지만 뒷감당을 할 자신이 없어.'"

이런 이유 때문에 라이만츠는 제프 이멜트처럼 깊은 사색을 계속했다고 한다. "내 사고방식과 세계관을 180도 완전히 바꿔야 한다고 생각했습니다. 그러기 위해서는 시간을 들여 나 자신과 많은 대화부터 나눠야 했지요. 그러자 시간이 흐르면서 하나씩 분명해지기 시작했습니다. 우리 회사가 지향하는 미래의 모습을 내다보는 눈이 생기기 시작한 것이지요. 이렇게 미래의 그림을 그릴 수 있게 되자 그동안 우리를 가로막았던 온갖 장해물을 극복하고 목표만을 지향하는 힘도 생겼습니다."

내면의 장해물이 유발되는 경로는 또 있다. 성공해야 한다는 압박감도 이런 장해물을 만들어 낸다. 메드트로닉의 CEO를 지낸 빌 조지는 성공의 압박감을 이렇게 설명했다.

> 시장에서의 '성공'에 지나치게 집착하다 보면 자신의 가치관마저 잃어버리기 쉽습니다. 이런 증상을 '최고경영자 병CEO-itis'이라고 부르는 사람도 있습니다. 얄궂은 사실은 성공을 거두면 거둘수록 그 성공을 지속하기 위한 손쉬운 방법에 매달리기 쉽다는 점이지요. 게다가 급여 인상과 스톡옵션, 권한, 언론의 소개, 동료들의 존경 등 성공에 따르는 다양한 보상이 성공을 향한 집착을 더 강화시킵니다.[15]

빌 조지는 저서 《진실의 리더십》에서 리더는 일이 뜻대로 풀리지 않더라도 부담감에 연연해하지 말고 계속 추진해 나가야 한다고 말한다.[16] 여기서 꼭 필요한 것이 바로 품성이다. "이상은 당신 속에 있다. 그리고 장해물 역시 당신 속에 있다."[17] 이것은 19세기 스코틀랜드의 사회철학자 토머스 칼라일이 남긴 말이다. 빌 조지를 포함해 우리가 그동안 살펴본 리더들은 앞길을 막는 장해물에 적극적으로 대처한다. 특히 훌륭한 리더는 냉정하고 주기적인 자기점검을 통해 이런 문제를 해결하는 경향을 보인다. 그들은 엄격한 도덕적 잣대와 늘 주변을 경계하는 초자아superego를 바탕으로 무엇이 옳고 그른지 지속적으로 평가한다.

특별한 품성을 갖춘 또 한 명의 리더로는 노바티스의 CEO 다니엘 바셀라를 꼽는다. 〈포춘〉과의 인터뷰에서 그가 설명한 '압박감'의 개념은 빌 조지의 그것과 매우 흡사했다.

당장 다음 분기의 실적을 책임져야 하는 리더의 입장이라면, 고의든 아니든 실적 최고치와 최저치 사이의 어느 지점에서 타협하려는 유혹을 받을 수 있습니다. 그 때문에 당장의 실적을 위해 장기적으로 회사에 매우 중요한 무언가를 포기할 수도 있지요. 이 사이클을 유발하는 원인으로는 실패에 대한 두려움 못지않게 성공을 향한 열망도 큰 몫을 차지합니다. 분기 실적에 집착하는 경향은 자신의 내면에서 나옵니다. 그래서 좋은 실적을 올려야 훌륭한 관리자가 되는 것이라 여기고, 훌륭한 관리자가 되어야 한다는 집착이 일종의 중독현상으로 이어지지요. 따라서 훌륭한 관리자를 향한 찬사의 의미가 왜곡되기도 합니다. 좋은 실적을 올린 사람은 주변의 찬사를 듣게 마련이고 쏟아지는 샴페인 속의 주인공이 자신이라고 믿게 됩니다. 그래서 스스로를 세상에서 가장 이상적인 존재로 여기고 자신의 말과 행동은 무조건 옳은 것이라고 착각할 수도 있지요.[18]

현명한 판단을 가로막는 보편적인 장해물 중 하나가 바로 리더의 '고립'이다. 바셀라는 성공적인 리더를 파멸로 이끄는 고립 현상에 대해 경고한다. 리더가 고립되는 주된 이유는 성공을 향한 오랜 집착 때문이다. 그래서 유능하고 능력 있는 리더는 성공을 향한 갈망뿐 아니라 삶의 의미를 창조하는 다른 여러 가지 요인 사이에서 적절하게 균형을 유지하려고 노력한다.

워렌 베니스(공동 저자)는 작고한 존 가드너와 지난 2001년 8월에 만났던 기억을 떠올린다. 그때 가드너의 나이는 87세로 이력이 참으로 길고 화려했다. 린든 존슨 내각의 장관을 지냈고, 코먼코즈Common Cause를 창립했으며, 저명한 지식인으로서 대중의 사랑을 받았다. 특히 제2차 세계대전 때는 해병대 장교로 참전해 무공을 떨치기도 했다. 가드너와 만나기 바로 전날, 베니스는 엠바크의 30대 두 창업자인 스티브 첸과 영 신Young Shin을 만났다. 마침 그 주에 두 사람은 쉽지 않은 결정을 앞두고 있었다. 닷컴 거품이 붕괴되면서 엠바크의 직원 100여 명 중에서 25명을 해고해야 할 상황이었고, 더군다나 그중 몇몇은 두 사람의 절친한 친구였다. 다음 날 가드너를 만난 베니스는 전날의 상황에 빗대어 이렇게 물었다. "친한 친구를 해고하는 것과 이오지마(硫黃島, 제2차 세계대전에서 치열한 전투가 벌어진 일본의 섬 - 역주)에서 목숨을 거는 것 중에서 어느 것이 더 용기 있다고 생각하시나요?" 그러자 잠시 생각하던 가드너가 천천히 입을 열었다. "잘 모르겠네요. 내가 대답할 수 있는 질문이 아닌 것 같군요."

트루먼의 정책에 반대한 사람 중에는 전투에 참여하는 것보다 친구를 해고하는 것이 훨씬 어렵다고 주장하는 이도 있을 것이다. 미국 육군참모총장을 지냈으며 베트남 전쟁에서 심각한 부상을 입은 에릭 신세키 장군은 이라크에서의 작전과 관련해 상관인 도널드 럼스펠드에게 공개적으로 반대 의사를 표했다. 이것이 참호에서 적과 맞닥뜨리는 것보다 용기 있는 행동이라고 해야 할까, 아니면 그 반대일까? 미국 식품의약국FDA 국장이자 상사인 레스터 크로포드가 의약품 승인을 계속 머뭇거린다는 이유로 FDA를 박차고 나온 수잔 우드Susan Wood 박사의 행동은 어떠한가?

1943년, 룩셈부르크 출신으로 로마 가톨릭 사제이던 제시 버나드 Jesse Bernard가 나치의 '개종' 요구를 거부했다는 이유로 3,000여 명의 다른 성직자와 함께 다하우Dachau 수용소에 투옥되었다. 하루는 이 수용소의 책임자가 그를 불러 룩셈부르크로 돌아가 대주교를 나치주의자로 만들겠다고 약속하면 곧바로 풀어 주겠다고 회유했다. 하지만 버나드는 죽음을 선택했다.

카트리나가 휩쓸고 간 다음 날, 어떤 사람은 폐허가 된 미시시피로 달려가 이재민을 돕고 시신들을 수습한다. 또 박사 과정을 밟고 있는 어떤 사람은 이라크에 있는 친구들과 함께하기 위해 방위군에 지원한다.

선택과 인기는 장기적으로 보면 별 관련이 없다. 트루먼이 주변의 반대를 무릅쓰고 맥아더 장군을 해임한 것은 결과적으로 그가 내린 가장 현명한 결정으로 꼽힌다. 히로시마에 원자폭탄을 투하하기로 한 결정에도 숱한 논란이 따랐지만, 계속해서 증가하는 미군의 전사자 수를 막기 위해서는 어쩔 수 없는 결정이었다.

트루먼이 내린 이 두 가지 결정은 우리에게 중요한 시사점을 남겨 준다. 현명한 사람의 용기는 자신의 품성과 밀접히 연계된다는 것이다. 품성이 아무리 훌륭하더라도 용기가 없으면 무의미하며, 아무리 대담하더라도 훌륭한 품성이 받쳐 주지 못하면 때로 위험을 자초할 수도 있다.

품성 없는 용기의 대표적인 예로는 아무것도 모르는 투자자에게 강압적이다시피 쓰레기 같은 상품을 추천하는 월스트리트의 사기꾼들을 들 수 있다. 그리고 '전기톱 앨Chainsaw Al'로 불리는 앨 던랩도 빼놓을 수 없다. 던랩은 1990년대에 스콧페이퍼의 CEO로 재직하면서 닥치는 대로 '자르고 태우는' 전략으로 경영 환경을 성공적으로 되돌려 호평을 들었다. 그러나 선빔Sunbeam에서는 회사를 파멸시킨 악마로 불렸다. 그는 선빔에서도 '자르고 태우는' 방식으로 회사를 운영했다. 덕분에 회사의 현금이 크게 늘어났고 던랩도 수천만 달러의 돈방석에 앉았지만, 그로 말미암아 수천 명의 직원이 일자리를 잃어 생계에 큰 타격을 받았으며 선빔의 경쟁력도 크게 위축되었다.

던랩의 문제는 직원 해고나 조업 단축이 아니었다. 현명하고 대담한 리더들 중에는 대량 해고를 통해 경영을 정상화하는 경우가 매우 흔하다. 진짜 문제는 던랩의 해고와 조업 단축이 회사의 번영에도, 헌신적인 직원들에게도 아무런 도움이 되지 않았다는 점이다. 오히려 사람들은 던랩이 개인적인 탐욕 때문에 이런 일을 벌였다고 생각했다. 실제로 그의 결정은 회사와 주주 등 어느 누구에게도 이익이 되지 않았다. 1998년 3월에 52달러로 최고치를 기록했던 선빔의 주가가 같은 해 6월에 8달러까지 곤두박질치자 이사회는 결국 그를 해고하고 말았다.

직업 인생 내내 품성과 용기의 표본이 된 리더의 한 사람으로 우리는 밥 놀링을 꼽는다. 그는 아메리테크와 U.S. 웨스트U.S. West, 코바드Covad의 임원과 뉴욕 시 리더십 아카데미의 책임자를 역임했고 최근에는 개인회사인 버큐이티Vercuity의 CEO로 일하고 있다. 가난한 어린 시절을 보내고 평생 인종차별을 경험하면서 그의 품성과 용기도 이런 환경의 영향을 받았다.

흑인으로서 받는 차별은 지금도 여전하다. 놀링이 아메리테크의 임원임을 몰랐던 어느 회사의 간부가 운전사는 차에서 기다리라며 그를 쫓아내는 큰 실수를 했는가 하면, 캘리포니아 주에서는 흑인이 고급 재규어 컨버터블 승용차를 타고 다닌다는 이유로 경찰이 붙잡는 소동도 있었다. 이런 차별에도 그는 세상을 더 살기 좋은 곳으로 만들기 위해 애쓰고 있다. 특히 포커스호프 엘리너 조사이티스의 적극적인 후원자이며, '인종주의와 빈곤의 실질적 해법'을 찾기 위한

그녀의 노력에 동참하려고 따로 시간을 할애하곤 한다.[19]

놀링은 사회 환원에도 적극적이어서 2년 반 동안 기업 CEO직에서 물러나 있기도 했다. 이 시기에 뉴욕 시 리더십 아카데미의 책임자를 맡아 1,200여 명에 이르는 학교 교장에게 리더십 계발 훈련을 제공했다. 그리고 지역사회를 돕는 데도 적극적이었다. 뉴욕 시 교육감인 조엘 클라인과 뜻을 모아 학교 개선사업을 지원했고, 대기업 CEO들을 비롯해 각계각층에서 모금한 1억 달러에 가까운 기금을 바탕으로 학교 교장들을 위한 리더십 계발 워크숍과 지도 프로그램 등을 제공하기도 했다.

이 책의 주제는 '리더의 판단력'이다. 우리는 상황이 어렵다고 해서 신실이나 품위의 가치관과 적당히 타협하는 리더는 원치 않는다. 누가 지켜보지 않더라도 품성과 용기를 표출할 수 있는 리더, 우리는 오직 그들에게만 관심이 있다.

신뢰는 팀을 하나로 묶어 주는 감성적 접착제다. 언젠가 짐 해케트가 우리에게 해준 말이 있다. "신뢰를 주지 못하는 사람은 남을 이끌 수 없으며, 신실하지 못한 사람은 신뢰를 얻을 수 없습니다. 언젠가 애널리스트들의 헛소리 때문에 골머리를 앓은 적이 있었습니다. 그때 회사에서 내가 조언자로 여기는 분이 나더러 그 사람들 말에 신경 쓰지 말고 옳은 길로 가라더군요. 그분의 말씀이 결국 옳았습니다."

훌륭한 품성으로 남을 이끄는 리더들은 분명한 장점을 누리게 된다. 무엇보다 이런 리더들은 믿고 따를 수 있는 존재이며, 말과 행동이 일치하고 약속을 지키며 반사적인 무례한 말대답도 너그럽게 받아들인다. 그리고 자신의 실수를 인정하고 그 실수에서 교훈을 얻으며, 믿음을 바탕으로 의사를 표현하므로 어떤 말이든 확신에 차 있다. 그들은 벌거벗더라도 부끄러울 게 없다. 주변의 조명에도 부담스러워하지 않으며 오히려 그것을 즐긴다. 그렇기 때문에 기회에도, 위험에도 열려 있는 존재다.

Chapter 5
인물 판단

- 인물 판단은 전략과 위기 판단의 디딤돌이다.
  - 팀에 누가 적합하고 부적합한지 판단한다.
  - 현명한 판단을 지원하기 위해 고위직 인사들로 팀을 구성한다.
- P&G의 CEO 앨런 래플리의 유아용품 사업을 위한 인물 판단
  - 판단을 구체화하고 명명하다.
  - 판단을 내렸으나 팀 가동에 실패하다.
  - 가동을 위한 재실행 회로를 창안하다.
- 팀이 먼저, 전략은 두 번째
  - 맥너니의 TPOV

⋮

 2000년 6월 6일 아침, 앨런 래플리는 샌프란시스코에 있었다. 52세의 나이로 P&G의 국제미용사업부 사장이던 그가 9시 회의에 참석하려고 복도를 걷고 있을 때 전화벨이 울렸다. 신시내티에 있는 P&G 본사에서 걸려온 전화였다. 전화를 건 사람은 은퇴한 P&G 회장 존 페퍼John Pepper였다. 래플리에게 전하는 메시지는 간단했다. 당장 본사로 달려오라는 것이었다.

 바로 전날, 래플리는 신시내티의 본사에서 P&G의 현직 회장이자 CEO인 더크 재거와 만났다. 최고위직 인사인 두 사람의 만남이야 아주 흔한 일이었다. 래플리는 네덜란드 출신의 이 무뚝뚝한 경영자와 평소 사이도 좋은 편이었고, 일부에서는 그를 재거의 후임 1순위라고 말하곤 했다. 하지만 재거의 나이가 57세에 불과한 데다 P&G의 실권을 잡은 지도 17개월밖에 지나지 않은 상태였다.

 따라서 존 페퍼가 래플리에게 P&G의 사장과 CEO직을 곧바로 맡아 줄 수 있겠느냐고 물었을 때 당황해할 수밖에 없었다. 잠시 시간이 흐른 뒤 래플리의 승낙 의사를 확인한 페퍼는 곧바로 근무지로 돌아가라고 지시했다. 자세한 이야기는 나중에 다시 해야 할 터였다. 근무지로 돌아오는 비행기 안에서 래플리는 다른 임원들에게 특별한 내색을 하지 않으려고 애쓰면서도, 한편으로 물밀듯이 밀려드는 생각을 지울 수 없었다. '어떻게 내게 그 자리를 물려주려는 거지? 이사회에서 날 생각하고 있었단 말인가? 그런데 그 자리가 왜 공석이 된 거지? 대체 더크 재거에게 무슨 일이 있었던 거야?'

다음 날 이사회는 앨런 래플리를 P&G의 신임 사장이자 CEO로 공식 선출했고, 그다음 날인 6월 8일 아침 P&G의 경영진 교체를 대외적으로 공개했다. 그리고 더크 재거는 사직하고 회사를 떠났다.

래플리에게 경영권이 넘어간 P&G의 상황은 한마디로 혼란 그 자체였다. 신상품을 잇따라 출시하고 건실한 다른 회사들을 인수해 P&G를 성장시킨다던 재거의 공격적인 계획은 전혀 먹혀들지 않았다. 게다가 세계화 추세에 맞춰 경영체계를 급진적으로 바꾸다 보니 혼란이 가중되고 직원의 사기도 떨어졌다. 그 결과 재거는 퇴임 직전 몇 개월의 실적 예상치를 크게 낮춰야 했고, 더군다나 경영권 승계가 논의된 6월 5일에는 또 다른 먹구름이 P&G에 다가오고 있었다.

바로 주가가 수직 낙하하고 있었던 것이다. 그해 3월 7일에 발표된 1분기 실적이 예상치를 크게 밑돌면서 주가는 30퍼센트나 곤두박질쳤다. 최고치를 기록했던 1월부터 재거가 경영권을 넘긴 6월까지 불과 5개월 사이에 P&G의 주가는 50퍼센트나 떨어졌다. 총체적인 위기였다. 그런데 더 큰 위기는 따로 있었다. 그로부터 한참 후인 2005년, 더크 재거는 당시를 돌이키며 우리에게 말했다. "시가총액에서 850억 달러가 사라진 것은 두 번째 문제였습니다. 더 큰 위기는 자신감, 특히 회사 경영진이 자신감을 상실한 것이었지요."

래플리는 그때의 상황을 이렇게 회상했다. "P&G의 경영자들은 대부분 벙커로 대피했습니다. 납작 엎드려 있었지요. 머리도 땅에 붙이고요. 세계 각지의 사업부들이 본사 경영진을 비난하고, 본사 경영진은 각 사업부를 비난했지요. 직원들도 리더가 제 역할을 하지 못한다고 아우성이었고요." 그러는 사이에 애널리스트와 투자자들의 분노는 극에 달했고, P&G의 주가를 바탕으로 연금을 받던 퇴직자들도 망연자실하기는 마찬가지였다. 이런 상황에서 취임한 신임 CEO가 해야 할 일은 뻔했다. "우리가 혼란을 자초했으니 그 매듭을 푸는 것도 우리 몫이었지요."

문제는 '방법'이었다. 존 페퍼가 P&G의 CEO를 지낸 기간은 1990년대 중반의 3년 반뿐이었다. 나이 먹고 지친 소비재 회사의 성장을 이끌 자신이 없었기 때문이다. 이런 상황에서 등장한 더크 재거는 신제품 전략과 세계화 전략을 통해 P&G의 밑바탕을 바꾸어 놓았다. 따라서 재거의 전략을 철회하는 것만으로는 병든 회사를 살릴 수가 없었다. 그렇다고 손을 놓고 있을 수도 없는 일이었다.

P&G는 '응급실'과 다름없었고 래플리가 가진 시간과 에너지도 한계가 있었다. 이처럼 한정된 자원을 어느 곳에 투입해야 최대의 효과를 거둘지는 오로지 그의 판단에 달려 있었다. 고심 끝에 그는

사람 문제부터 접근하기로 했다.

사람을 판단하는 일이야말로 리더에게 주어진 가장 중요한 역할 중 하나다. 회사의 모든 운영은 결국 사람한테서 시작되기 때문이다. 전략은 그 조직의 목표와 의제를 설정한다는 점에서 중요하다. 그리고 위기는 조직의 안녕을 위협하므로 중요하게 다뤄진다. 재앙의 가능성을 갖지 않은 위기는 이미 위기라고 할 수 없다. 이 모든 전략과 위기에 맞서 조직의 안녕을 회복하거나 또는 파괴할 수 있는 존재가 바로 사람이다. 현명한 사람은 잘못된 결정도 되돌려 수정할 수 있지만, 어리석은 사람은 훌륭한 결정도 엉망으로 만들고 만다.

그래서 더크 재거의 사임을 받아들인 P&G 이사회의 결정은 회사의 문제를 해결하는 중요한 첫걸음이었다. 신임 CEO인 래플리는 당면한 위기에서 회사를 구출하고 상황을 되돌리기 위한 전략을 고안해 내야 했다. 하지만 더 중요한 것은 회사를 성공으로 이끌기 위해 현명한 판단을 내리고 그 결정을 효과적으로 실행할 유능한 경영진을 구축하는 일이었다.

사람을 판단하는 일도 다른 판단 프로세스와 유사하다. 리더는 필요성을 인식하고, 문제를 구체화하고, 결정을 내리는 데 필요한 정보와 조언을 해줄 수 있는 사람을 동원해서 가동해야 한다. 그리고 적절한 순간에 결정을 내리고 적극적인 실행을 통해 애초에 목표한 성과를 거두어야 한다.

인물 판단은 3대 영역 중에서도 가장 복잡하다. 그 이유는 우선 유능한 리더가 되리라고 판단해 뽑은 사람이 훗날 여러 의사결정 과정에서 실제로 얼마나 현명하게 판단할는지 알 수 없다는 것이다. '좋은 팀을 구성할 수 있을까?' '효과적인 전략을 수립할 수 있을까?' '불가피한 위기에 적절히 대처할 수 있을까?' 결과적으로 사람을 판단할 때는 앞서 설명한 판단 매트릭스를 얼마나 효과적으로 운용할 수 있는 사람인지 먼저 따져 보아야 한다.

사람을 판단하는 일을 굳이 드러내 놓고 할 필요는 없으며 때로는 직관적인 판단이 이루어질 수도 있다. 하지만 리더가 해당 인물의 성공 가능성을 정확히 판단하려면 여러 가지 요소를 모두 고려해야 한다. 리더가 후보자를 올바로 판단하기 위해서는 먼저 두 가지를 기억해야 한다. 첫째, 리더는 판단 매트릭스의 과정을 준수해야 한다. 둘째, 판단 매트릭스는 리더가 후보자를 평가하는 과정에서 일종의 기준 역할을 한다. 따라서 판단 매트릭스를 잘 활용하면 인물과 전략, 위기의 3대 영역과 관련해 후보자가 경험한 내용을 확인할 수 있다. 그뿐 아니라 자신에 대해 얼마나 잘 알고 있는지 그리고 사회인맥과 조직생활, 상황 대처 능력 등에 대해 어느 정도의 지식을 갖추고 있는지도 파악할 수 있다.

인물 판단이 나머지 두 영역에 비해 어려운 이유는 또 있다. 전략 판단과 달리 인물 판단의 대상은 바로 사람이기 때문이다. 사람은 스스로 결정하는 존재이며 판단 과정에서 정치적 요소도 개입시킨다. 요즘처럼 치열한 경쟁사회에서는 정지 상태에서 판단이 이루어지는 경우는 드물다. 특히 인물 판단은 다른 두 판단에 비해 훨씬 역동적이고 복잡하다.

물론 리더들도 나름의 생각이 있다. 하지만 그 생각이 현실성 없는 꿈에 가까울 때도 있다. 목표를 달성하는 데 감성적 또는 물질적으로 너무 많은 것을 투자하다 보면 얻는 것에 비해 잃는 게 너무 많을 수 있다. 그런데 사람을 판단해야 하는 상황에서는 이 감성의 낭비가 더욱 심해진다.

아무리 콧대가 높아 보이는 리더일지라도 판단 과정에서는 감성이 영향을 미치게 마련이다. 사람은 누구나 다른 사람에 대해 특별한 감정을 느낀다. 리더 역시 호감을 느끼는 사람이 있는가 하면 어쩐지 거북하게 느끼는 사람도 있다. 사람에 대한 이런 느낌이 조직의 전략 판단에 영향을 끼치는 경우는 그리 많지 않다. 하지만 인물 판단에서는 리더의 감성이 개입되면, 현명하고 객관적인 판단이 그만큼 어려워질 수밖에 없다.

작고한 사성장군이며 특수작전사령부를 이끈 웨인 다우닝도 인물 판단의 어려움을 직접 언급한 적이 있다. "내가 내린 결정 중에서 잘못된 것은 대부분 사람과 관련이 있습니다. 특정 보직에 있는 사람을 교체해야 할 필요성을 느낀 적이 있었습니다. 그들이 달라지기를 기대하는 것도 무리고, 주어진 임무를 제대로 수행하지 못할 것도 알고 있었지요. 하지만 그들을 솎아내려면 여간 고민스럽지 않습니다. 계급이 높아질수록 사람을 관리하는 일이 더욱 버거워집니다. 절대 하고 싶지 않은 일이지만, 결국에는 해야만 하는 일입니다."

GE의 CEO로 재직하면서 수많은 인재를 발탁해 유능한 리더로 성장시킨 업적으로 정평이 나 있는 잭 웰치는 처음 관리자가 되었을 때 자신의 인물 판단 성공률이 50퍼센트 정도에 불과했다고 말했다. 그로부터 20년이 지난 뒤에도 여전히 20퍼센트 정도는 실패로 끝났다고 회상했다.

물론 인재를 가늠하는 잭 웰치의 잣대가 워낙 엄격해 자신은 실패라고 여긴 판단이 다른 사람이나 회사의 관점에서는 매우 성공적인 것으로 간주된 적도 많다. 그러나 핵심은 사람을 올바르게 판단하기란 정말 어렵다는 사실이다.

이 책을 집필하기 위한 조사 과정에서 우리는 수많은 사람을 만나 그들의 현명했던 결정과 그렇지 못했던 사례에 대해 많은 이야기를 나눴다. 그런데 충동과 직감에 지나치게 의존하는 바람에 어리석은 결정을 내린 경우가 생각보다 훨씬 많았다. 하지만 이런 대화는 결과가 이미 드러난 이후에 이루어졌다는 점을 기억할 필요가 있다. 게다가 인물 판단과 관련해서 우리가 발견한 흥미로운 사실이 하나 있다. 많은 리더가 사람을 판단할 때 고민하는 이유는 우리의 예상과 달리 논리적이고 지적인 문제보다 감성('본능적인 느낌')에 지나치게 몰입하는 경향 때문이었다.

1989년에 설립되었으며 텍사스 주 오스틴에 본사를 둔 기업 소프트웨어 제조회사인 트릴로지의 CEO 조 라이만츠는 이 문제를 노벨상을 받은 인자한 테레사 수녀와 영화 〈스타트렉〉에 등장하는 반은 인간이고, 반은 외계인인 미스터 스포크에 비유해서 말했다. "정확한 비율은 알 수 없지만, 내 생각에 사람과 관련된 그릇된 판단의 상당 비율은 아마도 감성과 논리를 잘못 배열한 결과일 것입니다. 나 역시도 이 문제로 고민하고 있으니까요. (상황을 감안해) 논리적인 해답을 얻었더라도 감성적 고통이 따른다면 그 해답을 선택하기가 쉽지 않습니다."

라이만츠의 설명을 조금 더 상세히 들어 보자.

사람을 판단할 때는 누구나 자기 내면의 기준을 적용하게 마련입니다. 친구를 해고하거나 그렇게 하지 못하는 사람도 이 기준에서 차이가 나지요. 우리는 이런 현상을 '미스터 스포크와 테레사 수녀'에 비유합니다. 사람과 관련해 어려운 결단을 해야 할 때 대다수 사람은 심리적인 부담을 느낍니다. 테레사 수녀 같은 면모지요. 그래서 당사자에게 정확한 언질도 줄 수 없고 회사에서 나가라고 대놓고 말하지도 못합니다. 그저 시간을 끌며 상황이 호전되기를 기다릴 뿐이지요. 하지만 심각한 문제가 불거져 결단을 해야만 하는 상황이 되면 어쩔 수 없이 하나를 선택하게 됩니다. 이때부터는 미스터 스포크로 돌변해 사람들에게 욕을 먹게 되지요. 게다가 이런 상황에서는 일처리도 아주 냉혹하게 진행합니다.

우리는 이와 정반대를 지향합니다. 즉 어려운 결단을 해야 할 때야 비로소 미스터 스포크로 돌변할 게 아니라, 사전에 논리적이고 분석적인 사고를 통해 정답이 무엇인지 자문해야 합니다. 나중에 어떻게 될까 하는 걱정은 할 필요가 없습니다. 이 단계에서는 오직 논리적인 정답만 찾으면 됩니다.

그래서 결론이 난 순간부터는 테레사 수녀가 되어야 합니다. 인자하게 대하되 당사자에게 문제가 있어 해고될 것이라는 사실을 6개월 전에는 알려야 합니다. 그래서 그 6개월 사이에 당사자가 다른 일자리를 찾도록 도와야 합니다. 이 방식대로 한다면 올바른 판단과 실행이 앞서보다 한결 수월해집니다.

최고경영진 선발

앨런 래플리가 P&G의 CEO로 취임하고 나서 6개월 사이에 이 회사의 상황은 급반전했다. 수익성이 크게 향상되어 주가도 58퍼센트 이상 올랐다. 기저귀 같은 제품을 포함해 주력 비즈니스를 한층 강화했고 잇따른 인수 활동으로 규모도 키웠다. 특히 헤어용품 시장에 진출하려고 클레롤과 웰라를 인수했으며, 2005년에는 질레트를 인수해 남성 미용용품 시장에도 뛰어들었다.

앨런 래플리가 단 몇 개월 만에 이룬 성공, 그리고 2000년 6월 취임 이후 최근까지 이룬 업적은 모두 현명한 판단의 결과였다. 아이러니하게도 질레트 인수를 비롯해 래플리가 추진한 몇몇 계획은 이미 재거가 시도한 적이 있는 것이었다. 둘의 차이라면 래플리가 계획을 적극적으로 추진해 나간 데 반해 재거는 그러지 못했다는 점이다. 특히 적합한 사람을 선택해 이끄는 역량에서 래플리가 훨씬 뛰어났다. 다음은 래플리의 말이다.

"회사가 응급상황에 빠진 2000년 6월의 어느 날 한밤중에 여기 도착했습니다. 샌프란시스코에서 비행기를 타고 이곳에 도착하기까지 네 시간 동안 혼자 생각한 끝에 내린 결론이 하나 있었습니다. 우리에겐 훌륭한 경영진이 있다는 사실이었지요. 물론 이런저런 이유로 의욕이 저하된 사람도 있었습니다. 하지만 모두 능력 있고 경험도 풍부한 사람들이었으며, 서로 힘을 합쳐 위기를 이겨 낼 수 있으리란 확신도 있었습니다. 그런데 100여 일이 지나다 보니 내 생각과 다른 모습들이 보였습니다. 훌륭한 동료라고 생각했던 사람이 정작 어려운 결단을 해야 하거나 다음 단계로 나아가야 하는 상황에서 머뭇거리는 모습을 보게 된 것이지요. 반면에 변화를 추구하며 남보다 과감하게 판단하고 행동하는 사람도 있었습니다."

이후 2년 사이에 P&G의 최고경영진 30여 명 가운데 절반 이상이 사직하거나 다른 직책으로 자리를 옮겼다. "실패한 사람들이어서가 아닙니다. 우리를 한 단계 높은 수준으로 이끌 수 없었기에 내린 조치입니다. 그때부터 경영진은 뜻을 모아 우선순위대로 하나씩 일을 추진해 나갈 수 있었습니다."

래플리의 P&G 스토리라인

래플리가 잇따른 중요한 의사결정을 성공적으로 수행할 수 있었던 데는 P&G의 미래 성공을 향한 자신만의 스토리라인이 버팀목이 되었다. 2005년 〈CEO 매거진〉과의 인터뷰에서 그는 이 스토리라인에 대해 다음과 같이 설명했다.

모든 것은 여기서 출발합니다. 간단하지요. 우리는 사람의 생활을 편리하게 만드는 브랜드 제품을 생산합니다. 신실, 신뢰, 주인의식,

리더십, 서비스 열정, 성공 등이 우리 가치관의 핵심입니다. 그리고 이 가치관을 바탕으로 '사람 존중' '혁신이 활력의 근원' 같은 원칙도 수립했습니다. 모든 직원은 우리의 가치관과 원칙이 적힌 작은 팸플릿을 갖고 있습니다. 나아가 전 세계에 존재하는 모든 P&G 웹사이트와 회의실 벽마다 이 내용이 기록되어 있습니다. 우리는 거의 모든 것을 공개하는 편이며, 심지어 경영 전략까지도 간략하게나마 공개합니다. 경쟁회사를 놀라게 할 생각은 없습니다. 우리가 어떤 노력을 기울이는지 그들도 웬만큼 압니다.

이 가치관을 바탕으로 우선 전략을 선택합니다. 우리의 초점은 '핵심'에 맞춰져 있으며 그 '핵심'으로부터 주된 수익이 창출됩니다. 우리가 말하는 '핵심'에는 핵심 사업과 핵심 역량, 핵심 기술의 세 가지가 있습니다. 두 번째 선택의 문제는 비즈니스 포트폴리오의 확장입니다. 점점 길어지는 수명에 맞춰 소비자의 욕구를 충족시키려면 건강과 미용 부문으로의 확장이 필요합니다. 세 번째 선택의 문제는 저소득 소비자, 특히 개발도상국 시장의 소비자가 우리 제품을 사용할 수 있도록 지원하는 일입니다. 내가 이런 것들을 언급하는 것은 이것이 우리의 생활이기 때문입니다. 우리 회사 어느 곳의 누구를 만나더라도 이것들을 상세하게 설명해 줄 것입니다.

또 한편으로 경영진을 선발해 계발하고, 훈련하고, 가르치고, 지도하는 것도 중요합니다. 그들이야말로 리더십의 원동력입니다. 우리는 질레트를 통해 최소 680억 달러 이상의 매출을 올릴 것입니다. 우리 브랜드는 80개국에 들어가 있으며 160개국에서 제품을 판매합니다.

직원의 수만 해도 10만 명이며, 앞으로 13만 혹은 14만 명으로 늘어날 것입니다. 우리 회사는 20명의 사업팀 사장과 100명의 총괄관리인 그리고 이들을 지원하는 직능별 리더가 이끌고 있습니다. 모두 합치면 250명 정도지요. 이 모두가 한 팀이 되어 하나의 목적과 하나의 꿈, 하나의 전략적 선택을 향해 움직이고 있습니다.[1]

시간이 흐르고 경험이 쌓이면서 래플리의 스토리라인도 조금씩 변했지만 그 핵심만큼은 처음부터 변함없이 그의 의식 속에 아로새겨 있었다. 그래서 CEO로 취임한 직후부터 평가와 판단을 통해 해야 할 일들을 하나하나 결정하고 추진할 수 있었다.

취임 직후에 래플리가 내린 중요한 결단 하나가 바로 뎁 헨레타Deb Henretta를 유아용품 사업부 책임자로 선택한 일이다. P&G의 궁극적인 성공은 유능한 리더들에서 비롯된다는 확고한 믿음을 가진 래플리가 유아용품 사업부 책임자로 헨레타를 임명하자 사람들은 놀라움을 금치 못했다. 헨레타는 이 분야의 경력이 전혀 없는 인물이었기 때문이다. 하지만 래플리는 그녀가 유능한 경영자이고 이 사업에 새로운 시각을 도입할 수 있으리라고 판단해 선택한 것이다.

이 결정을 위해 래플리가 밟은 단계는 여러 가지 배울 점을 시사해 준다. 그는 무엇이든 한 번에 결정하지 않았다. 여러 차례 반복해서 생각하며 부족한 부분을 채웠고 그 결과는 성공으로 돌아왔다. 각 단계를 올바르게 이끌려고 했으며 잘못된 부분을 바로잡고자 끊임없이 노력한 결과다.

인물 판단의 해부

인물 판단의 두드러진 특징은 모든 판단 프로세스가 중요 인물의 판단에 초점이 맞춰져 있다는 점이다. 누군가가 현명한 리더인지 아닌지는 그 사람이 과거에 인물과 전략, 위기에 어떻게 대처해 왔는지를 보고 평가한다. 또한 그것은 그 사람이 미래에 비슷한 처지에 빠졌을 때 어떻게 대처할지를 판단하는 시금석이기도 하다. 인물 판단은 전적으로 그 사람에게 달렸다는 점에서 전략이나 위기 판단과는 크게 다르다.

[도표 5.1] 리더십 판단 프로세스

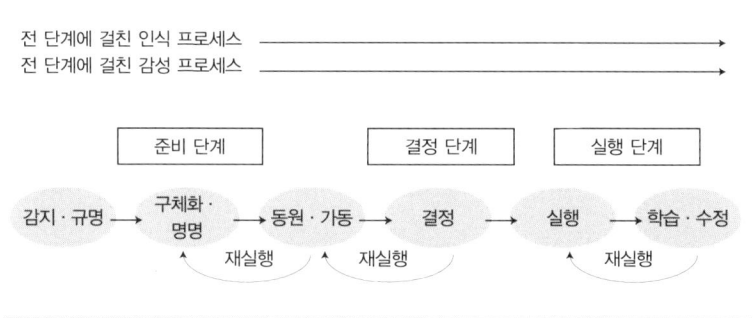

준비 단계

감지와 규명

판단에 앞서 래플리가 해야 할 일은 해결해야 하는 문제를 감지하고 규명하는 것이었다. 감지 부분은 수월했다. "유아용품은 세탁용품에 이어 우리의 단일 카테고리로는 가장 큰 규모입니다. 그런데 그때는 문제가 많았지요." 래플리의 설명이 이어졌다.

킴벌리클라크의 하기스가 1980년대 중반에 미국 유아용 기저귀 시장을 석권한 이유는 우리가 전략적으로 큰 실수를 했기 때문입니다. 당시에 우리 팸퍼스 브랜드의 시장점유율은 65퍼센트 정도였습니다. 그러다 신기술을 도입한 기저귀를 출시하면서 기존의 성공 브랜드인 팸퍼스 대신에 새로운 브랜드인 러브스Luvs를 사용했습니다. 그리고 큰 성공을 거뒀지요.

새 브랜드는 단기간에 30퍼센트 정도의 시장점유율을 기록했습니다. 당연히 우리는 공세를 늦추지 않았지요. 그러다 보니 자연스레 팸퍼스의 점유율은 낮아졌습니다. 65퍼센트에서 70퍼센트에 이르던 팸퍼스의 점유율이 25퍼센트 수준까지 떨어졌습니다. 반면에 러브스는 30퍼센트대를 기록했고요. 그런데 그사이에 하기스가 신형 기저귀를 앞세워 둘 사이로 치고 올라왔습니다. 결국 팸퍼스는 신형 기저귀 시장에서 3위로 처지고 만 것이지요. 전쟁의 흙먼지가 그쳤을 때 최고 브랜드는 결국 하기스로 드러났습니다. 전체 회사 규모에서는 우리가 훨씬 컸지만 힘을 분산시키는 바람에 입지를 스스로 무너뜨린 결과였습니다. 설상가상으로 킴벌리클라크에서는 입는 기저귀까지 출시했습니다. 같은 시기에 우리도 그에 관한 모든 기술과 특허까지 보유하고 있었습니다. 하지만 그들은 제품화에 성공한 데 반해 우리는 그러지 못했지요. 그 때문에 유아용품 시장에서 고전을 면치 못하게 된 것입니다.

유아용품 시장에서 P&G의 지배력은 서서히 잦아들었다. 팸퍼스와 러브스라는 성공적인 기저귀 브랜드가 둘이나 있었지만 어느 것도 킴벌리클라크의 하기스를 따라잡지 못했다. 유아용품 사업에 문제가 있다는 것은 누가 봐도 분명했다.

그러나 문제의 정체를 정확하게 밝히는 것이 말처럼 쉽지 않았다. 유아용품 사업부의 문제를 해결해야 하는 필요성은 래플리도 충분히 인지했지만, 문제는 여러 방법 중에서 어느 것을 선택하느냐에 있었다. 경영상의 문제로 볼 수도 있었는데, 실제로 이 사업부의 운영 상태는 썩 좋지 못했다. 직원들의 노력도 부족한 데다 방법도 서툴렀다. 따라서 담당자를 교육하고 일부에 대해서는 더 나은 사람으로 교체하면, 어쩌면 상황이 호전될지도 몰랐다.

다른 한편으로 마케팅에 치중할 수도 있었다. 기저귀 매출이 예전 같지 않다면 마케팅 담당자들에게 문제가 있을 수도 있었기 때문이다. 아니면 유통이나 리서치의 문제일 수도……. 하지만 래플리는 이 둘과는 전혀 다른 곳에서 문제를 규명했다.

래플리는 유아용품 사업부의 경영 모델이 방향을 상실했다고 판단했다. "이 분야에서의 기술 경쟁력은 충분하다고 판단했습니다. 문제는 기계와 공장의 운영자 그리고 엔지니어들이었습니다. 게다가 소비자 부문과 브랜드 자산 부문에도 문제가 있었습니다."

구체화와 명명

유아용품 사업부에 전반적인 혁신이 필요하다고 판단한 래플리는 문제의 핵심을 리더십으로 규명했다. 경영이나 직원들의 문제는 핵심이 아니었다. 이 사업부에는 새 전략이 필요하고, 새 전략에 이르는 유일한 길은 새로운 리더를 확보하고 새로운 경영진을 구성하는 것이라고 판단했다. 개혁적인 리더를 찾는 것으로 문제를 구체화한 것이다. 이제 새로운 시각을 가진 사람을 사업부 외부에서 찾는 것이 래플리가 해야 할 일이었다.

유아용품 사업은 지금까지 고객 중심적이라기보다 기술과 기계 중심적인 분야였다. 따라서 이 조직의 문화를 혁신하는 동시에 업무를 대하는 직원들의 사고방식을 바꿀 경영자가 필요했다. "이 분야에서 단 일 분도 종사하지 않았던 사람을 원했습니다. 그리고 유능한 리더이자 소비자 우선주의 리더, 뛰어난 브랜드 전략가가 필요했지요." 유아용품 사업부를 위해 그가 바라던 리더를 한마디로 구체화하면 결국 판단력이 뛰어난 사람이었다. 좋은 팀을 만들고, 조직의 인재를 동원하고, 새롭고 현명한 전략을 계발해 조직을 위기에서 구할 수 있는 리더 말이다.

래플리는 자신이 바라는 리더의 자질을 조목조목 정리해 적임자를 물색하기 시작했다. 그러기 위해서는 자신의 직관과 현명함을 최대한 발휘해야 했다. 현명한 인물 판단을 통해 유아용품 사업부에 남을 사람과 그렇지 못한 사람을 구분할 줄 아는 리더, 전략적 판단을 통해 경영 환경을 혁신할 수 있는 리더, 그리하여 위기에 처한 조직을 되살려 낼 수 있는 리더를 원했다.

동원과 가동

문제의 구체화, 즉 연이어 현명한 결정을 내릴 수 있는 리더를 찾아야 한다고 판단한 래플리는 후보자를 물색하려고 사람을 동원하기 시작했다. 그리하여 래플리의 생각에 동의한 HR팀 책임자 딕 앙투안과 유아·가정·여성용품 사업팀의 총괄 사장인 마크 케첨이 합류했다. 세 사람은 단기간에 후보자들을 리스트로 정리했고 그중 맨 위에 자리한 사람이 바로 뎁 헨레타였다.

그들은 1순위 후보로 낙점된 헨레타의 판단 능력을 중심으로 철저한 사정을 벌였다. 그녀의 과거 경력과 인물 판단력 그리고 함께 일했던 사람들의 평가 등 전방위 조사가 시행되었다.

리더는 판단에 앞서 다음 매트릭스의 각 빈칸에 대한 해답을 구해야 한다.

[도표 5.2] 뎁 헨레타의 판단 매트릭스

		영역		
		인물 결정 실행 이전	전략 결정 실행 이전	위기 결정 실행 이전
지식 창조	자신과 관련된 지식			
	사회인맥과 관련된 지식			
	조직과 관련된 지식			
	주변 상황과 관련된 지식			

〈매트릭스의 빈칸별 질문〉

- 인물·자신 : 뎁 헨레타는 자기관념이 확고한가? TPOV, 즉 사람을 현명하게 판단하는 데 필요한 아이디어와 가치관, 감성 에너지가 있는가? 다른 사람의 삶에 영향을 끼칠 수 있는 중요한 결정도 단호히 처리할 수 있는가?
- 인물·사회인맥 : 주변의 자원을 원하는 곳에 투입하는 방법을 알고 있는가? 꼭 필요한 사람을 구분하는 능력이 있는가? 핵심 인물을 판단하는 과정에서 이들을 동원하고 열정을 북돋울 수 있는가?
- 인물·조직 : 그녀의 현명한 판단을 돕고 후원할 조직 프로세스를 구축하고 가동하는 방법을 아는가?
- 인물·상황 : 주요 이해관계자들의 협력을 이끌어 낼 수 있는가? 언제 어떻게 조언을 구해야 하는지 알고 있는가?
- 전략·자신 : 자신이 변화의 주도자 Change Agent라고 생각하는가? 지평선을 바라보는 눈이 있는가? 새로운 기회를 포착하고 새 전략을 실행할 수 있는가?
- 전략·사회인맥 : 적합한 전문성과 공감대를 가진 사람을 확보할 수 있는가? 기여도가 낮은 사람을 단호히 배제할 수 있는가? 문제를 구체화해 최선의 해법에 이를 수 있는가?
- 전략·조직 : 새 전략을 실행하기 위해 조직의 단계별 리더들이 참여하는 프로세스를 구축할 수 있는가? 이들의 최선을 이끌어 낼 수 있는가?

- 전략·상황 : 주요 이해관계자들의 헌신을 이끌어 내기 위해 전략의 타당성을 이해시킬 수 있는가? 분명한 기준을 정립해 이를 달성하는 데 모든 역량을 집중시킬 수 있는가?
- 위기·자신 : 위기 대처를 자신의 책임으로 인정하는가? 확고한 TPOV가 있는가? 목표의식이 분명한가? 무엇을 받아들이고 무엇을 내쳐야 할지에 대해 확실한 기준이 있는가? 필요할 때 분명하고 단호한 결정을 할 수 있는 자신감이 있는가?
- 위기·사회인맥 : 신뢰도 높은 팀이 있는가? 이들을 신속하게 가동할 수 있는가? 이들과 솔직한 토론을 통해 다양한 대안을 이끌어 낼 수 있는가? 갈등을 생산적으로 관리할 수 있는가?
- 위기·조직 : 조직을 중요한 목표에 집중시킬 수 있는가? 조직의 사기를 떨어뜨리지 않고서도 확고한 원칙을 정립할 수 있는가?
- 위기·상황 : 리더로서 조명받는 와중에도 상황을 조율할 수 있는가? 외부의 기대치에 적절히 대응할 수 있는가? 효과적인 해결책을 수립하고 실행하기 위해 다른 사람들의 신뢰를 형성하고 유지시킬 수 있는가?

래플리는 매트릭스의 빈칸을 채운 다음 이렇게 결론을 내렸다. "뎁 헨레타는 세탁용품 업계의 사람이지만 그동안의 조사를 통해 됨됨이를 알았고 그녀가 단호하고 과감한 리더라는 사실도 파악했습니다. 그녀는 소비자를 이해하는 능력뿐 아니라 브랜딩과 혁신적 프로그램 구축 등에서 탁월한 능력이 있었습니다. 우리가 바라던 자질을 모두 갖추고 있었던 것이지요."

그런데 이 단계에서 래플리는 중요한 한 가지를 빠뜨렸다. P&G에서 20년 넘게 근무하며 여러 분야를 두루 경험한 래플리는 유아용품 사업부를 맡을 후보자들을 웬만큼 알고 있었다. 그래서 조사를 많이 하지 않았다. 자신이 알고 있는 지식에다 HR팀의 딕 앙투안과 마크 케첨이 전해 준 정보면 충분하리라 판단한 것이다. 게다가 헨레타에 대해 어느 정도 알고 있었으므로 그녀가 이 역할을 잘해 낼 것이라고 확신했다.

그러나 비용을 줄이려고 조사팀 가동을 자제한 것이 결국 더 값비싼 대가를 자초하고 말았다. 그는 유아용품 사업부 책임자를 선택하는 과정에서 많은 정보를 필요로 하지 않았다. 그래서 최고경영진의 자문을 구하지 않은 탓에 그들과 헨레타를 연계할 기회를 놓치고 말았다. 정보가 필요하지 않았더라도 경영진에게 조언을 구했다면 일을 훨씬 더 성공적으로 마무리할 수 있었을 텐데 말이다. 결과적으로 래플리는 자신만의 후보를 염두에 두고 있던 여러 경영자의 감성과 정치력을 배려하지 않은 탓에 판단의 효과를 스스로 깎아내리고 말았다.

그러다 보니 유아용품 사업부의 신임 사장으로 헨레타를 임명하던 날, 거의 '폭동'에 가까운 반발이 있었던 것도 무리는 아니었다. "아침에 있었던 경영회의에서 헨레타의 임명 사실을 통보했습니다. 회사 전체에는 하루 이틀 더 있다가 공식 발표할 예정이었고요. 그런데 그날 오후 3시쯤 되자 반발이 본격화되었습니다. 자신이 생각한 후보자를 승진시키려 했던 부회장들과 사업부 사장들이 공개적으로 들고 일어선 것이지요."

결정 단계

의사결정 과정에서 '결정' 단계는 시계의 초침이 넘어가듯 재빠르게 이루어질 때도 많다. 제프 이멜트도 다른 이들과의 충분한 협의가 끝나면 신속하게 결정을 통보한다고 한다. 이처럼 결정은 한순간에 이루어진다. 따라서 리더는 결정 사항을 공개하기 전부터 다음의 실행 단계를 준비해야 한다.

결정 단계까지 순조롭게 왔더라도 의사결정에 익숙한 리더라면 앞으로의 일도 이처럼 수월하게 풀릴 것이라고는 생각하지 않는다. 기대한 성과를 올리는 것이 궁극적인 목표이기 때문에 이들은 한시도 경계를 늦추지 않는다. 결정이 결과로 이어지려면 끊임없이 상황을 점검해야 하며, 필요하다고 판단되면 의사결정 프로세스의 기간을 더 연장하기도 한다.

래플리가 한 일이 바로 이것이었다. 반발이 심해지자 그는 모든 단계를 중단하고 경영진을 한데 불러 모았다. 그러고는 자리에 앉은 모든 사람에게 자신들의 후보가 왜 헨레타보다 나은지 설명할 기회를 주었다. "그 자리에서 이렇게 말했습니다. '좋습니다. 여러분의 뜻을 받아들여 이 자리에서 다시 한 번 논의하도록 하겠습니다. 먼저 여러분의 후보자 리스트를 보여 주시기 바랍니다. 그리고 여러분이 생각하는 후보들이 헨레타보다 나은 이유를 이 자리에서 설명해

주셨으면 합니다.' 이렇게 해서 한 사람씩 일어나 자신이 추천하는 후보와 추천 이유에 대해 설명하고 나머지 사람들은 경청했습니다. 그다음 내가 다시 말했지요. '네, 지금껏 여러 후보자에 대한 설명을 충분히 들었습니다. 이제 내가 헨레타를 뽑은 이유에 대해서도 말씀드리겠습니다.'"

래플리는 경영진과 논의한다고 해서 자신의 선택이 바뀔 것이라고는 생각하지 않았고 실제로도 그랬다. 그럼에도 그는 새로운 가능성을 향해 자신을 과감히 내던졌다. 그 자리에서 동료 경영자들의 이야기를 귀담아들으면서 그들의 우려에 직접적이고 예의 바르게 반응했다.

래플리는 막강한 부회장들과 사업부 사장들이 쉽게 헨레타의 후원자로 바뀌지 않으리라는 것을 알면서도 적어도 그들의 저항이 정당화될 수 없다는 사실만큼은 이해시켜야 한다고 생각했다. 여기서 중요한 점은 자신의 결정을 일방적으로 강요해서는 안 된다는 것이었다. 그래서 그는 여유 있게 성공의 징검다리를 놓는 방식을 선택했다.

실행 단계

실행

회의가 끝날 무렵이었지만 래플리는 실세 부회장들과 사업부 사장들이 여전히 헨레타의 후원자가 될 만큼은 마음이 변하지 않았음을 알았다. 그녀를 선택하는 것은 대단히 모험적인 사건이었다. 그때만 해도 유아용품 사업부의 경영방식은 남성적 성향이 짙었다. 기술적 배경이 우수하고 새로운 장비를 과감히 도입할 수 있는 사람이 리더가 되는 게 일반적이었지만 헨레타는 기술과는 거리가 먼 여성이었다. 그녀의 관심은 주로 소비자와 마케팅에 한정되었다.

"사람들은 헨레타를 딴 세상 사람처럼 여겼습니다. 그녀의 입에서 나오는 단어는 대부분 소비자에 대한 것들이었거든요. 실제로 그녀는 우리 임원들 앞에서 이렇게 말했습니다. '전 기계가 어떻게 작동하는지 잘 모릅니다. 다만 소비자의 요구를 파악하는 것이 중요하다고 생각합니다. 그래서 그 요구에 맞게 기계를 움직이면 되는 거지요.' 당시에 우리는 기계를 상사로 모시며 공장을 운영했습니다. 소비자를 상사로 모시고 운영해야 했는데도 말이죠." (1장에서 고객을 CEO 자리에 앉혀야 한다고 주장한 IBM 루 거스너의 일화를 상기하자. 래플리는 유아용품 사업과 관련해서도 거스너와 동일한 결론에 도달했다.)

래플리는 헨레타를 임명하는 것이 긴 실행 프로세스의 한 단계에 지나지 않는다는 점을 잘 알았다. 즉 실행 프로세스 내내 그녀를 제대로 뒷받침해 주지 못하면 자신의 판단을 오판으로 만들려는 정치적 지뢰가 곳곳에서 터져 나올 게 뻔했다. 따라서 '실행'이라는 첫 단계뿐 아니라 지속적인 '자체 수정'을 위해서는 헨레타를 적극적으로 후원해야 했다.

경영진의 저항을 불식하려고 만난 뒤로도 래플리의 방향은 조금도 달라지지 않았다. 그리고 헨레타를 정치적으로 뒷받침하기 위해 유아용품 사업부의 핵심 임원 몇 사람을 물갈이하는 등 자신이 그녀의 적극적인 옹호자라는 것을 모두에게 알렸다. 또 헨레타를 위한 개인적인 지도와 조언도 아끼지 않았다.

"그녀에게 걸림돌이 되는 누군가의 자리를 바꿔야 할 때는 그렇게 해주기로 애초부터 약속을 했습니다. 필요한 모든 것을 지원해 주었을 뿐 아니라 과감하게 판단하도록 부추기기까지 했습니다. 이것은 내가 아시아에서 배운 방식입니다. 취임 후 100일 동안 사람들을 최대한 많이 파악하고 판단해야 자신만의 팀을 구성할 수 있기 때문입니다."

학습과 수정

여러 CEO가 가장 많이 실수하는 단계다. 즉 실행 단계가 끝날 때까지 관심을 유지하지 않는 바람에 엄청난 대가를 치러야 하는 리더가 많다. 래플리는 자신이 P&G의 수석 리더이자 교사라고 여겼고, 따라서 세 단계에서 모두 냉철한 판단력을 발휘했다. 그리고 헨레타에게 든든한 후원자이자 지도자가 되어 그녀가 위기에 처했을 때는 강력한 정치력도 발휘했다.

헨레타에게는 혁신의 숙제가 주어졌다. 변화에 대한 거부반응에 대처하고, 사람들을 아울러서 새로운 팀을 구성하고, 회사가 곤두박질치는 와중에도 새 전략을 수립해 위기를 극복해야 하는 등 무거운 책임을 져야 했다. 규모나 복잡성, 정치적 역동성 등 어느 면에서 보더라도 과거와는 수준이 다른 책임이었다. 선수를 키워 올림픽에서 메달을 따려 한다면 코치도 그만큼의 리더십 역량을 발휘해야 한다. 래플리는 헨레타를 유능한 리더로 키우기 위해 가능한 모든 권한을 부여하는 동시에 자신이 그녀의 강력한 후원자라는 것을 모든 사람에게 과시했다.

판단 매트릭스는 리더가 달성해야 할 목표를 담은 형판과 같다. 바꾸어 말하면 이것은 래플리가 헨레타에게 가르치고 도와야 할 내용을 담은 형판이나 마찬가지였다. 더불어 래플리는 헨레타가 자신에게 필요한 인재로 팀을 구성해 인물과 전략, 위기 영역 모두에서 팀워크를 발휘하고 다른 사람들의 자기계발을 북돋우도록 지원을 아끼지 않았다.

회사의 경영 환경이 완전히 바뀌고 헨레타가 리더로서 성공했음을 입증하는 명백한 증거가 드러나고 나서야 비로소 래플리는 그녀를 선택한 것이 옳았다고 선언했다. 이 과정을 돌이켜 보면 래플리가 P&G를 성공으로 이끌기 위해 스토리라인을 어떻게 활용했고, 또 헨레타를 선택하기 위해 자신의 TPOV와 아이디어, 가치관을 어떻게 활용했는지 알 수 있다.

래플리는 유아용품 사업부의 경영 실적을 완전히 바꾸며 성공을 입증한 헨레타에게 또 하나의 중책을 맡겼다. 그녀의 경력을 한 번 더 화려하게 꽃피울 수 있는 기회이자 인물과 전략, 위기에 대한 판단력을 강화시키기 위해 동남아시아 사업부 책임자의 지위를 맡긴 것이다. 그곳에서도 헨레타는 맡은 역할을 충실히 수행해 아시아 지역 총괄사장으로 승진한다.

훗날 래플리는 P&G에서 보낸 나날들을 이렇게 정리할 수도 있을 것이다.

P&G에서의 삶은 네 가지로 요약됩니다.

첫째, 우리는 어려운 현실에 부딪혔습니다.

둘째, 우리는 그 현실을 무시하거나 거부하지 않고 변화의 필요성을 받아들였습니다.

셋째, 우리는 어렵지만 분명한 선택을 추구했습니다.

넷째, 우리는 강하고 응집력 있는 팀을 구축해 회사를 이끌었습니다.

리더의 판단력을 향상시키기 위해 우리가 설계한 프로세스에서도 알 수 있듯이 이 네 가지는 판단력의 핵심이다. 반드시 순서를 지켜야 하는 것은 아니다. '강하고 응집력 있는 팀'이 첫 번째가 될 수도 있지만, 이 네 가지가 모두 중요하다는 점을 명심해야 한다.

팀이 먼저, 전략은 둘째

우리는 판단 영역 중 인물 판단을 맨 처음에 배치했다. 믿을 수 있는 리더들로 구성된 팀이 없으면 현명한 전략 판단도 불가능하다. 그뿐 아니라 그들의 정략적인 행동이 회사의 경쟁력을 크게 훼손할 수도 있다. 이것은 실제로 잭 네이서가 포드의 CEO로 있었을 때의 일이다.

당시 네이서는 포드에서 중대한 전략적 변화를 이끄는 동시에 파이어스톤 타이어 문제를 해결하기 위해 애쓰고 있었다. 그사이에 최고경영진 중 몇몇이 쿠데타를 일으켰다. 신뢰가 무너진 소용돌이 속에서 조직을 이끌기는 불가능한 법이다. 네이서의 경우 경영진에게 너무 만만하게 보였든지 아니면 그들을 변화의 길로 이끌 만한 권위가 없었든지 둘 중 하나였다. 위기가 닥치자 네이서는 오직 회사의 문제를 해결하는 데만 혼신을 다 바쳤고, 그사이에 최고경영진 임원 세 사람이 이것을 기회 삼아 빌 포드를 구슬려 마침내 네이서의 권력을 찬탈했다.

HP의 CEO 칼리 피오리나가 해고된 것도 전략적 착오 때문이 아니라 이사회와 하부조직의 팀워크가 형성되지 못한 탓이었다. 2004년 8월 실적 악화에서 시작된 이 거대한 폭풍으로 3명의 핵심 경영자가 곧바로 해고되었다. 그러고 나서도 내부의 정치적 혼란은 가중되고 실적이 계속 악화되면서 주가가 15퍼센트나 추락해 피오리나의 반대파들에게 공격의 빌미를 주고 말았다. 2005년 초, 그녀는 결국 해임되었다. 이사회의 팀워크 결여에다 정치적 소동까지 겹치며 HP는 극심한 혼돈에 휩싸이고 만 것이다.

머크의 레이 길마틴도 최고경영진 중에서 믿을 만한 사람이 없었던 탓에 전략을 올바로 판단할 수가 없었다. 소외된 것이 문제였다. 응집력 있는 팀이 없으니 애초부터 전략 판단 프로세스의 성공을 기대하기는 무리였다.

짐 맥너니도 자신의 경험을 토대로, 중요한 것은 사람이고 전략은 그다음이라고 토로했다.

회사가 무엇을 할 수 있고 무엇을 할 수 없는지는 전적으로 사람에게 달렸습니다. 여기서 필요한 것이 판단력입니다. 전략은 그다음입니다. 전략은 규명하기가 상대적으로 쉽습니다. 시장 평가도, 경쟁회사 평가도, 우리를 차별화할 방법도, 그리고 여건만 받쳐 준다면 돈을 많이 벌어 성공하는 것도 얼마든지 가능합니다. 이런 것들은 물론 쉽지 않지만 리더의 실행력을 평가하는 것과 비교하면 상대적으로 쉽다고 할 수 있습니다.

따라서 과거에는 적용해 본 적이 없는 새로운 기술을 적용하고 전혀 새로운 제품을 고객에게 판매하는 등 조직에 새로운 전략을 수립해 효과적으로 적용하는 데는 판단력이 중요합니다. 그리고 새 전략이 얼마나 효과적이고 또 어느 정도의 기간이 필요한지는 이를 판단하고 실행하는 사람의 경륜에서 비롯됩니다. 나 역시 매킨지의 컨설턴트로 일하던 25년 전과 비교해 지금은 전혀 다른 관점을 갖고 있습니다.

Chapter 6

CEO 승계를 위한 인물 판단

- CEO를 선택하는 것은 인물 판단에서도 가장 중요한 부분이다.
  - 모든 결정은 CEO의 판단에서 비롯된다.
  - 외부인 영입은 프로세스의 실패를 알리는 신호다.
- 성공한 조직은 리더십 파이프라인을 보유하고 있다.
  - 여러 후보를 준비한다.
  - 모든 단계별로 리더들을 조직한다.
- 바람직한 CEO 승계 프로세스의 핵심은 투명성이다.
  - CEO 직무 요건을 분명하게 명시한다.
  - 조직의 성공은 충분한 고려에서 시작된다.

⋮

올바른 결정의 상당수가 실행 과정에서 엉망이 되곤 한다.

그 이유는 잘해 내리라고 장담했던 사람들이 기대를 저버리기 때문이다.

–스티브 베네트, 인튜이트의 CEO

2005년 2월 10일, 〈월스트리트저널〉과 〈뉴욕타임스〉, 〈런던타임스〉의 1면에 같은 기사가 실렸다. HP의 이사회가 CEO 칼리 피오리나를 해임했다는 소식이었다. HP 이사회에서 CEO를 영입하기 위해 외부 인사를 물색하기로 결정한 지 꼭 4년 반 만의 일이었다. 한 회사에서 CEO를 영입하려고 외부로 눈을 돌리는 것은 그 회사의 인물 판단력이 그만큼 뒤처져 있음을 자인하는 것과 같다. 즉 회사의 성공적인 미래를 위한 내부의 리더십 파이프라인이 전혀 구축되어 있지 않다는 뜻이다. 피오리나의 해임으로 HP는 이중의 실패를 떠안았다. 첫째, 내부 후보자가 전혀 없었다. 둘째, 피오리나가 CEO 직무를 제대로 이행하지 못해 이사회가 해임했다는 것은 HP가 애당초 잘못된 판단으로 부적절한 외부인을 영입했다는 증거였다.

HP 이사회에서 엉성한 준비로 칼리 피오리나를 발탁한 만큼 그녀를 해고하는 부담도 이사회의 몫이었다. 감지·규명 단계는 마무리되었지만 그다음이 문제였다. CEO 후보를 선정하는 판단 프로세스에서 구체화·명명 단계가 없었기 때문이다. HP는 하드웨어에서 서비스에 이르기까지 다양한 업종에서 각기 손익P&L을 관리하는 여러 사업체로 구성된 복합기업이다. 따라서 구체화 단계에서는 HP와 유사한 복합기업을 경영해 본 이력이 있는 경영자를 찾는 것이 핵심이었다. 칼리 피오리나는 과거에 독점기업이던 AT&T 출신이었다(AT&T는 루슨트의 분사에 이어 아메리테크[이후 AT&T로 개명]와 U.S. 웨스트, 벨 애틀랜틱, NYNEX[현재의 베리즌], 벨사우스 등의 지역회사로 분할되었다). 그리고 루슨트에서 영업과 마케팅 담당을 거쳐 국제사업부 사장까지 역임했다. 하지만 그녀가 전통적 전화 산업의 '총아'로 일하는 사이에 세상에는 인터넷 광풍이 몰아쳤다. 그녀 역시 이 조류를 거부할 수 없었고, 때마침 HP로 이직한 지 몇 개월 지나지 않아 닷컴 붕괴와 더불어 루슨트의 주가도 곤두박질치기 시작했다.

문제는 HP 이사회가 CEO의 요건에 대한 구체화와 명명에 서툴렀다는 점이다. 그들에게는 큰 회사를 맡아 손익을 관리해 본 경험이 풍부하고, 특히 어려운 경영 환경을 성공적으로 전환할 수 있는 리더가 필요했다. 그러나 피오리나는 비록 루슨트의 사업부 책임자를 지내긴 했지만 CEO로서의 경력은 전무했다. 그런데도 HP 이사회는 그녀를 영입하는 쪽으로 마음을 굳혔고 언론까지 이 잘못된 결정을 거들고 나섰다. 이렇게 영입한 피오리나가 팀 구성이나 실행, 경영보다 대외적 '과시'에 더 치중한 것은 그리 이상한 일도 아니었다. 게다가 그 외의 업무에 대해서는 직무 능력 자체가 많이 부족했다. 그녀의 경력이라고 해봐야 거의 독점에 가까운 루슨트의 영업과 마케팅 부문에서 일한 게 전부였다. 게다가 자신의 이런 취약점을 보완해 줄 팀을 구성할 능력도 부족했다. 팀 구성은커녕 그녀가 속한 경영팀에서는 불협화음이 그치지 않았고, 해임되기 몇 개월 전에도 최고경영진의 다른 임원 세 사람이 해고되는 등 혼란이 끊이지 않았다.

HP 경영난의 근본 원인은 피오리나가 아니라 그들 자신에게 있었던 것이다. 그녀가 떠나자 이사회는 다시 외부로 눈을 돌려 NCR의 마크 허드를 신임 CEO로 선택했다. 허드는 HP의 주가를 피오리나가 떠나던 무렵보다 거의 2배로 상승시키면서 리더로서 전면에 서서 HP를 성장시켰다. 결국 이사회의 두 번째 판단은 옳았던 것이다.

바람직한 CEO 승계 사례로는 대표적으로 펩시가 손꼽힌다. 2006년 중반, 펩시는 인드라 누이를 신임 CEO로 발표했다. 스티브 레인먼드의 후임이었다. 인드라 누이는 펩시의 내부 경영자 출신으로 리더십 파이프라인의 결과물이었다. 펩시는 이미 여러 해 전부터 CEO 승계 계획을 수립해 적임자를 물색해 왔다. 레인먼드보다 앞서 CEO로 재직한 로저 엔리코는 펩시의 간부 240명을 대상으로 리더십 계발 프로그램을 구축하여 자사의 승계 프로그램 확립에 기여했다. 이 프로그램은 엔리코가 근무 지역이 서로 다른 9명의 부사장과 함께 60일에 걸쳐 구축한 것으로, 외부 지원 없이 아침 8시부터 밤 11시에 이르기까지 혹독한 연구와 고민을 통해 만들어 낸 것이다. 인드라 누이를 발굴해 리더로 육성하는 과정에서도 이 프로그램의 역할이 적지 않았다.

로저 엔리코의 리더십 프로그램은 펩시에서 오랫동안 준비한 CEO 승계 계획의 한 부분이었다. 스티브 레인먼드도 이 프로그램을 계승했고 인드라 누이는 여기에 자신만의 색깔을 첨가하고 있다. 이는 HP와는 여러모로 대조적이다. HP는 외부 후보자에 대한 실질적인 정보도 부족했고, 피오리나가 들어와서 어떻게 회사를 이끌고 어떻게 경영진을 구축할지에 대한 이해도 없었다. 그리고 결정적으로 피오리나 자신도 HP의 비즈니스와 조직문화, 전략적 위기 상황에 대해 별로 아는 것이 없었다.

최고위직 인물 판단

지금까지 예로 든 인물 판단의 가장 중요한 대상은 그 조직의 최고위직 리더였다. 정치조직이나 비영리단체, 기업 또는 군대에 이르기까지 어떤 형태의 조직에서든 CEO 승계는 그 조직의 앞날을 결정하는 중요한 변수다. 이것은 지난 10여 년의 비즈니스 세계를 돌이켜 보더라도 분명한 사실이다. 그동안 많은 회사가 나락으로 떨어졌다. 대부분의 블루칩 회사의 인물 판단력에 등급을 매기자면 아마도 D 수준을 넘는 경우가 그리 많지 않을 것이다. 그만큼 CEO 승계 작업은 어렵고 또 실패하기 쉬운 프로세스란 뜻이다.

1990년대 초, 존 에이커스를 해고한 IBM 이사회는 외부 인물을 물색한 끝에 루 거스너를 신임 CEO로 영입했다. 그 무렵 AT&T의 이사회도 밥 앨런Bob Allen을 밀어내고 존 월터스John Walters를 외부에서 영입했다. 하지만 월터스는 몇 개월 버티지 못하고 해임되었으며, 이사회는 다시 GM 휴즈일렉트로닉스의 마이클 암스트롱을 영입했다. 그러나 암스트롱도 결국은 실패로 끝났고 AT&T는 SBC에 매각되고 말았다. SBC가 이 회사의 브랜드를 계속 사용하기로 했지만 사실상 AT&T의 역사는 막을 내린 것이나 다름없다. 이처럼 부적절한 CEO의 영입은 회사에 막대한 피해를 입힐 뿐 아니라 당사자의 경력에도 치명적인 오점을 남긴다.

1980년대만 해도 IBM과 AT&T는 경영자 육성과 직무능력 계발의 역할 모델로 학계의 추앙을 받던 회사다. 하지만 사실은 두 회사 모두 어제의 경제 현실에 집착하는 경영자를 양산하는 공룡 관료조직이었고, GM과 포드처럼 업계에서 독점적 지위를 이용해 손쉽게 성과를 올렸다. 따라서 이사회나 전임 CEO들은 심심찮게 어리석은 결정을 내리곤 했다.

머크에서는 유일한 내부 후보였던 딕 마컴이 임명 11시간 만에 자리를 박차고 나가 버렸다. 로이 바젤로스를 이을 다른 내부 후보를 확보하지 못한 머크 이사회는 부랴부랴 외부 인물의 영입에 나섰다. 그리하여 의료용 바늘로 유명한 작은 의료 장비 제조회사인 벡턴디킨슨의 레이 길마틴을 CEO로 영입했다. 그러나 길마틴은 제약 대기업의 규모에 압도당하고 말았다. 대규모 연구개발R&D 투자만이 성공의 지름길인 제약산업이 그에게는 무척이나 생소했다. 그래서 길마틴은 연구개발과 약품 시험 그리고 승인 프로세스처럼 벡턴디킨슨에서 전혀 경험해 보지 못한 업무는 처음부터 다른 사람들에게 맡길 수밖에 없었다. 하지만 유약한 CEO의 운명은 역시 오래갈 수 없었다. 문제의 바이옥스에 대한 회수 조치와 함께 법정 소송까지 이어지면서 길마틴도 사임 압력에 시달렸고, 2005년 5월에 결국 자리에서 물러나고 말았다(한때 90달러에 육박했던 머크의 주가는 그가 사임할 무렵에는 30달러까지 주저앉았다).

3M은 GE와 영입 경쟁을 벌이던 제프 이멜트가 결국 GE를 선택하자 외부의 새 인물인 짐 맥너니를 영입했다. 그런데 맥너니가 보잉의 CEO로 자리를 옮기면서 다시 밖에서 새 인물을 찾아야 했다. 3M에서 재직하던 짧은 기간에 맥너니는 리더십 파이프라인 구축에 우선순위를 두고 나름대로 노력을 기울였지만 성과를 도출하기에는 기간이 짧았다. 이외에도 코닥, 캐나다 노텔, 미국 허니웰처럼 CEO 파이프라인을 구축하기 위해 노력했음에도 별다른 소득을 얻지 못한 블루칩 회사의 사례가 수없이 많다.

외부 CEO의 영입 실패 사례는 리더십 파이프라인 구축 과정에서 그릇된 판단이 이루어졌다는 것을 의미한다. 그리고 최고위직 인사의 승계 후보자가 없다는 것은 잘못된 인물 판단의 극치라 할 수 있다. 따라서 장기적이고 지속적으로 인재를 발굴해 지위에 적합한 리더를 육성하는 리더십 파이프라인 구축을 준비 단계에 포함시켜야 한다.

CEO를 잘못 결정하는 주된 이유는 리더십 파이프라인의 문제 때문이다. 즉 외부에서 마땅한 후보도 확보하지 못했고 내부의 인재를 육성할 시스템도 갖추지 못했다는 뜻이다. 이외에 다른 여러 가지 원인이 있는데, 빌 포드를 CEO로 임명한 포드의 사례에서 보듯이 친족 우선주의도 리더십 파이프라인을 훼손하는 원인 가운데 하나다. 빌 포드는 결국 몇 년을 채우지 못한 채 자리에서 물러났고, 포드 이사회는 2006년 중반에 보잉의 앨런 멀랠리를 CEO로 영입했다. 리더십 파이프라인의 또 다른 실패 원인으로는 엄격한 승계 프로세스의 결여나 이사회의 무시, 변화하는 세상과 인재상에 대한 이해 부족(3M과 IBM), 사임을 거부하는 CEO의 아집 등 여러 가지가 있다. 이런 것들이 서로 어우러져 잘못된 CEO 승계 결정으로 이어지는 것이다. 우리는 후보자를 찾으려고 외부로 눈을 돌릴 수밖에 없는 상황 자체가 잘못되었다고 생각한다. 하지만 외부 영입밖에 대안이 없을 때는 현명하게 판단해야 한다. 3M의 이사회가 맥너니를 영입한 것, 그리고 보잉의 이사회가 맥너니에게 3M에서의 사임을 종용한 것은 모두 현명한 판단의 결과다.

CEO 승계 판단의 실패 유형은 크게 운영과 시스템의 문제 두 가지로 구분된다.

운영 문제

리더십 파이프라인이 바람직한데도 CEO를 잘못 선택하는 경우가 있다. 프로세스는 훌륭하지만 조직 내부의 후보자를 선정하는 과정에서 실수하거나 또는 자체 수정이 어렵기 때문이다. P&G의 더크 재거가 대표적인 예다. 재거를 CEO로 발탁하는 실수를 범했던 P&G 이사회는 18개월 만에 앨런 래플리로 교체하는 수정 능력을 발휘했다. 이 회사의 리더십 파이프라인은 내부의 인재를 발굴하고 육성하는 데 초점이 맞춰져 있었기 때문에 굳이 외부로 눈을 돌리지 않더라도 자체 수정이 가능했던 것이다.

시스템 문제

리더십 파이프라인의 결함을 말한다. 프로세스에 오류가 있으면 선택권이 제한적일 수밖에 없고, 적합한 리더가 부족하면 이사회는 CEO를 영입하려고 외부로 눈을 돌리게 마련이다. HP, 3M, AT&T, 모토로라, 머크, 보잉, 홈데포 등이 모두 그 예다.

CEO의 현명한 선택을 돕는 리더십 파이프라인을 구축한 회사는 몇몇에 지나지 않는다. 그중에서도 엑슨모빌은 항상 내부에서 리더를 발탁하면서도 눈부신 성과를 올려 온, 2006년 말 기준으로 4,340억 달러의 시가총액을 자랑하는 세계적인 기업이다. 리더십 파이프라인이라면 펩시와 GE도 빼놓을 수 없다. GE는 오랜 역사의 리더십 파이프라인을 보유한 회사로, 여기서 배출된 많은 리더가 GE뿐 아니라 다른 대기업의 CEO로도 활약하고 있다.

리더십 파이프라인

시간이 흘러도 CEO와 이사회에 주어진 변함없는 책임 중 하나가 바로 모든 지위별 리더를 발굴하고 육성하는 리더십 파이프라인을 구축하는 일이다. 지위가 높아질수록 후보자의 수는 급격히 줄어든다. 하지만 방법만 올바르다면 최종 CEO 후보자를 여러 명 확보할 수도 있다. 이 분야에서는 잭 웰치가 거두로 손꼽히지만, 그가 이처럼 훌륭한 리더십 파이프라인을 구축하기까지는 20년이란 긴 시간과 노력이 필요했다.

어리석은 CEO 선택은 조직을 파멸시킨다

CEO 선택의 중요성을 강조하기 위해 노엘 티시가 가까이서 경험한 한 가지 사례를 살펴보자. 로이 바젤로스는 머크의 아주 유능한 CEO였다. 머크의 지위를 업계 선두로 끌어올렸을 뿐 아니라 1980년대부터 1990년대 초까지 9년 연속으로 〈포춘〉의 '가장 존경받는 기업' 목록에 올려놓았다.[1] 의학 연구에 남다른 열정을 바친 그는 CEO로 일하는 동안 머크를 업계 최고의 제약회사로 만들었다. 또한 리더십 파이프라인을 계발하는 데도 열정과 투자를 아끼지 않았는데, 특히 CEO 승계를 위한 효율적인 파이프라인 구축에 심혈을 기울였다. 하지만 유일한 '왕세자' 딕 마컴을 후임 CEO로 선발한 것은 치명적인 실수였다. 1993년 노엘 티시는 바젤로스와 그의 후계자인 마컴과 함께 구축한 리더십 프로그램의 시작을 앞두고 있었다. 프로그램의 시작은 월요일로 예정되었다. 그런데 그 전 주 금요일에 바젤로스가 느닷없이 노엘 티시를 불러서는 프로그램이 필요 없게 되었다고 말했다. 마컴이 예상치 못한 '일신상의 이유'로 CEO직을 사임하게 되었기 때문이다. 하지만 당시의 머크 내부에는 마땅한 후임자가 없었기에 바젤로스는 외부로 눈을 돌릴 수밖에 없었다.

CEO가 단기 실적에 연연해하며 훗날의 장기적인 실적을 견인할 후임자를 제대로 물색하지 못하는 것은 큰 실수다. 로이 바젤로스가 그랬다. 머크의 주가와 경영 상태에서도 알 수 있듯이 임기 내내 훌륭한 전략 판단으로 성공의 길을 걸어온 그였다. 하지만 인물 판단에서 가장 중요한 자신의 후임자를 선택하는 데는 별다른 역량을 보이지 못했다. 발등에 불이 떨어진 탓에 외부에서 후보자를 뒤져 최종적으로 선택한 사람이 바로 레이 길마틴이었다. 하지만 길마틴이 재임한 기간에 머크의 실적은 참으로 보잘것없었다. 1,850억 달러에 달했던 시가총액이 그가 떠날 무렵에는 1,410억 달러로 떨어졌다(같은 시기에 화이자는 2,090억 달러로 머크를 멀찌감치 따돌렸다).[2]

준비 단계

머크에서 그릇된 인물을 CEO로 선택하게 된 원인이 한 명의 후보, 즉 '왕세자'에게 지나치게 의존했기 때문이듯 모든 부적절한 리더십 파이프라인에는 나름대로 분명한 문제점이 있다. 게다가 머크에서는 마컴이 떠난 뒤로 마땅한 대안도 찾지 못했다.

본래 바젤로스와 마컴이 추구했던 리더십 프로그램은 마컴의 CEO 역할을 후원하고 머크 최고경영진의 리더십을 한층 강화하려는 것이었다. 그러나 뜻은 좋았던 데 반해 실제로는 프로그램의 깊이도 얕고 시기도 너무 늦었다. 한 명의 CEO를 발굴하기 위해서는 몇 년의 시간이 필요하며, 한 사람이 아닌 여러 명의 후보를 확보해야 한다. 바젤로스는 마컴이 윤리적 한계를 넘어서 버리자 어려운 결단을 내렸다. 하지만 그가 내린 인물 판단의 심각한 문제점은 마컴을 대신할 두 번째 대안이 적어도 머크 내부에는 없었다는 점이다.

결국 이사회와 바젤로스는 머크의 미래를 짊어질 인물을 외부에서 찾아야 했다. 그래서 당시의 이사회 임원이자 다른 회사의 CEO 직함을 갖고 있던 사람에게 영입을 제의했으나 거절당했다. 이렇게 해서 대형 제약회사인 머크가 어쩔 수 없이 선택한 사람이 바로 레이 길마틴이었다.

인물 판단의 구체화 단계는 그리 호락호락하지 않다. 당시 세계 최대 규모의 제약회사였던 머크를 길마틴에게 맡기려면 CEO의 역할과 성공 비즈니스에 대한 구체적인 내용을 알려 주어야 했다. 더군다나 길마틴은 제약 R&D와 신약 개발에 문외한이 아니었던가? 의료기술 회사인 벡턴디킨슨이 단순한 제품 확장과 개선에 투자하는 돈은 전부 합해야 1억 4,000만 달러 정도에 불과했다. 반면에 제약 대기업인 머크가 R&D에 투입하는 예산은 당시에만 12억 달러에 달했다. 게다가 두 회사는 같은 의료 업종에 속한다는 것 외에는 이렇다 할 공통점을 찾기도 어려웠다.

결정 단계

이사회와 로이 바젤로스는 길마틴의 영입을 결정하는 데 여러 사람의 지지를 이끌어 냈다. 그러나 판단의 구체화 과정에서 적지 않은 어려움을 겪었다. 제약업계의 선두였던 머크의 처지에서는 동종 업계의 다른 회사에서 CEO를 구하는 것쯤은 전혀 어려울 게 없었다. 3M의 짐 맥너니가 2005년에 보잉으로 자리를 옮긴 것처럼 작은 제약회사의 CEO들 중에도 머크를 원하는 사람이 많았다. 또 GE 메디컬시스템스나 J&J, 메드트로닉처럼 관련 업계의 리더들 중에도 후보가 있었다. 중요한 것은 길마틴을 CEO로 결정한 순간부터 험난한 실행 프로세스의 문이 활짝 열렸다는 점이다.

실행 단계

길마틴은 시작부터 곤경에 처했다. 인적자원팀을 여러 차례 맡은 그였지만 큰 회사 전체를 경영해 본 경험은 없었으므로 자신을 지지해 줄 충성스러운 팀을 구성하는 요령도 몰랐다. 바젤로스는 의학박사 출신에다 최고의 연구 전문가라는 배경이 있었기에 머크의 CEO가 되어서도 주변의 신뢰를 받으며 R&D팀을 비롯해 경영 전반을 이끌 수 있었다. 하지만 길마틴은 의학박사가 아닌 하버드 MBA 출신인 데다 이 분야에 대한 경험도 부족해서 머크를 이끌 수 있다는 신뢰감을 심어 주며 리더십을 발휘하기에는 역부족이었다.

특히 머크에서는 실행 단계 중 학습과 수정 과정이 아예 이루어지지 않았다. R&D 분야의 판단력이 필요한 상황에 부딪히자 길마틴은 이러지도 저러지도 못했다. 기술적 배경이 부족한 데다 머크에서의 권력 기반도 취약하다 보니 이 분야에서 리더십을 발휘하기는 어려웠다. 머크의 추락은 바이옥스 문제에 잘못 대응하면서 시작되었고,

그 때문에 길마틴이 머크를 떠나자 이사회는 내부에서 새로운 인물을 물색하기 시작했다. 논란 끝에 리처드 클라크가 지명을 받았다. 혼란의 와중에도 이사회는 CEO 역할을 대리할 수밖에 없었지만, 사실상 클라크는 머크를 이끌 만한 능력이 없었다. 차라리 이사회가 클라크의 이런 부족함을 일찌감치 깨닫고 적절한 훈련 기회라도 부여했더라면 좋았을지 모른다. GM에서도 10년 전에 CEO 밥 스템펠과 P&G 출신의 은퇴한 CEO 존 스메일이 경영권을 나누는 과정에서 사람을 잘못 선택한 적이 있다. 이 일은 결국 스템펠의 해고로 끝이 났다.

　머크와 같은 사례는 수시로 반복된다. 많은 CEO가 자신이 가진 계란을 '왕세자'라는 바구니 하나에 몽땅 담는다. 하지만 같은 방법이라도 다르게 실행하는 리더도 있다. 엑슨모빌이 그랬다. 1980년대 말, 당시 엑슨의 CEO였던 로런스 롤스Lawrence Rawls는 몇 년에 걸쳐 후임 CEO인 리 레이먼드에게 경영권을 승계했다. COO로서 엑슨의 운영을 책임지며 경영 수업을 받은 레이먼드는 특별한 경쟁자 없이 CEO에 오를 수 있었다. 그리고 레이먼드가 CEO에 오른 뒤에 현재의 CEO인 렉스 틸러슨에게 경영권을 승계한 과정도 앞서와 동일했다. 이 사례는 로이 바젤로스가 딕 마컴을 선택한 것과 동일한 수순을 밟았으므로 만약 엑슨모빌에 문제가 생긴다면 머크와 같은 처지에 빠질 수도 있었다. 하지만 엑슨모빌은 머크와 달리 치밀하고 장기적으로 경영권을 승계했다는 차이가 있다.

　AT&T의 붕괴는 과거 벨의 경영자로서 변화를 등한시했던 밥 앨런을 CEO로 선택했다는 그릇된 인물 판단에서 시작되어 존 월터스를 영입한 또 한 번의 판단 착오로 이어지면서 본격화되었다. 게다가 월터스가 몇 개월 버티지 못하고 물러나자 이번에는 GM 휴즈일렉트로닉스의 마이클 암스트롱을 영입했다. 암스트롱은 GM에 몸담기에 앞서 IBM에서 일했다. 당시 AT&T에 필요한 사람은 '혁신 리더'였다. 그러나 이사회가 선택한 암스트롱은 혁신과는 전혀 거리가 먼 사람이었다. 비록 IBM에서 근무하며 회사의 전성기를 함께한 그였지만 손익을 관리하는 경영자의 역할을 맡아 본 적은 전혀 없었다. 게다가 휴즈일렉트로닉스는 GM의 비즈니스 포트폴리오에 속하는 작은 사업체에 불과했다. 그러니 그가 AT&T 같은 공룡 기업을 감당하기란 애초부터 무리였다. 이와 대조적으로 비슷한 시기에 IBM은 아예 외부로 눈을 돌려 풍부한 경륜을 지닌 루 거스너를 영입했다. 이때의 결정은 IBM 역사에서 최고의 '인물 판단' 사례로 꼽힌다.

인물 선택에 잇따라 실패한 AT&T의 사례에서 우리가 배워야 할 교훈은 바로 준비 단계의 중요성이다. 이 회사의 임원들은 신임 CEO에게 필요한 자질이 무엇인지 감지하지도, 제대로 규명하지도 못했다. 하지만 이보다 더 큰 문제는 구체화와 명명 프로세스였다. 혁신 리더가 필요한데도 어떤 능력과 자질을 우선해야 하는지 구체적으로 밝히지 못했고, 그러니 회사에 적합한 경영자를 구할 수도 없었다. 요컨대 어떤 사람이 '적임자'인지 개념조차 없었던 셈이다.

HP의 그릇된 판단의 원인도 이사회와 고위 경영진이 리더십 승계 파이프라인을 구축하지 못한 데서 찾아야 한다. 그래서 존 영이 퇴임할 무렵에 HP는 내부에서 적임자를 발탁해 CEO에 임명한다는 원칙을 세웠다. 그럴듯해 보였지만 이것이 첫 번째 판단 착오였다. 이 원칙이 여의치 않자 HP는 외부에서 후보자를 영입하기로 했지만 그 역시 좋은 결과로 이어지지는 못했다. AT&T와 마찬가지로 프로세스 자체가 엉성했기에 판단력이 흐려질 수밖에 없었다.

이사회의 개입 수준은 회사마다 다르므로 CEO는 이사회의 역동성을 적절히 조율할 수 있어야 한다. CEO 혼자서 모든 것을 결정할 수는 없다. 일단 결정이 내려졌다면 CEO는 이사회를 관리하며 실행 프로세스를 이끌어야 한다. 그러지 못하고 이사회의 역동성에 휘말려 버리면 선택의 순간에 CEO의 의지를 반영할 수 없다.

바람직한 CEO 승계 결정

20여 년 전, 역사상 가장 크고 성공적인 기업의 조직혁신을 가능케 한 사람이 있었다. 1980년대에 레그 존스는 GE의 미래를 이끌 CEO로 잭 웰치를 선택했다.[3] 유명 경영지들이 하나같이 '세기의 경영자'로 추앙하는 위대한 리더가 탄생하는 순간이었다.

GE의 역사를 조사하던 노엘 티시가 이 내용을 주제로 레그 존스와 대화를 나눌 기회가 있었다.[4] 코네티컷 주 스탬퍼드의 집무실에서 티시와 자리를 함께한 존스는 책상 서랍에서 서류를 하나 꺼내더니 자랑스럽게 내밀었다. 잭 웰치를 포함해 존스 자신의 뒤를 이을 후보자 8명의 명단이 적힌 목록이었다. 존스는 퇴임 7년 전인 1974년부터 이 목록을 작성하기 시작했다. 타이핑된 명단 옆에 존스가 직접 적어 넣은 이름이 하나 있었는데, 당시 GE 플라스틱을 경영하던 젊은 임원 잭 웰치였다. 비록 CEO 물망에는 이름을 올리지 못한 웰치였지만 존스는 그를 일찍부터 눈여겨보고 있었다고 했다. 그의 이름이 목록에 타이핑되어 있지 않고 손으로 적힌 이유도 그래서였다. 1974년 당시의 잭 웰치는 젊은 경영자였다. GE 플라스틱 사업부를 이끌던 그의 나이는 38세에 불과했다. GE는 1960년대부터 매우 엄격하고 효율적인 '리더십 계발과 승계 프로세스'를 구축해서 운영해왔다. 즉 존스에게는 자신의 판단을 구체화하는 데 유익한 프로세스가 이미 있었던 것이다.

존스는 GE의 CEO 승계 프로세스를 세 사람을 중심으로 적용했다. 알 웨이Al Way와 존 벌링검John Burlingame, 잭 웰치가 그들이다. 세 사람 모두 GE의 거대 사업부에 몸담고 있는 만큼 실적을 바탕으로 최종적인 결론을 내릴 터였다. 아울러 존스는 세 사람을 가까이서 관찰하려고 본사에서도 일하게 했다. 이 과정에서는 GE의 HR팀 책임자인 테드 르비노Ted LeVino가 중요한 역할을 했다. 준비 단계 중에서도 '동원과 가동' 단계에서 GE의 CEO와 HR팀 담당자들, 이사회가 모두 다양한 방법으로 의사결정에 기여했다. 오랜 시간에 걸쳐 엄격한 분석과 수많은 토론이 이어졌다.

테드 르비노의 HR팀은 평가 자료를 분석해 존스의 선택을 도왔다. 이 과정에서 세 사람의 리더십 품성에 대한 평가도 이루어졌다. 아울러 CEO가 된다는 가정 아래 GE를 어떻게 이끌 것인지에 대한 생각을 적어 존스에게 보내도록 했다.

그런데 이 단계에서 존스는 큰 실수를 하나 범했다. 3명의 경쟁자가 자신의 입장을 옹호하면서 상대방을 정치적으로 공격하도록 한 것이다. 세 사람은 서로 독립된 분야에서 일하는 게 아니었으므로 회의나 다른 행사가 있을 때마다 번번이 부딪쳐 상대방을 비난하곤 했다. 준비 단계에서의 이런 정치적 분쟁은 회사 입장에서도 매우 소모적이었다. 이 광경을 직접 경험하며 똑똑히 지켜본 잭 웰치는 훗날 CEO에 오른 뒤에도 이 방식만큼은 지양했다.

반면에 존스의 방식에는 여러 가지 장점도 많았다. 무엇보다 적극적인 실행으로 판단 과정을 명확히 구체화하고 명명한 점이 인상적이었다. 또 준비 단계의 마지막인 가동과 동원 단계에서는 부회장을 비롯한 이사회 임원들을 적극 활용했다. 특히 이사회의 주요 구성원 중 한 명으로 당시에 시티뱅크의 CEO를 맡고 있던 월터 리스턴은 다른 후보들보다 열 살이나 어린 잭 웰치를 추천하기 위해 정치력을 발휘하기도 했다.

이윽고 1981년 4월 1일, 잭 웰치가 CEO에 등극했다. 20년에 이르는 GE의 번영이 입증하듯이 잭 웰치를 선택한 것은 실로 위대한 결정이었다. 만약에 레그 존스가 준비 단계를 조화롭게 이끌지 못했다면 나이 지긋한 다른 후보가 CEO가 되었을 것이고, 그랬다면 20년에 이르는 GE의 영화도 다른 회사에 바치고 말았을 것이다.

제프 이멜트를 선택한 잭 웰치

잭 웰치는 자신의 후임 CEO 후보이던 짐 맥너니와 로버트 나델리, 제프 이멜트 중에서 이멜트를 선택했다. 이 결정에 이르기까지의 준비 단계는 최소 15년 이상 진행되었다. 1985년에 노엘 티시가 GE 크로톤빌 연수원의 리더십 계발 책임자로 있을 때, 잭 웰치는 신임 CEO를 육성하는 리더십 파이프라인을 구축하고자 티시와 HR팀 인사들을 참여시켰다. 그때 웰치는 이렇게 말했다. "그러나 내가 CEO로 계속 남는 것은 옳지 않습니다. GE는 특별한 회사이고 앞으로도 계속 변화해야 합니다. 따라서 미래를 내다보고 미래형 CEO를 육성하는 방법을 마련해야 합니다." 그러면서 '외부 인사 영입'에서 신임 관리자, 직능별 임원, 수십억 달러 회사의 경영자에 이르기까지 모든 가능성을 포괄하는 총체적인 리더십 파이프라인을 구축해야 한다고 말했다. 그리고 사람의 자질과 리더십, 문화적 역량, '어려운' 비즈니스 역량(전략, 재무 등) 같은 파이프라인에 필요한 내용을 정리하도록 우리에게 부탁했다. 웰치와 당시 부회장이던 래리 보시디는 우리와 함께 이 프로세스를 구체화하는 데 무려 18개월 이상을 투자했다. 드디어 1987년, 미래의 CEO를 발굴하고 육성하기 위한 백서가 마련되었다. 미래의 CEO가 되기 위해 리더로서 준비해야 할 덕목은 다음과 같았다.[5]

- 손익을 중시하는 비즈니스 조직을 경영하기 위해 다양한 기능을 통합하는 기술을 계발한다.

- 리더만이 할 수 있는 의사결정을 위해 권한을 효과적으로 활용하는 요령을 배운다.
- 회사의 비전을 수립한다. 이 비전을 구체적으로 정립해 회사 전체에 확산시킨다.
- 처음 경험하는 상황에 대처하는 데 주변 자원을 활용하는 요령을 배운다. 의문점을 적절히 표현하고 해결하는 방법도 배운다.
- (현실에 관습적으로 대응하지 말고) 변화를 인식하고 관리하는 능력을 계발한다.
- 회사가 속한 업종의 역동성을 민감하게 파악하는 능력을 계발한다.
- '실용 정치'에 대한 감지력을 키우고 사람들이 그렇게 행동하도록 북돋운다.
- 각 사업 부문의 리더십을 강화하는 동시에 여러 사업부가 서로 협력하도록 유도한다.
- 집단 관계를 효과적으로 관리하는 능력을 계발한다.

또한 미래 CEO의 후보가 되기 위해 충족해야 할 기준은 다음과 같았다.

- 기능 영역이 복잡하고 손익을 중시하는 거대 다국적 회사를 총괄적으로 관리할 수 있는 능력을 입증한다.
- 단호한 리더십과 효율적인 권한 행사 능력을 입증한다. 의사결

정과 실행에서 결단력을 발휘한다.
- 경영진을 이끌어 회사의 비전을 계발하는 능력을 입증한다. 이 비전을 원활한 의사소통을 통해 회사 전체로 확산시킨다.
- 직관력과 다양한 자원을 가동해 비즈니스 의사결정을 효율적으로 수행할 수 있다는 것을 입증한다.
- 신속하고 효율적으로 혁신할 수 있는 조직의 능력을 입증한다. 조직의 개선과 변화를 효율적으로 관리한다.
- 명확하지 않고 모순적인 상황에서도 발전적으로 대처하는 능력을 입증한다.
- 회사의 각 사업부가 포함된 업종의 역동성을 이해하고 이를 바탕으로 창조적이되 현실적인 전략과 전술을 수립하는 능력을 입증한다.
- 회사 내부와 외부의 (고도의) 정치적 상황을 적절히 통제하는 능력을 입증한다.
- CEO 개인보다 회사의 이익을 앞세운다는 의지를 보인다. 경영진과 함께 각 사업부를 지원해 모두 긍정적인 실적을 올리도록 유도한다.
- 집단 관계를 효율적으로 관리하는 능력을 입증한다.

이 작업을 지속하는 동안에도 GE의 기존 승계 프로세스가 계속되어 CEO 후보자 20명에 대한 치밀한 토론과 평가가 이어졌다. 잭 웰치가 입성한 1990년대에 들어 준비 단계는 한 단계 더 진화했다. 몇 가지 기준이 새로이 부가되면서 후보자 목록은 더 간단해졌다. 그리고 웰치는 자신의 판단을 후보군에서 제외된 임원이나 개인들에게도 기꺼이 설명하고 협조를 구했다. 한 예로 1986년부터 GE 메디컬시스템스의 CEO를 맡아온 존 트라니John Trani도 CEO 후보로 거론되던 사람이었다. 그러던 1990년대 초, 웰치와 이사회는 GE의 CEO 후보자 명단에서 트라니를 제외했다. 웰치는 이 사실을 당사자에게 충분히 설명하고 GE를 나가서도 좋은 곳에 정착할 수 있도록 협력했다. 덕분에 트라니는 GE를 떠나 스탠리워크스의 CEO로 취임했다. 이외에 GE 캐피탈을 성공적으로 운영한 게리 웬트Gary Wendt도 경영진의 도움으로 GE와 우호적인 작별을 고했다.

　잭 웰치가 개선한 준비 단계에서 가장 흥미로운 부분은 결선 레이스에 있었다. 레그 존스는 최종 후보자 세 사람을 본사에 근무하게 하며 직접 관찰했지만 웰치의 방식은 정반대였다. 그는 후보자들이 같은 건물, 같은 회의에 참석하게 되면 서로의 정략 때문에 자신들뿐 아니라 회사에도 해가 될 것이라고 판단했다.

　웰치는 정략적 행위를 예방하려면 모든 후보자가 본사를 떠나 각자의 사업부를 운영하는 데 전념하도록 하는 것이 최선이라고 생각했다. 따라서 경쟁은 오로지 각자 맡은 비즈니스 조직을 통해서만 가능하도록 했다. 당시에 나델리는 파워시스템 사업부를, 맥너니는 에어크래프트엔진을, 이멜트는 메디컬시스템스를 각각 맡고 있었다. 웰치는 이사회와 교류하며 구체화와 명명 단계를 거쳤고, HR팀 책임자인 빌 코너티의 도움을 얻어 세 후보자를 다방면으로 평가했다. 여기서 잭 웰치의 현명함이 또 한 번 빛났다. 그것은 바로 이사회의 역할이었다. 웰치는 이사회 산하에 소규모 위원회를 두고 후보들 각자와 교류하도록 했다. 그 방법의 하나로 각 후보자가 위원회 위원들을 초청해 저녁 만찬을 열도록 했다. 이때 위원들은 자유로운 자리에서 후보자에 대한 정보를 취득해 그 평가 내용을 서면으로 작성했다. 이 정보는 GE의 기존 승계 프로세스를 통해 얻은 정보와 더불어 후보자들을 더 정확하게 판단하는 근거가 되었다.

이사회와 함께 마지막 결정을 한 웰치는 이멜트에게 패배하고 탈락한 두 후보에 대해서도 독특한 실행방식을 취했다. 되도록 빨리 회사를 떠나도록 한 것이다. 이것은 두 사람이 회사에 머무를 때 웰치가 치를 수밖에 없는 정치적 대가를 피하기 위해서였다.

CEO 승계와 혁신의 동시성

GE처럼 깊이와 전통이 있는 리더십 파이프라인을 보유한 회사는 많지 않다. 때로는 회사의 리더가 급진적인 변화를 추진하는 동시에 짧은 시간 내에 새 CEO를 선택해야 할 때도 있다. 1990년대의 아메리테크가 그랬다. 당시의 CEO 빌 웨이스Bill Weiss는 회사를 위한 전략적 판단과 동시에 자신의 후임자 선택이라는 두 가지 과제를 해결해야 했다.

그 무렵 우리 두 사람(노엘 티시와 워렌 베니스)은 빌 웨이스가 후임 CEO를 선택하기 위해 판단 프로세스를 구축하는 일을 돕고 있었다. 웨이스는 퇴임 3년 전부터 CEO 승계의 필요성을 감지하고 규명했다. 1992년 7월 20일, 웨이스는 잭 웰치의 추천으로 미시간 주 앤아버에 있던 노엘 티시의 사무실을 방문했다. 이 자리에서 그는 향후 2년 이내에 회사를 대대적으로 혁신하는 동시에 차기 CEO까지 선택해야 한다고 말했다. "다음 CEO를 선택해서 회사의 혁신을 맡기고 나는 퇴임해 버리면 쉬울 수도 있습니다. 하지만 그럴 수는 없습니다. 후임을 올바로 선택했는지도 확인해야 하고 무엇보다 지금 당장 변화를 추진해야 하기 때문입니다."

우리는 웨이스의 두 가지 과제를 돕기로 하고 먼저 워크숍을 개최했다. 그해 10월, 아메리테크의 최고경영진이 참여하는 사흘간의 사외 워크숍을 파인허스트에서 열었다. 이 회사의 전략적 현실을 점검하고 다음 CEO를 발굴하고자 개최한 워크숍이 끝나갈 무렵에 노엘 티시가 웨이스에게 이렇게 말했다. "당신의 자리를 승계할 적임자가 저 방에는 아무도 없군요." 우리는 웨이스의 막역한 친구이자 부회장으로서 웨이스보다 먼저 퇴임이 예정되어 있던 빌 스프링어Bill Springer와 함께 승계 프로세스를 구체적으로 설계했다. 웨이스의 뒤를 이어 몇 해 안에 회사를 정상적으로 경영할 수 있는 역량을 가진 젊은 인재를 발굴하는 것이 그 핵심이었다.

이듬해인 1993년 2월에 브레이커스 호텔에서 다시 열린 워크숍은 중대한 분기점이었다. 이 자리에는 최고위직 임원 30여 명이 참석해서 아메리테크의 전략을 진단하고 미래를 위한 전략적 선택에 대해 논의했다. 여기서 웨이스는 CEO 승계를 위한 준비 단계에서 중요한 한 걸음을 떼었다. 웨이스와 스프링어, 티시 그리고 티시의 파트너인 패티는 워크숍 기간에 저녁마다 웨이스의 스위트룸에서 만나 그날의 일을 논의했다. 참석한 임원들 중에 누가 적극적이고, 누가 좋은 아이디어를 갖고 있으며, 누가 팀 플레이어인지 등 하루 동안 관찰한 것에 대해 의견을 나누었다. 마지막 저녁, 웨이스와 스프링어는 앞으로 아메리테크의 혁신을 주도할 CEO 후보로 4명의 젊은 임원을 추려냈다. 딕 노트바트Dick Notebaert, 딕 브라운Dick Brown, 배리 앨런Barry Allen, 게리 드룩Gary Drook이 그들이었다.

워크숍의 마지막 날 아침, 웨이스는 지난 10년간 빠짐없이 열어온 월요일 조간경영회의를 폐지하는 대신에 4명의 혁신 리더 노트바트와 브라운, 앨런, 드룩이 참여하는 회의로 대체할 것이라고 발표했다. 30여 명의 임원은 이 소식을 듣고 놀라움과 동시에 앞으로의 상황에 대해 기민하게 머리를 굴렸다. '이 소식이 내게는 어떤 의미일까?' '내 직업 인생은 어떻게 되는 걸까?' '웨이스의 궁극적인 목적이 무엇일까?'

이때부터 웨이스는 본격적으로 아메리테크의 혁신을 추진했다. 그는 회사의 전략 프로그램을 네 가지로 나누고 4명의 후보자에게 30명씩의 임원을 배당한 후 각자 하나씩 프로그램을 맡아 진행하도록 했다. 네 가지 프로그램은 첫째 네트워크, 둘째 고객 세분화, 셋째 규제 전략, 넷째 인적자원 전략이었다. 120명의 임원은 웨이스와 새 '혁신팀'이 신중히 발탁한 인물들이었다. 이들은 기존의 업무를 계속하면서도 하루 일과의 30퍼센트씩을 새 전략 프로그램에 투자했다. 그리고 웨이스와 4명의 리더는 매주 한 번씩 만나 그동안의 경과에 대해 한나절 동안 이야기하고 서로 팀을 도울 방안을 모색했다. 또한 120명의 임원을 대상으로 워크숍을 열어 변화와 팀 구성, 리더십 계발 등의 주제를 논의하는 동시에 아메리테크의 미래를 구체화하고 서로 협력할 방법도 강구했다.

그 후 6개월간 120명의 임원이 집중력을 발휘한 결과 그해 가을에 접어들자 회사의 분위기가 많이 달라졌다. 권력구조도 개인 고객과 소규모 회사, 대기업 등 세분화된 고객집단에 맞춰 이동했고, 일리노이벨과 미시간벨 같은 각 주에 있는 회사들의 규모도 대폭 축소되었다. 그 결과 아메리테크의 직원 수는 6만 6,000명에서 4만 5,000명으로 줄어들었다. 웨이스와 그의 자리를 두고 경쟁하던 4명의 후보자 덕분에 극적인 혁신이 이루어진 것이다.

이 무렵 4명의 후보자는 이 과정에서 미흡한 부분을 웨이스와 부회장 빌 스프링어에게 솔직히 토로했다. 과거 네 후보의 경쟁자였으며 웨이스와 스프링어의 절친한 동료이기도 했던 부회장 한 명과 사장 한 명을 해고하지 않으면 혁신의 참뜻이 회사에 제대로 전달되기 어려우리란 말이었다. 그래서 웨이스가 정말로 용기 있는 사람이라면 그 두 사람부터 해고해 변화 의지를 강력하게 설파해야 한다고 주장했다. 스프링어는 그 말에 공감했고 웨이스도 마찬가지였다. 두 사람은 결국 두 임원을 해고하며 혁신 의지를 회사 전체에 확산시켰다. 동시에 이 행동은 네 후보자도 회사에 더 많이 기여하지 못하면 같은 처지에 처할 것이라는 암묵적인 경고이기도 했다.

웨이스는 네 후보자에게 분명한 의사를 전달했다. "하지만 개인적인 경쟁심 때문에 동료를 배척하는 일은 용납할 수 없습니다. 그런 사람은 이 경쟁에서 곧바로 제외될 것입니다. 최고의 팀 플레이어만이 최고의 자리에 오를 자격이 있습니다." 누구도 완벽할 수는 없었기에 실제로 웨이스는 이 문제로 여러 명의 임원을 내쳤다. 노엘 티시는 웨이스가 언젠가 딕 노트바트를 따로 만나 팀 플레이어의 중요성에 대해 특별히 역설한 적이 있다고 기억한다.

웨이스는 노트바트 외에도 3명의 후보자와 주기적으로 독대해 이들의 이야기를 귀담아들었다. 또 자신뿐 아니라 이사회 임원들에게도 주기적으로 이들을 만날 기회를 만들어 주곤 했다. 이듬해에 접어들어 웨이스는 마음을 굳혔다. 딕 노트바트를 CEO로 결정한 것이다. 그리고 딕 브라운을 부회장으로 선임했으며 나머지 두 사람은 아메리테크를 떠나게 했다.

웨이스는 혁신과 새 리더의 필요성을 감지하고 규명했다. 그리고 혁신과 CEO 승계 프로세스를 동시에 구체화하고 명칭도 만들었다. 여유는 많지 않았고, 가능한 빨리 두 가지를 모두 해결해야 했다. 그래서 4명의 리더와 120명의 임원으로 혁신 프로세스를 창안한 것이 동원과 가동 단계였다. 이 모든 준비 단계에서 웨이스는 각 팀에 한 가지씩 모두 네 가지 분야의 임무를 맡긴 뒤 실행하도록 했다. 아울러 판단의 준비 단계에서 사용된 원칙과 프로세스는 이 전략의 실행 과정에도 그대로 적용되었다.

웨이스는 준비 단계에서 충분한 정보를 획득했으므로 누가 아메리테크의 CEO로 적합한지 판단할 수 있었다. 그리하여 브레이커스

호텔에서의 만남 이후 2년 만에 딕 노트바트가 아메리테크의 CEO 자리에 올랐다. 노트바트는 확실한 전략으로 아메리테크를 이끌 혁신 리더의 이미지로 비쳤을 뿐 아니라 신실과 팀 중심, 리더십 계발 등 웨이스와 이사회에서 중요하게 여겼던 가치관도 포용했다. 또한 자신과 회사 전체를 혁신으로 이끌 방법을 정확히 알고 있었다. 그가 CEO에 취임했을 때만 해도 아메리테크의 시가총액은 200억 달러에 불과했지만 SBC에 매각할 무렵의 가치는 700억 달러로 향상되었다.

CEO 승계 사례에서 얻은 교훈

지금까지 소개한 사례들의 핵심은 역시 인물 판단의 중요성이다. 존스나 웰치, 웨이스 모두 판단 프로세스를 설계해 성공적으로 차기 CEO를 선택했다. 여기서 얻은 교훈을 정리하면 다음과 같다.

첫째, 중요 인물의 교체 필요성을 인식하라(감지와 규명)

중요 인물을 판단하는 원칙 있는 프로세스를 구축하려면 많은 시간이 필요하다. 존스는 10년의 시간을 투자했다. 웰치도 새로운 리더십 파이프라인과 승계 프로세스를 만드는 데 15년을 씨름했다. 웨이스는 두 사람보다 늦게 이 게임에 뛰어든 데다 세상이 변하고 있다는 것을 인식한 지 불과 3년 만에 이 작업에 착수했으므로 충분한 후보군을 확보하기가 어려웠다. 이처럼 판단 프로세스에서 매우 중요한 것 중 하나가 바로 타이밍이다.

둘째, 미래를 들여다보고 리더의 요건을 구체화하라(구체화와 명명)

잭 웰치는 GE의 모든 리더를 위한 기준을 확립했다. "제가 CEO에 올랐던 과정은 생각지 마세요. 좋은 생각이 아닙니다. 세상이 변하듯 GE도 그에 맞춰 변해 왔으며 앞으로도 그럴 것입니다. 따라서 미래에 무엇을 해야 할지 생각해야 합니다." 미래를 위한 리더십 파이프라인을 계발하고자 구체화와 명명 단계를 실행하는 일이 말처럼 쉽지는 않다. 많은 시간이 필요할뿐더러 단기간에 처리하려다가는 미래를 구체화하는 일 자체가 잘못될 가능성이 높기 때문이다.

HP는 두 번 연속으로 내부에서 CEO 후보를 확보하는 데 실패했으며, 그 때문에 피오리나라는 잘못된 선택을 했다. 피오리나를 선택하는 과정에서는 이사회가 구체화와 명명 단계에서 오판을 했다. 그때 이사회가 HP를 혁신하는 데 필요한 자질을 구체적으로 정리했다면 아마도 피오리나에게 그런 자질이 없다는 사실을 일찌감치 깨달았을 것이다. 반면에 그녀의 뒤를 이어 또다시 외부에서 영입한 허드는 기술 부문의 실질적인 경험을 보유한 CEO라는 점에서 탁월한 선택이었다.

3M도 GE에서 영입한 짐 맥너니가 2005년에 보잉으로 떠나자 다시 외부에서 CEO를 물색할 수밖에 없었다. 이처럼 내부의 CEO 후보군이 충분하지 못한 이유는 기업의 성공에 절대적인 승계 판단 프로세스를 구체화하고 명명하는 과정에 문제가 있기 때문이다. 이 단계는 CEO 교체의 필요성을 인식하기 오래전부터 진지하고 구체적으로 진행해야 한다.

셋째, '바람직한' 판단을 위해 사회인맥을 활용하라(동원과 가동)

웨이스는 4명의 후보자를 시험하는 동시에 CEO를 중심으로 협조적인 체계를 갖추고자 120명의 고위직 인사를 적극 활용했다. 이렇게 해서 딕 노트바트가 새 리더로 부상하자 다른 모든 임원은 그를 존중하고 지지했다. 웰치도 후보자들과 관련된 회의에 이사회를 동원해 깊이 있는 검토와 토론을 수행하도록 했다. 이 단계에서 실제로 갈등을 누그러뜨리고 생산적인 대화를 유도하려면 일회성이 아닌 지속적이고 원칙 있는 프로세스를 정립해야 한다. 앨런 래플리도 재실행 회로를 통해 이 단계를 짧게 반복하는 식으로 문제를 수정했으며, 결국 뎁 헨레타라는 현명한 대안에 이르렀다.

넷째, 프로세스의 투명성과 공정한 결정을 보장하라(결정)

래플리의 첫 판단은 두말할 것 없이 실패였다. 그의 경영진은 이 프로세스가 투명하지도 공정하지도 못하다고 생각했다. 그래서 래플리는 경영진과의 대화를 통해 자신은 합리적이고 옳은 소리에 귀를 기울일 것이며, 설령 그로 말미암아 자신의 생각을 바꿔야 한다면 기꺼이 그럴 것이라고 강조했다. 그 덕분에 래플리는 실행을 위한 임원들의 협력을 얻을 수 있었다. 이 점에서는 웰치도 마찬가지였다. 그는 판단 효과를 극대화하는 데 이사회뿐 아니라 단계별 리더, 언론, 그 밖에 모든 이해관계자의 조화를 이끌어 냈다.

다섯째, 현실로 만들라(실행)

잭 웰치의 현명함이 빛을 발한 순간이었다. 이멜트가 낙점된 사실을 본인에게 알려 그에 대한 존중 의사를 표현했고, 그를 선택한 이유에 대해 모든 관계자에게 설명했다. 탈락한 후보자들에게도 예의를 갖췄다. 자신이 움직인다는 사실을 감추려고 비행기 하나를 빌려 이동했는데, GE의 차기 CEO에 관심이 많았던 언론이 웰치의 움직임 하나하나를 예의주시하고 있었기 때문이다. 이런 분위기에서 웰치는 탈락한 두 후보자가 주변에서 엉뚱한 소문을 듣기 전에 자신이 먼저 정확한 사실을 예의를 갖춰 설명하고 싶었다. 그래서 비행기를 타고 뉴욕 주의 나델리를 직접 찾아가 그의 훌륭함을 인정한 뒤 자신과 이사회가 이멜트를 선택한 사실을 알렸다. 감성적으로 쉽지 않은 일이었지만 실행 과정에서 반드시 필요한 단계이기도 했다. 나델리를 만난 뒤에는 곧바로 신시내티 주에서 항공기 엔진 부문을 맡고 있던 맥너니를 찾아가 다시 상황을 설명했다.

여섯째, 리더의 성공을 돕기 위해 계속 지원하라(학습과 수정)

이멜트가 취임한 뒤에도 웰치는 1년 동안 CEO의 역할을 도왔다. 한 예로 웰치는 당시 유혹적인 카드였던 허니웰 인수를 두고 고민을 거듭했다. 결국은 포기했지만 이 문제로 그는 이멜트의 취임 후 6개월여를 더 끌며 고민했다. GE라는 거대한 회사를 통째로 맡은 이멜트는 모든 사업부를 관리하느라 첫 6개월간은 악몽 같은 나날을 보내야 했을 것이다. 이때 웰치는 그에게 더없이 소중한 스승이었다.

웨이스도 딕 노트바트가 취임하고 나서 웰치와 똑같이 신임 CEO의 조언자 역할을 했다.

올바른 인물 판단을 위해서는 확고한 원칙뿐 아니라 시간과 관심, 그리고 건설적인 갈등이 필요하다.

또한 판단은 조직의 미래 성공을 위해 구축한 스토리라인을 바탕으로 이루어져야 한다. 앞에서 예로 든 머크는 이 스토리라인이 없었던 탓에 리더를 찾아 헤매야 했다. 반면에 웨이스는 새로운 전략 판단과 CEO 승계를 병행해 순리대로 풀어나갔다. GE의 잭 웰치도 오랫동안 구축한 계획에 따라 제프 이멜트를 새 리더로 선택했다.

새로운 CEO를 선택하기 위해 순간적인 판단에 따라 움직이는 회사들이 있다. 그러나 CEO 승계 문제는 어제나 오늘이 아니라 미래의 세상을 내다보고 지속적인 프로세스에 따라 결정해야 한다는 점을 잊어서는 안 된다.

Chapter 7
전략 판단

- 전략 판단은 지속적으로 진화한다.
  - 총체적 스토리라인은 다양한 하위 스토리의 토대다.
  - 모든 전략적 행동은 다음 판단의 방향을 제시한다.
- 리더는 자신만의 전략을 계발해야 한다.
  - 관료주의적 '기획자'에게 결정을 위임해서는 안 된다.
  - 계속해서 재검토하고 업데이트해야 한다.
- 전략적 사고는 논리와 직감의 혼합물이다.
  - 리더는 의문과 해답을 구체화할 수 있어야 한다.
  - 타인의 실행을 북돋우기 위해 자신의 감성 에너지를 활용할 수 있어야 한다.

GE의 경영권을 물려받은 2001년 오늘, 나는 전임 CEO께서 만든 GE의 모습을 바라보고 있습니다. 빠르게 움직이며 어느 곳보다 자율적이고 군살도 없는 회사지만, 이곳에 필요하다고 여기는 열정과 분위기에는 아직 부족하다고 느낍니다. 이것이 내가 GE에서 하고 싶은 일이고 앞으로 20년간 만들어 가고 싶은 모습입니다. 그리고 내가 이곳을 떠날 때 바라는 모습이기도 합니다. 전임 CEO께서는 위대한 역할을 통해 GE를 크고 존경받는 그리고 소중한 회사로 일구었고, 그 사실은 내가 퇴임할 무렵에도 변함없을 겁니다. 이제 우리는 그 바탕 위에서 GE를 이 사회와 우리 자신 그리고 모든 사람에게 더 영향력 있는 회사로 키워나가야 합니다.

-GE의 CEO 제프 이멜트와의 인터뷰, 2001년 10월

2001년 9월, 잭 웰치한테서 GE의 지휘권을 물려받은 제프 이멜

트는 GE에도 약간의 변화가 필요하다고 판단했다. 당시 GE는 세계에서 가장 가치 있고 경쟁력 있는 기업이었다. 웰치가 이끈 20년간 GE는 시장 평균을 압도하는 급격한 성장을 이루었으며 시장가치도 4,000억 달러를 돌파했다(웰치가 CEO가 되었을 때의 시장가치는 130억 달러였으나 퇴임할 무렵인 2001년 9월에는 4,000억 달러를 넘어섰다). 각종 설비와 산업용 장비 제조회사로서 미국의 국내총생산GDP 성장률과 발걸음을 맞춰 성장한 GE는 이후 하이테크 산업과 금융 서비스로 비즈니스 분야를 확장하면서 성장을 가속화했다. 퇴임을 앞둔 웰치는 GE의 수익 기반을 다시금 탄탄히 다졌을 뿐 아니라, CEO 선택 과정에서 이멜트의 지지자가 되기 어렵다고 판단한 고위직 인사들도 모두 청소했다. 덕분에 GE는 잭 웰치가 물러나는 순간부터 이미 새로운 도약을 위한 첫걸음을 서서히 떼고 있었다.

지금껏 만족할 만한 성과를 거둬 온 GE지만 제프 이멜트는 또 한 번의 커다란 변화를 완성하는 것이 자신의 임무라고 생각했다. 그저 주변을 새로이 정돈하고 기존의 경영 모델을 개선하는 데만 주력한다면 현재의 영광을 오래도록 이어 나가기 어려울 것이라고 판단했다. 잭 웰치는 분명 뛰어난 리더지만 그의 성공은 자신의 표현대로 '변화를 즐긴' 덕분이었다. GE에서 성장한 이멜트는 그런 웰치의 지도를 받아 왔다. CEO가 될 수 있었던 것도 그가 성공적인 '변화의 주역Change Agent'이었기 때문이다. 언젠가 이멜트가 미시간 대학 MBA 학생들에게 했던 강연의 한 대목이다. "위대한 리더는 변화를 주도합니다. GE 사람들에게도 늘 이런 말을 합니다. 우리에게는 응집력이 있으므로 모든 사람의 생각이 하나로 모아지면 그때는 굳이 나 같은 사람도 필요 없습니다. 리더는 변화를 주도하는 사람입니다. 변화를 이끄는 것, 그것이 나의 일입니다."[1]

CEO로 공식 취임하기 몇 주 전, 그는 앞으로 이끌어야 할 변화에 대해 깊이 고민했다. "여전히 기반이 탄탄하고, 현금도 넉넉하며, 모든 사업부가 흑자를 내는 그런 회사를 물려받았습니다." 그 무렵 〈뉴욕타임스〉와의 인터뷰에서 그가 한 말이다. 그리고 다른 언론사 기자와 만났을 때는 이런 말도 했다. "5년 뒤의 포트폴리오가 지금과 다르지 않겠느냐고 묻는다면, 나는 그럴 것이라고 자신 있게 대답할 것입니다. 그렇다면 당장 오늘이라도 기자회견을 자청해서 포트폴리오 변경에 대한 큰 그림을 공식적으로 설명해야 하지 않을까요? 하지만 그럴 필요는 없다고 봅니다. 지금 우리 회사는 모든 사업부가 원활히 움직이고 있으며 현금도 충분합니다. 여유가 충분하므로 공격적이되 서두르지 말고 합리적으로 포트폴리오를 점검해 필요한 부분만 바꾸면 됩니다."[2]

그로부터 몇 주 뒤인 2001년 10월에 우리는 제프 이멜트를 만났다. 그때도 그는 앞으로 GE를 어디로 어떻게 이끌지에 대해 구체적인 계획을 세우지 않았다. 하지만 세상이 빠르게 변하고 있는 만큼 그도 GE를 21세기형 기업으로 키우려는 포괄적 스토리라인의 바탕이 되는 TPOV에 조금씩 다가서고 있었다. 이멜트가 가진 TPOV의 핵심은 '위대한 기업만으로는 부족하다'는 것이었다. GE에는 비즈니스 영역에 속하는 세상의 모든 사회와 지역사회로 이익을 환원한다는 유산이 전해 내려오고 있다. 따라서 이멜트는 이 역할을 강화해 다국적 기업시민의식을 구축한다는 전략적 판단에 초점을 맞췄다.

2001년 9월 7일, 제프 이멜트가 GE의 회장이자 CEO로 공식 취임했다. 그리고 4주 뒤에 테러리스트들이 미국을 공격했다. 세계 경제와 지정학적 향방에 대한 모든 가정과 예상이 불과 몇 시간 만에 허물어지고 모든 것이 의문 속으로 빠져들었다. 사람들의 삶과 인간관계에 대한 관점도 느닷없는 시련 속에 내던져졌다. 제프 이멜트는 GE를 바꾸는 것이 자신의 임무라는 걸 잘 알고 있었고, 9·11 사태는 그의 생각을 더욱 확고히 다져 주었다. "나는 9월 7일에 취임했고 그로부터 나흘 뒤인 11일에 참담한 비극이 벌어졌습니다. 그 현장에서 나도 친구들을 잃었습니다. 그 슬픔은 말로 표현할 수 없을 정도입니다. 그러나 비즈니스 관점에서 보면, 내가 회장에 취임한 지 불과 나흘 만에 우리가 만든 엔진을 장착한 비행기가 우리와 보험계약을 체결한 건물을 향해 돌진했습니다. 그날의 사건은 앞으로 내가 해야 할 일에 대해 다시금 확신하게 했습니다."

9·11 사태가 터지기 전, 이멜트가 생각한 여러 구상 중 하나는 GE에 인간미를 더 가미하겠다는 것이었다. "우리에게는 훌륭한 인재가 많이 있지만 이들 대부분이 오로지 주가를 끌어올리는 데만 자신의 가치를 투자하고 있다는 생각이 들었습니다. 결과와 상관없이 새로운 시장에 뛰어드는 사람은 정신적 즐거움을 느낄 수 있습니다. 일을 향한 열정이 되살아나고, 함께 일하는 사람을 향한 애정도 되살

아나지요. 그리고 아침도 더 활기차게 시작할 수 있습니다. 내가 말하고 싶은 건 주가가 도저히 회복될 기미가 보이지 않을 때는 새로운 리더들을 찾게 마련이라는 것입니다. 그것도 물론 중요한 일이지요. 하지만 리더를 바꾸는 것 못지않게 중요한 일은 직원들이 첫 출근했을 때의 기억을 되짚어 의욕을 되살리도록 해주는 것입니다."

GE를 이끌 방향에 대해 고민하던 2001년 10월에 우리와 만났던 이멜트는 이렇게 덧붙였다. "요즘 내 머릿속에는 또 한 가지 생각이 자리하고 있습니다. 직원들이 자신의 안전에 대해 우려하고 있는데도 관리자가 이들을 거칠게 다루는 것은 옳지 않습니다. 아시다시피 현장에는 지금도 그런 관리자들이 있습니다. 쫓아내야 할 사람들이죠. 그 사실에 대해 누구도 함부로 말하지 못합니다. 하지만 언제 자신에게 탄저균이 든 봉투를 내밀지 모르는 사람과 협력하며 일하라는 것은 정말 말도 안 되는 소리지요."

우리가 이멜트를 그의 집무실에서 만났던 날은 NBC의 몇몇 관계자가 익명의 사람으로부터 실제로 탄저균 봉투를 받아든 바로 그날이었다. "중요한 것은 이곳이 사람을 우선하고 존중으로 대하는 그런 회사여야 한다는 사실입니다. 사람으로부터 시작해야 합니다. 사람이 중심입니다. 지역사회도 비슷한 맥락이지요."

제프 이멜트가 아닌 다른 사람이 이런 말을 했다면 무척이나 상투적인 소리로 들렸을 것이다. 하지만 잭 웰치의 뒤를 이어 GE의 CEO로 임명된 사람이 회사나 비즈니스의 성공과 전혀 상관없는 일에 이렇게 마음을 쓸 겨를이 있을까? 다음은 그가 우리에게 전한 말이다.

"이것이 모두 내 생활입니다. 이 회사는 내가 생각하는 전부이자 내 존재이기도 합니다." 그래서 이멜트는 취임 직후부터 전 세계의 지역사회와 그 속에서 GE의 역할을 강조하는 전략을 세웠다. 낙후된 국가의 발전을 돕는 인프라를 구축하고, 선진국에서든 개발도상국에서든 환경 친화적인 제품을 개발하고, 의료 분야에 투자하는 것 등이 GE 경영 모델의 한 축을 이루게 된 것도 이런 이유에서다.

리더는 스토리라인의 성공을 위해서 끊임없이 전략을 계발해야 한다. 전략이 '아하!' 하고 바로 명쾌하게 드러나는 것은 아니다. 이멜트가 CEO 역할을 처음 맡았을 때도 그랬듯이 전략이란 안개 속에서 시작되어 차츰 모습을 드러내는 이야기와 같다. 반복적인 수정을 거치고 나서야 비로소 그 실체가 조금씩 명확하게 드러나기 때문이다. 대규모 인수나 매각, R&D 투자 결정 등은 그 회사의 미래 지위와 위상에 큰 영향을 미친다. 이런 판단과 결정은 스토리라인을 표현한 것일 뿐 아니라 미래의 모습을 형상화한다.

GE 포트폴리오에서는 총체적 스토리라인이 다양한 하위 스토리의 토대를 형성한다. 한 예로 이멜트가 GE 헬스케어를 통해 아머샴을 약 100억 달러에 인수하도록 승인한 것은 앞으로 개인의료 부문의 성장이 계속될 것을 염두에 두고 GE의 의료 부문을 확장한다는 스토리라인에 따른 것이다. 따라서 그는 자신의 구상에 부합하는 회사를 계속 인수하는 방식으로 스토리라인을 실현했다. 인수한 회사들은 새롭고 창의적인 방식으로 리모델링해 미래의 교두보로 삼았다. 이처럼 이멜트와 같은 리더들은 반복적인 판단을 통해 스토리라인을 실현하고, 또 수정을 통해 미래의 스토리라인을 재구성하는 방식으로 혁신을 완성한다.

이멜트는 전략 판단이 사람 선택과 위기관리 못지않게 자신에게 주어진 중요한 역할이라고 말한다. 전략은 물론 성공을 위해 존재하지만 지금처럼 급변하는 세상에서는 전략의 '공식화'가 무엇보다 중요하다. 2004년 경영학도들과의 대화에서 이멜트는 이렇게 말했다. "전략과 관련해 최근에는 업종 선택의 중요성이 부각되고 있습니다. 여러분이 GE의 회장이라면 요즘 세상에서 정말로 많이 고민해야 할 것이 바로 업종 선택입니다. 의료산업에 투자할 것인지 아니면 오락산업을 선택할 것인지 결정해야 합니다. 우리 GE에는 새로운 사업부를 만드는 분명한 기준이 있습니다. 요즘 같은 환경에서 전략에 문제가 있으면 실행과 운영이 아무리 훌륭하더라도 사업부를 제대로 이끌 수 없습니다. 따라서 어떤 업종이 적합하고 어떤 경영 모델이 바람직한지 깊이 고민해야 합니다. 지금은 그 어느 때보다 전략이 중요한 세상입니다."[3]

지난 30여 년을 돌이켜 볼 때 제프 이멜트와 앨런 래플리, 짐 맥너니 등 이 책에서 소개하는 유능한 CEO들이 유명 학자나 컨설턴트들의 말에만 전적으로 의존했다면 지금과 같은 업적은 애초에 불가능했을 것이다.

전략 개념 되짚어 보기

지금까지 소개한 많은 리더가 하나같이 경영대학원 교수나 컨설턴트들이 창안한 지극히 단순하고 합리적인 전략 모델들에 대해 참으로 보잘것없다고 입을 모았다. 이런 모델은 요리책에서 설명하는 획일적인 조리법에 지나지 않는다. 그들이 전략 수립에 활용하는 기본 공식은 대체로 이렇게 나뉜다.

- 1단계 : 상황적 위험과 기회를 바라본다.
- 2단계 : 자기 내면의 강점과 약점을 바라본다.
- 3단계 : 성공할 수 있는 제품과 서비스를 찾아낸다.

그리고 단계별로 현실적으로 적용할 수 있는 하위 단계와 분석 모델 또는 방법론이 있다. 하지만 모두 상식적인 수준에 머물 뿐, 현실에서는 별로 도움이 되지 않는 내용이다.

이런 모델은 1960년대의 '과학적 관리Scientific Management' 주창자들한테서 나온 것으로 당시 GE도 이를 도입한 바 있다. 잭 웰치가 CEO로 취임했던 1981년만 하더라도 GE에서 전략 계획Strategic Planning을 담당하는 사람의 수가 200명에 육박했다. 이들은 복잡한 컴퓨터 리모델링 작업을 거쳐 PIMS(Profit Impact of Market Strategy, GE의 시드니 쇼플러와 동료들이 1960년대에 개발한 모델)라는 방대한 데이터베이스를 구축했다. 이 데이터베이스는 곧바로 경영대학원 교수들을 매료시켜 MBA 학생들에게 전략 판단을 가르치는 방법론의 하나로 활용되었다. 유명한 캐시카우Cash Cow, 도그Dog, 스타Stars, 퀘스천마크Question Marks가 2×2 구조를 이루며 시장점유율과 시장성장률 예상치를 묘사하는 매트릭스도 GE가 보스턴컨설팅그룹BCG의 도움으로 창안한 것이다. 뒤이어 매킨지의 도움으로 창안한 9개의 셀로 구성된 매트릭스에는 시장 호감도와 경쟁력이라는 두 가지 요소가 추가되었다.

1970년대와 80년대 초의 전략 서적이나 기사, 강의 내용 등을 살펴보면 당시의 경영대학원 교수들이 MBA 학생들에게 경영 전략을 가르치면서 마치 환상을 심어 준 듯한 느낌을 지울 수 없다. GE에서도 이런 모델을 활용해 경직되고 관료주의적인 전략을 만들었다. 하지만 웰치는 이런 식의 전략이 무가치하다고 생각했다. 아니, 오히려 리더십 역량을 갉아먹는다고 보았다. 웰치도 플라스틱 사업부를 이끌던 시절에는 매킨지의 도움을 받아 가죽 장정의 멋진 전략 계획서를 작성해 본사 임원들과 CEO에게 제출한 적이 있다. 그러나 이런 책자는 현실과 동떨어진 쓰레기에 지나지 않았다. 그 후로 웰치는 경영진이나 고객, 협력회사 등과 비공식적이고 깊이 있는 대화를 나누고, 이를 바탕으로 전략을 판단했다. '실제 사람과 실제 직원'의 접촉을 통해서만 좋은 전략이 나올 수 있다는 의미였다.

웰치가 취임하던 무렵만 해도 사업부 사장들이 CEO와 부회장에게 전략을 보고하는 모습은 대학의 보고회와 거의 흡사했다. 웰치가 사업부 사장들에게 질문을 던지면 그들은 전략 담당자에게 해답을 요구하곤 했다. 이는 한마디로 정신 나간 짓이었다. 전략을 제대로 파악해야 하는 사람은 참모들이 아니라 사업부 사장 자신이다. 이 모습을 한심하게 여긴 웰치는 몇 년 사이에 전략 기획자들을 모두 해고하고 사업부 사장들이 직접 전략을 판단하고 기획하도록 지시했다. 각 사업부와 관련된 자료를 수집해 분석하고 판단하기에 이르기까지 모든 과정을 사장들이 책임지고 진행하도록 한 것이다.

학자들 중에는 심리학 이론과 인간의 역량, 사회 역동성과 조직 의사결정 등의 한계를 비판하며 합리주의적 전략을 탐탁지 않게 여기는 사람도 있다. 아미타이 에치오니는 〈하버드비즈니스리뷰〉에 게재한 기사를 통해 합리주의적 접근법을 비판하기도 했다. 그가 지적한 내용은 다음과 같다.

> 심리학자들의 주장은 이렇다. 첫째, 인간의 의식은 복잡함을 견디지 못한다. 두뇌에 한계가 있어 한 번에 집중할 수 있는 대상의 범위는 여덟 가지에 불과하다. 둘째, 개연성을 추정하는 능력, 특히 대부분의 의사결정에 꼭 필요한 두세 가지 이상의 개연성을 포괄적으로 처리하는 능력이 떨어진다. 셋째, 인간은 배우는 속도가 느리므로 같은 실수를 여러 번 반복한다. 넷째, 인간은 감성에 쉽게 휩쓸려 스스로 장해물을 만드는 경향이 있다. 특히 두려움이 클수록 감성이 크게 작용한다.[4]

이 모든 것이 판단력에 영향을 미쳐 결국 원치 않던 결과로 이어진다. 리더가 완벽하게 합리적인 존재일 수 없다는 점 외에도 판단에 따른 사회 분위기 때문에 판단 프로세스가 엉뚱하게 흐르기도 한다.

어빙 재니스는 사회 분위기의 폐해가 고스란히 드러나는 것의 하나로 '집단사고'를 꼽으면서 잘못된 정치역학으로 현명한 사람들의 판단이 크게 왜곡될 수 있다고 지적했다. 케네디 대통령의 피그스 만 침공 사건과 쿠바 미사일 위기 해결 사건은 사회적 역동성에 따라 전략 판단이 어떻게 달라지는지를 극명하게 보여 준다. 재니스는 그릇된 판단이 인간의 문제에서 비롯된다고 주장한다. "첫째는 방어적 기피(판단을 무작정 보류), 둘째는 과민반응(두려움을 회피하려는 충동적 판단), 셋째는 과잉경계(판단에 앞서 정보 수집에 집착)이다. 그리고 판단을 어렵게 하는 또 하나는 정치적 요소다. 중요한 결정에는 정치적 요소가 따르게 마련인데, 사람들의 이해관계가 제각기 다르기 때문이다. 따라서 올바른 의사결정 전략을 수립하려면 서로 다른 인성과 관점, 책임과 권력의 조화가 전제되어야 한다."[5]

전통적으로 학계에서는 전략을 '정치적 흥정'으로 바라보는 경향이 있다. 경험적 현실과 동떨어져 있다는 뜻이다.[6] 하지만 전략 판단이 MBA나 컨설턴트들이 주장하는 합리주의적 프로세스와 거리가 있는 것은 사실이지만, 그렇다고 완전히 직관적이거나 정치적인 흥정이라고도 할 수 없다.

따라서 바람직한 전략 판단은 조화에서 비롯된다. 리더는 기회를 포착하고 조직의 역량을 판단하며, 주요 인사들을 동원하고 가동해 현명하게 판단하고 실행해야 한다. 모든 현명한 판단이 그렇듯이 전략 판단에도 일정한 프로세스가 존재한다. 준비 단계와 결정 단계, 실행 단계가 그것이다.

아미타이 에치오니는 판단에 대한 관점이 우리와 매우 흡사하다. 그는 판단 과정을 '혼합주사모형Mixed Scanning Model'이라고 명명했다.

그리고 이 모형은 두 가지 판단 환경과 관련된다고 말한다. 첫째는 조직의 기본 정책과 방향에 대한 폭넓고 근본적인 선택이다(한 예로 잭 웰치는 '고치거나Fix' '문을 닫거나Close' '매각하는Sell' 방식으로 GE의 모든 사업부를 업계 1위 또는 2위로 만드는 전략을 구사했다. 이것은 GE의 미래를 내다보고 만든 잭 웰치의 살아 있는 스토리라인이며 우리가 말하는 TPOV이기도 하다). 그리고 둘째는 스토리라인을 실행하고 실현하려는 점증적 전략 판단이다.[7]

합리주의는 우리가 원하는 것은 모두 배울 수 있다는 지극히 낙관적인 접근법이다. 반면에 혼합주사란 정말로 합리적인 판단을 위해서는 인간의 학습 능력에 한계가 있는 것을 인정해야 한다는 적응전략Adaptive Strategy을 의미한다. 따라서 혼합주사는 부분적으로 획득한 지식을 최대한 활용하는 방법을 추구한다. 이 모형은 주로 의료 분야에서 적용되며, 조직의 리더들이 현명하게 전략을 판단하는 데도 이와 유사한 방법을 활용한다. 혼합주사모형이 제 효과를 발휘하려면 기본 TPOV가 전제되어야 한다. 의료 분야의 기본 TPOV에는 생리학과 질병과 치료 등에 관련된 확실한 개념, 가치관(환자를 대하는 마음가짐), 감성 에너지(환자와 그 가족, 관련된 다른 치료자들의 의욕을 북돋우는 힘) 등이 포함된다. 유능한 의사는 아무리 심각한 환자를 만나더라도 그를 위한 스토리라인, 즉 앞으로 그 환자를 어떻게 치유하도록 할 것인지에 대한 미래의 시나리오를 구축한다. 혼합주사모형이 의학적 판단의 길잡이 역할을 하는 것이다.

조직의 리더도 이와 마찬가지다. 첫째, TPOV가 기초 개념이다.

둘째, 스토리라인은 미래에 이르는 경로다. 셋째, 이 바탕 위에서 현명한 판단이 가능하며 이는 에치오니의 '혼합주사모형'과 유사하다.

의사들의 혼합주사모형

의사들은 신체의 어느 부분에 집중해 어떤 결과를 만들어야 하는지 잘 알고 있다. 합리주의자들과 달리 의사들은 예비 진단을 바탕으로 모든 자원을 쏟아붓는 일은 없으며, 그렇다고 해서 환자의 병력과 의학적 자료가 완벽하게 확보될 때까지 마냥 치료를 미루지도 않는다. 의사들은 환자의 건강 상태를 전반적으로 살펴본 뒤 특별히 불편하다고 호소하는 부분에 집중한다. 그래서 첫 번째 시험 치료 후에도 증상이 호전되지 않으면 다른 방법을 시도한다.

- 시행착오에 집중(부분적 지식 활용) : 어디서부터 시작해야 하는지 살펴본 다음에 결과를 봐 가며 수정하고 조정한다. 아무런 지식도 없이 무작정 시행착오를 강행하는 것은 아니다. 정보가 부족한 상황에서도 효과적으로 대처한다. 합리주의가 아닌 적응 전략을 추구한다.
- 시험 적용 : 필요한 경우 방향을 전환한다. 의사들은 환자에게 일정 기간 약물을 복용하도록 한 다음에 그 결과를 보고 치료 방법을 조정한다. 늘 결과가 좋을 것이라고 자만해서는 안 된다 (잭 웰치도 결과가 예상과 다를 때는 방향을 전환했다).
- 지연 : 확실한 근거와 충분한 정보, 새로운 대안이 나타나기 전

까지는 승인을 보류한다. 간혹 문제를 해결하지 못한 채 손을 뗄 수도 있다.
- 시차적 결정 : 지연의 한 형태. 연방준비제도이사회는 금리를 단계적으로 조정한다.
- 분할 : 중요한 결정을 여러 개의 하위 결정으로 나눈다. 조직은 지연과 분할을 통해 추가로 확보한 정보를 바탕으로 의사결정을 전환할 수도 있다.
- 위험 분산 : 포트폴리오를 다각화한다.
- 전략적 유보 : 또 하나의 위험 분산 방식으로, 예상치 못한 기회가 찾아왔을 때 투입할 자원을 충당하기 위해 유보한다.
- 취소 가능한 결정 : 정보가 충분하지 못한 상황에서 과도한 집중을 피할 수 있다.[8]

다섯 기업의 리더십과 전략 판단

이제부터는 실제 리더들이 내린 현명한 판단과 그릇된 판단의 사례를 살펴볼 것이다. 아울러 리더들이 준비와 결정, 실행의 세 단계를 어떻게 처리하는지에 대해서도 알아본다. 첫 번째 사례는 마이클 델이다. 델컴퓨터의 새 전략을 수립해야 하는 시기에도 머뭇거린 탓에 회사는 위기에 빠졌으며, CEO 케빈 롤린스는 쫓겨나듯 사임하고 말았다. 다음은 브래드 앤더슨으로 그는 베스트바이를 제품 중심적 회사에서 고객 중심적 회사로 탈바꿈시킨다는 전략을 수립하고, 이를 뒷받침하는 데 경영진과 개인 인맥을 적극 활용했다. 세 번째 얌!

[도표 7.1] 리더십 판단 프로세스

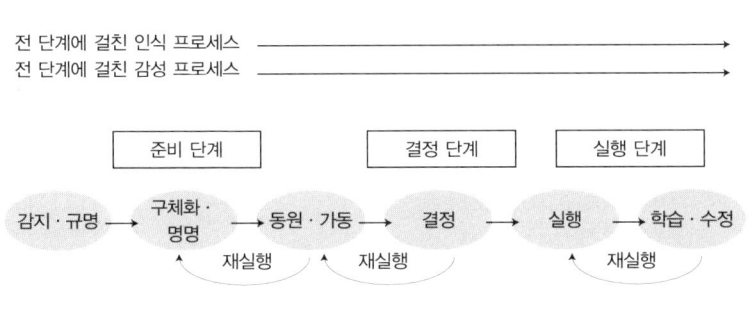

브랜드의 CEO 데이비드 노박은 KFC나 타코벨, 피자헛, 롱존실버, A&W 등의 멀티브랜딩 전략을 폈다. 즉 매장 한쪽에 타코벨을, 다른 한쪽에는 KFC나 피자헛 등의 코너를 설치하는 식이었다. 한편 보잉의 짐 맥너니는 보잉에 전해 내려온 전략을 바꾸지 않는 대신에 실행을 강화하는 방향으로 전략적 결정을 내렸다. 캐터필러의 짐 오언스도 맥너니와 동일한 전략을 구사했다.

다음 장에서는 GE의 제프 이멜트가 이끈 복잡하고 역동적인 전략 변화에 대해 자세히 살펴볼 것이다. 이멜트의 전략 판단이 갈채를 받을 수 있었던 것은 GE의 사업 범위가 지구상에서 가장 넓다는 점이 결정적 요인이었다. GE는 소매금융에서 상업금융, 제트 엔진, 의료 장비, 발전 장비, TV, 영화, 테마파크, 전구, 냉장고 등 매우 다양한 포트폴리오를 운영하고 있다. 이멜트는 GE를 위한 TPOV를 바탕으로 지난 5년간의 스토리라인을 구축하고 전략을 수립했으며, 그 결과를 치솟은 주가로 입증했다. 그의 전략은 지금도 진행되고 있다.

- 델컴퓨터의 판단 : 변화의 필요성을 감지·규명하는 것이 늦었지만 새로운 전략 수립에 착수했다.
- 베스트바이의 판단 : 고객 중심 전략의 준비 단계에 많은 리더가 참여하도록 했다.
- 얌! 브랜드의 판단 : 멀티브랜딩 전략이 처음부터 리더들의 동원·가동을 이끌어 낸 것은 아니었다.
- 보잉의 판단 : 보잉의 기존 전략을 유지하는 것이 맥너니의 전략적 판단이었다.
- 캐터필러의 판단 : 짐 오언스는 전략 판단에만 몇 년을 투자했다.

델컴퓨터 : 위기 속에서 새로운 전략 수립

그릇된 전략은 회사의 주가를 주저앉게 할 뿐 아니라 CEO의 자리마저 위태롭게 한다. 대표적인 사례가 델컴퓨터다. 2007년 초, 심각한 위기에 봉착한 델컴퓨터의 마이클 델과 이사회는 델 자신이 직접 선발해 5년간 지원을 아끼지 않은 CEO 케빈 롤린스를 해고해야 하는 압력에 직면했다. 델은 경쟁회사인 HP가 새로운 전략으로 경쟁력을 강화하고 있는데도 전략을 신속하게 수립하지 않은 롤린스를 비난했다. HP의 주가가 90퍼센트나 급등하는 사이에 델컴퓨터의 주가는 전략적 오판을 한 것 때문에 45퍼센트나 곤두박질쳤다. 델과 롤린스 모두 고객과 경쟁회사를 잘못 파악하고 있었던 것이다. 위기가 심각해지자 델은 핵심 경영자 몇 명을 해고하고 새로운 인물들로 수혈한 뒤 회사의 면모를 일신하려는 전략 수립에 돌입했다. 변화의 과제는 전적으로 마이클 델의 두 어깨에 달려 있었다(이 부분은 스티브 잡스와는 많이 달랐다. 애플의 창업자 스티브 잡스는 7년간 애플을 떠났다가 복귀했으므로 그동안의 의사결정에 대해서는 전혀 책임질 이유가 없었다. 따라서 애플에서 대대적이고 성공적으로 혁신 전략을 수립하는 데 한결 부담이 적었다). 델이 어떤 판단을 하든 그 책임은 자신에게 있었다. 전략적 오판이라도 하게 되면 자신의 경력뿐 아니라 회사에도 치명적인 오점을 남길 터였다. 따라서 HP 등 경쟁회사에 맞서 성공적인 전략을 수립하려면 고도의 판단력이 필요했다.

현명한 판단은 그 판단의 필요성을 감지하고 규명하는 데서 출발한다. 마이클 델은 경쟁이 생각보다 빠르고 치열하게 전개되고 있다는 사실을 깨닫지 못했다. 판단 프로세스에서 델과 롤린스 모두 새 전략의 필요성을 감지하고 규명하는 데 실패한 것이다. HP도 한동안 고난의 길을 걸었지만 놀라운 속도로 회복하며 델컴퓨터를 따라잡았다. 그런 HP보다 앞서 나가려면 전략 판단의 구체화와 명명 단계가 필요했지만 델컴퓨터는 그 어느 것도 실행하지 못하면서 결국 위기에 빠진 것이다. 위기에서 허우적거리던 2007년 초, 델은 기본으로 돌아가 자신을 보좌하는 경영진을 새로이 구성하기로 결심했다. 이것이 전략적으로 현명한 판단인지 확인하려면 조금 더 시간이 필요하다. 그리고 새로운 TPOV를 발판으로 미래를 지향하는 새로운 스토리라인을 구축해 혁신에 주력해야 한다.

베스트바이 : 제품 중심 전략에서 고객 중심 전략으로

베스트바이는 소비가전 부문의 대중시장Mass-Market 소매회사로서 놀라운 성공을 거두어 왔다. 1,100여 곳의 매장과 인터넷 아울렛, 서비스 전문 긱 스쿼드(Geek Squad, 괴짜 부대)에 14만여 명의 직원을 보유한 베스트바이는 2007년을 기준으로 북아메리카에서 시장점유율 20퍼센트에 연매출 360억 달러를 기록했다. 대형 매장과 다양한 제품, 강력한 프로세스 통제 기능은 베스트바이를 미국 최대의 소비가전 판매회사로 만들었고, 뉴욕증권거래소NYSE의 주가도 우호적으로 화답했다.

그러나 5년 동안 전성기를 누리던 이 회사의 주가도 세상의 변화 앞에서는 어쩔 수가 없었다. 2002년 초, 디지털 장치들이 속속 등장하고 전자기기와 오락 사이의 접목이 이루어지면서 베스트바이는 새로이 떠오르는 경쟁회사들과 치열한 다툼을 벌여야 했다. 델컴퓨터와 월마트, 아마존 같은 거대 경쟁회사들의 목표는 한결같이 베스트바이의 점유율을 갉아먹는 것이었다. 2002년 신임 CEO로 임명된 브래드 앤더슨은 이듬해인 2003년 초에 베스트바이를 되살릴 획기적인 전략을 수립했다. 기존의 제품 중심적이며 매장마다 제품 종류와 운영 방침이 모두 동일한 획일적인 매장 환경에서 탈피해 고객을 배려하는 고객 중심적 소매회사로 거듭나기로 한 것이다. 회사의 가치관이 바뀌면서 각 매장도 시장에 맞춰 변화했다. 각 매장에서는 판매와 서비스, 제품 배치뿐 아니라 고객과의 관계를 관리하는 역할도 수행했다. 이는 브래드 앤더슨이 그동안의 제품 중심적 회사에서 고객 중심적 회사로 전략을 전환하고 영역별 리더들의 적극적인 참여를 이끌어 내면서 가능해진 일이었다.

준비 단계

베스트바이는 1966년 미네소타 주 세인트폴에 '사운드 오브 뮤직'이라는 매장 하나가 들어서면서 시작되었다. 1980년대에는 비디오와 가전제품을 비롯해 다양한 전자제품으로 취급 품목을 확장했으며, 1983년에 베스트바이라는 이름으로 바꾸었다. 1985년부터는 매장 규모를 약 4,200제곱미터로 확장하고 영업사원들도 두었다. 그리고 1990년대부터는 매장 수가 본격적으로 확대되어 해마다 60~70곳의 신규 매장이 들어섰다.

1990년대는 베스트바이의 규모와 직원의 수가 배 이상으로 늘어난 성장기였다. 당시에는 모든 매장의 경영 프로세스와 고용 프로그램, 실행 문화 등이 통일되어 있었고, 매장의 실적 역시 공식화된 평가표로 작성되었으므로 매장별 경쟁을 장려하는 문화가 자연스럽게 정착되었다.

그리고 2002년 초, 브래드 앤더슨이 CEO로 취임했다. 5년간 상승세였던 주가가 심상치 않게 움직이자 그는 새로운 전략의 필요성을 감지했다. 래리 셀던(Larry Selden, 《천사 고객과 악마 고객 Angel Customers and Demon Customers》의 공동 저자)과 노엘 티시 그리고 베스트바이의 경영진이 참석한 회의에서 앤더슨은 '고객 중심적 회사로 전환할 것'을 선언하며 구체적인 설명을 덧붙였다.[9] 그리고 그해 가을에

200여 명의 임원을 미네소타 주의 한 리조트로 소집해 협조를 구했다. 이 회의에서 앤더슨은 이번 전략이 단순히 일회성 사건이 아니라 회사의 문화를 고객에 맞춰 전면적으로 바꾸는 획기적인 계기가 될 것이라고 강조했다.

100여 명의 고위직 인사가 참여해 고객을 부문별로 세분화하고, 각 집단의 특성을 파악하고, 집단별 실행 계획을 수립하기까지 6개월 정도의 시간이 걸렸다. 동원과 가동 단계는 앤더슨을 포함한 최고경영진이 세분화된 팀별로 6~7명씩 배치되어 일상 업무 이외에 30~40퍼센트의 추가 시간을 할애하며 직접 이끌었다. 이들은 정보를 수집하고, 기존 혹은 과거의 고객들을 만나 인터뷰하고, 경쟁회사를 방문하거나 그들의 고객과 만나고, 회사의 새로운 가치관에 대해 논쟁하고, GE나 캐나다 로열뱅크처럼 업종은 다르지만 모범적인 회사를 벤치마킹하는 등 폭넓은 활동을 수행했다. 또한 다른 경쟁회사들의 활동 상황과 베스트바이가 보유하고 있는 역량을 파악하고, 여기서 얻은 자료를 앤더슨과 경영진이 직접 검토하고 정리했다. 이는 매우 복잡한 과정이었지만 많은 사람이 참여해 고도의 집중력을 발휘했다. 그것만이 회사를 혁신할 대안이라는 것을 모든 참여자가 절실하게 느끼고 있었기 때문이다.

이 과정을 통해 앤더슨과 경영진은 업계의 지평을 파악할 수 있었다. 이들은 고객 세분화에 주력하면서도 새롭게 변화하는 업계의 분위기에 대처할 방안을 마련해야 했다. 고위직 인사들이 팀을 나눠 현장학습 프로세스에 돌입한 때가 1월이었고, 그로부터 4개월 후에는 구체적인 대안들이 마련되었다. 매장 구조를 바꾸고, 제품과 서비스를 다양화하고, 매장 운영 방식을 개선하고, 직원들을 교육하는 등 구체적인 프로그램이 마련되었다. 매장의 수도 하나의 시장에 하나만을 고집하는 게 아니라 필요에 따라 여러 곳을 설치하도록 했다. 또한 목표에 대한 긴장감을 높이려고 앞서의 현장학습에 참여한 사람 중에서 적임자를 선발해 세분화 시장을 이끌도록 했다.

앤더슨과 경영진이 고객 중심 전략을 본격적으로 실행하기 시작한 때는 2003년 봄부터였다. 기업 고객층, 고소득 여성 고객층, 신제품 선호 남성 고객층 등 고객 기반을 총 여섯 분야로 세분화했다. 기업 고객층에 포함된 회사는 주로 중소기업 수준의 규모에 창업 역사도 비교적 짧은 회사들이었다. 앤더슨은 영역별로 리더와 경영진을 배정해 오로지 자신들이 맡은 집단에만 몰입하도록 했다.

그 후로도 앤더슨과 경영진은 현장학습팀과 함께 며칠씩 시간을 보내면서 세분화 집단에 대한 정보도 얻고, 매장도 방문해 워크숍을 열곤 했다. 그러고는 집단별로 핵심 사안들을 몇 시간씩 논의하며 앞으로 적용할지 여부를 결정했다.

실행 단계

고객 중심적 회사로 탈바꿈하려면 전략적으로 대대적인 변화가 필요했다. 즉 베스트바이 직원들의 직능별 배치와 현장 지원 체계, 매장 구조 등 모든 프로세스에서 변화가 불가피했다. 2005년에 접어들면서 베스트바이의 매장에 고객 중심 전략이 폭넓게 확산되었다.

모든 매장의 구조를 똑같이 바꾸지는 못했지만, '고객의 요구에 따른 맞춤형 판매 전략' 등 운영방식 측면에서 큰 변화가 있었다. 또한 2007년 초부터는 거의 모든 매장이 고객집단별 요구에 맞는 제품과 서비스를 갖추는 등 새로운 고객 중심적 모델을 실행으로 옮겼다. 준비 단계에서 매장 운영자들을 대대적으로 교육하고, 새로운 근무 모델을 도입하고, 새로운 실적 평가표를 개발하는 등 많은 준비가 있었기에 가능한 일이었다.

최근 베스트바이는 각 매장의 하루 실적을 다양한 측면에서 평가한다. 먼저 고객 측면에서는 세분화 집단별 수익성과 가치 제안(Value Proposition, 상품이나 서비스를 통해 고객에게 제공하는 값어치 – 역주) 수준 등이 해당된다. 그리고 제품·부서 측면에서는 카테고리별 매출이나 부서별 수익성, 특별 근무의 생산성 등과 매장 측면에서는 방문 고객수와 평균 판매가격, 휴업비율 등이 포함된다. 고객 중심 전략을 효과적으로 실행하려면 모든 리더와 직원에게 이 전략의 필요성을 인식시켜야 했다. 이것이 실행의 핵심이었으므로 매일 아침마다 매장 운영진이 참여하는 '토론회'를 열어 전날의 매출과 직무 경험 등을 공유하며 더 나은 하루를 준비하도록 했다.

이처럼 베스트바이의 운영방식은 획기적으로 변모했다. 민첩하고 혁신적인 문화를 창조하기 위해 베스트바이는 직원들이 '소유주'의 관점에서 매사에 적극적으로 대응하도록 유도한다. 그러기 위해서는 엄격한 정책과 절차를 내세워 직원을 강제하는 것이 아니라 직원들이 스스로를 '매장 운영자'로 여기는 문화가 만들어져야 한다. 실제로 베스트바이에서는 이 전략이 주효해 모든 직원은 자신들의 고객 중심적 스토리라인을 바탕으로 매사를 판단한다.

재실행 회로 구축

베스트바이는 2007년부터 새로운 전략을 구상하기 시작했다. 구매자의 65퍼센트가 여성이고 총매출의 90퍼센트가 여성의 입김에 좌우되는 소비가전 업계에서 살아남으려면 한 차원 진보된 고객 중심 전략이 필요했기 때문이다.

그동안 소비가전 업계의 노동력과 초점은 대부분 남성에게 맞춰졌던 것이 사실이다. 베스트바이의 임원으로 '신제품 선호 남성 고객층'을 담당하는 줄리 길버트Julie Gilbert는 '재실행 회로' 과정에서 1만 3,000명에 이르는 여성 직원의 지식과 경험을 최대한 활용한다. 특히 고객 중심 전략의 실행 단계 중 '학습과 수정 프로세스'에서는 여성 직원과 고객의 관점을 적극 포용한다. 이처럼 재실행 회로는 여성 구매력을 흡수하는 동시에 여성 경영자들을 통해 혁신-실천-학습 프로세스를 실천하는 또 하나의 원천이다.

길버트는 이미 2004년에 WOLFWomen's Leadership Forum라는 여성 네트워크를 구성했다. 여기에 소속된 여성의 수만 해도 1만 3,000명에 달한다. 그녀는 베스트바이의 혁신과 리더십 계발, 지역사회로의 환원 등을 주제로 주기적으로 워크숍을 개최할 뿐 아니라 고도의 전략적 재실행 회로도 구축했다.

여성 고객 기반을 강화하고자 베스트바이는 또한 (남성의 지원을 받는) 여성으로 구성된 팀을 100여 개 이상 운용하고 있다.

길버트는 리더로서의 개인적인 여정을 발판으로 자신의 전략을 구체화와 명명 단계에서 시작하기로 다짐했다. 그때의 상황을 그녀는 다음과 같이 설명했다.

신제품 선호 남성 고객층을 관리하는 방편의 하나로 베스트바이 매장들을 돌아보고 있을 때 종종 여성 고객이 내게 다가와 포옹을 하곤 했습니다. 2년 반 전의 어느 날에도 한 여성이 그러기에 이유를 물었더니 이렇게 대답하더군요. "당신은 언젠가 우리도 당신처럼 될 수 있다는 희망을 주었어요." 이 말을 듣고 나니 여성들을 직접 돕고 싶은 마음이 한층 커졌습니다. 그날 밤 새로운 꿈을 갖게 된 나는 새벽 2시밖에 안 됐는데도 눈이 저절로 떠졌습니다. 사우스다코타 주에서 성장한 나는 보름달이 뜰 무렵에 늑대나 코요테가 울부짖는 소리를 듣곤 했습니다. 그날 들은 소리도 그때와 같은 울부짖음이었지요. 다만 늑대나 코요테가 아니라 희망을 꿈꾸는 여성들의 울부짖음이었습니다. 여성들이 제각기 고립되어 살아가고 있다는 걸 깨달은 순간이기도 했고요. 늑대들이 서로에게 헌신하듯 우리도 서로 헌신하고 남성들과도 유대를 맺는다면 우리 회사와 이 업계도 새롭게 창조될 것입니다. 그리고 그 과정에서 위대한 리더십 역량을 키울 수 있겠지요.

베스트바이의 CEO 브래드 앤더슨은 줄리 길버트의 현명함을 눈여겨보았다.

여성과 함께 승리를

핵심 비즈니스 전략

시장에서 배우는 것
- 2005년 여성이 소비가전 부문에 지출한 금액은 680억 달러로 총지출의 절반이 넘는다.
- 소비가전 부문의 총지출에 미치는 영향력의 89퍼센트는 여성에 의해서다.
- 전자제품과 관련된 서비스의 주요 구매자도 여성이다.
- 《USA 투데이》의 '유의-여성은 신발보다 전자제품을 선호한다'라는 기사에서는 여성 4분의 3이 다음과 같은 경향을 보인다고 적고 있다.
  - 여성은 다이아몬드 솔리테르 목걸이보다 플라즈마 TV를 선호한다.
  - 여성은 디자이너 신발보다 최신형 휴대전화기를 선호한다.
  - 여성은 검정 드레스보다 아이팟을 선호한다.

> 여성과 함께 승리하지 못하면
> 시장의 절반 이상을 버리는 것과 같다.

헌신 · 네트워크 · 환원

    베스트바이의 자료를 살펴보면 거실에 놓을 대화면의 TV 모델에서 아이팟 스피커의 색상에 이르기까지 소비가전 구매 영향력의 90퍼센트를 차지하는 존재가 바로 여성입니다. 미국 소비가전협회CEA에서는 여성의 영향력을 그보다 낮게 평가하지만, 그래도 상당한 비중을 차지할 뿐 아니라 점점 늘어나고 있는 게 사실입니다. CEA는 여성의 구매 영향력을 57퍼센트로 평가하며, 이를 금액으로 환산하면 매년 소비가전에 지출되는 1,400억 달러 중 800억 달러를 차지합니다.[10]

WOLF 혁신 – 미국 전역의 팀들

**독특한 목소리도 들리게 하라
일을 향한 열정을 폭발시켜라**

베스트바이의 성공
여성을 배려하고
여성 지향적인
비즈니스 창조

혁신 영역
- 새로운 판매전략
- 신제품
- 긱 스쿼드 서비스와 마케팅
- 트렌드와 패션 제품
- 새로운 매장 디자인
- 새로운 콘셉트 디자인
- 인간관계를 통한 판매
- 고용과 유지
- 마케팅
- 다채널 구매 경험
- 매장 환경
- 새로운 서비스
- 모든 매장의 태그 개선
- 여성 지향적 콘셉트

WOLF의 성공 사례

- **WOLF 트렌드와 패션 액세서리팀**
  핵심 디자이너들과 제휴해 100개 매장에 휴대전화기 등 다양한 제품군 완비

- **WOLF 라이프스타일 제품 표식팀**
  모든 매장의 제품 태그를 라이프스타일 지향적으로 개선. 한 예로 세제 태그는 '한 스푼으로 세 통의 빨래를' 등과 같이 알기 쉽게 개선. 6월 1일부터 모든 매장에 적용

- **WOLF 업무분담팀**
  역할을 공유하고 편익을 높이기 위해 아이오와 주의 한 팀이 고안한 프로그램을 회사 전체로 보급해 인재들의 이직률을 줄이고 사기 진작

- **WOLF.com 선물등록팀**
  해당 사이트에서 선물을 구입하면 구입자의 이름과 메모를 적은 카드를 선물에 동봉해 배송. 최근 들어 2단계 프로그램 시행

헌신 • 네트워크 • 환원

"그랬지요. 그동안 우리 매장에서 생각했던 대표적인 고객은 젊고 첨단기술에 관심이 많은 남성이었습니다. 하지만 요즘은 젊은 남성뿐 아니라 연령과 인종, 성별, 배경에 상관없이 누구나 우리 매장을 찾고 있습니다." 베스트바이의 CEO 브래드 앤더슨이 이메일 인터뷰에서 우리에게 한 말이다. 그러면서도 한 가지는 분명히 인정했다. "앞으로 여성들이 변화를 주도해 나갈 거라는 사실만큼은 분명합니다."

WOLF 네트워크는 이제 베스트바이의 모든 것을 바꾸고 있다. 특히 이 회사에는 판매한 제품의 설치와 기술적 지원을 돕는 기술자 수천 명으로 구성된 긱 스쿼드란 서비스 사업부가 있다. 이름에서도 느낄 수 있듯이 긱 스쿼드는 '괴짜 남성 백인'의 이미지를 빌려 고객에게 특별한 브랜드 이미지를 심어 주기 위해 만든 것이다. 길버트는 여성을 비즈니스의 중심으로 전환하는 과정에서 긱 스쿼드 요원들을 적극 활용한다.

긱 스쿼드는 전자제품에 문제가 생긴 고객을 돕기 위해 베스트바이에서 만든 회사입니다. 최근에는 '디바스DIVAS, Dynamic Intelligent Vivacious Agents with Solution'라는 이름의 여성 서비스 요원이 많이 활동하고 있습니다. 여성 요원도 컴퓨터 같은 전자제품의 수리 요청이 들어오면 고객의 가정을 방문합니다. 그런데 여성 특유의 친절함 덕분에 고객은 문제가 있는 다른 전자제품의 수리까지 맡기곤 합니다. 심지어 저녁식사에 초대하는 고객도 있지요. 여성 요원들은 입사 시점이 비교적 최근이라 의욕이 넘칠 뿐 아니라 여성 특유의 섬세함으로 남성 요원들이 놓치기 쉬운 부분까지 찾아내 해결합니다.

한 예로 우리 긱 스쿼드 요원 중 한 명인 케이트는 아이들이 인터넷을 사용할 때 생길 수 있는 문제에 대해 부모들에게 상세히 설명합니다. 특히 아이들의 안전을 위한 교육용 안내문까지 직접 만들어 나눠 줍니다. 이런 것이 모두 고객 중심 전략에서 비롯된 긍정적인 결과입니다. 그리고 이를 '재실행 회로'로 활용함으로써 고객 중심 전략의 실행 과정을 더 효과적으로 개선할 수 있습니다.

또 하나, 매장에서 보유한 여성 직원의 수가 많을수록 매출이 높다는 근거 자료도 있습니다. 남성과 여성 직원의 비율이 5대 1인 매장은 전체에 비해 평균 매출이 5퍼센트 정도 높습니다. 그리고 비율이 4대 1인 곳에서는 평균 7퍼센트, 3대 1인 곳에서는 평균 10퍼센트 정도 높습니다.

남성과 여성 직원의 비율은 한 가지 예에 불과하다. 베스트바이는 고객 중심 전략을 도입한 뒤로 신제품과 서비스의 종류, 매장 구조뿐 아니라 전체 직원의 직장생활과 인력 모델에서도 긍정적인 변화를 경험했다. 이 모든 변화는 한 번에 완성된 것이 아니다. 앤더슨과 길버트, 그 외 모든 직원이 재실행 회로를 통해 방향을 수정하며 실행 과정을 보완한 덕분이다.

WOLF 네트워크의 성과를 보여 주는 대표적인 사례를 살펴보자. 긱 스쿼드에서 300여 명의 여성에게 기술을 교육할 목적으로 여름학교를 개설한 적이 있다. 여름학교는 긱 스쿼드의 젊은 여성 요원

긱 스쿼드 여름학교 – 마더 매컬리

기술 부문의 여성 리더 양성

여름학교란?
300명의 여대생을 대상으로 기술(PC 조립, 네트워킹 등)을 교육하는 4일간의 여름학교

설립 목적
IT 파이프라인의 여성 수를 늘리기 위해서다. 여성은 어려서부터 '여성과 기술은 어울리지 않는다'는 편견 때문에 기술 교육을 받을 기회나 선택권이 많지 않았다. 우리는 이 잘못된 믿음을 타파하고자 하며, 점점 더 많은 여성을 차세대 긱 스쿼드 요원으로 양성해 나갈 것이다. 이것은 우리 사업에도 큰 의미가 있다. 전체의 65퍼센트를 차지하는 여성 인력은 곧 우리의 여성 고객 기반을 반영한다.

최근 계획
소수민족을 포함해 더 많은 여성에게 혜택을 부여하고자 이 프로그램을 전국적으로 확장할 것이다.

왜 마더 매컬리인가?
마더 매컬리는 미국에서 가장 큰 여자 사립학교로, 161년간 수많은 여성 리더를 배출했다.

교육 내용
- PC 조립과 운영체제
- 네트워킹(유선·무선)
- 디지털 이미지
- 프로그래밍과 HTML(자체 웹페이지 구축, 초보 수준의 프로그래밍)
- 기타 기술 관련 오락 활동
  - 보석 세공
  - GPS를 활용한 보물찾기
  - DDR(비디오 게임)
  - 기타 히어로(비디오 게임)
  - Wii 올림픽(비디오 게임)

우리는 지역사회에서 여성 리더를 배출하기 위한 환경을 조성합니다.

헌신 • 네트워크 • 환원

들에게 신기술을 가르친다는 목적도 있지만, WOLF 입장에서는 이 프로그램을 통해 지역사회에 봉사하는 동시에 미래의 긱 스쿼드 요원들의 역량을 강화하는 수단이기도 했다. 프로그램이 막바지에 이른 어느 날, 모리아 하덱이라는 요원이 여름학교의 고마움을 알리는 이메일을 줄리 길버트에게 보냈다. "우리(긱 스쿼드 요원들)는 곧 여름학교를 떠나야 하지만 그동안 배운 것들이 '실생활'에 큰 도움이 되리라는 확신이 있습니다. 아니, 어쩌면 그런 생각조차 하지 못할 수도 있습니다. 그만큼 우리의 삶이 크게 달라져 있을 테니까요. 지난 보름 동안 우리는 육체적·정신적·감성적으로 극한의 경험을 했습니다. 그런데도 여름학교의 미래를 생각하면 발걸음이 절로 가벼워집니다."

얌! 브랜드 : 멀티브랜딩 전략의 적극적인 도입

얌! 브랜드의 CEO 데이비드 노박은 단위매출을 늘릴 묘안을 짜내느라 골몰하고 있었다.

맥도널드는 미국의 매장별 평균 단위매출이 160만 달러로 오랫동안 업계의 부러움을 받아 왔습니다. 160만 달러는 얌! 브랜드 매장과 비교하면 거의 2배에 가까운 매출입니다. 맥도널드가 이처럼 높은 매출을 올리는 이유는 고객에게 다양한 선택권을 부여하기 때문이지요. 실제로 맥도널드에서는 햄버거와 프라이드치킨, 생선 튀김, 셰이크, 간이 아침식사 등 일곱 가지 메뉴를 취급합니다. 모든 연령대를 위한 메뉴를 갖추고 있고 이것이 매출의 견인차로 작용하는 것이지요.

반면에 우리 얌! 브랜드의 매장은 전통적으로 한 가지 메뉴만 취급합니다. 피자헛은 이름 그대로 피자만을, KFC는 켄터키 프라이드치킨을, 타코벨은 멕시코풍의 음식을 제공합니다. 새로운 메뉴를 도입하려고 시도한 적도 있지만 번번이 실패로 끝났습니다. 우리 브랜드 자체가 오직 하나의 의미만 담고 있기 때문이지요. KFC나 타코벨에서 햄버거를 찾는 사람은 없습니다. 하지만 소비자는 조금 더 넓은 선택권과 편리함을 원하는 게 사실입니다. 다시 말해 하나의 매장에서 두 가지 이상의 브랜드를 접할 수 있다면 소비자도 환영하겠지요. 그래서 KFC-타코벨과 타코벨-피자헛을 시작으로 멀티브랜딩 전략을 도입했습니다. 이렇게 해서 평균 매출을 기존의 10만 달러에서 40만 달러 이상 늘릴 수 있었지요. 멀티브랜딩을 통해 매출이 획기적으로 늘어나면서 우리는 미국의 자산 기반을 새롭게 재편하고 있습니다.

그러나 데이비드 노박의 멀티브랜딩 전략은 실행 단계에서 벽에 부딪혔다. 한 매장에 두 가지 브랜드를 설치하는 것은 얌! 브랜드의 특성상 가당치도 않다는 생각 때문이었다. 노박은 우리와의 인터뷰에서 멀티브랜딩 전략의 어려움에 대해 토로했다.

가장 어려운 점은 5개의 브랜드가 오랫동안 독자적으로 존재해 왔다는 점입니다. 각 브랜드의 문화적 자부심이 대단한 데다 고객도 그런 모습에 익숙했지요. 따라서 한 지붕 아래에 두 브랜드를 묶는 것은 업계의 지평을 흔드는 것과 다를 바 없었습니다. 문화적 역사와 전통을 뒤흔드는 일이었으니까요.

KFC와 피자헛, 타코벨을 비롯해 각 브랜드는 제각기 차별화한 운영방식과 마케팅 기법을 사용하는 독립 브랜드들이다. 따라서 새로운 전략 개념을 적용하려면 각 브랜드의 협력이 필요했다. 노박은 새로운 형태의 이중 브랜드 매장을 목표로 했지만 각 브랜드에서 이를 환영할 리가 없었다. 이 전략을 제대로 실행하려면 많은 것을 배우고 또 수정해야 했다.

노박은 자신의 전략적 판단을 실행하는 데 따르는 문제에 대해 책임의식을 갖고 임했다. 그러나 상황이 그의 생각대로만 풀리지는 않았다.

사람들은 내가 멀티브랜딩 전략에 빠져 다른 복잡한 문제는 쳐다보지도 않으려 한다고 생각했습니다. 실제로 나는 리더로서 한 걸음 물러서서 문제들을 되짚어 보며 사람들을 다독여야 했지만 그런 노력이 충분하지 못했던 것도 사실입니다. 개별 브랜드의 문화적 자부심을 충분히 헤아리지 못한 채 오로지 책임의식만 앞세운 것이지요. "각 브랜드의 문화적 자부심에 대해 그리고 이 전략에서 파생될 다양한 변수에 대해 나도 충분히 인식하고 있습니다. 그러니 한 지붕 아래에서 더 다양한 브랜드와 편의성을 추구하는 고객들을 만족시킬 방법을 다함께 진지하게 찾아보았으면 합니다." 아마도 이런 말로 직원들을 다독였더라면 과정이 좀 더 순탄했을지도 모릅니다.

정작 내가 이 문제의 실행에는 큰 관심이 없어 보인다는 말을 직원들한테서 종종 듣곤 했습니다. 직원들은 내가 비전을 향해 자신들을 무작정 밀어붙인다고 생각했거든요. 내 열정이야 모두 인정했지만, 문제는 내가 직원들의 말을 귀담아듣지 않는다고 생각한다는 점이었습니다.

이런 여러 가지가 내게는 모두 장해물로 작용했습니다. 말로는 멀티 브랜딩 전략을 계속 추진할 것이라고 했지만 여전히 쉽지 않은 문제들이 있었습니다. 그러나 사람들의 이야기에 귀를 기울이면서 조금씩 개선의 여지가 보이기 시작했습니다. 나와 갈등하던 사람들, 내가 문제를 해결하기는커녕 모래 속에 머리를 박고 회피해 버리는 사람이라고 생각하던 사람들과의 생산적인 갈등이 해결의 실마리가 된 것이지요.

보잉 : 기존 전략을 유지하되 실행을 강화하라

어려움에 빠진 회사의 CEO로 부임한 짐 맥너니가 경영진을 향해 말했다. "보잉의 비전과 전략을 바꾸지 않는 것이 내 목표입니다. 그러기 위해서는 보잉의 문화에 힘을 싣고, 성장을 견인하며, 모든 임직원에게 회사에 기여할 기회를 제공하는 것이 중요합니다." 그러고는 자신의 전략을 뒷받침하고자 앞서 2장에서 설명한 TPOV와 스토리라인을 창안해 냈다.

회사가 무엇을 해야 하고 무엇을 하지 말아야 하는지를 이해하는 것이 중요합니다. 판단은 바로 여기서 시작됩니다. 비단 전략만을 말하는 것이 아닙니다. 전략 수립은 오히려 쉬운 편입니다. 시장을 조사해 자기네 회사를 차별화할 방법을 찾는 것이 전략의 핵심이고, 이것이 가능하다면 손쉽게 돈도 벌고 성장도 할 수 있습니다. 물론 쉽다고 할 수는 없겠지만, 그보다 훨씬 복잡하고 어려운 것이 바로 리더의 실행 과정입니다.

짐 맥너니는 보잉의 CEO가 되기 전에 몇 년간 이사회에서 활동했다. 해리 스톤사이퍼가 보잉의 CEO로 있던 시절에 맥너니는 3M의 CEO로 재직하면서 보잉의 이사회에도 참여했으므로 이 회사의 전략 승인에도 적극 관여했다. 이후 스톤사이퍼가 해고당하고 후임 CEO 자리에 오른 맥너니는 보잉만의 TPOV를 개발하는 동시에 미래의 스토리라인 구축에 돌입했다. 하지만 이 과정에서 보잉의 기존 전략을 대대적으로 바꾸지는 않았다. 우리와의 인터뷰에서 그는 회사의 실행력을 향상시키는 것이 자신에게 주어진 가장 큰 임무라고 말했다. 그 스스로 인정했듯이 컨설턴트라는 과거 경력을 감안하면 약간 색다른 접근법이기도 했다.

당신 눈앞에 있는 큰 회사가, 더욱이 커다란 전략을 가진 회사가 우리더러 그 전략을 실행하라고 한다면 과거에는 전혀 시도하지 않은 창의적인 방법을 사용할 것입니다. 제대로 실행할 수 있는지, 시간이 얼마나 걸리는지는 경험이 어느 정도이냐에 따라 달라지겠지요. 하지만 분명한 것은 내가 이곳에 와서 보니 과거 매킨지에서 일하던 때와는 전혀 다른 관점을 갖게 되었다는 점입니다.

캐터필러 : 기본으로 돌아가 올바른 실행을 추구하라

짐 오언스는 캐터필러 CEO로서의 임기를 성공적으로 마쳤다. 그가 부임한 뒤로 회사의 시가총액은 50퍼센트 이상 늘어났다. 그는 캐터필러의 세계화를 통해 경기를 타지 않는 회사로 만든다는 전략을 수립하고 실천했다. 또한 재고와 제품을 대리점에 떠안기는 자동차 업계의 오랜 관행을 타파하려는 전략적 판단에도 적극적이었다. 〈월스트리트저널〉과의 인터뷰에서 오언스가 한 말이다.

> 대리점 사장들이 보는 곳에 재고를 쌓아 두고 원하는 사장이 그 재고를 소진하도록 했으면 좋겠습니다만, 그들에게 재고를 무겁게 떠안기는 일은 바라지 않습니다. 돌이켜 보면 대리점의 재고가 캐터필러의 비즈니스 사이클에 큰 영향을 미친 것이 사실입니다. 무작정 재고를 만들고 대리점이 가격 할인이나 다른 방법으로 이것을 소진하도록 조장한 것이지요. 당연히 개선해야 할 문화였습니다.[11]

오언스의 또 다른 전략 판단은 '기본의 유지'와 관련된다. 즉 기본적인 TPOV와 스토리라인에 집중해 올바른 실행을 추구하는 것이다.

앞으로 얼마간 우리가 집중해야 할 가장 중요한 과제는 바로 실행입니다. 최근 우리는 전 세계의 제조설비에 공통적으로 적용할 생산 시스템을 도입했습니다. 그 방식은 다른 회사들과는 약간 다른, 우리만의 기법을 개발한 것입니다. 중요한 것은 매출이 얼마나 많으냐가 아니라 경영을 얼마나 효과적으로 하느냐입니다. 매출이 450억 달러니 600억 달러니 하며 떠드는 것보다는 실제로 이윤이 얼마나 늘어났는지를 따지는 게 더 중요합니다.[12]

전략 판단은 그 조직이 나아갈 방향을 결정한다. 조직의 리더들은 분명한 TPOV와 스토리라인을 바탕으로 과감하게 전략을 결정하고 실행에 최선을 다해야 한다.

다음 장에서는 제프 이멜트가 GE에서 수행한 전략 판단 사례에 대해 상세히 살펴보겠다.

Chapter 8

GE의 **전략** 판단

- **이멜트 : "내가 할 일은 GE를 신세계로 이끄는 것이다."**
  - 그는 세계경제가 '성장은 느리고 규제는 많은' 방향으로 흘러가리라 예상한다.
  - 그는 신흥시장에서의 성공을 향한 길을 개척한다.

- **큰 기회는 거대한 두 영역에 숨어 있다.**
  - 경제개발에는 막대한 인프라 투자가 필요하다.
  - 개발의 필요성이 가장 절실한 양대 영역은 의료와 환경이다.

- **GE의 경쟁력은 자사의 기술 전문성에서 비롯될 것이다.**
  - GE는 새로운 시장을 공략하기 위해 끊임없이 신기술을 개발할 것이다.
  - GE는 기존 기술을 새롭게 활용할 방법을 계속 추구할 것이다.

⋮

　가장 중요한 것은 성장을 견인하기 위해 어느 정도의 현금을 확보하느냐에 달렸습니다. 우리의 성장률 목표는 전 세계 GDP 평균 성장률의 2~3배입니다. 그러기 위해 우리 GE와 같은 크기의 회사는 매년 120억 달러 규모의 새 회사를 하나씩 세워야 합니다. 이 정도의 성장률을 유지하려면 매년 나이키 정도의 회사를 하나씩 만들어야 한다는 뜻이지요.
　이는 결코 만만치 않은 일입니다.[1]

　설립 초창기의 제너럴일렉트릭GE은 실적을 향상시키는 데 철저한 조사와 전문 경영을 가장 중요하게 여겼다. GE는 위대한 발명가 토머스 에디슨이 백열전구 특허를 발판으로 1878년에 세운 회사다. 이후 1893년, GE의 초대 CEO인 찰스 코핀은 통합기업이되 다양성이 살아 있는 회사의 기틀을 닦았다.

공동의 경영 원칙과 실무 프로세스, 재무와 인적자원의 중앙 통제, 미국 최초의 R&D센터 설립 등을 바탕으로 GE는 통합기업의 면모를 구축했다. 그리고 R&D를 통해 전구와 시가市街 전차, 터빈과 관련 제품을 생산하는 등 다각화의 면모도 갖추었다. 찰스 코핀은 표준화한 경영 프로세스도 개발했다. 1920년대에는 사장과 CEO이던 제라드 스워프와 오언 영을 비롯해 경영 간부들이 참여하는 연수회를 매년 여름에 뉴욕 주 북부의 사우전드 아일랜드에서 열었다. 이것이 최근 GE의 리더십계발센터인 크로톤빌 연수원의 모태다. 존 F. 웰치 리더십센터라는 공식 명칭을 갖게 된 크로톤빌 연수원은 1956년에 처음 문을 열었다.

GE를 위한 이멜트의 성장 전략

기술 이전과 재무 그리고 경영 원칙, 경영과 리더십 인재 개발, 공통의 프로세스와 시스템 등을 통해 다각화 포트폴리오의 가치를 높일 방법을 찾는 일은 이제 GE의 DNA로 자리 잡았다. 제프 이멜트도 GE를 혁신할 방안을 추구하면서 이 DNA를 버팀목으로 활용했다. 이멜트는 2005년 연차보고서에서 GE의 DNA를 다음과 같이 설명했다.

인수합병을 통해 태어난 많은 공룡 기업이 GE의 비교 대상이 되곤 합니다. 그러나 우리의 경영 모델은 크고 복합적인 회사의 시너지를 발판으로 뛰어난 실적을 올리는 것입니다. 또한 이 전략은 주주가치를 높이는 토대이기도 합니다. 이것을 구체적으로 설명하면 다음과 같습니다.

- 업계 선두권의 비즈니스로 강력한 포트폴리오를 형성해 지속적인 성장을 이끌어 낸다.
- 회사 전체의 진취적 활동을 통해 성장률과 고객 만족도를 견인하고 이윤율을 높인다.
- 인재를 개발해 적응력이 뛰어나고 윤리적이며 실행을 북돋울 문화를 키운다.[2]

이 모델은 지주회사의 모델 또는 워런 버핏 같은 투자 전문가들의 포트폴리오와는 전혀 다르다. 버핏은 '통합적 다각화Integrated Diversity'라는 개념을 추구하지 않는다. 따라서 그의 전략 판단은 자산의 운영보다는 어떤 자산을 사고파는 것이 더 나은지에 초점을 맞춘다. 이런 지주회사 모델은 GE의 다각화 경영 모델과 큰 차이가 있다.

GE의 전략 판단은 지주회사가 아닌 실무 차원의 맥락에 따라 이루어진다. 하지만 GE의 모델이라고 해서 모순점이 없는 것은 아니다. GE 각 사업부의 CEO들에게는 부문별로 막강한 자율권이 주어지는 동시에 본사의 통제도 만만치 않다. GE의 사업부 중 상당수가 규모 면에서 포춘 100대 기업에 이름을 올리고 있다(GE 인프라스트럭처의 연매출은 460억 달러로, 포춘 100대 기업 중 42위를 차지하는 유나이티드 테크놀로지보다 순위가 높다. 또 GE 인더스트리얼은 허니웰의 전체 규모보다도 크다). 그럼에도 제프 이멜트는 각 사업부의 전략과 예산, 승계 계획, 식스시그마 프로그램, 성장 계획, 리더십 계발, 기술 이전 등 거의 모든 부문에서 사업부 CEO들과 밀접하게 연계한다.

이멜트의 달력에는 이 모든 역할이 고스란히 담겨 있다. 그는 크로톤빌 연수원에서 몇 주씩 강의를 하는가 하면, 글로벌리서치센터 GRC에도 매년 적어도 네다섯 번씩은 방문한다. 사업부 CEO와 주요 간부들을 1년에 네 차례씩 크로톤빌로 소집해 며칠 일정의 워크숍을 개최하고, 승계 계획을 점검하고자 각 사업장을 방문하는 데 20여 일을 보내기도 한다. 각 사업부의 전략과 운영 계획의 검토 역시 그가 직접 발로 뛰며 확인한다. 순수 지주회사의 CEO가 이 모든 일을 직접 챙기는 경우는 거의 없다. 이처럼 GE에서는 중대 사안에 대해 CEO가 최종 결정을 내리기는 하지만 기본적인 판단 프로세스는 팀워크를 추구한다. 특히 전략 판단의 준비 단계에서 핵심 관계자들의 '동원과 가동'이 이루어지며, 그 방식은 주로 사업부 수장들이 한자리에 모여 개최하는 포럼 형태를 띤다.

GE는 밑바닥부터 시작하는 여느 신생 회사들과도 다르다. 130여 개의 사업부와 조직, 프로세스, 실무 관행 등 전 세계 32만여 명의 임직원이 관계하는 곳이 바로 GE다. 제프 이멜트의 전략 판단은 이런 GE의 유산 때문에 약간의 제약을 받기도 한다. 그러나 이멜트에게는 GE의 과거 성공이 미래 기회의 창이기도 하다. GE의 규모와 자산 덕분에 웬만큼의 위험쯤은 감수하면서 과감하게 기회를 추구할 수 있다. 이는 작은 회사들이 감히 꿈도 꾸기 어려운 일이다.

스토리라인

제프 이멜트는 GE를 하나의 공동체로 만든다는 생각으로 스토리라인을 구상하기 시작했다. 그는 GE를 더욱더 좋고 역동적인 직장으로 만들고 싶어 했다. 그리고 이 구상은 머지않아 전 세계를 포괄하는 지구촌 공동체로 확장되기 시작한다.

리더의 스토리라인은 다음의 세 가지 질문에 명쾌한 해답을 제시할 수 있어야 한다. '우리는 지금 어디에 있는가?' '어디로 가고 있는가?' '그곳에 도달하기 위해 어떻게 할 것인가?'

'우리는 지금 어디에 있는가?' 라는 질문에 대해 이멜트는 GE가 가까운 미래에 직면하게 될 상황을 언급하며 해답을 제시했다. "나는 아주 유명한 사람의 뒤를 이어 GE의 CEO에 올랐습니다. 바로 잭 웰치지요. 그렇지만 내가 그분의 뒤를 이으리라고는 솔직히 생각조차 못했습니다." 대학에서 그가 학생들에게 했던 강의의 한 대목이다. "GE는 120년의 역사를 가진 회사입니다. 긴 역사와 비교하면 잭 웰치가 경영을 맡은 기간은 잠시에 불과하지만 그동안 GE의 내구력은 크게 향상되었습니다. 이제 내가 할 일은 GE를 새로운 세계로 이끄는 것입니다. 9·11 이후로 세상은 많이 달라졌습니다. 잭 웰치도 이런 상황에 처했더라면, 어쩌면 자기 스타일을 바꿔야 했을지도 모릅니다. 결국 리더는 현재의 상황에 맞춰 리더십을 발휘해야 하니까요."[3]

2002년 초의 첫 연차보고서에서 이멜트는 GE가 앞으로 적응해야 할 세상에 대해 언급했다. 그가 말한 세상의 특징은 저성장과 변동성 확대로 요약할 수 있다. "잭 웰치가 우리에게 남겨 준 GE의 가장 큰 장점은 변화를 추구하는 조직문화와 강력한 재무 건전성입니다. 이것은 매우 중요한 대목입니다. 우리가 1990년대 말에 알고 있던 세상, 즉 세계적인 성장 기조와 정치적 안정, 기업의 신뢰 등으로 대표되던 그 세상은 이미 지났습니다. 2000년 후반부터 미국 경제는 후퇴하기 시작했고 2001년에는 침체기로 접어들었습니다. 그 흐름은 전 세계로 확산되어 유럽과 아시아에도 영향을 미쳤습니다."[4]

2004년 9월경부터는 스토리라인을 더욱더 확장하는 동시에 구체화하기 시작했다. 당시에 GE가 직면했던 어려움을 이멜트는 다음과 같이 설명했다.

> 세상을 낙관적으로 바라본 건 사실이지만 모든 배를 위기에서 구해낼 상승조류를 찾지는 못했습니다. 이기는 회사가 있으면 지는 회사도 나오고, 이기는 나라가 있으면 지는 나라도 나올 수밖에 없는 상황이었지요. 지금이야말로 경쟁력이 중요한 시점입니다. 아니, 지금부터 5년이나 10년, 15년 뒤에도 경쟁력이 절대적인 비중을 차지할 것입니다.[5]

이멜트는 저성장과 변동성 확대뿐 아니라 GE의 비즈니스에 영향을 미칠 수 있는 중대한 사회적 변화도 목격했다. 그는 유능한 인재를 유치하려면 GE를 더욱 인간미 넘치는 회사로 만들어야 한다고 생각했다. 이와 동시에 기업이 사회에 더 유익한 행위를 하기 위해서는 사회나 정부의 역할과 후원이 필요하다는 것이 이멜트의 믿음이었다.

규제는 점점 강화되고 기업에 대한 냉소주의도 점점 팽배해지는 것이 지금 세상의 분위기다. 이런 상황에서 단순히 위대한 회사로 성장하는 것만이 최선일 수는 없다. 미래의 성공을 위해서는 회사와 임직원들이 위대함과 선량함을 모두 갖춰야 한다.[6]

이런 분위기는 이멜트가 구상하던 스토리라인에도 영향을 미쳤으며, 결국 그는 미래의 성공을 위해 필요한 부가 요소를 스토리라인에 포함시켜 GE가 나아갈 방향을 확정했다. 이 스토리라인과 TPOV는 앞으로 이멜트가 GE의 위치와 비즈니스 행동양식을 판단하는 기준으로 작용할 것이다.

그 판단에는 이멜트 자신의 보수도 포함된다. 애초부터 그는 다른 CEO들과 비교해 적당한 수준에서 보수를 받을 것이며 상여금은 철저하게 GE의 실적과 연계할 것이라고 공언했다. 이것은 상황적 지식Contextual Knowledge의 한 예로, 이멜트는 환경의 신호를 포착하고 적절히 대응함으로써 합리적인 결정을 내릴 수 있었다.

세상에 대한 평가를 끝낸 이멜트가 다음으로 할 일은 그 세상에서 GE를 성공적으로 경영하는 것이었다. 세상에서는 어떤 제품과 서비스에 대한 수요가 가장 많을 것인가? 그 제품과 서비스를 공급해 많은 고객을 확보하려면 GE는 무엇을 해야 하는가? 이것이 스토리라인에서 '어디로 가고 있는가?'에 해당하는 내용이다.

이멜트가 도달한 결론은 다음과 같다. GE가 체계적으로 성장하기 위해서는 기존의 막강한 조사 역량과 기술력을 바탕으로 새로운 시장을 개척하는 것이 최선이었다. 그 시장 중에는 개발도상국도 포함된다. 개발도상국은 전력과 식수, 에너지, 교통 등의 인프라 측면에서 무한한 기회의 땅이다. 반면에 이보다 진보한 경제권에서는 국민에게 필요하면서도 아직 활발히 공급되지 못하는 제품이나 서비스 등이 기회의 범주에 포함된다. 보건의료, 에너지 절감과 생산, 환경친화적 제품 등이 대표적인 예다.

이멜트는 이런 자료를 바탕으로 향후 수십 년간 GE의 성공을 견인하고자 전략적인 판단을 내렸다. 진단영상과 생명과학 부문의 주도적 회사이던 아머샴을 인수했으며, 오일과 가스 산업 부문의 신기술을 확보하고 풍력발전에 대한 투자를 늘린 것도 이와 같은 맥락이다.

이멜트의 스토리라인 중 세 번째인 '그곳에 도달하기 위해 어떻게 할 것인가?'는 GE가 이들 시장에서 성공하려면 무엇을 해야 할지에 관한 물음이다. 그 해답의 한 축은 축적된 GE의 막강한 기술력과 경영 시스템을 활용해 다양한 지식을 공유하고 성공적인 신제품을 출시하는 것이다. 그리고 또 한 축은 기업시민의식이다. 단순히 소비자에게 제품을 제공하는 데 그치는 것이 아니라 GE가 지구촌 사회에 어떤 기여를 하는지도 중요하다는 뜻이다.

이멜트는 이 시대를 살아가는 기업이라면 사회적·환경적으로 충분한 의식이 있어야 한다고 생각한다. 오래도록 번영을 누리고자 한다면 그 기업이 활동하는 사회를 위해 많은 기여를 해야 한다는 뜻이다. 그의 생각대로라면 기업은 환경적으로 지속 가능한 제품을 개발하고 주거나 교육, 보건, 일자리 등 인적자원과 관련된 측면에도 관심을 두어야 한다.

지구 온난화와 환경 친화적 에너지 개발에도 관심이 많은 이멜트는 GE가 앞장서서 시대의 변화에 따라야 한다고 다짐했다. 2005년, GE는 '에코매지네이션Ecomagination' 전략을 도입했다. 이것은 GE의 성장을 견인할 전략인 동시에 그 과정에서 환경에 긍정적으로 기여하겠다는 하나의 약속이기도 하다.7 이멜트는 이 프로그램을 통해 GE의 기술력을 바탕으로 에너지 효율을 높이고 환경도 보호하겠다는 강력한 의지를 선보였다. 그동안 그는 GE의 '녹색성장'을 끊임없이 추구해 왔다. 하지만 에코매지네이션 전략은 환경보전에 역점을 두면서도 기본적으로는 상업적 비즈니스 전략이었다.

GE의 미래를 위한 이멜트의 스토리라인에는 '세계시민의식'도 포함된다. 잭 웰치의 '신실'을 유산으로 물려받은 이멜트는 GE가 세계 어느 곳에서든 최고의 신실 경영을 실천해야 한다고 믿는다. 그러기 위해서는 다양한 자원을 활용해 일자리를 늘리고 지역정부와 협력해서 적절한 해법을 찾는 등 GE가 활동하는 모든 지역사회를 더욱 건강한 곳으로 만들어야 한다.

마지막으로 이멜트는 투자 파트너와 다름없는 지역사회를 대상으로 과거보다 투명한 경영을 실천해 왔다. 엔론, 타이코 등 기업의 부정행위가 적나라하게 세상에 드러난 뒤로 그는 엄격한 경영 기준을 수립해 실천했다. 그뿐 아니라 경영의 투명성을 강화하려는 그의 노력은 점점 더 엄격해지고 있다.

리더의 TPOV와 스토리라인은 언제나 불가분의 관계에 있다. 리더의 스토리라인은 TPOV의 가시적 결과물로 볼 수 있지만, 그 반대의 경우도 있다. 즉 TPOV를 바탕으로 스토리라인을 이끌어 낼 수도 있고, 반대로 완성된 스토리라인에 어울리는 TPOV를 창안할 수도 있다. 하지만 대부분의 경우에서 리더들은 스토리라인과 TPOV를 함께 만들어 낸다. TPOV를 기초로 이야기를 만들어 내는가 하면, 이야기를 생각하는 과정에서 TPOV가 자연스럽게 생성되기도 한다. 제프 이멜트의 경우 GE를 위한 TPOV는 자신의 스토리라인에서 나온 것이다([도표 8.1] 참조).

이멜트의 전략 결정

제프 이멜트는 자신만의 TPOV와 스토리라인을 바탕으로 일부 사업체를 정리하고 인수를 통해 필요한 사업체를 추가하는 등 전략적 결단을 일궈냈다. 특히 그는 GE의 미래를 위한 신규 사업을 구상하는 과정에서 자사만의 기술력과 R&D 역량을 충분히 활용했다. 이멜트는 판단 과정에 대해 다음과 같이 설명했다.

내가 생각하는 GE의 사업에는 다섯 가지 일관된 요건이 있습니다. 무엇보다 기술적으로 세계적 경쟁력을 갖춰야 합니다. 유통체계를 통한 판매는 선호하지 않으며, 따라서 고객과 직접 대면하는 관계를 원합니다. 어떤 사업이든 매출 경로가 다양해야 합니다. 그래야 여러 제품과 서비스를 통해 재정을 안정시키고 자본 대비 효율을 높일 수 있

[도표 8.1] 이멜트의 TPOV

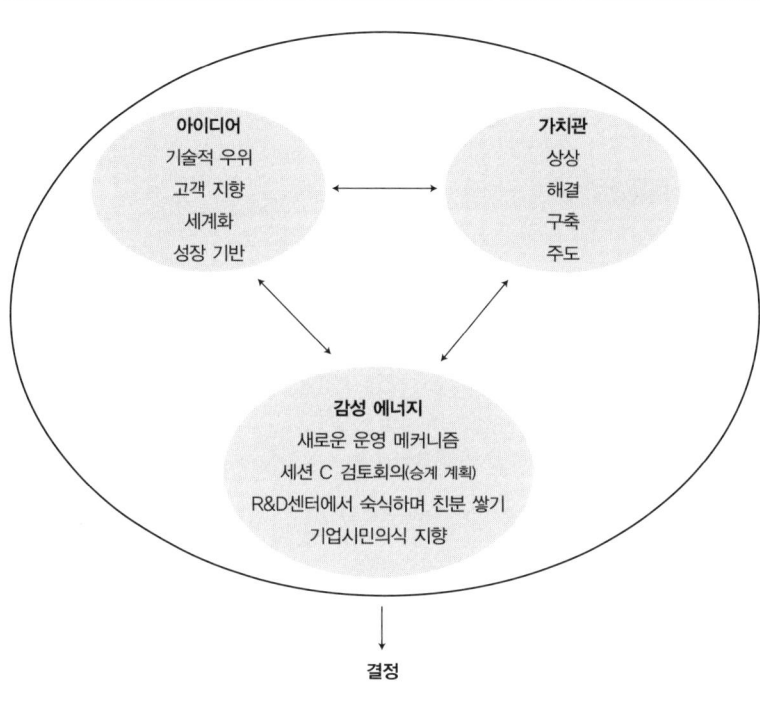

습니다. 또한 현금을 많이 지출해야 하는 사업은 피해야 합니다. 아이디어를 통해 사업을 발전시키고 그로부터 많은 돈을 벌 수 있는 사업이 바람직합니다.

내게는 분명한 원칙이 있습니다. 남이 우리보다 더 잘할 수 있는 분야의 사업체라면 미련 없이 팔아 버립니다. 자동차와 보험, 외환 부문 등의 사업체를 매각한 것도 같은 이유입니다. 누군가 우리보다 더 잘한다고 생각될 때는 팔아 버립니다.[8]

[도표 8.2] GE의 성장 프로세스

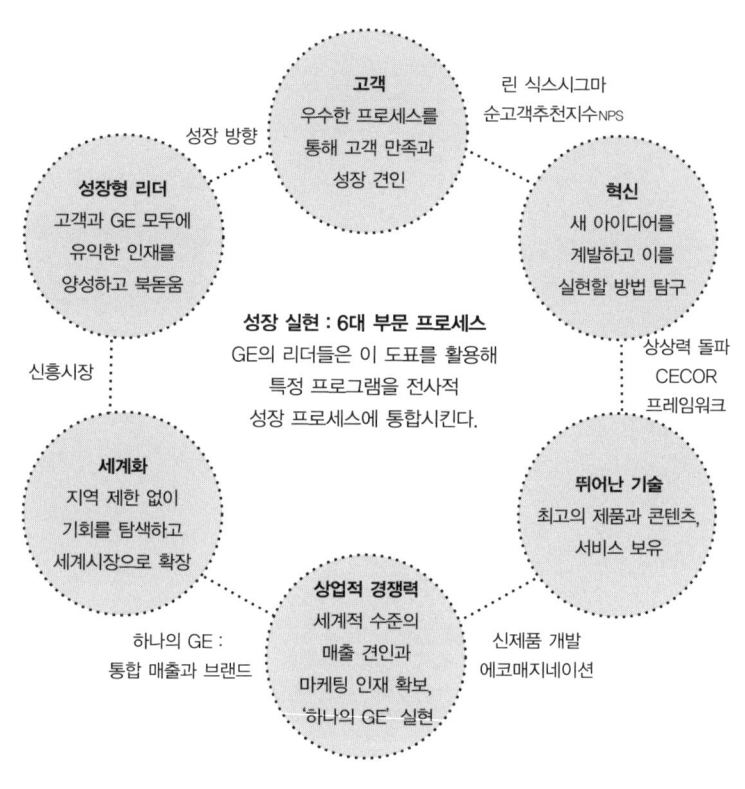

제프 이멜트는 'GE의 성장 프로세스'를 창안해 냈다([도표 8.2] 참조). 이것은 CEO가 직접 주도하는 것이지만 다양한 부문의 프로세스가 복잡하게 얽혀 있다. 말하자면 판단을 이끌어 가는 프로세스인 셈이다. 이멜트와 GE의 다른 리더들은 이 프로세스를 바탕으로 GE의 성장을 추구하며 하위직 리더들에게도 그 내용을 교육한다.

이멜트가 자신의 6대 부문 프로세스를 완성하기까지는 몇 년의 시간이 걸렸다.

내가 올바른 프로세스만 완성한다면 우리 회사는 정확한 방향을 잡아 시속 100마일의 속도로 내달릴 수 있으리라고 믿었습니다. 하지만 성장 과정을 하나의 프로세스로 완성하는 데는 시간이 필요했습니다. 바퀴 모양의 이 프로세스를 2001년에 완성했다면 나는 임기의 시작을 이것과 함께했을 것입니다. 그러나 이런 훌륭한 무언가를 얻으려면 적지 않은 시간을 버둥거려야 하는 것이 현실입니다. 이런 점에서 잭 웰치는 탁월한 리더였지요. 그는 부임 후 2년 동안 식스시그마 같은 자신만의 무언가를 계발하려고 많은 노력을 기울였습니다. 그가 어떤 사업을 맡든 결과는 언제나 화려했습니다. 정책을 수립하고 시행하는 능력에 관한 한 최고였지요.[9]

이멜트는 6대 부문 프로세스를 견인할 장치도 마련했다. 그중 하나가 '고객 드리밍 세션Customer Dreaming Session'으로, 혁신을 위해 한 사업체의 CEO와 주요 간부들이 크로톤빌 연수원에서 1~2일 일정으로 여는 회의를 말한다.

램 차란은 이멜트의 드리밍 세션을 다음과 같이 설명했다.

GE와 거래하는 업계의 리더들, 주로 CEO들과 몇 명의 간부를 크로톤빌로 초청해 하루 또는 이틀 일정으로 대화와 프레젠테이션을 시

GE의 성장 기반[10]

GE가 세계 최고 수준의 성장률을 실현하는 바탕에는 다음과 같은 것이 있다.

- **인수와 통합 프레임워크**: 인수 기업이 GE 속에 성공적으로 융화될 수 있도록 체계적인 프로세스를 구축한다.
- **고객의 편에서, 고객을 위해**: 고객의 문제를 해결하기 위해 GE의 다양한 시스템과 관리 기법, 훈련 프로그램을 가동한다.
- **CECOR 마케팅 프레임워크**: 전략적 성장을 위한 겨냥Calibrate, 탐구Explore, 고안Create, 조직화Organize, 현실화Realize와 관련된 질문을 통해 혁신과 성장 노력을 시장의 기회와 고객의 욕구에 연계한다.
- **고객 드리밍 세션**: 업종별로 가장 유능하고 영향력 있는 사람으로 팀을 구성해 미래를 구체화하고 서로 자극해 새로운 계획을 고안한다.
- **성장 방향과 평가**: GE의 차세대 리더들이 '외부의 표적' '명확한 사고' '상상력' '포용력' '영역별 전문성'의 다섯 가지에 집중하도록 유도한다.
- **상상력 돌파Imagination Breakthroughs**: GE의 어느 분야에서든 새로운 수익의 원천이 되는 기발한 아이디어가 샘솟도록 최고경영진의 관심과 자원을 투입한다.
- **혁신 기반**: 관리자들이 직원들에게 혁신 의식을 고취시키고 새로운 아이디어를 실행으로 옮기도록 지원한다.
- **혁신연구팀과 툴킷**: 경영 전략과 제품 개발, 그 밖의 다기능 프로젝트팀에 다양한 자원과 자재를 지원해 혁신을 북돋운다.
- **린 쇼케이스Lean Showcase**: '실속형 사고Lean Thinking'를 통해 모든 직원이 핵심 비즈니스 프로세스에서 사이클 타임을 줄이도록 유도한다.
- **린 식스시그마Lean Six Sigma**: 주요 서비스에 식스시그마 기법을 적용해 사이클 타임을 줄이고 고객 만족도를 높인다.
- **순고객추천지수Net-Promoter Score**: GE의 모든 사업체에 적용하는 새로운 기준으로, GE를 추천하는 고객의 비율을 추적하고 향상시키는 것을 말한다. 이 지수는 중요한 성장 기준의 하나이며, 각 사업체는 린 식스시그마를 비롯하여 다양한 기법을 적용해 이 지수를 분석하고 개선 방안을 모색한다.

행합니다. 이 모임에서는 길게는 10년 후의 미래까지 전망합니다. 또한 참여자들은 외부의 동향과 그 원인, 앞으로의 전망에 대해 고객의 고객이나 협력회사, 법규 제정자, 특정 관계자 등 가급적 다양한 관점에서 논의합니다.[11]

리더로서 이멜트의 역할은 GE의 리더들이 현명하게 전략을 판단하도록 그 토대를 만드는 일이다. 즉 프로세스를 구축하는 설계자이자 그 프로세스를 GE의 DNA로 흡수시키는 수석 코치다.

GE의 대형 R&D와 관련된 판단

이멜트의 최우선순위는 혁신을 통한 성장이다. 그러기 위해 그는 혁신 프로젝트와 대규모 R&D 투자를 활용하고, 새로운 목표가 생길 때마다 개인 시간도 아낌없이 투자하며 누구보다 헌신적으로 임한다. 혁신을 일구기 위한 자신의 노력에 대해 그는 이렇게 설명한다.

새로운 아이디어를 시장에 도입하는 것이 열쇠입니다. GE에서는 상상력 계발 과정을 통해 다양한 프로젝트를 창안하며 그중 일부는 향후 5년간 1억 달러의 매출을 올리는 원동력이 됩니다. 내가 바로 이 프로그램의 관리자입니다. 나는 각 프로젝트에 자금을 지원하고, 프로젝트 책임자를 선정하며, 여기서 비롯되는 위험과 소요 시간을 적절히 조정해 주고, 이들이 모두 GE의 혁신에 기여하도록 돕는 역할을 수행합니다.[12]

GE의 판단 실행 단계

중요한 기술 개발과 관련된 이멜트의 판단은 철저한 실행을 통해 뒷받침된다. 따라서 결정한 바를 제대로 실행하는 데 필요한 지원 장치도 충분히 마련되어 있다. R&D 자본 지출, 설비 개선, 독일과 중국과 인도 같은 세계 각지에 새롭게 건설한 R&D 위성시설 등이 그 예다. 하지만 이멜트가 이 모든 기반보다 더 중요하게 여기는 것은 R&D 인력과 각 사업부 리더들 사이의 긴밀한 연계다.

경영을 혁신하려면 사람들 사이의 대인관계와 창조적 협력, 아이디어 계발, 옳고 그름에 대한 자율적 판단 등이 무엇보다 중요하다. 노엘 티시와 인터뷰를 나눈 2001년에 이미 제프 이멜트는 R&D에 대한 관심과 투자를 늘리고 있는 단계였다. 잭 웰치가 크로톤빌 연수원을 세워 GE의 리더십을 강화한 것과 동일한 방식으로, 이멜트도 R&D센터를 통해 GE의 학습 능력을 강화하고 미래의 청사진을 가꾸고 있다.

GE의 사업부 리더에게는 크로톤빌의 리더십 계발 프로그램에 참여하는 것이 중요한 임무 중 하나다. 모든 리더가 본사에서 수립한 프로그램에 참여할 뿐 아니라 강연도 해야 한다. 또 사업부의 최고 책임자들은 이멜트가 1년에 네 번씩 주관하는 기업경영회의Corporate Executive Council에도 참석한다. 크로톤빌에서 이틀간 열리는 기업경영회의는 사업부 책임자들이 서로 교훈을 얻는 데 좋은 기회다. 그뿐 아니라 이 회의는 크로톤빌을 GE DNA의 일부로 정착시키는 중요한 경로이기도 하다.

이멜트는 모든 사업부 리더가 기술 개발 경쟁에 적극 참여하도록 한다. 그러기 위해 모든 사업부의 리더와 경영진이 '글로벌R&D센터'를 매년 네 차례씩 방문해 서로 정보를 교환하게 한다. 이 과정을 돕고자 이멜트는 '작은 크로톤빌'까지 세웠다. 즉 글로벌R&D센터 부지 안에 숙식시설을 만들어 사업부 리더들이 비공식적인 만남에서 많은 정보를 얻도록 돕는 것이다. 기술 개발과 관련해 여러 동료가 자유롭게 만나 의견을 교환하고 새로운 정보를 얻거나 더 좋은 아이디어를 계발하도록 지원하는 것이 이 프로그램의 목적이다.

이멜트는 GE의 다른 모든 실행 프로세스에서도 합리성을 강조한다. 따라서 리더들은 GE만의 기술 요소를 바탕으로 전략 계획을 수립한다. 승계 계획을 논의하거나 결정할 때도 기술과 혁신에 초점을 맞추고, 예산도 기술적 당위성에 따라 짠다. GE의 가장 특징적인 부분이 바로 핵심 프로그램들 간의 체계적인 제휴다.

GE에서 결정된 사항을 실행하는 데 핵심적 기준으로 작용하는 것은 바로 가치체계다. 기술력이 발전하면서 GE의 가치관도 극적인 변화를 겪었다. 잭 웰치가 추구한 가치관의 핵심은 속도와 단순함, 자신감 그리고 경계 없는 조직과 4E다. 4E에 대해 그는 이렇게 설명했다. "4E란 급변하는 변화에 대처하는 에너지Energy, 조직의 실행력을 북돋우는 역동성Energize, 예와 아니요('글쎄요'는 최소로)를 자신 있게 구분하는 결단력Edge, 추진하되 실망하지 않는 GE의 전통인 실행력Execute을 말합니다."[13]

이멜트는 GE의 기존 가치관을 상상Imagine, 해결Solve, 구축Build, 주도Lead의 네 가지를 중심으로 재편했다. 자신이 추구하는 성장 지향적 전략을 올바르게 판단하고 실행하는 데 이 네 가지가 무엇보다 중요하다고 생각했기 때문이다. 따라서 새로운 직원을 고용하거나 기존 직원을 승진시킬 때도 이를 중심으로 선별한다. '저 사람은 상상력이 풍부한가?' '혁신을 지향하는가? 지금까지의 생활에서 그런 모습을 보인 적이 있는가?' '문제를 해결할 수 있는가?' '혁신적인 아이디어를 통해 고객에게 해법을 제시할 수 있는가?' '혁신적인 해법으로 고객의 욕구를 만족시키고 그것을 회사의 프로그램으로 정착시킬 수 있는가?' '타인들이 혁신을 발판으로 성장할 수 있도록 이끌 수 있는가?'

이멜트는 성장형 리더를 양성하는 방법론을 다음과 같이 정리한다.

우리 회사 리더들은 다음 다섯 가지 역량을 훈련받고 평가받습니다.

첫째, 시장에서 성공을 달성하기 위한 외부적 초점을 창안한다.

둘째, 전략을 구체화하고 결정하며 우선순위를 조율할 수 있는 명쾌한 사고가가 된다.

셋째, 사람과 아이디어에 대해 상상력을 발휘하고 위험을 과감하게 받아들인다.

넷째, 사람을 포용하고 연계함으로써 팀에 활력을 불어넣는다.

다섯째, 기능 또는 영역별로 전문성을 강화해 변화를 향한 자신감의 원천으로 삼는다.[14]

GE는 R&D에 약 35억 달러를 투자한다. 이 중 글로벌R&D센터에서 첨단기술 개발에 활용하는 비용만 5억 달러에 이른다. 그리고 자체 R&D팀을 보유하고 있는 GE의 각 사업부에서 나머지 30억 달러를 사용한다. 사업부와 글로벌 R&D 조직들은 전문성과 필요성에 따라 서로 연계해서 효율을 추구한다.

실행 단계에서 배우고 수정하기

이멜트가 추구하는 R&D 전략을 주도하는 가장 핵심 인물은 글로벌R&D센터의 책임자 마크 리틀Mark Little이다. 리틀이 어느 정도의 리더십을 보여 주느냐에 따라 주요 리더와 기술 책임자들의 협력 여부가 달라지며, 궁극적으로는 GE의 혁신과 상업화에도 절대적인 영향을 미친다. 이멜트가 추구하는 기술 기반 전략의 성공은 결국 리더들의 협력 여부에 달려 있기 때문이다.

마크 리틀은 자신이 맡은 책임에 대해 이렇게 설명한다.

나는 글로벌R&D센터의 책임자입니다. 나는 늘 회사의 모든 기술자를 눈여겨봅니다. 우리 GE에서는 약 2만 7,000명의 기술자가 각 사업부에 흩어져 활약하고 있습니다. 불과 몇 년 전만 해도 인도나 중국에는 우리 기술자가 전혀 없었습니다. 하지만 지금은 전체의 15퍼센트 정도가 그곳에서 일하고 있으며 그 비율을 25퍼센트까지 끌어올릴 계획입니다. 왜 그래야 할까요? 세계화는 이미 현실이며 매우 빠르게 진행되고 있으므로 세계의 우수한 두뇌들을 최대한 빨리 확보해야 하기 때문입니다. 우리가 보유한 인재들이 결국 우리의 비즈니스를 변화시킬 주역입니다.

하지만 이것 말고도 중요한 이유가 또 하나 있습니다. 우리는 인도와 중국 등 현재 떠오르고 있는 시장에 가까이 다가가려 합니다. 그곳은 머잖아 크고 중요한 시장이 될 것이므로 우리도 그 시장에서 활동하는 법을 배워야 합니다. 따라서 그곳에 대해 잘 아는 직원을 확보하는 것이 매우 중요합니다.

'중국에서 중국을 위해!' '인도에서 인도를 위해!' 이 구호는 지역 시장에 맞는 제품을 개발하려는 우리의 기술적 노력을 집약한 것입니다. 그리고 그 노력은 우리가 종사하는 모든 사업 분야로 확대되고 있습니다.

마크 리틀은 GE의 기술적 우위를 업계 관계자들에게 이해시키고 이를 바탕으로 고객의 욕구를 충족하게 하려는 해법을 창안해 내는 프로세스에 대해 다음과 같이 설명했다.

우리 회사에서 진행하는 일들은 비록 시간은 꽤 흘렀지만 아직 체계가 충분히 갖춰지지 못했습니다. 이멜트 회장은 GE를 위한 성장 시나리오를 강조하고 있습니다. 하지만 이곳 R&D센터에서는 아직도 프로세스를 만드는 중입니다. 지금 우리는 성장 추진팀을 가동해 아이디어를 계발하고 이를 추진해 결과를 이끌어 낼 방법을 찾고 있습니다. 여기서 프로세스가 완성되면 GE의 성장 시나리오에 맞춰 재구성해야 합니다. 이것을 세션 T(Session T, 지식 창조를 위한 기술적 프로세스)라고 부릅니다. 요컨대 시장의 요구를 파악하고, 큰 밑그림을 그린 뒤에 아이디어를 계발하고, 이를 실행하는 기술을 개발하는 것이지요. 세션 T의 결과물은 결국 우리가 나아가야 할 방향을 의미합니다. 그리고 세션 T의 후속 과정에서 우리가 할 수 있는 일들이 정해집니다.

이 프로세스를 지원하기 위한 리틀의 가장 중요한 역할은 R&D 기술자들이 생산적인 방향으로 협력해 움직이도록 의욕을 북돋우는 것이다. 그 내용은 다음과 같다.

> 이곳 사람들한테서 더 많은 열정을 이끌어 내고 싶습니다. 모두 현명하고 서로 도울 줄 아는 사람이므로 이들이 머리를 맞대고 고민한다면 훨씬 개방적이고 협력적인 프로세스가 만들어질 것이라고 생각합니다. 개방적이고 협력적인 프로세스, 이것이 우리의 궁극적인 목표입니다.

리틀은 모든 기술 책임자가 '밖으로부터' 기회를 발견하기를 바란다. 다시 말해 고객의 욕구부터 파악한 뒤에 첨단기술을 바탕으로 그 욕구를 만족시켜야 한다는 뜻이다. [도표 8.3]은 GE의 비즈니스 포트폴리오에 포함된 사업부들이 포착할 수 있는 기회를 구체화한 것이다.

[도표 8.3] GE의 미래를 위한 시장의 큰 기회들

	현재	미래
의료	검진과 치료	예상, 진단, 치료, 모니터링과 정보관리
에너지, 오일과 가스, 식수	고갈 위기	풍부하고 깨끗한 자원
항공과 철도	전진적 진보	효율 개선, 배기가스와 소음 감소
보안	기능의 한계	빠르고 단순하며 안전함
가전, 조명, 공산품, 감지장치	일상 제품	효율, 비용, 기능의 혁신
NBCU	거실, 무비 시어터	시간과 공간의 제약을 받지 않음
금융 서비스	선진 시장	세계 성장 견인

······ 모든 분야에서 혁신이 필요함

    이 도표는 마크 리틀에게 중요한 교육 자료다. 그는 이 도표를 근거로 R&D센터 리더들에게 현재의 상황을 인식시킬 뿐 아니라 앞으로 세상이 흘러갈 방향을 예견하고 R&D센터의 미래 임무와 제프 이멜트의 기술 전략에 대해서도 설명한다.

    리틀은 각 사업부의 원활한 연계를 위해 각 프로세스의 새로운 조합에 착수했다. 그는 기차 엔진을 제작하는 철도 사업부를 예로 들어 설명했다.

이 사업부에 종사하는 사람들과 이야기할 때는 아마도 엔진의 효율성이 화두가 될 겁니다. 배기가스를 줄이고 엔진 효율을 높이는 한층 진보된 엔진의 필요성은 이미 그들이 더 잘 느끼고 있을 테니까요. 그러고 나면 저비용이나 고효율, 배기가스 저감 엔진의 필요성에 대해 연구원들과 의견을 나누겠지요.

또한 과학자들을 만나 이 문제와 관련해 자신들이 무엇을 해야 하는지 묻고 거기에서 여러 가지 아이디어를 떠올릴 겁니다. 그다음에는 보유하고 있는 기술 전문가들에게 특별 임금을 지급하며 새 아이디어를 계발하고 그것의 실효성을 검토하도록 하겠지요. 그래서 실효성이 있다고 판단되면 고위직 차원의 의사결정이 이루어지고 본격적인 프로세스를 시작하게 됩니다.

리틀은 사업부들 사이의 협력을 강조하는 이멜트의 방식은 R&D 센터와 사업부에 모두 감성적으로 긍정적인 효과를 낳는다고 말한다. "이곳 사람들은 자신의 능력에 대해 믿기 어려울 정도로 강한 자신감과 낙천성을 갖고 있습니다. 그래서 많은 경영자가 이곳에 와서 일하고 싶어 합니다. 그만큼 분위기가 활기차기 때문입니다." 과학자들은 경영자들의 교사인 동시에 학생이다. 이들은 정기적으로 만나서 식사도 하고 대화도 나누며 좋은 아이디어를 교환한다. 단기적인 목표를 위해 경영자와 기술자들이 어쩔 수 없이 만나서 나누는 딱딱한 대화와는 분위기 자체가 다르다.

GE의 의료 부문 혁신

아머샴을 인수한 것은 개인의료 부문의 선두주자가 되려는 GE 전략의 핵심이었다. 그러나 규모가 아무리 크더라도 인수 자체가 전략의 전부를 의미하는 것은 아니다. 아머샴을 인수하기 전 GE의 전통적 진단영상 사업을 확장하려는 기술 전문가들의 치밀한 조사와 연구가 선행되었다. 아머샴의 인수는 생명과학을 향한 GE의 전략적 움직임을 가속화했고, 이 일을 계기로 이 분야의 교두보도 확보하게 되었다. 이런 일련의 사건을 마크 리틀은 다음과 같이 설명한다.

우리는 세계적인 진단영상 회사를 확보했습니다. 그러기까지는 우여곡절도 있었습니다. 생명과학 부문이 떠오르면서 우리는 이 분야가 GE의 좋은 파트너가 되리라 생각했습니다. 그래서 이 분야에 대한 본격적인 조사를 시작했지요. 솔직히 우리에게 어느 문이 열릴는지 장담할 수 없었습니다. 그래서 리서치센터를 만들고 몇몇 뛰어난 인재를 고용했습니다. 그리고 이 분야에 대한 전체적인 탐구 끝에 아머샴을 교두보로 삼게 된 것입니다. 아머샴은 계속 발전할 것입니다. 다양한 프로그램을 개발해 의학의 면모를 바꾸어 나갈 것입니다. 그리고 그 결과를 조금도 믿어 의심치 않습니다.

의료 부문의 혁신을 위해서는 의학자들을 영국 아머샴 본사에서 뉴욕 주 북부의 연구실로 데려와야 했다. 그래야 리틀이나 다른 과학자들과 호흡을 맞출 수 있었기 때문이다.

나노 기술 애플리케이션

글로벌R&D센터에서 추진한 전략의 하나로 꽤 흥미로운 것이 있었다. 나노 기술을 적용할 새로운 애플리케이션을 개발하는 일이었다.

알다시피 사람들은 나노 기술 개발에 천문학적인 돈을 쏟아붓고 있으며 그중 대부분이 반도체에 투자되고 있습니다. 하지만 우리는 반도체에는 전혀 관심이 없습니다. 우리의 관심은 애플리케이션입니다. 생명과학 부문에는 나노 기술이 폭넓게 적용되고 있습니다. 한 예로 매우 작으면서 무언가에 달라붙어 빠르게 스며드는 입자를 원할 경우에는 나노 입자가 그 해답입니다. 나노 과학을 통해 매우 특별한 물성物性을 가진 물질을 만들어 내는 것이지요. 우리는 이 기술을 조명 부문을 포함한 사업 전반으로 확대해 나갈 계획입니다.

[도표 8.4]는 마크 리틀이 나노 기술의 미래 애플리케이션을 GE 경영자들에게 설명하려고 만든 것이다. 연구팀 과학자들은 다양한 애플리케이션을 실험하느라 바삐 움직이고 있으며, 다른 사업부의 여러 과학자와 협력해 애플리케이션의 새로운 용도도 찾고 있다. 이것은 리틀이 이멜트의 기술 전략을 지원하는 것으로 볼 수 있으며, 특히 실행의 첫 단계에서 많은 도움이 되고 있다.

GE의 글로벌R&D센터는 나노 기술 외에 생명공학에도 관심을 쏟고 있다. 특히 물리학과 생물학을 접목해 의료학적 조기진단 부문에서 새로운 패러다임을 열려는 연구가 한창이다. 시험관 진단 부문의

[도표 8.4] 나노 기술의 약진

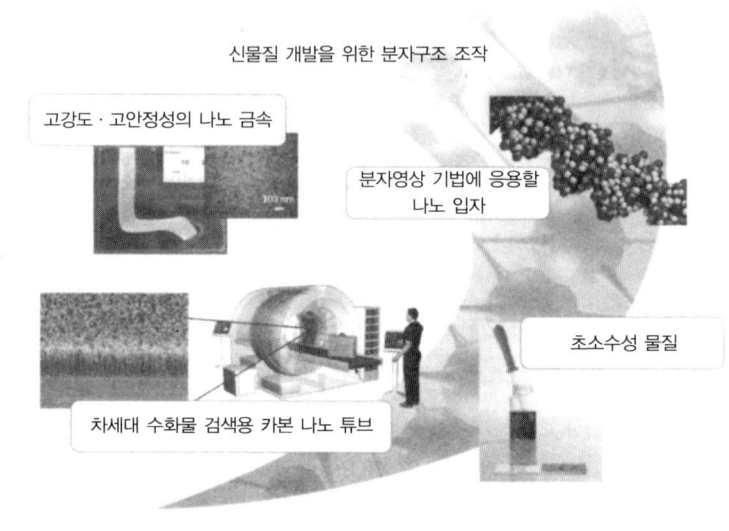

분자병리학과 디지털 병리학에서 더욱 정교해진 자기공명영상장치, 질병별로 특화된 영상장치에 이르기까지 다양한 분야가 여기에 포함된다.

여러 사업부에서 활용할 수 있는 다목적 기술 애플리케이션

이멜트가 추구하는 기술 전략 중에서도 가장 유망한 측면으로는 글로벌리서치센터와 다목적 기술 애플리케이션의 만남을 들 수 있다. 실제로 그곳을 방문한 우리는 그 증거를 눈으로 직접 확인했다. 한 예로 CAT 스캔과 MRI 같은 의료영상 기술을 오일 파이프라인이

[도표 8.5] 영상장치의 핵심 기술

디지털 X-레이   위상차 배열 초음파   와상 전류   체열 촬영   광학 계측   영상 처리

의료   항공   에너지   식수   오일과 가스   신소재   보안

나 검색 시스템에 적용해 오일 누출이나 폭발로 발생하는 피해를 미리 예방한다. [도표 8.5]에서 이런 다목적 기술 애플리케이션의 일부를 소개한다.

예를 들어 X-레이와 영상 기술은 오일과 가스 파이프라인의 예방적 유지관리에 활용하며, 보안과 항공 부문에서도 또 다른 영상 기술을 활용한다. 다양한 포트폴리오에 적용할 수 있는 다목적 기술이 있다는 것은 GE의 큰 경쟁력이다. 여기에 GE의 기술 전략이 강화된다면 포트폴리오의 규모와 기술의 폭, 비즈니스의 폭이 모두 한층 커질 것이다.

제프 이멜트는 대단히 과감하고 한편으로는 모험에 가까운 전략적 판단을 내렸다. 그러나 이 결정이 처음부터 GE의 주가를 끌어올린 것은 아니다. 〈파이낸셜타임스〉는 2007년 초의 기사에서 이멜트의 도전을 다음과 같이 묘사했다.

세상에서 가장 존경받는 기업들의 신전을 오랫동안 지배해 온 미국의 산업집단이 이제 자본시장을 향해 자신의 가치를 입증해야 할 때에 직면했다. 지난 6년간 GE의 주가는 S&P 500 지수에 미치지 못했다. 문어발식 포트폴리오를 통해 이윤을 늘리겠다는 GE의 전략이 실제로 주식시장에서도 가치를 인정받을지 입증해야 하는 상황에 처한 것이다. 만약 2007년에도 도약의 기미가 보이지 않는다면 자본시장은 올해를 GE 몰락의 해로 규정할지도 모른다.[15]

이 기사에서 지적했듯이 2007년은 이멜트가 내린 전략적 판단이 여전히 진행 중인 해였다. 지난 5년간 GE의 수익 구조를 개선하고자 리포지셔닝Repositioning을 추진해 왔고, 이제는 그의 전략적 판단이 예견된 결과를 낳을 수 있음을 입증해야 할 때다. 그의 작업은 지금도 계속되고 있다. 그동안 여러 사업부가 포트폴리오에서 탈락하고 인수와 자체 성장을 통해 새로운 사업부가 추가되는 등 GE의 미래 성장 엔진을 확보하려는 노력이 끊임없이 진행되어 왔다. 변혁에 투자한 지 5년, 제프 이멜트의 판단에 대한 보상은 주식시장에서 하나씩 확증을 드러내고 있다. 그의 말을 들어 보자.

믿을 수 있는 성장 기업으로 자리매김하려면 미래를 구체화하는 능력이 필요합니다. 우리는 이 시대의 거대한 성장 잠재력을 믿습니다. 우리가 가진 비즈니스 폭과 재정적 강점, 지적자본은 미래의 경쟁력을 창조하는 원동력이 될 것입니다.[16]

다음은 제프 이멜트가 자신의 전략적 판단을 GE뿐 아니라 월스트리트와 언론, 핵심 관계자 등 전 세상에 알린 내용의 요약본이다. 그는 자신의 스토리라인을 공유할 뿐 아니라 전략의 실행도 과감히 추진하고 있다.

GE의 미래를 위한 제프 이멜트의 전략적 판단 요약

GE 비즈니스 포트폴리오의 혁신
- 고성장·고수익 비즈니스에 집중하는 것이 효과적
- 2002년부터 성장세와 수익률 높은 기업들을 대상으로 약 800억 달러 규모의 인수 단행. 성장이 더디고 수익률이 떨어지는 사업부 중 총 400억 달러 규모 매각
- 2001~2006년 연속 두 자릿수 영업이익 달성
- 2년 연속 GDP 대비 매출 성장률 2~3배 달성
- 2년 연속 이윤율과 수익률 확대
- 전 세계 매출, 2000년의 400억 달러에서 2006년 750억 달러로 2배 달성
- 고수익 서비스 매출, 2000년 160억 달러에서 2006년 300억 달러

로 2배 달성

• 2000년 이후로 순이익 2배 달성

성장 견인력을 확보하기 위한 포트폴리오 변화와 기술혁신 투자

• 인구학적 변화

• 디지털 관계

• 유동성

• 다국적 인프라 확장

• 신흥시장

• 에코매지네이션(청정 에너지)

Chapter 9
위기 판단

- 성공한 리더는 위기에 대처할 때도 책임의식을 잊지 않는다.
  - 위기의 본질을 정확히 구체화하는 능력이 필요하다.
  - 정치적 소동에 대해 사실적이고 과학적인 대응은 도리어 큰 화를 초래할 수 있다.
- 위기에 대처할 때 가장 흔히 범하는 실수는 바로 본래의 임무를 망각하는 것이다.
  - 긴장을 완화하는 대응책이 항상 목표 달성에 유익한 것은 아니다.
  - 위기 속에서 뜻밖의 기회를 찾을 수도 있다.
- 인물과 전략에 대한 그릇된 판단이 위기로 이어지기도 한다.
  - 위기에 부딪혔을 때는 현명하고 헌신적인 팀이 필요하다.

나를 신임 CEO로 소개하던 그날, P&G의 주가는 4달러나 더 떨어졌습니다. 게다가 이후 15일간 3.85달러가 추가 하락했습니다.

2000년, P&G의 시가총액이 850억 달러나 떨어진 것은 오히려 위기의 일부에 지나지 않았습니다. 그보다 더 큰 위기는 바로 신뢰의 상실, 특히 리더십에 대한 신뢰의 상실이었습니다. P&G의 경영자들은 숨을 곳부터 찾았습니다. 낮게 엎드려 고개마저 푹 숙인 채로 말입니다.

P&G의 각 사업부는 자사의 문제에 대해서도 본사를 비난했습니다. 본사는 각 사업부를 비난하고 직원들은 경영진의 역할을 요구했습니다. 모두 리더십의 신뢰 상실에 대해 목 놓아 부르짖었습니다.

애널리스트와 투자자들도 화가 났습니다. 신뢰의 상징으로 부르던 회사가 어떻게 이렇게까지 망가질 수 있단 말인가요? 퇴직자들도 기가 막힐 지경이었습니다. P&G의 주가에 기대어 안락하고 안정된 노후를 꿈꾸던 이들이었습니다. 하지만 이미 원금을 절반 넘게 까먹은 상태였습니다.

모든 것이 엉망이었지만 우리는 그 위기를 반드시 이겨내야만 했습니다.¹

2005년 1월 13일

앨런 G. 래플리

앨런 래플리가 급작스레 신임 CEO로 임명된 2000년 6월, P&G는 심각한 위기에 처해 있었다. 주가도 자유낙하 중이었다. 래플리의 전임 CEO인 더크 재거는 P&G의 악화된 경영 상태를 회복시키지 못했다는 이유로 해고되었다. 회사 경영은 혼돈 그 자체였고 직원들의 사기는 땅에 떨어졌다. 래플리는 이를 극복하는 동시에 위기에 이르게 된 원인을 신속히 제거해야 하는 책임까지 떠안았다. 그가 주도한 혁신은 성공적이었다. 경영권을 쥔 2000년에 740억 달러에 불과했던 시가총액이 2007년 초에는 2,000억 달러까지 치솟았다.

그동안의 위기 대처 과정에 대해 래플리가 2005년에 밝힌 내용의 골자는 다음과 같다.

우리는 다음 네 가지를 실행했다.

첫째, 현실에 맞섰다. 상황을 우리가 원하는 대로가 아닌 있는 그대로 바라보았다.

둘째, **변화를 받아들였다.** 변화를 무시하거나 거부하지 않았으며 기꺼이 포용하면서 주도하려고 노력했다.

셋째, **선택을 시작했다.** P&G가 해야 할 것과 하지 말아야 할 것을 분명하고 과감하게 선택했다. 선택은 전략의 핵심이다.

넷째, **강하고 단합된 팀을 구성했다.** 회사를 이끌기 위해 자리에 맞는 사람을 선발해 하나의 버스가 하나의 방향으로 나아가도록 했다. 목표를 향한 비전을 공유하고, 전략과 실행 계획을 수립할 때도 팀으로 움직였다.[2]

위기 상황이든 그보다 덜 위험한 상황이든 판단 프로세스는 준비와 결정, 실행 단계로 동일하다. 그러나 준비 단계는 위기가 닥치기 전에 마무리할 필요가 있다. 유능한 리더는 위기가 닥쳐올지 판단하기 어려운 순간부터 이미 위기에 대비한다. 즉 TPOV와 스토리라인을 바탕으로 미래의 위기를 미리 감지해 대비하는 것이다.

리더가 위기를 오판하는 이유는 주로 TPOV와 스토리라인이 불확실하거나 또는 인물 판단에 문제가 있기 때문이다. 위기에 현명하게 대처하려면 이 모든 요소가 조화를 이루어야 한다. 그러지 않으면 현명하고 응집력 있는 팀워크가 절실한 순간에 위기가 팀 전체를 허물어뜨리고 만다. 또한 그릇된 인물 판단과 전략 판단으로 위기를 자초하는 경우도 많으며, 일단 위기가 닥치면 팀워크와 집중력 여부에 따라 생존과 파멸이 엇갈린다.

초진 간호사의 위기 판단

응급실의 윤리 문제를 다룬 한 기사에서 초진 간호사가 동료에게 이런 질문을 했다.[3] "치료가 필요한 환자들을 우선순위에 따라 구분하는 것에 대해 과연 윤리성을 따질 필요가 있을까요?" 그러자 동료가 단호하게 대답했다. "당연하지요. 우리가 대하는 모든 환자는 치료의 우선순위와 자원 배분이라는 측면에서 윤리적 질문을 제기할 수 있습니다. 결국 환자들은 우리가 그들의 치료 순서를 결정할 때마다 얼마든지 '이의'를 제기할 수 있다는 뜻입니다."[4]

의사결정이 무엇인지 제대로 배우고 싶다면 도시의 복잡한 병원 응급실에서 일하는 초진 간호사의 일상을 관찰해 보는 것도 좋은 방법이다. 초진 간호사는 응급환자들이 들이닥쳤을 때 누구를 먼저 치료할 것인지 결정하는 사람이다. 이때의 판단은 의료학적 상황의 심각성과 긴급성에 따라 이루어진다.

언젠가 노엘 티시가 응급실의 모습을 관찰하려고 할렘 병원을 찾은 적이 있다. 초진 간호사의 판단은 정말 빨랐다. 열이 있는 아이와 그 부모를 한 시간이나 기다리게 하는 대신, 그 시간에 80대의 심장발작 환자를 구할 응급팀을 가동했다. 그러더니 또 한 번의 재빠른, 한편으로는 쉽지 않은 결정을 내렸다. 심장발작 노인을 구하려고 사력을 다하고 있는데 임신한 10대 소녀가 총상을 입은 채 들이닥쳤다. 그러자 초진 간호사는 조금도 주저하는 기색 없이 노인에게 쏠려 있던 인력과 자원을 그 소녀에게로 집중시켰다. 그리하여 소녀와 뱃속의 아이는 생명을 구했지만 노인은 결국 사망했다. 그 간호사는 한정된 자원을 어떻게 활용하는 것이 중요한지 보여 주는 좋은 사례였다.

리더의 TPOV는 인물과 전략뿐 아니라 위기와 관련된 상황에서도 판단의 길잡이 역할을 한다. 다만 차이라면 위기 상황에서는 판단할 여유가 없을 뿐 아니라 압박감도 매우 심하다는 것이다. 초진 간호사의 경우 의료 경험이 반드시 필요하지만, 정말로 어려운 판단 상황에서는 의료 경험보다 '가치관'이 더 큰 역할을 한다. 앞의 상황에서 초진 간호사는 자신의 가치관을 바탕으로 치료 대상을 선택했다. 즉 심장발작 노인보다 젊은 임산부를 구하는 것이 더 중요하다고 판단해 모든 인력과 장비를 10대 소녀에게 집중시켰다. 그러면서 조금의 머뭇거림도 없었다. 다른 사람들이 동의하든 않든 그녀는 상황을 판단하는 자기만의 TPOV를 갖고 있었기 때문이다.

마지막으로 그 간호사가 자신의 판단을 신속하고 효과적으로 실행하기 위해서는 자신뿐 아니라 다른 사람들한테서도 감성 에너지를 유발시켜야 했다.

그렇다면 간호사는 어떤 식으로 이런 판단력을 키울 수 있었을까? 공식적인 훈련도 물론 필요하지만 더 중요한 것은 경험이다. 초진 간호사는 숙련된 간호사들과 함께 수습으로 일을 시작한다. 여기에서 충분히 지도받고 경험을 쌓고 나면 자신이 직접 판단력을 발휘해야 하는 실무에 투입된다. 초진 간호사들은 작은 병원의 응급실에서 실무를 시작해 어느 정도 경력을 쌓은 다음에 도시의 크고 복잡한 병원으로 옮기는 경우가 많다. 어떻든 유능한 초진 간호사로 성장하려면 끊임없이 배우고 스스로 발전시켜야 한다. 준비 없는 경험은 재앙으로 통하는 지름길일 따름이다.

현명한 판단력을 갖추려면 개인적인 준비 못지않게 제도적인 준비도 중요하다. 철학박사이자 MBA, 공인간호사로서 '노스 쇼어 롱 아일랜드 유대인North Shore-LIJ 의료 시스템'의 교육 책임자를 맡고 있는 캐시 갈로Kathy Gallo는 한때 외상센터Level 1의 응급실 책임자로 일했다. 그녀는 경험과 준비를 통해 자신의 판단력을 향상시켜 온 과정에 대해 다음과 같이 설명했다.

체계적인 계획과 준비, 훈련, 보고, 경험 등이 뒷받침된다면 위기도 일상 활동의 하나처럼 대응할 수 있습니다. 세상의 모든 일에 일일이 대응 계획을 수립할 수는 없는 법입니다.

사고로 중상을 입은 환자들이 헬리콥터와 구급차로 동시에 응급실로 들이닥치는 상황이 보통 사람의 눈에는 큰 위기 상황처럼 보일지도 모르지만, 준비된 의료진에게는 절대 위기가 아닙니다. 이것은 하루에 일어나는 다양한 업무 중 하나에 불과하지요. 사고 소식을 들은 의료진은 환자들이 도착하기 전에 이미 대응 계획을 세웁니다. 그래서 환자들이 도착하는 대로 진단과 치료를 시작하지요. 안정된 환자는 일반 병동으로 옮기고 치료가 여의치 않은 환자는 다른 병원으로 이송해 응급실을 비우고 다음 응급환자를 맞이할 준비를 합니다. 이처럼 응급실은 언제든 '준비된' 공간입니다.

응급실을 운영하는 사람은 다음에 들이닥칠 환자들과 지금 비어 있는 병상 수 등에 대해 늘 생각합니다. 나 역시 헬리콥터나 구급차가 달려오는 소리를 들으려고 늘 귀를 열어 두고 있습니다. 그리고 응급환자들이 도착했을 때 어떤 결정을 내릴지에 대해서도 항상 생각합니다. 이런 환경은 근무자들의 감각을 일깨우는 일종의 훈련 상황이기도 합니다. 따라서 심각한 상황이 닥치더라도 의료진은 좀처럼 놀라는 법이 없으므로 환자와 그 가족들은 최선의 의료 서비스를 받을 수 있습니다.

캐시 갈로는 준비가 위기 판단에 얼마나 중요한지 보여 주는 또 하나의 사례를 설명한다. 노스 쇼어 LIJ 의료 시스템의 응급실 부책임자로 근무하던 시절의 일이다. 1999년, FBI의 어느 간부가 그녀에게 중요한 조언을 해주었다. 뉴욕 시를 향한 테러리스트들의 공격 가능성이 점점 높아지고 있으므로 갈로의 병원도 다수의 인명피해에 대비할 필요가 있다는 말이었다. 이 문제로 병원 CEO와 논의한 끝에 그녀는 대규모 사상자들의 발생 가능성에 대비해 의료체계를 개선하도록 승인을 얻었다. 이렇게 해서 새로운 응급실 운영 계획을 수립하고, 응급실뿐 아니라 병원 전체에 적용할 사고통제 시스템도 갖췄다. 아울러 새 지침의 내용과 긴급대응 체계의 필요성에 대해 모든 직원에게 철저한 교육을 진행했다. 물론 교육 내용에는 핵심 인사들의 역할 규정도 포함되었다.

일상의 업무를 수행하려면 직원들에게도 그만한 권한을 부여하는 것이 최선입니다. 하지만 갑작스레 위기가 닥쳤을 때는 명령과 통제를 통해 모두 일사분란하게 움직이도록 하는 것이 중요합니다.

그때부터 응급실에서는 이론 교육을 일상화하고, 사후 보고를 통해 응급 대응의 효율을 높이려는 노력을 계속했습니다. 9·11이 터지기 이전에 지역회의도 개최했습니다. '대량살상무기에 대처하기 위한 의료 대응 방식'을 주제로 개최한 이 회의에는 3개 주의 모든 병원과 응급실 관계자가 참석했습니다. 또 연방정부와 FBI 관계자뿐 아니라 뉴욕 시와 주변 카운티의 응급관리부 공무원들도 참석해 통합적인 시스템 구축을 논의했습니다.

하지만 사람들을 설득하는 일은 여간 어렵지 않았습니다. "테러리스트의 공격?" "그따위 막연한 사건에 대해 우리가 왜 이렇게 많은 시간과 노력을 투자해야 한단 말인가?"라는 불평을 수도 없이 들었습니다. 그러나 '다음'을 준비하는 이런 노력이 없었다면 9·11을 전혀 예측하지도, 그에 대응하지도 못했을 것입니다.

갈로와 응급실 운영진은 노스 쇼어 LIJ 의료 시스템에 위기 대처 시스템을 구축했다. 그리고 얼마 지나지 않아 9·11 사태가 터졌다. 갈로는 FBI의 경고를 무시했더라면 이 엄청난 사건에 적절히 대응하기 어려웠을 거라고 말한다.

FBI의 권고로 우리는 새로운 응급실 운영 계획을 수립해 교육하고 훈련했습니다. 그리고 구급차와 응급의료기술진, 의료진 등을 뉴욕 시로 보내 대형 인명 피해에 대비하는 것이 얼마나 중요한지 강조했을 뿐 아니라 우리 병원의 준비 활동을 설명하고 자원 투입과 정책적 관심을 촉구했습니다. 물론 우리 병원의 일상 업무는 그대로 유지했습니다.

캐시 갈로의 사례에서도 보듯이 조직 리더의 판단 프로세스는 동일하다. 즉 어느 조직의 리더든 그 판단 프로세스는 준비와 결정, 실행으로 구분된다. 다른 경우에서도 그렇듯이 의료적 판단의 타당성 역시 실행의 결과에 따라 달라진다. 총상을 입은 10대 소녀의 사례에서 초진 간호사가 이 소녀와 태아의 생명을 살리는 동안에 80대 노인은 숨을 거두고 말았다. 이것은 현명한 판단일까, 아닐까? 초진 간호사의 관점에서 생각하면 당연히 현명한 결정이었다. 부족한 자원을 한 곳에 집중해 최선의 결과를 이끌어 냈기 때문이다. 이처럼 신속한 결정이 가능했던 것은 오랜 경험을 통해 자신만의 가치관을 형성해서 갈등에 시간을 허비할 필요가 없었던 까닭이다.

응급실에서 초진 간호사의 판단 프로세스는 매우 빠르게 진행된다. 응급 환자가 도착하면 먼저 그 환자의 상태를 파악한다. 이때는 이런저런 검사를 할 여유가 없으므로 환자의 겉모습과 몇몇 의료지표를 근거로 상황을 판단한다. 이렇게 해서 치료 여부가 결정된다. 실행, 즉 치료를 결정한 경우에는 환자의 상태에 맞는 의료진을 신속히 투입한다.

이처럼 모든 리더는 판단 프로세스를 처음부터 끝까지 책임져야 한다. 상황을 파악해 대응 여부를 판단하고 결정을 내리며, 그 결정이 충실히 이행되도록 해야 한다.

초진 간호사와 조직의 리더

　초진 간호사나 소방관, 전쟁터의 군인 등은 모두 다양한 위기 상황에서 판단력을 발휘해야 하는 사람이다. 시간과 정보는 한정되어 있으며 잘못 판단하면 생명이 위험해질 수도 있다. 이런 급박한 상황에서는 판단에 시간을 허비할 여유가 없다. 기업과 대학, 병원 등 조직의 리더도 부적절한 인수나 최고위직 인사의 부정, 자연재해 같은 위기 상황에 직면할 수 있다. 그러나 리더가 판단을 내려야 하는 경우는 앞에서처럼 급박한 상황도 있지만 조용히 차분하게 진행해야 할 때가 더 많다.

　그렇더라도 조직의 리더들은 초진 간호사나 소방관, 군인 같은 '위기 전문가'에게 배워야 할 것이 많다. 전쟁터나 응급실처럼 생명이 왔다 갔다 하는 상황은 아닐지라도 리더들이 처한 상황 역시 위기 전문가만큼이나 복잡하고 중요하다. 차이가 있다면 조직의 리더들은 판단에 이르기까지 시간적인 여유가 있을 때가 많다는 점이다. 그리고 인물과 전략이라는 두 부문의 판단이 올바르면 위기 상황이 닥칠 가능성도 그만큼 적어진다는 점을 기억해야 한다. 하지만 리더가 어떤 판단을 하든 위기가 닥칠 가능성을 완전히 배제할 수는 없다. 그리고 그럴 경우에 대비해 리더는 유능한 팀을 구성해야 한다. 리더 혼자보다는 인재들의 집단이 위기에 더 슬기롭게 대처할 수 있기 때문이다.

군대에서 얻는 교훈 : 연속적인 위기 상황에 대처하라

앞에서도 살펴보았듯이 사성장군으로 미군 특수부대를 이끈 웨인 다우닝은 위기 속에서도 예상치 못한 기회를 찾으려고 노력한다.

> 위기는 기회와 함께 옵니다. 예상치 못한 사건은 종종 통제 불가능한 혼돈을 불러옵니다. 그런 상황에서도 우리는 통제력을 회복하려고 노력합니다. 항상 느끼는 것이지만, 혼돈 속에서도 그 상황에서 조금만 떨어져서 생각하면 해답이 보일 때가 있습니다. 한 걸음 물러서서 상황을 다시 한 번 보는 것이지요. 때때로 위기는 평소에는 전혀 찾아보기 어려운 기회를 동반하기도 합니다. 결국 위기는 우리에게 피하기 어려운 불이익을 안겨 주는 동시에 다른 곳에서는 결코 얻을 수 없는 새로운 기회도 가져다주는 것입니다.

1989년 다우닝은 군사독재자 마누엘 노리에가의 체포 작전을 위해 미군 특수부대를 이끌고 파나마에 도착했다. 그런데 계획대로 부대원들을 특정 지역에 배치하고 작전에 돌입한 지 몇 주 후, 상황이 뜻하지 않게 돌아가기 시작했다. 그의 부대가 위기에 직면한 것이다.

> 우리는 심각한 위기에 처했습니다. 작전을 수행하려면 노리에가의 위치 파악이 무엇보다 중요한데, 정보팀이 그를 놓쳐 버린 것입니다. 작전 시간은 점점 흐르고 자칫하면 노리에가가 외국으로 도망칠 수도 있는 상황이었습니다. 게다가 공수부대 소속 부대원들이 이미 미국을

떠나 낙하산을 타고 내려오기 위해 파나마 상공으로 이동하던 중이었습니다. 그런데 노리에가의 위치를 확인할 수 없다면, 우리는 대체 무엇을 해야 할까요? 원래 계획대로 작전을 수행할 수도 있었지만 그 결과를 장담할 수 없었습니다. 그래서 노리에가를 체포해 본국으로 송환하는 대신 그의 주요 측근들을 체포하는 쪽으로 작전을 수정했습니다. 측근들의 거처로 달려가 그들을 모두 체포해 본국으로 송환함으로써 노리에가의 근거지를 아예 봉쇄한 것이지요. 그리고 열흘 뒤에 결국 노리에가를 체포할 수 있었습니다. 원래대로 작전을 수행했더라면 아마도 노리에가는 우리를 비웃으며 쿠바로 탈출했을 겁니다.

보통 상황이든 위기 상황이든 다우닝이 현명한 판단을 내릴 수 있었던 것은 그의 TPOV 덕분이다. 즉 '노리에가를 신속히 체포한다'는 스토리라인을 '열흘에 걸친 근거지 봉쇄'로 바꾸었고, 결국 이 판단은 성공했다.

[도표 9.1] 리더십 판단 프로세스

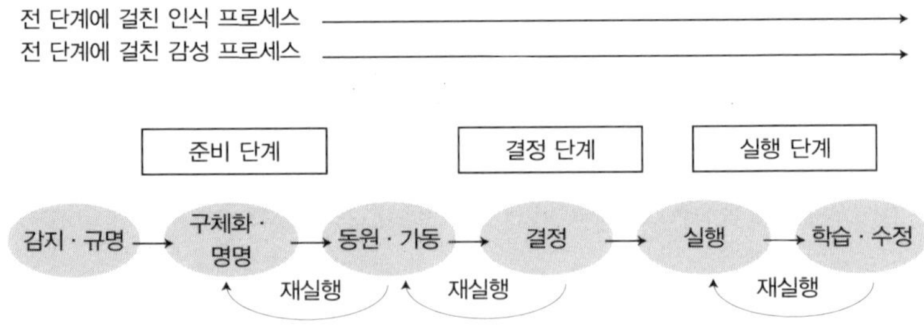

전 단계에 걸친 인식 프로세스 →
전 단계에 걸친 감성 프로세스 →

| 준비 단계 | 결정 단계 | 실행 단계 |

감지·규명 → 구체화·명명 → 동원·가동 → 결정 → 실행 → 학습·수정

재실행   재실행   재실행

그렇다고 판단 프로세스 자체가 바뀐 것은 아니다. 상황이 달라졌음을 감지하고 규명한 다우닝은 새로운 상황을 구체화하고 명명했다. 그다음에는 채 한 시간도 되지 않아 부대원들을 동원·가동했다. 이처럼 신속하고 일사분란하게 부대원들을 움직이게 한 점에 대해 다우닝은 이렇게 설명했다.

임무가 바뀐 사실을 모든 부대원에게 설명해야 했습니다. 목표물의 위치도 확실하지 않은 상황에서 기존 계획을 수행하는 것은 무리였습니다. 그래서 방향을 수정해 특수부대원들과 헬리콥터를 집결시켜 놓고 변경된 작전 내용을 통보했습니다.

우리는 특수부대의 지상 작전 수행 능력을 활용해서 노리에가 측근들의 거처로 잠입해 체포한다는 새로운 임무를 부여했습니다. 그리고 이 작전을 지원하기 위해 파나마 지협의 대서양 방면에 특수부대를 구축하고 치누크 헬기까지 동원해 상륙정을 실어 파나마 운하로 신속히 이동시켰습니다. 무려 1년 반이나 걸려서 세운 계획을 전격적으로 취소한 것은 그 계획이 현지 상황에 맞지 않았기 때문입니다. 노리에가를 체포해서 정권을 붕괴시킨다는 목적은 변함없었지만 방법을 달리해야 했습니다. 게다가 시간도 빠듯했습니다. 다른 사람들과 토론하고 논쟁할 여유가 없었습니다.

사령실에 있던 나와 오랜 동료 딕 말베스티 대령은 불과 15분 사이에 전혀 새로운 작전을 짰습니다. 전투에서는 늘 이런 유연함이 있어야 합니다. 적이 어디로 튈지 알 수 없거든요. 그래서 정보를 충분히 입수해서 계획을 세워야 하지만 상황이 언제든 바뀔 수 있다는 점도 염두에 두어야 합니다. 그래서 상황이 바뀌면 그에 맞춰 적절하고 신속하게 대응해야 합니다.

다우닝의 판단은 옳았지만 세 번째 단계인 '실행'을 통해 판단의 타당성을 입증해야 했다. 그래서 열흘에 걸친 노리에가 측근들의 체포 작전을 단행했고 그 과정에서 학습과 수정 과정도 이행했다.

웨인 다우닝은 위기 상황에서 미군 리더들이 어떻게 대처해야 하는지를 간결하고 알기 쉽게 구체화했다. 물론 평소에도 이 프로세스를 적용할 수 있지만, 이는 위기 상황에서 더욱 큰 힘을 발휘한다. 다우닝의 위기 대처 방법론은 METT-T Mission, Enemy, Terrain, Troop, Time 로 암기하면 수월하다.

군사 리더라면 누구나 METT-T를 적용할 수 있다.
- Mission(임무) : 우리 부대가 해야 할 일이 무엇인가? 전쟁터의 자욱한 먼지와 포화 속에서도 임무를 잊어서는 안 된다. 당장의 위기 해결에만 매달리면 본래의 목적을 망각하기 쉽다.
- Enemy(적) : 우리가 대항해야 할 상대는 누구인가? 적에 대해 아무리 많이 연구했더라도 예상치 못한 상황이 생길 수 있다. 적은 보통 어떻게 움직이는가? 적의 수는 얼마나 되는가? 증원 부대는?
- Terrain(환경) : 환경은 지형과 대기, 해양, 기상 등 전체적인 환경을 말한다. 그 환경이 우리에게 유익할 것인가, 위험할 것인가?

- Troop(부대) : 단순히 군인들만을 말하는 게 아니다. 우리가 보유한 혹은 동원할 수 있는 모든 물질적 자원이 여기에 포함된다. 박격포나 대포, 공중전투요원, 나아가 적의 측후방을 기습하는 기동대 등을 말한다. 우리만으로는 위기를 극복하기 어려울지 몰라도 주변에 우리를 도울 사람들이 있다는 점을 기억해야 한다.
- Time(시간) : 시간도 중요하다. 이 문제에 결정을 내리기까지 어느 정도의 시간이 있는가? 정보를 확보하려면 물론 시간이 필요하지만 이렇게 기다리다 보면 재앙에 부딪힐 수도 있다. '지금 당장' 계획의 75퍼센트를 실행하는 편이 한 시간 뒤에 99퍼센트를 실행하는 것보다 낫다.

칼 웨익은 일반의 통념을 깨는 '미래 전쟁터의 스트레스 분석 A Stress Analysis of Future Battlefields'이라는 제목의 획기적인 글을 집필했다.[5] 이 글은 비즈니스뿐 아니라 다른 분야의 리더에게도 매우 유익한 내용을 담고 있는데, 위기 판단이 인물 판단이나 전략 판단과 근본적으로 다른 이유를 이해할 수 있다. 전쟁터와 조직은 완전히 다른 환경이지만 두 부문에서 얻는 교훈에는 유사한 점이 많다. 웨익은 현대의 전쟁터가 위기와 스트레스의 온상이라고 말한다(이 글이 쓰인 때는 지금부터 20여 년 전이지만 최근 이라크 전장의 환경까지도 정확히 예측했다는 점에 주목할 필요가 있다). 그리고 전쟁터에서 얻은 많은 교훈이 오늘의 비즈니스 환경에도 그대로 접목된다.

① 전쟁은 점점 길어지고, 병력 교체가 어려우며, 앞으로도 지속되리란 인식이 지배적이다.
② 전쟁터의 규모가 (세계로) 커지면서 외부적 위험도 점점 커지고 있다.
③ 전쟁이 사라지기는 어려울 것이다. 어느 쪽이 안전한지 누구도 알 수 없기 때문이다. 하지만 안전을 추구하는 과정에서 위험에 대한 노출을 줄일 수 있다.
④ 무기의 화력과 파괴력이 점점 커지고 있다.
⑤ 장비가 점점 복잡해진다. 고장도 잘 나고 고치기도 어렵다.
⑥ 점점 커지는 압박감에서 벗어나려면 지휘관들은 전쟁터에서 멀찌감치 떨어질 필요가 있다. 다시 말해 리더가 현장 감각을 상실해 잘못된 결정을 내릴 수도 있고, 작은 부대에 지나치게 많은 임무를 지울 수도 있다는 것이다.
⑦ 부대 규모가 점점 작아지고 세분화되고 있으며, 전파 방해에 취약한 통신장비로 연락을 취한다. 따라서 상황을 정확히 파악하기 어려워 서로에 대한 지원이 제때 이루어지지 못할 것이다.
⑧ 싸움은 계속될 것이다. 사람은 늘 위험에 노출되어 있으므로 부단한 경계의식이 필요하다는 뜻이다.

우리는 비즈니스 리더의 상황 판단력을 향상시키는 데 이 목록을 오랫동안 이용해 왔다. 전 세계로 확산되는 경쟁은 비즈니스 환경을 온통 전쟁터로 만들었다. 여기서 '병력 교체'는 비즈니스 환경의 인재 부족과 동일한 뜻이다. '커지는 외부적 위험'은 전 세계로 확산되는 치열한 경쟁을, '전쟁터에서 멀리 떨어진 지휘관'은 지구촌 반대편에 있는 본사 또는 사업부를, '계속되는 싸움'은 쉼 없이 이어지는 다국적 비즈니스 환경을 각각 의미한다.

웨익은 이런 전쟁터 같은 곳에서 리더의 판단력을 향상시키고자 나름의 처방전을 만들었다. 그 내용은 다음과 같다.

① 반복학습을 습관화하라. 성공에 꼭 필요한 행동양식을 반복적으로 학습하다 보면 혹독한 스트레스 속에서도 그 행동을 계속할 수 있다.
② 즉각적인 대응을 반복적으로 연습하라. 시도와 실수를 반복하더라도 높은 스트레스 상황에서 기발한 해결책을 찾아내는 방법을 계발해야 한다. 때로는 내면의 잣대를 깨뜨리고, 질서가 필요한 상황에서는 과거의 엄격한 절차를 강요하기도 하고, 적들의 복잡한 전략에 대응할 수 있는 또 다른 복잡한 전략을 고안하거나 엉뚱한 해결책에 대해서는 비난이 아닌 유머를 통해 웃음을 유도하며 긴장을 완화하는 것도 좋다. 즉 융통성과 자신감이 필요하다.
③ 되도록 실제와 같은 상황에서 연습하라.
④ 임무를 단순화하라. 심한 스트레스 상황에서는 속도를 위해 '질'을 포기해야 할 때도 있다. 따라서 이런 상황에서도 질적 손실을 최소화하도록 애초부터 임무를 설계해야 한다.

⑤ 극복 의지를 키우라. 임무에 집중함으로써 스트레스의 파괴 효과를 상쇄할 수 있다. 또 자신의 운명을 스스로 통제한다는 믿음과 변화란 안정을 위협하는 게 아니라 성장의 자극제라는 믿음을 가져야 한다.

⑥ 자기암시 능력을 키우라. 명상이나 자기암시, 심상, 성공을 향한 비전 등이 필요하다.

⑦ 팀원들의 차이를 규명하라. 모든 팀원들은 장점과 단점을 갖고 있다.

⑧ 관심의 매개체를 찾아내라. 동료들로 이루어진 수평적 조직에서도 리더십을 발휘하는 요령을 배워야 한다. 동료들에게 새로운 기술과 지식, 경험, 훈련, 방향 등을 가르치는 것도 좋은 방법이다.[6]

다우닝 장군과 웨익은 삶과 죽음이 엇갈리는 극단적 환경인 전쟁터에서 위기 판단이 어떻게 이루어지는지를 보여 준다. 사실 전쟁터의 군대만큼 그렇게 위험한 결정을 내려야 하는 조직은 거의 없다. 하지만 비즈니스 조직에서도 위기는 정말 심각한 사건이며 때로는 그 조직의 존폐가 좌우될 수도 있다. 따라서 리더는 전쟁터의 환경을 교훈 삼아 어떤 위기 상황에서도 적절히 판단할 수 있는 체계를 세워야 한다.

위기 판단과 급박한 시간 그리고 근본 원인

리더의 판단력이 요구되는 3대 부문에 위기를 포함시키는 이유는 모든 조직의 리더는 위기에 부딪힐 수밖에 없기 때문이다. 우리 두 사람도 조직의 리더로서 위기에 대처한 적이 있으며, 리더의 위기 대처 능력을 점수로 평가하는 방법을 연구하기도 했다. 위기 판단 프로세스 역시 인물과 전략의 그것과 동일하다. 먼저 확고한 TPOV가 있어야 하고, 어떤 판단이든 이 TPOV를 바탕으로 해야 하며, 스토리라인이 원활하게 실행되도록 해야 한다.

리더십의 위기란 무엇인가

사회적 지위에 따라 직면하는 위기의 유형도 다양하다. 공동 저자인 워렌 베니스는 청년 시절에 일본이 진주만을 공습하자 장교로 제2차 세계대전에 참여했다. 그 후로 베를린의 위기와 스푸트니크 위기, 쿠바 미사일 위기, 케네디와 마틴 루터 킹 암살, 베트남 전쟁, 닉슨 탄핵 위기, 1970년대의 석유 파동, 천안문 광장 진압 사건, 고르바초프 시절의 구소련, 인도의 수상 간디 암살, 9·11 테러, 이라크 전쟁 등 위기 상황은 끊임없이 반복되었다. 그리고 이 모든 위기 상황에는 항상 리더의 현명한 혹은 그렇지 못한 판단이 뒤따랐다.

비즈니스 조직들과 함께해 온 우리도 이런 판단 과정을 수없이 목격했고 때로는 우리 자신이 위기와 직접 맞닥뜨리기도 했다. 1997년에 켄터키 주 해저드의 애팔래치안 지역병원회의가 파산에 직면했는데, 이때 노엘 티시가 이 회의에 소속된 의료기관을 운영하고 있었다. 1984년에는 인도 보팔의 유니언카바이드 화학공장에서 폭발사고가 있었는데, 이때도 티시가 이 회사의 리더십 프로그램을 운영하던 중이었다.

GE의 한 간부가 이스라엘 장군에게 뇌물을 제공했을 때도, 키더 피바디의 비도덕적인 인물이 회사를 위기로 몰아넣었을 때도 우리가 가까운 곳에 있었다. 특히 후자의 경우에는 당시 키더 사의 CEO가 이 사건이 자신의 재임 중에 있었던 일이라는 이유로 사임해야 했다. 비교적 최근의 사건으로는 1999년 노엘 티시가 노무라증권에서 일할 때 그곳 CEO였던 다부치 세쓰야가 도쿄의 조직범죄단과 관련된 뇌물 스캔들로 갑작스럽게 해고되기도 했다.

이외에 포드의 CEO 잭 네이서가 어느 공장의 폭발사고와 파이어스톤의 타이어 문제 등의 위기에 직면했을 때도 우리 두 사람이 직간접적으로 연루되었고, 최근에는 우리 회사의 문제로 역경에 부딪히기도 했다. 우리가 위기를 자초했다고 생각하지는 않지만 어쨌든 그 상황에 연루된 것은 사실이다. 덕분에 위기가 어떻게 생겨났고 그 과정에서 리더들이 어떻게 대처하는지에 대해 많은 교훈을 얻을 수 있었다.

잘못된 인물 판단이 위기를 자초한다

다우닝은 우리에게 이렇게 말했다. "유약한 리더는 정말 리더를 필요로 할 때 좌절감만 안겨 줍니다."

느닷없이 찾아와 사람들을 당혹스럽게 하는 위기도 있다. 그러나 대부분의 위기는 한 번 또는 잇따른 잘못된 결정에서 나온 결과물이다. 위기를 부르는 잘못된 결정의 상당수는 사람과 관련된다. 이 책을 집필하는 중에도 노엘 티시가 사람을 잘못 선택한 바람에 곤혹스러운 상황에 처한 적이 있다.

노엘 티시는 미시간 대학의 글로벌 비즈니스 파트너십GBP 센터를 운영하고 있다. 이곳에서 주관하는 여러 프로그램 중에서 센터 전체 연수입의 60퍼센트를 차지할 만큼 비중 있는 프로그램이 하나 있다. 5대 주요 대기업과 제휴해서 실시하는 교육 프로그램으로, 이 5개 기업의 CEO들은 각각 6명의 임원으로 구성된 팀과 함께 GBP센터에서 6개월에 걸쳐 프로그램에 참여한다. 이 프로그램의 목적은 각 기업의 참여자(임원)들이 CEO의 전략 프로젝트를 수행하는 동시에 각자의 리더십을 계발하도록 돕는 데 있다.

2007년 초에도 이 5개 기업의 CEO들과 임원들이 함께 참여하는 프로그램이 열릴 예정이었다. 그런데 프로그램의 시작을 코앞에 둔 어느 날, 노엘 티시는 프로그램 책임자의 편지 한 통을 받았다. 편지의 내용인즉슨, 이번 프로그램에 5개 팀이 아닌 1개 팀만 참석하게 되었다는 사실을 그동안 숨겨 왔다는 것이다. 전해까지 참석했던 나머지 팀들은 그해에는 참석하기 어렵다고 이미 오래전에 책임자에게 통보한 상태였다. 그런데도 그 책임자는 이 사실을 숨겨 왔고, 결과적으로 티시는 프로그램 시작을 코앞에 두고 절망적인 소식을 듣게 된 것이다. 티시는 곧바로 이 사실을 참석하기로 한 팀의 CEO에게도 알리도록 했고, 그러자 그 CEO 역시 불참을 통보해 왔다.

2007년의 프로그램이 취소되면서 GBP센터는 금전적인 어려움뿐 아니라 이미지 실추라는 이중고에 시달렸다. 그런데 이 사건을 살펴보던 티시는 더더욱 놀라운 사실을 발견했다. 그 프로그램 책임자는 사람들이 참석하지 않을 것을 알면서도 허위 명단을 만들어 호텔을 예약하고 좌석 번호까지 매겼으며, 심지어 노엘 티시에게 참석자들을 위한 책자에 서명까지 하도록 했다. 상사이자 오랜 친구인 노엘 티시를 속인 데 이어 거짓된 행동까지 한 것이다. 그 책임자가 보낸 4쪽에 달하는 참회의 편지 내용을 요약하면 다음과 같다.

친애하는 벗 노엘 티시에게

내가 실수를 저질렀네. 너무도 큰 잘못을 저질러서 이러지도 저러지도 못하는 상황을 자초하고 말았어. 그리고 그 과정에서 지난 반세기 가까이 지켜온 나만의 윤리 기준도 허물어지고 말았다네.

나의 반복된 거짓말과 허황된 생각 때문에 우리 프로그램이 위기에 봉착했네. 그런데도 내게는 이 문제를 온전히 책임질 용기조차 없었네. 늦었지만 나의 잘못과 부도덕함에 대해 30년 지기인 자네한테 진심으로 사과의 말을 전하네. 나는 자네의 믿음을 저버린 부도덕한 직원이며, 이제는 감히 친구라고 말하기조차 어렵게 되어 버렸네…….

그 책임자가 일으킨 문제로 다른 직원들의 일자리도 위기에 봉착했다. 예상했던 수입이 사라진 바람에 예산에 큰 차질이 생긴 탓이다. GBP센터의 브랜드와 이미지도 크게 실추되었다. 실수를 한 개인의 직업 인생은 말할 것도 없고 조직 전체가 심각한 위기에 빠진 것이다. 그러나 얻은 것도 한 가지 있었다. 이 문제로 CEO들과 통화하면서 티시가 얻은 교훈이 그것이다.

노엘 티시는 CEO들에게 모두 일일이 전화를 걸어 자초지종을 설명했다. 그러자 그들도 하나같이 자신이 경험했던 비슷한 사례를 언급했다. 굳게 믿고 중책을 맡겼지만 그 신뢰를 저버린 리더 이야기, 충분한 징후가 있었는데도 이를 깨닫지 못해 결국 조직을 위기로 내몰고 만 이야기 등이었다.

어떤 CEO는 자기네 회사의 부사장에 대해 말했다. 그는 유능한 세일즈맨이었지만 부사장으로 승진하기 직전 6개월간의 매출 실적을 조작했던 일이 드러났다. 그러자 그는 CEO에게 자신이 코카인에 중독되었다는 사실까지 솔직히 털어놓으며 한 번만 더 기회를 달라고 호소했다. CEO는 그에게 6개월간의 기회를 주었다. 하지만 그는 거짓말을 반복하면서 코카인을 탐닉하더니 결국 회사 전체를 위기로 몰아넣고 말았다. 또 어떤 CEO는 알코올에 중독되어 위기를 자초한 대규모 사업부 책임자에 대한 이야기를 하기도 했다. 또 다른 CEO는 친척이라서 믿고 고용했던 사람이 거짓말과 사기 행각을 반복하다가 나중에는 회사를 곤경에 빠뜨린 사례를 이야기했다.

인물 판단의 맹점

이 모든 사례는 아무리 화려한 경력이 있는 유능한 리더라도 사람을 판단할 때는 그만큼 신중해야 한다는 것을 환기시킨다. 노엘 티시는 적어도 사람을 판단하는 일에 관해서는 누구보다 뛰어나다고 스스로 생각했지만, 그런 그조차 인물 판단의 '맹점'에서 자유롭지 못했다. 인물 판단에서 '맹점'이 전혀 없다고 생각되는 리더도 있다. 그러나 그들 중 상당수는 아첨하기 좋아하는 사람에 둘러싸여 있어 인물 판단의 적절성조차 가늠하기 어려운 부류다.

우리는 충분한 자료를 바탕으로 다각도에서 사람을 평가하는 방법을 찾으려고 직업 인생의 상당 부분을 투자했다. 하지만 지금껏 만난 CEO들 중에 직원을 선발하는 과정에서 최소한 한 차례라도 낭패를 경험하지 않은 경우는 단 한 번도 없었다. 이들 모두 인물 판단의 맹점에서 자유롭지 못했던 탓이다. 몇 가지 사례를 살펴보자.

- 머크 이사회 : 큰 제약회사를 운영하기에는 경륜이 부족한 레이 길마틴을 CEO로 영입했다. 길마틴은 바이옥스 위기에 잘못 대처하는 바람에 회사에서 쫓겨났다.
- 칼리 피오리나 : 그녀 역시 대규모 복합기업을 운영하기에는 경륜이 부족했다. 경영진을 제대로 구성하지 못해 회사가 휘청거리자 결국 이사회에서 그녀를 해고했다.
- 잭 웰치 : GE의 CEO를 지낸 잭 웰치는 리더를 발굴하고 양성하는 능력에 관한 한 세계 최고의 업적을 자랑한다. 하지만 그런 그 역시 사람을 제대로 파악하지 못한 때가 종종 있었다. 대표적인 예가 웰치의 임기 중에 발생한 키더피바디 스캔들이었다. 이 일로 GE도 큰 타격을 입었고 키더 사의 CEO는 즉각 해

임되었다.

- 밥 놀링 : 이동통신 업계의 베테랑이며 뉴욕 시 리더십 아카데미의 설립자이기도 한 놀링은 어느 회사의 CEO로 부임했을 때를 이렇게 회상했다. 부임 당시 그는 회사 설립자들이 경영에 관여하는 현실에 대해 경고의 메시지를 보냈다. 그 회사에서는 3명의 설립자가 모두 요직을 차지하고 있었다. 놀링은 CEO의 권한에다 이사회의 지원까지 얻어 이 문제를 해결하려 했지만 결과는 만족스럽지 못했다. 2명의 창업자를 경영 일선에서 물러나게 하는 데는 성공했지만 마지막 한 사람까지는 역부족이었다. 이후 놀링이 임기 중에 첫 번째 위기를 맞자 남은 창업자가 주변 사람을 회유해 그의 사임을 종용했다. 이 사건에서 놀링은 소중한 교훈을 얻었다. 방향을 일러 주는 자료가 충분한데도 제대로 실행하지 않았을 때 어떤 결과가 벌어지는지 깨달은 것이다.

- 잭 네이서 : 포드 자동차의 CEO였던 네이서는 경영진의 상당수가 그다지 충성스러운 사람도 아니고 자신에게 우호적이지도 않다는 사실을 알면서도 간과했다. 결국 파이어스톤 타이어 사태가 불거지자 사람들은 네이서의 노력을 폄훼하기 시작했고 몇 년 지나지 않아 그는 빌 포드에 의해 쫓겨나고 말았다. 이 과정에서 충성과는 거리가 먼 임원들의 협력이 큰 위력을 발휘했다. 집을 깨끗이 청소해야 할 시점에 그러지 못한 것이 큰 패착이었던 것이다.

유능한 리더도 인물 판단에 실패할 때가 있다. 사람을 판단하는 일이야말로 인지력과 감성이 모두 작용하는 대단히 복잡한 과정이기 때문이다. 어려울 때 자신을 도와준 사람은 회사에 대한 로열티(충성심)도 강할 것이라고 생각하는 리더가 있다. 그리고 '위로는 상냥하고 아래로는 잔혹한' 직원들이 유능하다고 생각하는 리더도 있다. 부하직원을 학대하고 동료를 괴롭히지만 상사에게는 그 모습이 완벽하게 비치기 때문이다. 전방위 평가가 중요한 이유도 여기에 있다.

사람에 대한 정확한 데이터를 신뢰하지 않고 주변의 솔직한 피드백을 무시하는 것도 맹점의 하나다. 이 모든 것이 인물 판단에 심각한 악영향을 미치며 결과적으로 조직에 위기를 초래한다. 노엘 티시의 경우는 30년의 우정 때문에 일을 그르쳤다.

잘못된 위기 판단에서 얻는 교훈

1995년 여름, 노엘 티시가 로열더치셸의 최고위급 임원 모임인 CMD Committee of Managing Directors를 대상으로 컨설팅을 진행하고 있을 때였다. 그는 당시 로열더치셸의 회장이었던 코어 헉스트로터Cor Herkstroter에게 전화 한 통을 받았다. 언론에서 떠들어대는 문제에 대해 상의하고 싶다는 내용이었다. 그 무렵 〈파이낸셜타임스〉와 〈뉴욕타임스〉 그리고 유럽의 여러 경제 전문지 1면에 셸에 대한 좋지 않은 소식이 실렸다. 셸이 북해의 오래된 원유 시추 설비인 브렌트 스파Brent Spar를 바다에 침몰시킬 계획을 세우고 있으며, 그린피스의 환경보호주의자들이 이를 막고 있다는 요지의 기사였다. 관련 당사국인 영국 총리 존 메이저가 나서서 셸을 옹호했지만 환경보호주의자들의 저항도 만만치 않았다. 결국 독일에서 셸 제품 불매운동이 벌어지고, 그린피스 대원들의 보트가 소방호스로 무차별 공격을 받는 사진이 전 세계 언론에 퍼지면서 총리까지 나선 영국 정부의 옹호는 오히려 불에 기름을 끼얹은 꼴이 되고 말았다.

셸의 위기를 부른 두 번의 오판

노엘 티시는 셸이 직면한 문제를 구체화하는 것이 급선무라고 판단했다. 그래서 헉스트로터를 만나서 휴가 중인 CMD 임원들까지 모두 소집하라고 권유했다. 그러나 셸의 최고경영진은 이 문제를 그저 지역적인 사건의 하나로 치부했으며 영국 총리의 지원까지 등에 업었으니 곧 해결될 것이라고 오판했다. 게다가 합리적인 사고를 중시하는 엔지니어들도 브렌트 스파를 침몰시키는 것이 환경 측면에서도 가장 안전하다는 결론을 내렸다. 그리고 과학적인 근거를 바탕으로 내린 결정이므로 그린피스가 이 사건을 주변국들 사이의 분쟁거리로 만들 것이라고는 생각하지 못했다. 이 사건은 유능한 직원들이 위기를 오판할 수도 있다는 것을 보여 주는 대표적인 사례다.

헉스트로터와 최고경영진이 애초에 이 위기를 제대로 규명하고 구체화했더라면 이처럼 상황을 오판하는 일은 없었을 것이다. 그들은 오로지 분석적 사고에만 집착했다. 보유하고 있던 낡은 시추 설비를 환경 피해가 가장 적은 방식으로 처리해야 했다. 그런데 그 판단을 공학적인 차원에서만 구체화·명명했으며 이를 위해 영국 정부와 자사 관리자들을 동원하고 가동했다.

하지만 이 결정을 실행하는 과정에서 온통 난리가 벌어졌다. 그린피스가 이 문제를 정치적인 홍보 수단으로 활용하기 시작한 것이다. 그린피스는 셸이 비용을 절감하기 위해 환경을 오염시키려 한다고 주장했다. 이런 그린피스의 주장이 언론을 통해 전파되었지만 셸의 경영진은 아무런 배움도 얻지 못했고 계획을 수정하지도 않았다. 결국 계획대로 밀어붙이던 경영진은 부정적 여론에 휘말려 중단할 수밖에 없었고 이 과정에서 셸의 명성은 크게 훼손되었다.

만약 실행 과정에서 주변의 피드백을 이해하고 받아들였더라면 결과가 크게 달라졌을지도 모른다. 셸의 경영진은 이 문제를 단순한 공학적 차원뿐 아니라 정치적 측면과 회사의 이미지를 모두 고려한 후에 접근했어야 했다. 하지만 셸의 CMD 임원들은 회사를 위한 TPOV와 스토리라인을 갖고 있지 못했기 때문에 세계로 확산되는 정치적·사회적 파장에 대처할 수 없었다. 셸은 몇 개월 뒤에 또 한 번의 위기 판단을 시도했지만 이번에도 언론에는 온통 부정적인 이야기뿐이었다.

노엘 티시가 컨설턴트들과 함께 CMD 임원들을 암스테르담의 암스텔 호텔로 소집해 워크숍을 개최했을 때 두 번째 위기가 닥쳤다. 10시에 워크숍이 끝나자 그들은 11시에 호텔 객실에 모여 다시 정리하는 시간을 가졌다. 이때 CMD 임원 중 한 사람인 존 제닝스John Jennings가 켄 사로위와의 이야기를 꺼냈다.

켄 사로위와는 나이지리아의 반정부주의자 리더로 오고니족의 권익 신장을 위해 애쓰면서 많은 나이지리아인의 신망을 얻고 있던 인물이었다. 특히 셸의 석유사업에 적대적이었는데, 그런 그가 나이지리아 정부에 체포되었다. 나이지리아 정부는 켄 사로위와를 반역죄로 처단하려 했고, 그의 체포는 국제적인 관심사가 되었다. 그런데 셸을 적대적으로 여기던 그의 추종자들이 영국과 네덜란드에도 있었기 때문에 CMD 임원들이 그 호텔에 머무르다가는 언제 위협을 받을지 모를 일이었다. 결국 그들은 그날 밤 호텔에서 빠져나와 안전한 곳으로 이동해야 했다.

그런데 이번에도 CMD는 또 한 번의 잘못된 판단을 내렸다. CMD는 이 문제를 정치적으로 구체화·명명했다. 즉 켄 사로위와의 처형은 전적으로 나이지리아의 내정 문제인 만큼 셸은 개입할 필요가 없다고 판단한 것이다. 하지만 켄 사로위와의 문제가 불거지자 국제사회는 셸이 그의 처형을 막기 위해 적극적으로 대처하지 않았다는 이유로 셸을 오만하고 편협한 기업으로 조명하기 시작했다.

당시 노엘 티시는 셸과 교류하고 있었으므로 이 회사가 결코 오만하거나 편협하지 않다는 사실을 알고 있었다. 하지만 셸의 경영진은 이번에도 합리적인 판단을 내리지 못했다. 이미 정치적인 문제라고 선을 그었으니 자신들이 개입하지 말아야 한다고 생각했고 실제로도 그랬다. 그 때문에 셸은 나이지리아의 역사를 바꿀 수도 있었던 소중한 기회를 놓치고 말았다. 알려진 대로 켄 사로위와는 교수형에 처해져 나이지리아 역사의 순교자가 되었고, 결국 셸은 악한의 이미지를 벗지 못했다.

위기를 슬기롭게 판단하려면 리더들의 TPOV와 스토리라인이 반드시 필요하다.

두 번의 이미지 실추를 통해 셸의 헉스트로터와 CMD 임원들이 얻은 것은 지역사회와 시민의식을 포괄하는 새로운 TPOV다. 셸은 새 TPOV를 바탕으로 미래의 스토리라인을 새롭게 가꿀 것이며 새로운 위기에도 더 적절히 대처할 것이라고 다짐했다. 실제로 셸의 부문별 리더들이 적극 참여한 가운데 수개월 만에 새로운 스토리라인이 만들어졌다. 헉스트로터는 이 스토리라인을 회사 전체에 교육하여 셸이 활동하는 세계 모든 지역사회에서 위기 판단의 기준으로 삼도록 했다.

위기가 닥치고 나서야 TPOV와 스토리라인을 계발하는 것은 너무 늦다. 앞서의 두 사건에서 셸은 정치나 홍보에 관련된 TPOV와 스토리라인이 없어서 전향적인 판단을 내리는 것이 불가능했다.

위기를 오판해 혼란에 빠진 대형 석유회사는 셸 외에도 많다. 아니, 업계 전체가 잘못된 위기 판단으로 점철되어 있다고 해도 과언이 아닐 정도다. 노엘 티시가 엑슨의 임원들을 대상으로 리더십 계발 프로그램을 운영하던 1989년 3월, 이 회사의 대형 오일 운반선인 엑슨 발데즈 호가 알래스카에서 항로를 이탈해 오락가락하다가 사고를 당했다. 그 때문에 청정지역으로 손꼽히던 해상에 1,100만 갤런의 원유가 쏟아졌고, 이 시간에 선장은 술에 취해 잠들어 있었다. 원유 유출 소식이 전 세계 언론의 1면 기사로 소개되었고, 이 사건으로 오염된 환경이 원래대로 회복되기까지 얼마의 시간이 걸릴지 누구도 장담하지 못했다. 50여 만 마리의 새와 4,500여 마리의 해달, 14마리의 범고래가 목숨을 잃었고 이외에도 인근 지역의 연어와 청어, 조개, 홍합 등 많은 생물이 피해를 당했다.

당시 엑슨의 CEO였던 로렌스 라울은 이 사고에 대해 직접적인 책임을 회피하고 오히려 그 반대로 방어에 치중했다. 그는 사고가 터진 지 2주가 지나서야 현장에 모습을 드러냈는데, 뒤늦게 현장에 나타났으면서도 환경을 염려하는 모습은 보이지 않았다. 오히려 한 TV 프로그램의 방영 장면에서는 그가 이 사고의 수습에 적극적인 의지가 없다는 사실이 공공연하게 표출되었다. CEO임에도 사고의 직접적인 책임을 회피할 뿐 아니라 복구 계획에도 무관심했으며, 오히려 작은 일을 크게 확대한다며 언론을 질타했다.

언론은 죽은 새와 물고기, 죽어가는 해달을 비롯한 바다생물의 모습을 몇 개월간 반복 보도했다. 그런데도 엑슨 측은 한마디 사과도 없었다. 오히려 법무팀과 외부의 자문까지 받아 이 사고에 잇따를 소송에만 대비했다. 재판 결과 엑슨이 부담해야 할 손해배상금은 53억 달러로 판결났지만 법무팀의 항소와 다각적인 노력 끝에 2006년에는 25억 달러까지 낮췄다. 이 금액은 그동안의 이자까지 포함하면 45억 달러에 달하는데, 엑슨의 재심 청구로 2007년 현재까지도 결론이 나지 않았다.

하지만 금전적 손해 못지않게 엑슨의 이미지 실추는 더욱 심각했다. 버펄로 주립대학의 론 스미스Ron Smith 교수는 발데즈 호 사고로 엑슨의 경영진이 다음과 같은 난맥상을 보였다고 지적했다.

- 리더십을 보여 주지 못했다.
- 환경을 염려하는 모습을 보여 주지 못했다.
- 언론과의 원만한 관계를 유지하는 데 실패했다.
- 환경보호주의자들의 활동에 적절히 대처하지 못했다.[7]

셸의 사례에서도 그랬듯이 엑슨 역시 경영진이 TPOV와 스토리라인을 갖고 있지 않았으므로 위기에 적절하게 대응하지 못했던 것이다.

역사는 항상 반복된다. 바버라 터치먼이 저서 《바보들의 행진》에서 지적한 것처럼 인류는 과거의 실수에서 배울 기회가 많음에도 여전히 그릇된 판단을 계속하고 있다.[8]

교훈을 남긴 또 다른 사례

리더의 위기 판단이 어떠해야 하는지를 보여 주는 모범적인 사례로는 1982년에 있었던 타이레놀의 독극물 사건이 꼽힌다. 누군가 청산칼리를 주입한 타이레놀 캡슐이 시중에 유통되면서 7명이 목숨을 잃은 사건이 발생했다. 이미 J&J의 손을 떠난 뒤에 일어난 사건이었지만 당시의 CEO였던 짐 버크는 책임의식을 발휘해 문제의 약품을 신속히 회수하고 이미 구입한 소비자들에게는 환불을 약속했다. 이처럼 신속한 대응 덕분에 J&J는 브랜드 이미지에 별 피해를 보지 않았고 매출에서도 업계 최고의 지위를 유지했다.

위기에 효과적으로 대처했음에도 상대적으로 주목을 덜 받은 리더로는 잭 네이서를 들 수 있다. 2001년, 파이어스톤 타이어를 장착한 포드 익스플로러 SUV 모델의 전복 사고가 잇따라 발생하자 당시 포드의 CEO였던 네이서는 책임의식을 발휘해 즉각 문제 해결에 돌입했다. 사고가 왜 발생했으며 문제의 원인이 포드에 있는지 아니면 파이어스톤에 있는지도 분명하지 않았다. 하지만 그는 문제를 해결하려고 동분서주했고 결국 원만한 결론에 도달했다. 그런데 당시에 네이서의 주변에는 믿을 만한 팀이 없었을 뿐 아니라, 이 모든 노력이 오히려 다른 사람들에게 비난의 빌미를 제공해 결국 그는 CEO 자리에서 물러나고 말았다. 익스플로러 사건이 터졌을 때 차라리 조금 천천히 대응하면서 자신을 방어했더라면, 최고경영진에게 해고당하지 않았을지도 모를 일이다.

네이서는 자신이 직접 운영하는 상황실을 구축해 자신의 TPOV에 따라 상황을 통제했다. 사고를 수습하는 데 21억 달러나 소모되었지만 고객이 우선이라는 자신의 TPOV를 따랐고, 이런 헌신이 결국 그를 자리에서 내쫓는 결과를 낳고 말았다.

그 무렵 잭 네이서와 함께 일하던 노엘 티시는 자신의 위기 경험을 네이서와 공유하기 위해 다음과 같은 편지를 보냈다.

친애하는 잭 네이서에게

포드의 이번 사건에 대해 당신의 보여 준 리더십과 관련해 몇 가지 생각을 나누고자 이렇게 편지를 보냅니다. 먼저 몇 년 전 리츠칼튼 호텔에서 악수할 때 나는 당신과 오랫동안 함께할 것이라고 말했습니다. 그때나 지금이나 그 생각은 조금도 달라지지 않았습니다. '자동차와 서비스를 생산하는 세계 최고 수준의 소비재 회사'라는 명성을 유지하려고 고군분투하는 당신을 위해 가능한 모든 것을 지원할 것입니다. 내가 여기 있는 이유는 첫째, 당신과 당신의 리더십을 신뢰하기 때문입니다. 둘째, 이번 위기를 해결하는 과정에서 나의 관점과 생각들을 기꺼이 당신과 공유하고 싶기 때문입니다.

우리 두 사람 다 지금까지 많은 위기를 겪었습니다. 여기서 지난 3년간 내가 겪은 위기 사례를 간략히 설명하고자 합니다. 그리고 각 사례에서 얻은 교훈도 함께 소개하겠습니다.

먼저 내가 경험한 교훈적 사례들을 소개하기 전에 1980년 중반 GE의 잭 웰치가 언론에서 '뉴트론 잭(Neutron Jack, 중성자탄 잭)'으로 불리던 시절, 내가 그와 함께 힘든 시기를 보냈다는 사실부터 언급합니다. 그때 잭 웰치는 IBM이나 디지털, HP 같은 회사들과 다른 경영 모델을 가졌다는 이유로 오해를 받았습니다. 내가 《GE혁명 : 당신의 운명을 지배하라》란 책의 도입부에서 "잭 웰치는 내가 만나 본 가장 위대한 리더이다" "잭 웰치는 기인이다"라는 표현을 쓴 것도 그 때문입니다. 인기가 없더라도 사람들을 제대로 이끌 수 있는 진정한 리더의 모습을 각인시키고 싶었습니다.

이제 내가 경험한 것들을 하나씩 소개합니다.

유니언카바이드

보팔 폭발사고 : 내가 유니언카바이드의 경영진과 일하던 무렵에 인도의 보팔 공장에서 거대한 폭발 사고가 일어났습니다. 하지만 그들은 안팎의 자원을 신속히 동원하지 못했습니다.

교훈 조직 안팎의 자원을 신속하게 동원·가동해야 합니다.

엑슨

발데즈 호 사건 : 당시에 나는 엑슨의 CEO 로렌스 라울의 직속 하급자였던 COO 리 레이먼드와 협력해 리더십 프로그램을 운영하고 있었습니다. 그런데 두 사람 중 어느 누구도 알래스카로 갈 생각조차 하지 않았을 뿐 아니라 사고 소식을 부하직원들에게도 알리지 않았습니다. 당연히 여론에 대응할 기회를 놓쳤고 내부의 신뢰마저 잃게 되었지요. 그 때문에 하급 리더들은 두 사람과 회사 전체를 부끄럽게 여겼습니다.

교훈 방어에 급급한 사고방식Bunker Mentality은 조직의 리더십 부재를 외부에 드러내는 꼴일 뿐 아니라 조직 내부의 신뢰와 사기를 무너뜨리고 맙니다.

로열더치셸

브렌트 스파 사건 : 셸이 북해의 원유 시추 설비인 브렌트 스파를 침

몰시키기로 하자 그린피스가 셸을 공격하고 나섰습니다. 셸은 과학적 근거를 내세우며 반격했습니다. 최고경영진이 논리를 앞세워 그린피스에 맞대응하는 사이에 그린피스 요원들은 거리로 나가 적극적인 홍보 활동을 벌였습니다. 그뿐 아니라 북해로 보낸 그린피스의 보트가 셸의 소방호수에 속수무책으로 당하는 모습이 TV로 방영되면서 셸은 여론의 매서운 질타를 받았습니다.

교훈 CMD 임원들이 어리석었습니다. 정치적 싸움에 집착했을 뿐 아니라 공학적 자료에만 기초한 홍보전으로 오히려 체면이 깎이고 말았습니다.

나이지리아 사건 : 나이지리아의 독재정권이 자국의 환경정책과 셸에 대항하던 어느 반정부주의자를 투옥시켜 교수형에 처했습니다. 여론은 셸이 이 사건에 개입할 것을 요구했지만 셸은 결국 중립을 고수했습니다. 그 무렵 암스텔 호텔에 있었던 나와 CMD 임원들은 영국과 네덜란드에서 활동하던 나이지리아 반정부주의 옹호자들의 보복이 두려워 한밤중에 호텔을 도망쳐 나왔습니다. CMD 임원들의 얼굴에는 혼란스러운 표정이 역력했습니다. 그 뒤로도 아무런 스토리라인이 없어서 적절히 대응할 수 없었고, 그사이에 〈뉴욕타임스〉와 〈포춘〉 등이 그 반정부주의자의 교수형과 셸의 소식을 1면에 잇따라 소개하면서 셸을 곤혹스럽게 했습니다.

교훈 준비되지 않은 상황에서 연이어 터진 두 번의 위기로 셸은 브랜드 이미지에 심각한 타격을 입었습니다. 다행히 이 사건들을 계기로 셸은 기업시민의식을 계발하는 데 주력해 지금은 브랜드 이미지를 상당히 회복했습니다.

GE

타임카드 스캔들 : 1985년, 필라델피아에 있던 GE의 우주항공 사업부 엔지니어들이 타임카드를 조작했다는 이유로 주정부에 수백만 달러를 물어야 했습니다. 게다가 이 문제로 GE는 주요 대기업과 언론에서 사기꾼 집단이라는 비난을 피할 수 없었습니다.

잭 웰치의 대응

- 특별 감사를 통해 사건의 정황을 정확하게 파악했습니다.
- 신속한 대응 계획 수립 : 시스템에 문제가 있었으므로 잭 웰치는 이 문제를 주정부와 더불어 신속히 해결해야 했습니다. 당시에 그는 문제 해결에 임하면서 방위산업에서 GE의 주도적 역할을 강조했습니다.
- 명확한 스토리라인 : GE에서 제작한 시스템에 문제가 있었으니 주정부가 항의하는 것은 당연했습니다. 이 스캔들로 꽤 많은 사람이 일자리를 잃었고 GE 역시 신뢰성 상실이라는 심각한 문제에 부딪혔습니다. 웰치는 신뢰를 GE의 가장 중요한 자산으로 여기던 사람이었습니다. 그래서 문제를 해결하더라도 모든 직원이

이 사건을 거울삼아 소중한 교훈과 가치관을 얻도록 했습니다.
- 미국 내 우주항공업계에서 이 문제가 다시 발생하지 않게 GE 이외의 다른 CEO들까지 초빙해 국가적 손실을 막도록 노력을 촉구했습니다.

교훈 GE와 잭 웰치의 대응은 신속했습니다. 회사 내·외부의 모든 자원을 동원해 신속히 대응했고, 이 사건을 모든 경영진과 직원들에게 반복적으로 교육했습니다. 잭 웰치는 GE뿐 아니라 다른 회사에서도 이런 일이 재발하지 않도록 교육하고 대화하는 것이 자신의 책무라고 생각했기 때문입니다.

키더피바디 인수 : 첫 번째 위기는 키더 사를 인수한 직후에 있었습니다. 몇몇 중개인이 수갑을 차고 체포되는 장면이 전국에 TV 방송으로 방영되었지요. 잭 웰치와 래리 보시디는 이처럼 부정한 관행을 지닌 회사를 인수했다는 사실에 한편으로는 화를 내면서도 다른 한편으로는 무척 당혹해했습니다. 웰치는 곧바로 대응에 나섰습니다. 중서부 지역에서 일하던 존경받는 경영자 캐스카트Cathcart를 불러 상황을 해결하고 미국 증권거래위원회와 업계의 신뢰를 회복하도록 했습니다.

두 번째 위기는 비도덕적인 중개인 조 제트Joe Jett 때문에 벌어졌습니다. 그로 말미암아 GE는 또다시 곤경에 처했고 결국 키더 사에서 철수하고 말았습니다. 웰치는 이 사건을 접한 뒤 직접 감사들을 이끌고 월스트리트로 가서 주말 내내 상황을 파악하고 대책을 지시했습니다. 그리고 얼마 후에 〈포춘〉은 잭 웰치가 GE의 CEO에서 물러난다는 소식을 커버스토리로 보도했습니다.

교훈 문제를 신속히 인식하고, 리더가 직접 믿을 만한 사람들로 감사팀을 꾸려 상황을 파악하고 해결책을 수립해야 합니다. 그리고 미국 증권거래위원회와 언론 등 외부의 이해관계자들과도 직접 접촉해야 하며, 내부 직원들에게 상황을 설명하고 같은 일이 재발하지 않도록 반복해서 교육해야 합니다.

냉장고 컴프레서 리콜 : GE에서 불량 컴프레서가 장착된 냉장고 수백만 대를 리콜한 적이 있었습니다. 이는 잭 웰치가 직접 지시한 것으로, 그로 말미암은 엄청난 손실을 메우고자 다른 사업부 경영자들의 지원을 요청해야 했습니다. 이 사건을 계기로 웰치와 경영진은 기술과 관련된 결정을 내릴 때는 결정권자들이 그 기술에 대해 충분한 전문성을 갖추어야 한다는 교훈을 얻었습니다. 경영자들이 에어컨과 냉장고에 사용되는 컴프레서의 차이에 대한 지식이 있었다면 애당초 이런 일이 일어나지 않았을 것입니다.

교훈 문제를 신속하게 인식하고, 상황을 재빨리 정리하고, 그 사건에서 교훈을 얻고, 같은 사례가 다시는 재발하지 않도록 직원들을 교육해야 합니다.

잭 웰치는 GE의 판매팀 관리자가 이스라엘 장군에게 뇌물을 준 사건으로 곤경에 처한 적도 있습니다. 또 다이아몬드 업계에서 GE가 가격 통제를 획책했다는 이유로 소송을 제기했을 때도 웰치는 회사의 이미지를 위해 직접 나섰습니다. 마지막으로 1970년대 말부터 GE에서 허드슨 강에 폴리염화비페닐PCB 오염물질을 방류했다는 이유로 정부와 수억 달러의 소송에 휘말리기도 했습니다. 정부에서는 허드슨 강을 되살리려는 정화비용이라고 주장했지만 GE는 이것이 적절치 않다며 싸워 왔고 아직도 완전히 결론이 나지 않은 상황입니다.

파이어스톤 사건과 관련해 포드의 최고경영진이 고려해야 할 점

스토리라인

모든 임직원이 이해하고 언제든지 반복해서 적용할 수 있는 스토리라인이 필요합니다. 이것은 최고경영진부터 시작해 다른 사람들을 교육해 나가야 합니다.

지금 포드에 필요한 스토리라인은 다음과 같은 내용일 것입니다. "우리는 자동차와 서비스를 제공하는 세계 최고의 소비재 회사가 되고자 혁신을 추구하고 있다. 포드의 성장을 위해 이를 뒷받침할 수 있는 전략과 가치관, 기법들을 갖추고 있으며, 그 방향에 맞춰 조직의 프로세스를 하나씩 수정한다. 우리가 '고객 우선'을 최고의 가치로 여기며 리콜을 실시하는 것도 이와 같은 이유에서다. 파이어스톤이 타이어 결함을 인정하지 않고 오히려 문제의 원인을 우리에게로 돌렸다고 해서 그들을 비난하는 것은 옳지 않다. 그보다는 소비자들의 안전을 보장하고 신뢰를 회복하는 데 최선을 다할 것이다."

이 스토리라인은 반복해서 적용할 수 있어야 합니다. 또한 시간이 흐름에 따라 발전적으로 수정해 사람들에게 이해시켜야 합니다.

개인적 리더십

- 리더는 현실을 직시하고 자신과 모든 이해관계자에게 사실을 알려야 합니다.
- 행동은 가치관에서 나오며, 조직 전체가 이를 자주 상기하도록 해야 합니다.
- 사람들과의 커뮤니케이션 못지않게 교육도 중요합니다. 사외이사, 판매 대리점, 협력회사, 파트너, 비즈니스 공동체, 경영대학, 정부기관, 언론 등 외부의 이해관계자들은 정치적 해법을 원합니다. 반면에 내부의 이해관계자들은 신뢰를 회복하고 희망을 줄 수 있는 리더를 원합니다. 리더는 지역사회 공청회나 공장 방문, 각종 언론과 인터넷 등 모든 매체를 활용해 적극적으로 모습을 드러내야 합니다.
- 리더 자신의 충만한 감성 에너지를 조직에 확산시켜 희망을 북돋워야 합니다.
- 최고경영진은 직원들을 잘못된 방향으로 이끌지 않는다는 확신을 심어 주어야 합니다. 예컨대 사실을 공개하지 못하게 하는 등 방어에만 치중해서는 안 되며, 다양한 관점을 받아들여 조직에 새로운 활력을 불어넣어야 합니다.

- 리더는 필요할 때는 투사가 되어야 합니다. 필요하면 싸우되 그 목적은 결과를 창조하는 데 있다는 점을 기억해야 합니다.⁹

요약

- 리더의 감성 에너지가 반드시 필요합니다.
- 리더의 스토리라인은 단순하고 분명해야 하며, 지위고하에 상관없이 모든 직원에게 교육해야 합니다.
- 직원들을 가동해야 합니다. 외부인보다는 내부인을 참여시키는 것이 중요합니다.
- 경쟁력은 바로 여기서 비롯됩니다.

2001년 5월 30일

당신의 벗 노엘로부터

네이서는 위기 판단 프로세스를 정확히 실천했다. 그리고 모든 과정을 자신이 직접 챙겼다. 고객을 위해 그리고 고객 중심을 외치는 포드를 위해 무엇이 옳은지를 바탕으로 해서 위기를 구체화·명명했다. 하지만 그가 치른 대가는 혹독했다. 충분한 준비와 훌륭한 전략, 협조적인 팀 가운데 하나라도 결여된 리더는 설사 위기에 적절하게 대처하더라도 막대한 대가를 치를 수도 있다는 교훈을 얻은 사례다.

사람을 경계하라

다우닝이 말했듯이 사람을 잘못 선택하면 그 사람의 도움이 필요할 때마다 오히려 실패만 안겨 줄 뿐 아니라 조직도 위기에 직면할 수 있다. 파이어스톤 위기에 처했을 때 네이서는 능력 있는 팀을 가동했어야 했다. 네이서의 시대에는 반전의 역사가 수도 없이 많았다. 우리는 포드도 미래에는 이런 역사를 써 나갈 것이라고 믿는다. 비록 당장은 천문학적인 손실과 파산의 우려, 시가총액 폭락에 따른 포드 일가의 분열 등 갖가지 소문과 어려움이 산적해 있지만 말이다.

잭 네이서의 TPOV는 분명했고 일관성 있게 적용할 수 있는 스토리라인도 있었다. 그는 미국의 '3대 자동차 회사'에서 고객과 주주 가치를 지향하는 단일 전략을 가진 세계적인 기업으로의 비상을 꿈꿨다. 그러기 위해 그는 다국적 마인드와 포드 고객에 대한 지식, 성장 지향, 리더는 곧 교사라는 믿음 등을 포드의 새로운 DNA로 간주했다.[10]

네이서는 볼보와 랜드로버를 인수해 포트폴리오를 강화하는 등 전략적으로 과감한 시도를 했다. 세계적인 기술과 공용 시스템을 추구하면서도 지역 시장에 부합하는 맞춤형 전략을 폈으며, 자신만의 확고한 TPOV를 조직에 주입시키려고 노력했다. 그는 "브랜드 포지셔닝과 기술에 관련된 모든 중요한 결정은 본사 경영진이 합니다. 하지만 실행은 지역에 맡깁니다. 지역 시장에 따라 유연하게 적용해야 하니까요"라고 말했다.[11]

네이서는 '비즈니스 리더십 프로그램'을 통해 2,000명의 전 세계 고위직 리더와 7만 명의 직원을 분류해 사흘간의 워크숍을 개최하도록 했다. 이 워크숍의 주제는 주주가치와 고객 지향성, 효율적인 조직 구조, 획기적인 비용 절감 방안 등이었다. 이외에도 네이서는 제품 개발에서 제조 효율, 식스시그마 도입, 리더 승계, 리더 양성을 위한 대대적인 투자 등 포드를 혁신하기 위해 다각적인 노력을 기울였다. GE의 크로톤빌 연수원 책임자로서 잭 웰치의 혁신 활동을 직접 지켜보다가 이 무렵에는 네이서와 함께 일했던 노엘 티시는 그가 GE와 다른 회사들에서 배운 교훈을 실천하려고 노력했다는 사실을 누구보다 잘 알고 있다.

문제는 사람이었다. 사람을 잘못 뽑으면 조직 전체가 휩쓸릴 수도 있다. 네이서는 위기 판단 프로세스를 정확히 따랐다. 고객과 회사를 위해 그리고 고객 중심적 가치를 실현하기 위해 무엇이 옳은지 구체화했다. 그러나 사람을 동원·가동하는 데는 실패했다. 적임자를 선발하지 못했기 때문이다. 그에게는 충성스러운 팀이 없었다. 주변에는 하나같이 빌 포드에게 빌붙어 네이서를 쫓아내려는 사람뿐이었다.

인물 판단 경력이 화려하고, 전방위 평가를 통해 사람의 역량과 리더십을 파악하는 능력이 탁월한 리더라도 이 맹점에서 자유로울 수 없다. 유능한 리더일지라도 자신에 대한 지식과 사회인맥에 관련된 지식이 복잡하게 얽혀 있기 때문이다. 네이서의 사례는 세상의 모든 리더에게 뼈저린 교훈을 던진다. 인물 판단이 올바르지 못하면 위기 판단도 매우 어렵다는 사실 말이다.

Chapter 10

위기는 **리더십 계발의 기회**

- **판단력이 뛰어난 리더는 사전에 위기를 준비한다.**
  - 효율적이고 믿을 수 있는 팀을 만든다.
  - 분명한 TPOV와 스토리라인이 있다.

- **성공한 리더는 위기가 닥쳤을 때 즉각 대응한다.**
  - 필요한 지식을 가진 사람들을 즉시 동원한다.
  - 신속한 실행을 위해 관련 리더들로 팀을 구성한다.

- **위기는 리더십 계발 기회를 동반한다.**
  - 성공을 위해서는 리더의 역할 모델 행동이 필요하다.
  - 분명한 교육 프로세스를 통해 모두 핵심 이슈에 집중하도록 한다.

조직을 이끄는 리더의 가장 중요한 임무는 위기를 예측하는 일이다. 위기를 피할 수 없더라도 예측할 수는 있어야 한다.

-피터 드러커, 《비영리단체의 경영》[1]

위기에 대처하는 데도 리더마다 차이가 나는 이유는 무엇일까? 전혀 예측할 수 없는 상황에서도 리더마다 대응방식이 다른 이유는? 위기를 리더십 계발의 기회로 활용하는 리더는 그렇지 못한 리더들과 어떤 차이가 있을까?

그 이유는 위기 예측에 있다. 아무리 뛰어난 리더라도 신은 아니다. 이틀 뒤 혹은 2년 뒤에 생길 일을 내다보고 정확히 예측할 수 있는 리더는 없다. 그러나 무언가 불길한 일이 벌어질 것 같은 조짐은 느낄 수 있으므로 이럴 때 유능한 리더는 그 조짐이 현실이 되었을 때를 대비해 자신뿐 아니라 조직도 준비를 시킨다. 위기에서 살아남기 위해 현명한 리더들은 다음의 세 가지를 미리 준비한다.

첫째, 효율적이고 믿을 수 있는 팀을 만든다.
둘째, 조직의 성공적인 미래를 위한 분명한 TPOV와 스토리라인이 있다.
셋째, 위기를 활용해 다른 리더들도 발전할 수 있도록 유도한다.

얌! 브랜드의 CEO 데이비드 노박과 서킷시티의 CEO 필 스쿠노버는 몇 번의 위기를 거치면서도 회사의 항로를 잘 이끌어 온 모범적인 경영자로 꼽히는 인물이다. 두 사람의 위기 대처 방식은 다음과 같다.

- 위기가 발생한 즉시 효율적으로 대응한다.
- 조직 내부의 리더들로 네트워크를 구성해 이들의 두뇌와 감성 에너지를 위기 대응에 집중시킨다.
- 위기 대응에 뛰어든 리더들이 한층 발전할 수 있도록 실시간으로 교육하고 지도한다.

이렇게 위기 속에서도 성공적인 결과를 거둔 리더들은 개인적인 발전뿐 아니라 그 성과를 조직에도 주입한다. 위기관리와 커뮤니케이션의 달인이 되려면 먼저 홍보 전문가가 되어야 한다는 말이 있다. 이 주장에 따르면 위기에 대처하는 방식은 다섯 단계로 구분된다. 이는 위기에 대비한 계획 수립, 위기와 여론 분석, 공략할 계층 규명, 손상된 이미지 회복, 조직의 이미지를 개선하기 위한 방법 제안이다. 하지만 이것만으로는 부족하다. 리더는 위기에 앞서 확실한 TPOV와 스토리라인을 만들고, 내부의 리더들을 충분히 활용해 미래의 위기를 효율적으로 판단하도록 준비해야 한다.

데이비드 노박은 KFC의 공급망 안전성에 심각한 우려를 불러온 중국 조류독감 문제와 타코벨의 대장균 사건 등 잇따른 위기에 성공적으로 대처했다는 평가를 듣는다. 특히 이 두 사건은 얌! 브랜드의 비즈니스를 심각하게 위협했다. 타코벨에서는 대장균의 원인으로 의심된 골파 때문에 고객 수십 명이 질병에 걸렸다. 그때만 해도 대장균의 원인물질이 무엇인지 정확히 파악되지 않았다. 하지만 타코벨은 식재료 검사에서 골파 일부가 대장균에 오염되었다는 점에 주목해 전국 5,800개 매장에서 모두 골파를 폐기하도록 긴급 지시했다. 그리고 진행된 재검사에서 대장균이 골파를 통해 감염된 사실이 분명해졌다. 이후 질병통제센터CDC는 양상추도 대장균 감염 가능성이 높은 것으로 발표했다. 그러자 타코벨은 북미 전 지역의 매장에서 양상추를 교체하는 동시에 공급처까지 바꿨다.

노박은 여러 번의 위기 상황에 현명하게 대처했을 뿐 아니라 모든 경영진이 미래의 위기에 대한 대처 능력을 향상시킬 수 있도록 배려했다. 그의 경영 환경에서 가장 심각한 위기는 역시 식품의 안전성과 관련된 문제다. 이 문제에 관한 한 그는 매우 뚜렷한 TPOV를 가지고 있으며 이를 반영한 스토리라인을 통해 회사의 방향을 설정한다. 이것이 잇따른 위기에도 노박이 얌! 브랜드를 성공적으로 이끌 수 있었던 비결이다.

한편 필 스쿠노버의 서킷시티는 2006년 휴가철에 접어들어 평면 패널 TV의 가격이 폭락하면서 수익성 위기에 직면했다. 월마트와 코스트코는 2005년 2,200달러에 팔았던 42인치 플라즈마 평면 스크린 TV의 가격을 불과 1년 만에 999달러로 낮췄다.

서킷시티의 휴가철 매출 목표는 늘 그랬듯이 가격과 수익성을 예측하는 데서 시작되었다. 특히 휴가철 매출은 이 회사의 연매출에서 큰 비중을 차지했으며, 이 시기는 서킷시티가 한 단계 도약하기 위한 과도기였으므로 가격 하락에 따른 타격은 경쟁회사인 베스트바이에 비해 더 클 수밖에 없었다.

스쿠노버를 포함해 서킷시티의 최고경영진은 마침내 '타임아웃'을 선언하고 장기 전략을 급히 '재실행 모드'로 전환했다. 성장을 유지하려면 무엇보다 비용을 획기적으로 줄여야 했다. 그래서 11개의 팀을 구성해 매주 사흘씩 60일간 '위기관리 프로젝트'를 추진하게 하는 한편, 나머지 시간은 연중 가장 바쁜 시기에 회사의 수익성을 극대화하기 위한 영업활동에 투입했다. 특히 스쿠노버는 회사의 최고경영진의 위기 대처 능력을 키워 어려운 상황에서도 더 유능한 리더로 성장하도록 지도했다.

하지만 2007년 중반, 지역 언론의 보도대로 서킷시티의 위기는 여전히 계속되었다.

60회 생일이 다가오는 지금 서킷시티의 건강은 여전히 좋지 못하다.

그러나 헨리코 카운티에 본사를 둔 소비가전 판매회사인 서킷시티는 한층 나아진 모습을 향해 단계를 밟아나가고 있는 듯하다.

최근 몇 년간 매출 성장률은 지지부진하고 수익성은 뒷걸음질쳤다. 수익이 불안정해 최근 1년도 안 되는 사이에 주가가 거의 절반이나 주저앉았다.

서킷시티는 2002년 이후로 미국에 38개 매장을 개설했고 최근에는 캐나다 사업부의 매출 신장에 주력하고 있다. 반면에 경쟁회사인 베스트바이는 같은 기간에 350개 매장을 신설했고 캐나다에서도 확고한 기반을 마련했으며 최근에는 중국으로 영역을 확장하고 있다.

2007년 첫 분기에 순손실을 기록한 데다 지난달에는 8,000~9,000만 달러까지 적자폭이 확대될 것으로 예측되어 서킷시티는 더더욱 어려운 지경에 처했다. 적자폭이 5월 31일로 끝나는 1분기 예상치보다 훨씬 늘어났기 때문이다.

서킷시티의 회장이자 사장이며 CEO인 필립 스쿠노버는 비용 절감과 매출 신장, 수익성 향상만이 회사의 살 길이란 사실을 잘 알고 있다. 지난주에 그는 "지금 우리는 3막 극에서 두 번째 막을 시작했습니다. 단기 수익성이 들쭉날쭉하고 있지만 장기 전략을 향해 한 걸음씩 나아가고 있습니다"라고 말했다.[2]

얌! 브랜드의 위기

데이비드 노박은 위기관리의 베테랑이다. 그는 위기관리가 사람을 잘 뽑는 데서 시작된다는 사실을 누구보다 잘 아는 노련한 경영자다. 이 소중한 교훈을 얻기까지는 그만한 고통도 뒤따랐다. 얌! 브랜드의 CEO로서 첫발을 내디딘 순간부터 노박에게는 험난한 여정의 연속이었다. 당시 트리콘 글로벌 레스토랑(얌! 브랜드의 전신)으로 불리던 회사가 펩시코에서 분리되면서 노박은 새로운 CFO를 임명해야 했다. 하지만 시일이 촉박한 탓에 그저 '적당한' 사람을 선택했다. 이 일이 회사의 앞날에 얼마나 큰 파장을 불러올지 전혀 깨닫지 못한 채 말이다.

노박은 회사를 위한 TPOV와 스토리라인이 있었다. 그러나 회사의 경영권을 쥐고 나서는 빨리 좋은 성과를 보여 주어야 한다는 압박감에 시달렸다. CFO를 성급히 임명한 것도 이런 이유에서였다. 훗날 그는 이 결정을 후회하면서 다음과 같이 말했다.

리더로서 내가 내린 최악의 판단 중 하나가 바로 그 사람이 CFO로서 당시 우리에게 부족했던 전문성을 채워 줄 것이란 기대였습니다. 그는 경쟁력 있는 회사의 사장이자 경력도 화려했습니다. 그런데도 그 사람이 우리 문화와 잘 어울리지 않을 것이라는 직감이 들었습니다. 그에게는 내가 다른 사람들을 독려하면서 깨달은 리더십 스타일이 보이지 않았기 때문입니다. 하지만 똑똑한 사람이었기에 그가 신생 주식회사에 필요한 역량을 채워 주리라 생각했습니다. 회사가 막 출발한 상황이어서 주식을 공개하느라 시간이 빠듯했으므로 나는 이 결정과 적당히 타협했습니다. 그가 우리 회사에 잘 맞는 사람인지 탐구하는 데 소홀했다는 것은 나뿐 아니라 다른 사람들도 모두 인정하는 부분입니다. 차라리 내 직감을 믿고 결정을 유보했더라면 더 나을 뻔했습니다.

펩시코는 우리에게 적임자를 파악할 충분한 여유를 주지 않았습니다. 마음이 몹시 급할 수밖에 없었지요. 게다가 우리 회사의 재무관리는 우리가 익히 알고 있던 것과는 차이가 있었습니다. 나는 이 두 가지가 복합적으로 작용해 어설픈 결정에 이르렀다고 생각합니다.

결국 노박은 중요한 기로에 선 회사를 구하려고 그 CFO를 해고해야 했다.

중국 조류독감 문제

이 사건을 계기로 노박의 위기 판단력은 더욱 확고해졌다. 그는 '위기를 극복하기 위한 프로세스와 원칙'이 가장 필요하다고 말한다. 그러나 아무리 훌륭한 프로세스와 원칙이 있더라도 모든 위기를 예방하고 극복할 수 있는 것은 아니다. 한 예로 2005년 중국 KFC가 조류독감에 휘말렸다. 많은 중국인이 프라이드치킨을 꺼리면서 4분기 이익이 20퍼센트나 급감했다. 그러나 불과 몇 달 사이에 KFC의 매출은 반등하기 시작했다. 얌!과 KFC가 공동으로 위기 극복에 주력한 덕분이었다.

준비 단계

먼저 노박과 경영진은 얌!의 프라이드치킨 판매, 특히 중국 KFC 치킨 매출의 하락을 위기로 받아들이고 신속하게 대처해야 한다고 판단했다. 세계보건기구WHO와 언론이 아시아의 조류독감 문제를 경계하는 내용의 기사를 연이어 내보내는 상황에서 자사 브랜드를 지원해 매출을 유지하려면 잠시도 꾸물거릴 틈이 없었다.

핵심은 이 위기에 대한 판단을 구체화하고 명명하는 일이었다. 노박과 경영진은 KFC의 치킨이 안전하다는 사실을 '사람들에게 교육하고 이해시키는 것'을 대응의 핵심으로 삼았다. 얌!의 중국 사업부 사장인 샘 수Sam Su는 자신의 사업 범위 내에서 벌어지는 현실을 직시하고, 이 질병에 대한 진실과 오해를 대중에게 알리기 시작했다.

먼저 조류독감 병원균은 조리한 치킨이나 계란을 통해서는 감염되지 않는다는 사실을 알리면서 KFC 치킨의 안전성을 적극 홍보했다. 특히 닭을 고온으로 조리하면 병원균을 없앨 수 있다는 WHO의 지침을 들어 KFC는 고온으로 안전하게 치킨을 조리한다는 점도 역설했다. 이 홍보의 목적은 회사 내부와 외부를 가리지 않고 관련된 모든 사람을 동원·가동해 프라이드치킨의 매출과 브랜드 위상을 유지하는 데 있었다.

노박과 얌!의 경영진은 전 세계 모든 매장의 관리자와 직원들에게 홍보 자료를 배포해 고객의 질문과 관심사에 효과적으로 대응하도록 했다.

결정 단계

노박과 샘 수를 주축으로 한 얌!의 경영진은 고객에게 정확한 사실을 알려서 중국뿐 아니라 전 세계 시장의 매출을 견인하기로 결정했다. 그러기 위해서는 무엇보다 조류독감과 KFC 공급망에 대한 정확한 정보부터 알릴 필요가 있었다.

실행 단계

조류독감 문제에 대처하기 위한 실행방식은 여러 가지였다. KFC의 모든 음료수 뚜껑에 작은 홍보 스티커를 붙여 KFC에서 판매하는 모든 치킨이 엄격한 검사를 거친 후 안전하게 조리된다는 점을 고객에게 알리는 것도 그 한 가지였다.

노박과 경영진은 실행 과정에서 여러 가지 교훈을 배웠고 또 계획을 수정하기도 했다. 이들의 판단과 실행은 적절했다. 최근 얌! 브랜드는 여전히 높은 위상을 자랑하고 KFC의 매출도 상한가를 달리고 있다.

중국에서 온 또 다른 위기, 적색 색소

중국의 조류독감에 이어 또 한 번의 위기가 찾아왔다. 얌!에서 사용한 적색 색소에 발암물질이 들어 있다는 소식에 이익이 30퍼센트나 추락한 것이다. 노박은 우리에게 이렇게 말했다. "식품 안전성 문제는 어느 나라에서나 발생합니다. 우리도 식품 안전성을 지키기 위해 교육을 실시합니다."

노박은 식품 안전성 문제에 대해 CEO로서 자신의 역할을 명확히 규명했다.

나는 중국 사업부 CEO인 샘 수를 믿습니다. 우리는 샘 수에게 교육의 기회도 주고 아이디어도 서로 나눴지만 더 중요한 것은 그의 역량이지요. 그는 중국 정부도 잘 알고 중국 언론과 소비자에 대해서도 우리보다 잘 압니다. 당연히 대응방식도 우리보다 훨씬 뛰어납니다. 내가 할 일은 우리가 그를 100퍼센트 신뢰한다는 사실을 믿게 하는 것입니다. 그래서 중국 경영진 앞으로 편지를 보내 조만간 이 문제가 곧 해결되고 경영이 정상화될 것이며 그들의 노력에 감사한다는 메시지를 전했습니다. 리더로서 내게 주어진 가장 큰 역할은 중국에서 벌어지는 상황을 정확히 이해하고 내가 지도할 수 있는 것은 지도하면서 아울러 적극적으로 후원하는 일이라고 생각했습니다.

이번 사례에서 노박은 또 하나의 교훈을 얻었다. 피해 소비자가 한 명도 없더라도 적색 색소 사태와 같은 문제가 재발해서는 안 되며, 특히 얌!의 공급망에서는 절대 이런 일이 없도록 해야 한다는 것이다. "식품 공급망 문제 때문에 아프거나 아프게 될 고객이 단 한 사람이라도 있어서는 안 됩니다. 승인받지 못한 성분은 절대로 용납할 수 없습니다."

타코벨의 현명한 위기 판단

데이비드 노박이 우려한 대로 식품 공급망 문제가 또 한 번의 위기를 불러왔다. 이번에는 대장균 문제로 타코벨이 곤욕을 치렀다. 이미 위기에 성공적으로 대처한 경험이 있었던 노박은 이 문제에도 그 방식을 그대로 실행했다. 고객과 회사를 위한 분명한 TPOV와 스토리라인이 있었던 그는 고객의 안전과 브랜드 위상을 보존하기 위한 방법을 구체화·명명했다. 실례로 전국 5,800개 매장에서 골파의 사용을 금지시킨 뒤 주기적으로 매장 직원이나 고객과 연락해 의견을 들었다.

이번에도 노박의 위기 판단력은 빛을 발했다. 2006년 연차보고서에 그가 남긴 글의 한 대목을 살펴보자.

한겨울에 북동부 지역의 우리 레스토랑들을 강타한 사건을 슬기롭게 극복한 타코벨 경영진에 경의를 표합니다. 이 사건이 어떻게 처리되느냐에 따라 우리가 앞으로 나아갈 수도, 뒤처질 수도 있는 상황이었습니다. 다행히 고객들은 우리더러 잘했다고 이야기했습니다. 앞으로 타코벨은 공급업체들을 지도해 산지 관리부터 철저히 하도록 할 것이며, 이렇게 검사를 거친 재료도 생산 과정에서 재검사를 통해 업계 최고의 안전성을 확보할 것입니다. 이를 통해 우리 브랜드의 엄격한 식품 안전성 기준이 한층 더 까다로워지고, 나아가 고객에게 더욱 안전한 식품을 공급하게 될 것입니다.[3]

위기 판단에 대한 노박의 TPOV

데이비드 노박은 위기에 대처하는 요령을 회사 리더들에게 직접 가르친다. 그에게는 위기 리더십에 대한 자신만의 TPOV가 있다. "위기 상황에서 너무 성급하게 해결책을 찾느라 엉뚱한 결정을 내리는 것을 경계해야 합니다. 상황을 총체적으로 바라보고 무엇이 중요한지부터 파악해야 합니다." 이 관점은 구체화·명명 단계를 이루는 바탕이며, 충동적 결정이 아닌 신중하고 지혜로운 사고를 유도한다.

노박이 권고하는 두 번째는 동원·가동 단계를 적합한 사람에게 맡겨야 한다는 점이다. 엑슨의 라울이 발데즈 호 사건에서 적극적인 행동을 취하지 못한 것은 바로 이 점에 소홀했기 때문이다. 노박의 설명을 들어 보자.

> 위기가 닥쳤을 때는 고위직 인사들의 면면부터 살펴보아야 합니다. 위기 상황에서 초보자에게 그 일을 해결하라고 맡길 수는 없습니다. 초보자는 이런 큰일에 대처해 본 경험이 없기 때문입니다. 어쩔 수 없이 초보자에게 맡겨야 하는 상황이라면 리더가 그 방법을 충분히 안내해 주어야 합니다. 하지만 위기관리는 위임의 대상이 아닙니다. 리더가 직접 나서서 다른 사람들을 지휘해야 합니다. 그리고 굳이 위임해야 한다면 적어도 자신보다 지식과 경험이 풍부한 사람을 찾아서 맡겨야 합니다.

노박과 경영진이 공급망을 아무리 잘 관리하더라도 위기가 재발할 가능성은 얼마든지 있다. 게다가 외부의 원인이나 내부의 실수 때문에 위기가 재현될 수도 있다. 그래서 노박은 다른 리더들이 자신의 TPOV를 이해하고, 위기에 현명하게 대처하도록 지원하는 데 앞장서고 있다. 그가 우리에게 전한 마지막 조언은 다음과 같다.

위기 상황에서 최악의 장면은 이곳저곳에서 얼간이들에게 "이랬어야 하네, 저랬어야 하네" 하는 소리를 듣는 것입니다. 이런 소리나 듣고 있을 여유가 없습니다. 위기 상황에서는 아랫사람들을 지원해야 합니다. 믿을 수 있는 사람이 있어야 위기 대처도 한층 쉬워집니다. 이들을 도와서 가르치고 지도하며 위기를 극복하도록 이끌어야 합니다. 그래도 해결될 기미가 보이지 않는다면, 더는 연연해하지 말고 새로운 사람을 동원해야 합니다.

필 스쿠노버와 서킷시티의 위기

2006년 3월, 필립 스쿠노버가 서킷시티의 CEO로 부임했다. 그는 이곳에 오기 전 베스트바이에서 주요 직책을 맡았으며, 1980년대에는 베스트바이의 부활에 크게 기여했다. 특히 서비스 체계를 대폭 개선해 제품 중심 회사에서 고객 중심 회사로 거듭나는 데 큰 도움을 주었다. 한마디로 스쿠노버는 대형 소매회사의 구조 개선에 관한 한 베테랑이었다. 그런데 이번에도 온갖 문제로 점철된 소매회사를 맡게 된 것이다. 한때 업계 1위를 달리던 서킷시티였지만 스쿠노버가 경영권을 맡을 무렵에는 경영난에 빠져 매장과 인적자본에 대한 투자가 모두 제대로 이루어지지 못했다. 이때 스쿠노버가 가장 먼저 한 일은 유능한 경영자들로 팀을 구성하고 회사의 미래를 지향하는 TPOV와 스토리라인을 구축하는 것이었다.

그러나 서킷시티의 회생은 새로운 벽에 부딪혔다. 주가가 40달러까지 치솟으며 스쿠노버의 노력이 긍정적인 조명을 받는 듯했지만 그 후로 다시 휘청거리기 시작했다. 경쟁 환경이 바뀌면서 2007년 상반기의 주가가 16달러까지 다시 떨어졌다. 회생한 지 1년도 채 지나지 않아 새롭고 험난한 상황에 직면한 것이다.

이 사례는 위기 판단과 관련해 또 하나의 중요한 교훈을 시사한다. 위기 상황에서의 현명한 판단이 조직을 구하고 생명을 일정 기간 연장하는 것은 사실이지만, 그렇다고 해서 미래의 성공까지 보증하는 것은 아니다. 서킷시티와 스쿠노버의 이야기는 하나의 위기에 대해 CEO가 내린 현명한 판단과 실행이 얼마 후에 더 큰 문제를 불러온 대표적인 사례로 손꼽힌다.

스쿠노버가 서킷시티의 CEO로 취임한 지 18개월이 지난 2006년 가을은 야구 용어로 치면 첫 이닝의 후반부였다. 서킷시티라는 큰 회사의 리더로서 그동안의 업적을 평가받기에는 너무 이른 시기였다(GE의 제프 이멜트는 취임한 지 5년이 넘었지만 그의 성공 여부를 평가하기에는 아직 이르다고들 말한다).

그동안 고통스러운 교훈을 얻은 적도 있었다. 2007년 3월, 스쿠노버는 감원과 증원을 동시에 결정했다. 점점 위축되고 있는 사업부의 인력을 감축하는 동시에 파이어독(Firedog, 고객 서비스 부문)을 비롯한 일부 성장 부문의 인력은 오히려 늘린 것이다. 이 조치는 적절했지만 홍보가 미흡했다. 언론은 일제히 스쿠노버가 비용 절감만을 추구하는 무자비한 리더라고 보도하기 시작했다. 하지만 스쿠노버는 1980년대 중반에 10만여 명을 해고해 '뉴트론 잭'이라는 악명을 얻었던 잭 웰치와 달리(당시 노엘 티시가 GE의 리더십계발센터 책임자로 있었음) 자신의 결정이 회사의 회생을 위해 반드시 필요하다고 믿었다.

언론의 비난이 쇄도하는 와중에도 스쿠노버는 뜻을 굽히지 않았다. 그는 오늘에 와서 다시 판단하더라도 세세한 부분에 약간의 차이가 있을지언정 결정 자체는 달라지지 않을 것이라고 말한다. 비용 절감 노력이 언론의 호평을 받는 경우는 드물다. 하지만 회사가, 특히 큰 회사가 성공하는 데는 비용을 줄이는 것이야말로 대단히 중요하면서도 꼭 필요한 부분이다.

이 과정에서 스쿠노버는 회사의 미래를 조명하려면 거시적인 스토리라인을 만들고 제어해야 한다는, 꼭 필요하면서도 대단히 어려운 단계의 필요성을 절감했다. 논란의 여지는 있지만, 평면 패널 TV의 가격 하락에 대처하기 위한 스쿠노버의 비용 절감 노력은 폭풍에 대비하는 동시에 미래의 리더십 역량을 향상시키는 모범적인 사례로 꼽힌다.

평면 패널 TV의 가격이 폭락하면서 (휴가철 매출 의존도가 높은) 서킷 시티의 수익성도 크게 위축되었다. 이때 스쿠노버는 '외로운 리더'가 아니라 11개 팀을 구성해 집단적 위기관리 접근법을 구사했다.

물론 총괄적 리더는 스쿠노버 자신이 맡았다. 그와 11개 팀은 단기적인 위기관리에 주력했고, 여기서 얻은 교훈을 바탕으로 서킷시티를 위한 장기적인 TPOV와 스토리라인을 구축할 수 있었다.

위기에 대비한 서킷시티

위기에 대비하기 위한 첫 번째 준비는 TPOV와 스토리라인을 만드는 것이었다. 2006년 전반기에 스쿠노버는 최고위직 간부 수백 명과 함께 서킷시티의 미래를 위한 장기적인 전략과 TPOV, 스토리라인 계발에 착수했다. 그리고 고위직 인사들은 회사 전체에 적용할 수 있는 새로운 TPOV를 교육하고자 일반 직원이 참석하는 워크숍을 개최했다.

2006년 8월과 9월, 각 매장 책임자와 고위 인사들은 매장의 정규직원과 비정규 직원이 모두 참석하는 하루 일정의 워크숍을 여러 차례 열었다. 이 워크숍의 목적은 서킷시티의 미래형 스토리라인을 모든 직원에게 알리는 데 있었다. [도표 10.1]은 스쿠노버와 최고경영진이 계발한 TPOV를 묘사한 것이다. 여기에는 "직원을 배려하는 것이 곧 고객을 배려하는 것이다"라는 스쿠노버의 철학이 담겨 있다. 그는 이런 철학을 바탕으로 스토리라인도 만들었다. 그 안에는 매장과 웹에서의 구매 경험, 경쟁회사 대비 파이어독 서비스의 차별화, 직원과 고객의 관계 관리, 서킷시티의 경쟁력 제고 등의 내용이 담겼다.

스쿠노버와 경영진은 이 스토리라인이 하나의 모범이 되어 머잖

[도표 10.1] 서킷시티의 TPOV

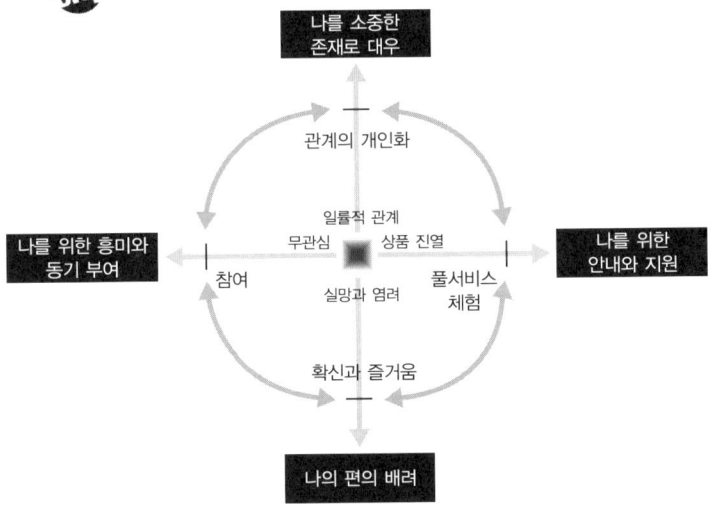

Chapter 10 위기는 리더십 계발의 기회

아 〈비즈니스위크〉 같은 경제 전문지의 1면을 장식하게 될 것이라고 기대했다. 그래서 스토리라인 안에 향후 2년간의 매출과 이익, 실적, 경쟁관계 등의 비즈니스 요소뿐 아니라 리더십과 조직문화, 도전 상황 등 포괄적인 내용까지 모두 담았다.

서킷시티의 모든 임직원은 이 TPOV를 바탕으로 각자의 직책에 따른 역할을 수행해야 했다. 한 예로 매장 운영자들은 이 TPOV를 각자의 매장 환경에 맞게 개인화해 모든 직원이 매장의 성공을 향해 매진할 수 있도록 안내해야 했다. 이 과정에서 노엘 티시도 많은 기여를 했다. 그러나 그는 월마트와 코스트코 등과의 과열 경쟁으로 평면 패널 TV의 가격이 폭락할 가능성이 높은데도 서킷시티에는 이 문제에 대응할 집중력이 부족하다는 점을 간과했다. 서킷시티의 경영진은 훗날 '거대한 폭풍'으로 다가올 이 문제의 심각성을 처음에는 전혀 예측하지 못했던 것이다.

준비 단계

감지·규명 : 서킷시티의 최고경영진은 조기경보를 알아채지 못했다. 자만심에 빠진 나머지 곧 닥쳐올 평면 패널 TV 가격의 위기를 전혀 깨닫지 못한 것이다. 2006년 여름 무렵만 해도 이 회사는 4만 5,000명의 매장 직원을 닦달해 휴가철 평면 패널 TV의 매출 신장에 주력했다. 월마트가 가격 전쟁을 선포하리라고는 생각지도 못했고 당연히 아무런 대응책도 없었다. 한마디로 서킷시티는 '삶은 개구

[도표 10.2] 서킷시티의 위기 구체화

	팀	단순화	성장
전략		서킷시티의 방향 설정 홈 엔터테인먼트, 디지털 홈서비스, 다채널 소매, 부동산·콘셉트 개발	
실행 방향	HR 혁신	마케팅 혁신 소매 혁신 마케팅 ROI G&A 효율성 다이렉트 소싱 가격 최적화 IT 통합 재고 최적화	성장 파이프라인 다채널 소매방식 서비스 새로운 콘셉트 개발· 부동산

리'와 같았다. 환경이 변하고 있음을 전혀 눈치 채지 못하다가 심각한 위기로 발전하고 나서야 비로소 현실을 인식한 것이다.

구체화·명명 : 스쿠노버의 부임 이후 대응은 신속했다. [도표 10.2]에서 보듯이 스쿠노버는 당면한 위기를 모든 직원에게 눈으로 확인시키고 교육시키고자 구체화·명명 단계에서 슬라이드 차트를 만들었다. 그는 경영자들에게 서킷시티의 미래 지향적 TPOV를 강조하는 동시에 이 차트를 활용해 모든 매장 직원이 경영진의 의도와 정책 방향을 이해하도록 했다.

차트의 3분의 1은 당면한 위기 상황에 대한 설명으로 구성되었다. 한국과 일본에서 평면 패널 TV가 과잉 공급되는 데다 월마트와 코스트코 등의 판매회사들이 파격적인 가격으로 소비자를 유혹했다. 실제로 2005년에 서킷시티에서 2,400달러에 팔리던 42인치 고성능 평면 패널 TV가 1년 후인 2006년 11월에는 월마트에서 불과 995달러에 팔리고 있었다. 42인치 가격이 1,000달러 아래로 떨어지면서 그동안 품질보증 확대와 스피커, 케이블, TV 받침대 등의 무료 제공을 발판으로 영업해 오던 서킷시티의 경영 모델은 심각한 도전을 받을 수밖에 없었다. 게다가 평면 패널 TV 가격이 급격히 떨어지면서 가장 싸게 파는 곳에서 TV를 사고, 여기서 절약한 돈으로 나머지 꼭 필요한 부속품을 구입하려는 소비자도 늘어났다. 서킷시티로서는 이제 피할 곳이 없었다. 회사의 생존을 위해서는 전략적 변곡점이 반드시 필요했다.

이 차트는 평면 패널의 공급과잉으로 말미암은 급격한 가격 하락 때문에 시장점유율이 월마트와 코스트코로 양분된 상황을 보여 준다. 당연히 서킷시티의 매출과 총수익(판매된 상품과 서비스의 합계)은 크게 떨어졌다. 스쿠노버는 이 위기 때문에 서킷시티의 전략을 수정하기보다는 오히려 더욱 강화해야 한다고 역설했다. 그러면서 에베

레스트 산을 오르려면 예상치 못한 폭풍우도 겪게 마련이라는 은유를 사용했다. "에베레스트 산을 정복한다는 우리의 비전은 조금도 변하지 않았습니다. 하지만 그 과정에서 겪는 위기 상황에 슬기롭게 대처해야 합니다."

차트의 아랫부분에는 서킷시티의 혁신을 가속화할 과제들이 나열되어 있다. 스쿠노버는 리더들을 동원해 11개의 '혁신 추진팀'을 구성한 다음 각 팀마다 60일간의 과제를 부여했다. 각 팀에는 마케팅, 재무, 인적자원, 소매, IT 등 각 부문의 임원들이 참여했다.

버지니아 주 리치먼드 본사에는 '상황실'을 만들어 각 팀이 언제든 모여서 다양한 의견을 나누도록 했다. 특히 각 팀의 리더는 스쿠노버가 지명한 임원들이 맡았다. 그들은 일주일에 여러 차례 팀원들을 만나 상황을 점검했고, CEO로서 총괄 리더를 맡은 스쿠노버는 매주 목요일마다 각 팀을 만나 지원과 교육을 병행했다.

서킷시티가 위기를 극복하고 정상 궤도로 진입하는 데는 혁신 추진팀들의 역할이 절대적으로 필요했다. 다음 내용은 11개의 혁신 추진팀이 해결해야 할 과제들을 나타낸 것이다. 여기서도 보듯이 각 팀에 요구하는 내용이 분명하게 드러나 있다. 이것은 각 프로젝트를 구체화하는 데 많은 신경을 썼다는 뜻이며, 그 과정을 총체적으로 지휘한 사람이 바로 스쿠노버다.

혁신 추진팀

1. 소매 혁신팀

실행 목표 : 소매 혁신팀들은 6주를 기한으로 하며 중간에 두 번의 전체 모임을 갖는다. 팀의 목표는 향후 3년간의 전망과 1년간의 운영 계획, 100일간의 실행 계획을 수립하는 것이다.

다음 내용을 포괄하는 총체적 사업 계획을 수립해야 한다.
- 판매비와 일반관리비SG&A : 벤치마킹과 최적화
  회사의 영역별 판매비와 일반관리비(고정비와 가변비)를 검토해 기준 설정/지역별 조정과 통합
- 운영 효율
  현장 조직체계 · 관리 범위 : 리더를 교육자로 활용/본사 (소매) 조직체계/매장 표준/표준운영체제SOP 수용과 보고 등 소매활동의 기초를 강화하려는 시스템과 프로세스/SOP 개선과 실행을 위한 아이디어/고객 상담원의 책임의식과 커뮤니케이션/손익 관리 프로세스와 보고/분명하고 균형 잡힌 목표(주요 실적 지표) : 인력, 고객, 재무, 성장
- 인력 관리
  업무 관리(시간과 일정)/근무 최적화 : 근무 표준 수립, 계획 · 예산 책정 · 일정 수립 · 보고 등을 위한 새로운 기법 개발, 근무 계

획 소프트웨어 채택과 도입 / 단계별 매장관리 솔루션 / 총 가동 생산성, 일정 시간별 생산성 / 실적관리 시스템 : KPI(주요 실적 지표), 훈련, 실행 / 훈련과 인증

3년간의 재무·운영 계획을 완성하기 위해 프로젝트팀이 고려해야 할 것은?

- SG&A, 운영 효율, 인력 관리의 3대 업무별 핵심 목표 평가
- 최소 수익률 설정
- 이익의 점진적 흐름 예측
- 투자 방향(서킷시티와 제삼자의 투자)

예산을 감안해 1년간의 운영 계획을 수립하기 위해 프로젝트팀이 고려해야 할 것은?

- 경영 계획 수립
- 명확하고 경쟁력 있는 임무와 비전 수립
  해결해야 할 문제들 / 새로운 가치체계
- 모든 전략과 계획을 포함하는 명확하고 역동적인 어젠다
  고객과 직원들을 바라보는 최고경영진의 시각 / 프로세스의 효율성 / 인프라 : 조직 구조(현장과 판매 구조), 역할과 책임, 보상체계 / 주요 재무 실적과 연계된 평가, 목표 수립, 인센티브 체계 / 단순화 과정을 통한 학습 효과 확산과 평가 기법 개발 / 연구실과 연구팀장 선정, 지원 모델 / 보상 기준 마련 / 팀 역동성 / 본사의 지원 :

사업부별 비즈니스 조율

100일간의 상세한 실행 계획을 수립하기 위해 프로젝트팀이 고려해야 할 것은?
- 주요 목표 사이의 우선순위와 연계성 설정 : 100일간의 계획 중 첫 단계 초안 마련

2. 마케팅 ROI팀

실행 목표 : 100일, 1년, 3년간의 계획을 수립할 때 다음 사항에 유의한다.

3년간의 재무·운영 계획을 완성하기 위해 프로젝트팀이 고려해야 할 것은?
- '동급 최고'의 실적 수준을 기준으로 확립한다. 이는 서킷시티의 소매 비즈니스 목표이며, 다양한 언론 채널을 통해 외부에도 알릴 필요가 있다.
- 성장률 목표를 수립한다.
- 대차대조표의 투자 역량을 감안해 각종 프로세스와 기법의 개선 방향을 조율한다.
- 이미 수립했던 3년 이내에 4,000~6,000만 달러의 이익 성장이라는 1차 목표를 감안한다.

예산을 감안해 1년간의 운영 계획을 수립하기 위해 프로젝트팀이 고려해야 할 것은?

- 회계연도 08년에 달성 가능한 적정 총자산이익률 설정
- 마케팅 계획에 대해 각 매장의 적정 기여 수준 설정
- 언론 홍보를 강화하기 위한 멀티미디어 최적화 모델링 프로세스 구축
- 모든 채널의 적정 지출 프로세스 구축

100일간의 상세한 실행 계획을 수립하기 위해 프로젝트팀이 고려해야 할 것은?

- 현재의 지출과 ROI(투자이익) 측정 방식 결정. 이는 각 시책의 투자 효과가 어느 정도인지 가늠하게 해준다.
- 회계연도 08년의 적정 지출 계획 수립. 시간이 경과하면 배운 내용을 분석해 수정할 수 있도록 유연성 있는 계획을 수립한다.
- 2008년 1월의 소비가전쇼 Consumer Electronics Show에서 프레젠테이션을 수행할 매장을 선발해 후원금을 확보하고 각 매장의 협력과 지원도 유도한다.
- 2008년 3월 1일부터 시행할 통합판촉 계획을 수립해 시장 확대 전략을 강화한다.

이외에 프로젝트팀이 고려해야 할 것은 무엇인가?

- 통합판촉 계획을 수립하기 위한 새로운 프로세스 맵 구축

- 상품 광고 계획을 위한 새로운 분석 기법 개발
- 매장과 본사의 공동 판촉 자원을 확보하기 위한 새로운 회계 프로세스 구축
- 1년 및 3년간의 판촉 목표 설정

3. 비용 절감팀

실행 목표 : 다음 영역에서 아웃소싱 가능성을 검토한다.

- 화상 Imaging
- 지급계정
- 회의
- 재배치
- 자산 관리
- 매장 계획
- 새로운 매장 편제
- 잉여자산
- 급부 Benefits

조직 재조정

- 회의와 여행
- 매장 건축과 새로운 매장 편제 서비스
- 인터탄(InterTAN, 가전제품 판매점)

  조달 / 부동산 / 회계 / 물류와 유통 / 매장 유지와 관리

조달 절감

- 회의
- SOP
- 휴대전화
- 비품
- 매장과 매장지원센터 공급
- 급부

- 법무
- 항공편

잠재적 고려 대상
- 여행과 회의
- 잉여재고
- 광고

리스
- 검토(부대비용 고려)

동원·가동 : 스쿠노버의 사례에서 가장 인상적인 부분이다. 서킷시티의 최고경영진은 11개 팀과 교류하며 많은 것을 가르치고 사기도 북돋웠다. 스쿠노버는 이 모든 과정이 단순한 '위기관리'가 아니라 모든 팀원을 리더로 양성하는 프로세스라는 것을 강조했다. 즉 회사의 역량을 강화할 뿐 아니라 그 과정에서 리더를 양성하는 것까지 함께 고려했다.

이외에도 스쿠노버는 처음부터 서킷시티의 가치관을 바탕으로 팀을 구축하고, 그 팀의 효율을 높이고자 새로운 기술을 교육하며, 프로젝트 관리와 리더십 계발 등 다목적 활동을 추구했다. 이 위기는 서킷시티의 혁신과 리더십 계발을 모두 손에 넣을 수 있는 좋은 기회였다. 그래서 11개 팀의 참여자들이 충분한 교육을 통해 위기관리 능력을 배양하고 리더십을 계발하도록 워크숍을 여는 등 지원을 아끼지 않았다.

결정 단계

스쿠노버는 최종적인 결정에 앞서 각 팀의 참여자들과 최고경영진의 조언을 구했다. 일반적으로 조언 체계를 갖춘 회사에서는 최고경영진이 조언자들의 다양한 의견을 청취한 뒤 의문점을 해결하고 결정을 내리는 방식을 선호한다.

그러나 서킷시티에서는 60일에 걸친 판단 프로세스 기간 내내 스쿠노버를 비롯한 최고경영진과 직원들이 함께했다. 의사결정 과정을 11개 팀과 함께함으로써 투명성을 높이는 것이 스쿠노버의 생각이었기 때문이다.

최종 결정을 앞두고 마지막으로 최고경영진과 각 팀원이 모두 참석하는 회의가 열렸다. 이 자리에는 혁신 추진팀 구성원들과 최고경영진이 모두 참석했으며, 각 팀이 작성한 보고서와 각종 자료를 참석자들에게 미리 나눠 주고 최종적인 의사결정 프로세스에 반영하도록 했다.

현명한 결정을 위해서는 원칙과 과제도 중요하다. 회의에 앞서 11개 팀의 리더들은 다른 팀이 작성한 보고서를 팀원들에게 나눠 주고 충분히 읽은 다음 의견이나 개선 방안을 생각해 보도록 했다. 이것은 일종의 사전 문제해결 과정으로, 여기에서 도출된 아이디어들은 최고경영진의 최종 결정에 좋은 밑거름이 된다. 특히 회의 시작과 동시에 자료를 배포하는 바람에 참석자들이 그 내용을 제대로 파악하지 못해 회의 시간 내내 꿀 먹은 벙어리처럼 앉아 있다가 결국 '보고회' 형식으로 회의를 마무리하는 것보다 훨씬 생산적이다.

최종 회의에서 각 팀이 밟은 단계를 정리하면 다음과 같다.

① 보고서 검토 : '최종 결정'을 사흘 앞두고 최고경영진과 팀원들에게 모든 보고서를 나눠 준 뒤 읽어 보고 의견을 준비하도록 했다. CEO와 최고경영진, 팀원들이 참석하는 워크숍을 개최하고, 팀별로 세 시간을 주어 의견을 정리하도록 했다. 한 테이블에 6명씩 앉도록 의자를 정리한 뒤, 최고경영진과 혁신 추진팀 팀원들을 무작위로 테이블에 앉도록 했다.

② 팀 보고서 회수 : 팀별로 전체를 대상으로 20분간 의견을 발표하도록 했다(모두 보고서를 읽은 상태이므로 기억을 되살리며 생각을 정리하는 시간이다).

③ 개인별 사전 평가(10분) : CEO를 포함한 모든 회의 참석자가 준비된 보고서를 평가했다. 평가 점수는 1점(절대 반대)에서 10점(절대 찬성, 내용을 조금도 수정할 필요 없음)까지였다. 만약 10점을 받지 못했다면 '나의 지지'를 받기 위해 보완할 점이 무엇인지 기록하도록 했다. 마지막으로 이 보고서와 다른 보고서들이 어떤 관계에 있는지 기록하도록 했다.

④ 좌담회(45분) : 테이블별로 한 명씩의 리더가 나머지 참석자의 이름과 점수를 기록했다. 그리고 점수를 후하게 준 사람과 그렇지 않은 사람의 차이가 무엇인지 서로 토론해 수정 과정을 거쳤다. 이것은 최종 결정에 반영하는 데 필요한 일종의 조율 절차였다. 각 테이블에서 논의한 내용은 회의 막바지에 플립차트로

만들어 CEO와 발표팀(팀별 리더들로 구성)이 공유하도록 했다.

⑤ CEO와 발표팀(60분) : CEO와 발표팀은 플립차트를 들고 소회의실로 향했다. 이 차트에는 각 참석자의 평가 점수뿐 아니라 수정과 제안 내용 등이 담겨 있다. 이 회의는 앞의 회의에서 나온 다양한 의견을 통합하는 과정이다. 스쿠노버와 경영진은 여기에서 도출된 개별 참석자들의 생각을 이해하고 의견 차이에 대해서도 논의했다. 예컨대 비용 절감이라는 문제에 대해 회사에 갓 합류한 신임 임원과 고참 임원의 생각이 같을 수는 없다. 하지만 점수의 차이가 절대적으로 중요한 것은 아니다. 스쿠노버는 이런 견해 차이보다 여기서 얻게 되는 다양한 아이디어가 최종적인 의사결정에 훨씬 중요하다고 보았다.

⑥ 다른 리더들과의 조정 회의(60분) : CEO가 발표팀과 회의하는 동안 최고경영진의 나머지 임원들은 다른 참여자들과 의견을 나눴다. 마케팅 담당 임원은 해당 팀의 참여자들과, HR 책임자 역시 해당 팀의 참여자들과 대화하는 식으로 최종적으로 의견을 조율했다. 이 회의는 최종 의사결정에 앞서 나누는 마지막 대화로, 임원들은 여기서 정리한 내용을 CEO와 논의했다.

⑦ CEO와 최고경영진의 의사결정 회의(45분) : 프로세스의 마지막 단계는 CEO와 최고경영진의 최종 회의였다. 이 자리에는 각 팀의 모든 참석자가 주변에 둘러앉아 최고경영진 사이에 오가는 대화 내용을 확인했다. 이는 의사결정의 투명성을 높이려는 배려였다. 이 자리에서 CEO는 모든 구성원의 의견과 이후

조율된 내용을 요약해 의사결정 방향을 정리하고 그 이유도 설명한다.

실행 단계

며칠에 걸친 워크숍이 막바지에 이르렀을 때 스쿠노버와 경영진은 각 프로젝트와 관련해 결정을 내렸다. 그리고 당면한 위기의 심각성을 감안해 곧바로 실행이 시작되었다.

실행 : 스쿠노버와 최고경영진은 앞서의 참석자들 중에서 결정 내용을 책임 있게 수행할 사람들을 선발한 다음 시간과 자원을 투입해 결과를 만들어 내도록 했다.

학습·수정 : 2007년은 서킷시티의 전환기였다. 11개의 '혁신 추진' 프로젝트야말로 이 변화의 주역이었고, 스쿠노버와 경영진은 책임의식을 가지고 매주 이 프로세스를 점검하며 '재실행 회로'를 가동했다.

리더를 양성하기 위한 스쿠노버의 노력

당장의 초점은 위기에서 벗어나는 것이었지만 스쿠노버는 이 위기를 80명의 팀원을 리더로 양성하는 기회로도 활용했다. 앞서 설명한 마지막 단계에서 이 80명의 팀원은 스쿠노버가 계획한 두 단계의 리더십 피드백 프로세스에 따라 더 나은 리더가 되고자 노력했다.

첫 번째 단계는 팀 내부에서 피드백을 통해 자연스럽게 이루어졌다. 팀원들끼리 서로 생각을 확인하고 검증하는 과정이 그것이다. 이때 각 팀원이 다음의 세 영역에 대해 문서로 자신의 생각을 정리하도록 했다. '당신이 우리 팀에 가장 크게 기여한 점은 무엇입니까?' '리더로서 계속 발전하기 위해 당신에게 필요한 것은 무엇입니까?' '리더로서 당신의 발전을 위해 나는 ○○ 부분에서 도움을 줄 수 있습니다.'

모든 팀원의 피드백 문서도 플립차트에 포함시켰다. 각 팀은 한 번에 한 사람씩 피드백을 통해 이해 여부를 확인할 뿐 아니라 함께 토론하며 개인의 성장을 유도했다. 아울러 전체 팀원의 협력을 통해 개인의 성장을 위한 행동 계획도 수립했다.

두 번째 단계는 최고경영진과 80명의 팀원이 함께하는 과정으로, 9개의 셀로 구성된 매트릭스를 활용한다. 한 축은 프로젝트에 대한 평가, 다른 한 축은 각 팀이 서킷시티에서 차지하는 비중으로 구성되는데, 각기 상중하의 세 가지 수준으로 평가한다. 경영진은 각 팀원과의 대화를 통해 이들의 위치가 매트릭스의 어디에 해당하는지 문서로 기록한다.

스쿠노버와 경영진은 이처럼 모든 팀원과의 대화를 통해 이들을 더 유능한 리더로 만들고자 조언과 지도를 아끼지 않는다. 이 내용은 훗날 공식 승계 프로세스의 자료로도 활용된다.

동시에 진행되는 위기 판단 프로세스와 리더십 계발 프로세스에는 적지 않은 시간과 자원이 투입된다. 요컨대 이 과정을 경험한 리더는 한꺼번에 세 마리 토끼를 손에 넣을 수 있다. 첫째 위기에 대처할 수 있고, 둘째 위기 판단 과정에서 폭넓은 사회인맥을 형성할 수 있으며, 셋째 리더십 역량을 향상시킬 수 있다.

혁신 추진팀의 ROI

이 프로세스는 단기적·장기적으로 회사의 수익성에 기여하기 위해 만들어졌다. 덕분에 2007년에는 매출과 이익이 각각 3억 달러와 2,000만 달러로 늘었고, 판매비와 일반관리비는 1억 5,000만 달러나 줄였으며, 2008년에는 추가로 2억 달러를 더 절감할 수 있을 것으로 추정했다. 이 프로세스는 신개념 매장 건설에도 기여했다. '뉴시티New City'라는 작고 효율적인 매장이 속속 등장한 것도 이런 배경에서다. 혁신 추진팀을 통해 매장의 물리적 구조뿐 아니라 고용과 자기계발, 훈련 등에 이르는 인적자원 전략도 크게 개선되었다. 최근에는 매장 관계자들이 신입 직원의 면접과 선발, 육성 과정에도 적극 참여한다. 이러한 신개념 매장은 2007년 여름부터 등장하기 시작했으며 실적 측면에서 기존 매장들을 압도하고 있다. 서킷시티는 향후 2년 사이에 뉴 시티 매장을 수백 곳 이상 확대한다는 계획을 갖고 있다.

이 장에서는 위기 판단의 모범적 두 사례에 대해 살펴보았다. 얌!브랜드와 데이비드 노박의 사례는 식품의 안전성과 직결된 모범 사례다. 이 업종에서 얌!은 다른 패스트푸드 체인에 비해 많은 위험에 노출되어 있다. 얌!보다 규모가 훨씬 큰 맥도널드와 비교하더라도 취급하는 식재료의 종류가 다양하기 때문이다. 노박은 위기가 닥칠 때마다 현명하게 판단했다. 그뿐 아니라 미래의 위기 대처 능력을 향상시키기 위한 리더 양성에도 힘을 쏟았다. 위기에 신속히 대응하는 위기 극복 메커니즘, 동시에 차세대 리더를 양성하는 그의 방식은 다른 회사들에도 좋은 모범이 되고 있다.

서킷시티의 스쿠노버는 2006년 봄에 부임한 이후로 과거의 유산들과 지금까지도 맞서 싸우고 있다. 그는 베스트바이에서 일하던 시절, 그곳을 고객 중심형 문화로 탈바꿈시킨 주인공이었다. 그래서 규모가 큰 경쟁회사들이 어느 정도의 역량이 있는지 누구보다 잘 안다. 그가 서킷시티의 TPOV와 스토리라인 계발에 주력해 현명한 판단의 기초를 구축한 것도 이런 이유 때문이다. 비록 환경의 급격한 변화를 놓친 아쉬움은 있지만 위기 판단 프로세스를 구축하려고 발 빠르게 움직인 것은 잘 알려진 사실이다. 이처럼 서킷시티의 아쉬운 부분은 델컴퓨터의 마이클 델처럼 유사한 실수를 범한 여러 대기업과 그 CEO들에게 좋은 반면교사로 남아 있다. 하지만 서킷시티는 리더와 직원들의 협력을 바탕으로 판단력을 강화시켜 회사의 미래 잠재력을 향상시킨 모범적인 회사이기도 하다.

Chapter 11

지식 창조

- **현명한 판단력을 갖춘 리더는 배움에도 적극적이다.**
  - 끊임없이 자신의 성과를 평가한다.
  - 지식을 추구하며 경험 위에 선다.
- **모두를 위한 지식 창조야말로 최우선 목표다.**
  - 교육과 학습을 후원하는 운영 메커니즘이 필요하다.
  - 리더십 계발의 핵심 목표 중 하나가 판단력이다.
- **고객과 이해관계자, 지역사회가 모두 지식의 원천이다.**
  - 누구나 가르친다. 누구나 배운다.
  - 일선 직원들은 신지식 노동자다.

⋮

리더십에 대해 가능한 모든 것을 알고 싶습니다. 나는 리더가 타고 난다는 말을 믿지 않습니다. 전쟁 영웅도 지혜의 신이 그저 만들어 주는 것이 아닙니다. 리더는 살아가는 어느 순간에 남들을 이끌 때를 선택합니다. 바로 그때 앞으로의 행동 방향을 천명합니다. 리더에게는 소명이 있습니다. 무언가를 이끌어 내려는 의지 같은 것 말입니다. 그래서 주변 세상을 자신이 원하는 대로 바꾸려 하고, 스스로 그 변화의 한 축이 되려 합니다. 한 걸음 더 나아가고 싶어 하며, 이끄는 데서 비롯되는 위험쯤은 감수합니다. 핵심은 자신을 지키는 것입니다. 자신을 잃어서는 안 됩니다. 리더는 자신이 누구이며 무엇을 원하는지 끊임없이 되물어야 합니다. 그리고 여기서 만족을 느낍니다.

−앨런 래플리, P&G의 CEO[1]

판단력을 갖춘 유능한 리더가 되기 위한 첫 번째 요건은 배움을 통해 지식과 지혜를 쌓는 것이라고들 말한다. 리더가 지식을 창조해 내는 데는 두 가지가 필요하다. 첫 번째는 제프 이멜트 등 이 책에서 소개하는 많은 리더가 그랬듯이 '나만의 여정'을 통해 더 현명하고 유능한 리더로 성장하고자 부단히 노력하는 것이다. 두 번째로 리더는 인물과 전략, 위기에 관련된 판단을 내릴 때 팀과 조직, 다양한 이해관계자의 도움을 구해야 한다. 이처럼 외부의 도움을 구하는 동시에 그들의 팀과 조직, 주요 이해관계자의 리더십 계발에도 노력해야 한다. 스스로 더 나은 리더로 성장하는 동시에 다른 사람들을 교육하고 성장시키는 것이야말로 훌륭한 리더십의 핵심이다.

자신에 대한 지식 창조, 나를 향한 여정

유능한 리더는 자신으로부터 시작하는 혁신의 여정을 추구하고, 이를 팀과 조직에도 전파한다. 그러기 위해서는 자신감과 겸손이라는 역설적인 두 가지 가치를 모두 수용해야 한다. GE의 잭 웰치와 같은 리더들을 20년 넘게 지켜본 결과, 유능한 리더는 자신에 대한 지식이 누구보다 풍부하다는 사실을 알 수 있었다.

유능한 리더는 자기 자신을 먼저 이해하려고 노력한다. 이런 자기학습은 상당한 시간과 부단한 의지를 바탕으로 '거울 속의 자신'을 들여다보는 과정이며, 특히 자신감과 겸손이라는 역설적 가치도 포용할 줄 알아야 한다. 자기지식을 추구하던 잭 웰치의 열정은 가히 비교할 대상이 없을 정도로 대단했으며, 그 방법도 다양했다. 다른 리더들의 장점까지 편견 없이 받아들이는 등 대상과 상관없이 아이디어를 얻는 데 주저하지 않았다. 거의 격주 간격으로 크로톤빌 연수원을 방문해 자신의 리더십 결과를 확인하고, 새로운 통찰력을 흡수하며, 자신과 경영진 나아가 회사의 발전을 위한 아이디어를 끊임없이 추구했다.

노엘 티시는 1980년대에 크로톤빌의 책임자로 일하면서 잭 웰치의 이런 행동을 흥미롭게 지켜보았다. 웰치는 하루 일과를 마칠 무렵, 페어필드의 GE 본사에서 헬리콥터를 타고 15분가량 날아 크로톤빌로 와서는 연수를 받고 있던 사람들과 만나곤 했다. 한번은 크로톤빌에서 연수받고 있던 110명을 모두 한 곳으로 불러 'CEO와의 대화' 시간을 마련했다. 그중에는 생애 처음으로 관리자로 승진한 직원, 28세의 엔지니어, 경영자 연수 프로그램 참여자, 20년 경력의 베테랑 간부 등 여러 부류의 임직원이 있었다.

웰치는 그들과 한동안 GE에 영향을 끼칠 만한 시사 사건이나 GE의 TPOV, 중요한 인수합병 문제 등 폭넓은 주제에 관해 대화를 나누었다. 그는 이렇게 말했다. "여러분의 관심사에 대해 이야기를 나누고자 이렇게 찾아왔습니다. 세계화를 비롯해 GE의 가치관이나 인수 활동 등 어떤 주제도 상관없습니다." 그렇다고 문답만 한 건 아니다. 연수 참가자들은 웰치에게 질문하는 것 외에 서로 열띤 토론을 벌이기도 했다. 그는 이 모습을 유심히 지켜보면서 이것저것 질문을 던졌다. 특정 사안에 대해 참가자들의 말을 경청한 뒤에 해결책을 요구하고는 다시 관심 있게 지켜보았다. 한마디로 주고받기 식의 상호학습 Mutual Learning 프로그램이었던 셈이다. 이 과정에서 웰치는 교

[도표 11.1] 효과적인 교육 사이클

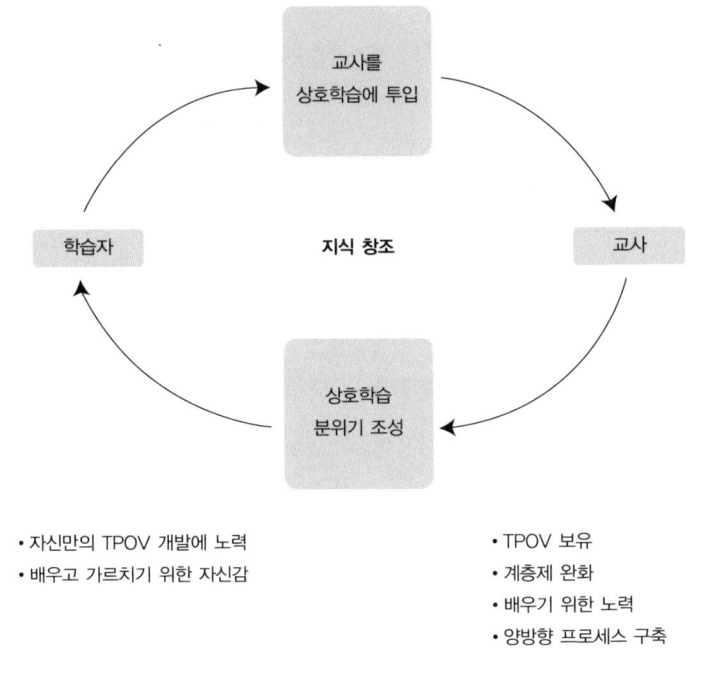

사로서 자신의 TPOV를 교육하는 동시에 참가자들도 가르치는 역할을 하도록 편안한 분위기를 조성하는 데 힘썼다([도표 11.1] 참조).

잭 웰치는 그들한테서 더 많은 것을 배우고자 두 가지 활동을 추가했다. 먼저 임직원 110명과 비공식 칵테일파티를 준비한 그는 파티에 참석하기 전, 세 가지 질문이 담긴 질문지에 답변을 적도록 했다. 질문 내용은 다음과 같다. 첫째, 이 연수에 참여하면서 나는 무엇을 해결했는가? 둘째, 이 연수를 받고 나서도 여전히 해결되지 않거나 나를 괴롭히는 문제는 무엇인가? 셋째, 이 연수에서 얻은 가장 큰 소득은 무엇인가? 웰치는 시간이 여의치 않을 때는 헬리콥터에 오르기 전 또는 24시간 이내에 답변을 작성하도록 요구했다. 그들의 답변은 매우 솔직했으며, 대부분의 질문지에는 작성자의 이름과 소속까지 적혀 있어 웰치는 이들과 주기적으로 의견을 나누면서 많은 아이디어를 얻을 수 있었다.

이외에도 잭 웰치는 칵테일파티를 새로운 배움의 장으로 활용했는데 이 자리에서 서너 명의 관리자와 열띤 토론을 벌이기도 했다. 이 대화는 CEO로서는 자주 대하기 어려운 일반 관리자들의 생각을 이해하는 데 많은 도움이 되었다.

앞의 사례에서도 보듯이 잭 웰치는 크로톤빌을 주기적인 상호학습과 교육의 공간으로 활용했다. 지금도 GE에서는 크로톤빌의 경영자 프로그램에 임원들을 보내 다양한 실무적인 문제를 논의하도록 한다. 한국 등 다른 나라에 임원들을 파견해 몇 주에 걸쳐 해당 지역의 GE 전략을 재검토하는 것, 기업시민의식 문제와 관련해 제프 이멜트의 대응방식을 연구하는 것, 그리고 환경과 인적 서비스 등에 관련된 다양한 문제를 이 자리에서 논의한다.

잭 웰치가 제프 이멜트를 후임 CEO로 정한 가장 큰 이유도 이멜트의 자기계발과 자기지식 창조에 대한 강한 욕구 때문이었다. 이멜트는 미시간 대학에서 열린 MBA 강의에서 다음과 같이 말했다.

리더십의 첫 번째 요건은 자신을 향한 깊이 있는 여정입니다. 자신의 영혼을 향한 여정 말입니다. 나는 언제쯤 변화될 것인지, 남의 말을 귀담아듣는 사람인지, 새사람으로 다시 태어날 수 있다고 생각하는지, 자아성찰의 효과를 믿는지 등 더 나은 존재로 성장하기 위해 지금 이 순간부터 노력할 의지가 있는지 자문해 보아야 합니다. 매일같이 거울을 들여다보듯 스스로 돌아보며 지금과 다른, 더욱 발전된 존재로 성장하도록 자신을 북돋아야 합니다. 내면을 향한 여정을 기꺼이 받아들여야 합니다. 그런 점에서 나는 행운아입니다. 좋아하는 일을 좋아하는 사람들과 할 수 있기 때문입니다. 하지만 가장 큰 욕구는 나만의 여정을 통해 최선의 나로 성장하는 것입니다.[2]

이멜트는 새로운 지식을 창조하기 위해 고객이나 협력회사 관계자들과 함께 크로톤빌에서 '드리밍 세션'이란 회의를 연다.

앨런 래플리, 제프 이멜트, 짐 오언스, 데이비드 노박 같은 CEO들은 지식 창조 프로세스의 하나로 리더십 계발 프로그램을 활용한다. 이들 역시 회사의 리더들과 함께 실제 문제를 다루며 효과적인 교육 사이클을 통해 회사 전체가 공동으로 지식을 창조하도록 한다. 이것은 대다수 회사가 하고 있는 방식과는 정반대다. 일반적으로는 경영대학이나 컨설팅 회사에 리더십 계발 프로그램을 맡겨 교육 자체를 아웃소싱으로 해결하는 경우가 많다. 그러나 이처럼 전통적인 경영 프로그램들은 기존의 지식을 다운로드하는 데 지나지 않으며 (상호학습 프로그램에 비해) 투자 가치도 상대적으로 낮다.

지식 창조에는 행동뿐 아니라 성찰도 필요하다

성찰 없는 행동으로는 지식을 만들어 낼 수 없다. 판단력이 취약한 리더들을 보면 주변 환경이 바뀌고 있는데도 과거의 행동양식만 고집하다가 지식을 창조하기는커녕 오히려 파괴하는 경우가 많다.

앨런 래플리는 현명한 리더에게 필요한 판단력의 요건을 이렇게 설명한다.

> 자신을 아는 것이 가장 중요합니다. 자신의 열망이 무엇인지, 꿈이 무엇인지부터 정확히 알아야 합니다. 그리고 가치관도 분명하게 이해해야 합니다. 당신에게 정말 중요한 것은 무엇입니까? 당신이 정말로 염려하는 것은? 당신 인생에서 의미 있는 것은 무엇입니까?[3]

리더가 현명한 판단에 필요한 지식을 만들어 내려면 성찰과 기록을 습관화해야 한다. 유능한 리더는 다른 사람과의 교류뿐 아니라 자신의 TPOV를 계속해서 발전시키는 과정을 통해 판단력을 향상시킨다. 그리고 과거를 돌이켜보며 필요한 내용을 꼼꼼히 기록한다. 예컨대 잭 웰치는 20년 내내 자신이 깨달은 사실을 편지 형식으로 연차보고서에 담았고, 제프 이멜트도 전임자의 이 방식을 물려받으면서 GE의 전통으로 정착시켰다. 성찰과 구체화를 통한 지속적인 발전이야말로 리더의 판단력을 향상시키는 지름길이다. 또한 과거의 실패도 있는 그대로 바라볼 수 있는 리더만이 미래를 위한 교훈을 얻을 수 있다.

제프 이멜트도 리더의 판단력을 향상시키는 과정에 대해 설명한다. 그는 리더로서 최종적인 결정을 내리기 전에 '시간적 여유를 갖고 아이디어들을 충분히 파헤쳐야' 한다고 강조한다.

> 시간을 가지고 아이디어들을 충분히 검토해야 좋은 결론에 도달할 수 있습니다. 우리는 이미 2003년에 몇 단계의 진전을 이뤘지만 제대로 완성하기까지는 2년이 더 걸렸습니다. 특히 이 부분에서는 잭 웰치가 훌륭한 교사 역할을 했습니다.
> 나는 그가 식스시그마 같은 것에 빠져 있는 모습을 종종 보았습니다. 실제로 그는 이 주제에 대해 2년 동안 고민을 거듭했습니다. 사람들은 말했지요. "대체 저게 뭔데?" 그런데도 그는 다른 곳으로 눈을 돌리지 않았고, 여러 사업부가 아이디어를 공유하게 함으로써 궁극적으로는 보석 같은 결과를 이끌어 냈습니다. 잭 웰치야말로 '실행 리더십'의 모범이라 할 수 있지요.[4]

지식 창조와 판단 프로세스

판단력 계발은 판단 프로세스 전반에서 일어난다. 앨런 래플리는 분명한 TPOV를 통해 자신뿐 아니라 P&G에 있는 모든 리더의 판단력 계발을 돕는다. 이멜트를 비롯해 판단력이 뛰어난 다른 경영자들도 이 점에서는 예외가 아니다. 래플리의 말처럼 그 시작은 현실을 직시하는 데서 출발한다.

내가 원하는 대로가 아닌 있는 그대로 사물을 바라보는 능력이 필요합니다. 세상을 장밋빛으로 포장하지 말고 현실을 냉정하게 바라볼 줄 알아야 합니다. 내가 남보다 조금 나은 점이라면 현실을 있는 그대로 바라보고 받아들이며 대처한다는 사실입니다.[5]

리더는 그 판단이 어떤 의미인지 정확하게 이해해야 한다. 래플리는 자신의 TPOV에 근거한 행동의 중요성을 역설한다.

비즈니스 세계에서는 전략이 아주 중요합니다. 전략은 곧 선택이기 때문입니다. 올바르게 판단하려면 인적자원과 재정 자원을 적절히 배치해야 합니다. 그리고 한 가지 덧붙이자면 무엇을 해야 하고, 무엇을 하지 말아야 하는지 깨닫게 하는 모험적인 선택도 필요합니다.[6]

래플리는 지금도 학습과 지식 창조의 여정을 계속하고 있다. 어떤 리더든 어려운 결정을 피할 수 없다고 생각하는 그는 앞으로의 전략과 관련된 자신의 판단 과정을 이렇게 설명한다.

강점에서 시작하기로 했습니다. 우리의 핵심 사업부, 핵심 역량, 핵심 기술 같은 것들 말입니다. 미용과 보건 등 성장 속도가 빠른 부문으로 포트폴리오를 확장하는 결정 역시 21세기의 첫 반세기 동안 계속해서 고민할 것입니다. 또한 개발도상국의 저임금 소비자를 겨냥한 전략도 계속될 것입니다. 선진국에 비해 개발도상국의 성장이 훨씬 빠르기 때문입니다. 이처럼 우리의 비즈니스는 인구학적 요소에 따라 달라집니다.

　소비자를 이해하고, 최고의 브랜드를 구축하고, 우리의 유통과 판매 체계를 활용해 마케팅 효과를 극대화하고, 다국적 기업의 입지를 확장하는 것 역시 우리의 목표입니다. 그리하여 다른 어떤 소비재 회사보다도 높은 생산성을 구가할 것이며, 최고의 인재를 확보해 최고의 리더십을 형성할 것입니다.[7]

아무리 훌륭한 판단도 실행이 뒷받침되지 않으면 의미가 없다. 실행 과정을 지속적으로 검토하고 수정하지 않으면 현명한 판단도 결국은 그릇된 판단으로 귀결되고 만다. 래플리는 이 점에 대해서도 분명한 의사를 피력했다.

　실행의 효과는 정말로 실천할 때 얻을 수 있습니다. 따라서 소비자와 이해관계자들에게 다가가는 최고의 전략은 바로 실행입니다. 문서에만 담겨 있는 전략은 이들에게 아무런 의미도 없습니다.[8]

사회인맥이나 조직 등 리더와 연관된 영역에서 판단 프로세스를 구축하고 강화하기 위해서는 반드시 리더 자신의 지식 창조 여정이 전제되어야 한다.

사회인맥과 팀의 지식 창조

리더가 이끄는 팀을 위한 지식 창조 프로세스를 구축해 실행하는 것은 전적으로 리더 자신의 몫이다. 메드트로닉의 CEO를 지낸 빌 조지는 팀과 사회인맥 차원의 판단력과 관련해 자신의 경험담을 소개했다.

메드트로닉을 포함해 그동안 내가 맡았던 어떤 직무도 리턴Litton에서의 경영진 구성에는 도움이 되지 않았습니다. 그래서 나는 내가 믿고 의지할 수 있는 팀을 구성하는 방법부터 배우기로 했습니다. 우선 부하직원들과 직업적으로 아주 가까워지려고 노력했습니다. 일에서의 친구와 사생활에서의 친구는 구분해야 한다는 것이 내 지론입니다. 그래서 팀을 만들 때도 지인들로만 채우는 것을 경계했습니다. 개인적인 친밀도와 상관없이 꼭 필요한 유형의 사람을 선발해 경영진을 구성한 것입니다. 대신에 이들과 직업적으로 매우 친밀한 관계를 형성해 언제든 터놓고 이야기할 수 있는 사이로 발전시켰습니다.

어떤 리더든 믿을 수 있는 조언자가 필요한 법이다. 역사적인 인물들도 판단 과정에서 측근의 조언에 귀를 기울였다. 대다수 리더는 자신이 이끄는 팀과 가장 많은 시간을 보낸다. 어려운 문제에 부딪혔을 때도 그 팀과 함께 토론하며 해결책을 모색한다. 따라서 주변에 어떤 사람들이 포진하고 있느냐에 따라 리더의 판단은 크게 달라질 수 있다. 지식 창조를 통해 리더의 성공을 견인하는 데 사회인맥이나 팀의 존재가 그만큼 중요하다는 뜻이다.

팀원으로 어떤 사람을 뽑아야 하는가

팀에 포함시킬 사람들의 면면부터 꼼꼼히 살펴야 한다. 그리고 후보자가 팀의 판단력 향상에 도움이 되는지도 고민해야 한다. 어떤 조직이든 기술적으로는 뛰어나지만 판단력은 떨어지는 사람이 적지 않다. 이런 사람은 잘못된 가정과 어설픈 판단 프로세스를 통해 팀을 혼란에 빠뜨린다. 팀원 후보자를 평가할 때 '중간'은 없다. 이도 저도 아닌 사람은 팀의 판단 프로세스에 아무런 기여도 할 수 없기 때문이다. 믿을 수 없는 사람 혹은 조언할 능력이 없는 사람은 판단 과정에서 적지 않은 기회비용을 낳을 뿐이다.

모두 믿을 만한 사람이라면 각자가 팀에 어떤 기여를 할 수 있는지 따져 봐야 한다. 이때도 업무 수행 능력보다는 당사자의 판단력이 어떠한지, 팀의 판단 프로세스에 어떻게 기여할 수 있는지를 살펴보아야 한다.

기술과 관점의 다양성, 여기에다 원만한 인간관계까지 갖춘 팀은 리더의 판단 과정에 큰 도움을 준다. 팀원들한테서 비롯되는 소중한 자산으로는 다음과 같은 것들이 있다.

- 영역 전문성 : 특정 업무나 기술 등 기술적 영역에 대한 깊은 이해가 필요하다.
- 업종 지식 : 업종의 동향이나 역사적 맥락을 꿰뚫어야 미래를

예측할 수 있다.
- 조직에 대한 지식 : 해당 조직의 경쟁력, 인재, 네트워크, 프로세스, 문화 등을 잘 알아야 실행 능력이 향상되고 변화에도 능동적으로 대처할 수 있다.
- 주요 관계자에 대한 지식 : 규제기관, 주요 고객, 협력회사 등 주요 관계자와 관계가 원만하고 정보가 풍부해야 변화를 효과적으로 이끌어 갈 수 있다.
- 정보 접근성 : 해답이 없더라도 개인적인 인맥과 인간관계를 통해 그것에 한 걸음 다가갈 수 있다.
- 외부 경험 : 회사 또는 업종 외부의 경험에서 비롯되는 '시야'가 있어야 최선 또는 대안적인 접근이 가능하다.
- 통념에서 탈피한 창의적인 문제 해결 방식 : 다른 사고방식으로 접근해야 창의적인 해결책을 세울 수 있다.

현명한 판단을 위한 팀 역학

이 책에서 우리는 판단을 '사람들의 행동을 요구하는 역동적이고 감성적인 프로세스'라는 의미로 묘사했다. 리더가 어떠한 사회체계를 구축하느냐에 따라 판단 프로세스의 질적 수준도 달라진다.

리더는 각 단계(준비·결정·실행)를 적절히 관리해야 팀의 판단력을 향상시킬 수 있다. 그러기 위해서는 [도표 11.2]가 좋은 지침이 되어 줄 것이다.

[도표 11.2] 팀 판단력 향상 프로세스

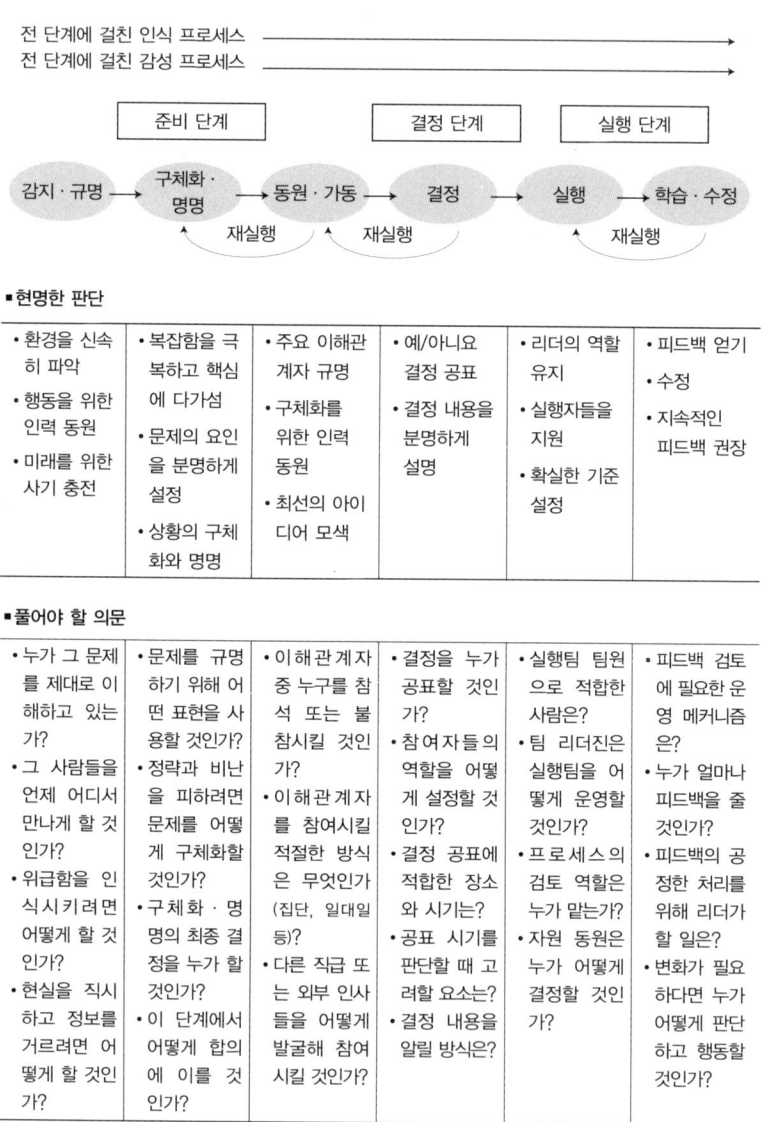

조직과 관련된 지식 창조

GE나 월마트, 도요타 같은 세계적인 회사에서 판단력을 향상시키기 위해서는 대규모의 사회체계를 구축할 필요가 있다. 즉 판단력을 향상시키려면 수많은 리더가 대거 참여하는 프로세스를 만들어야 한다는 뜻이다.

10장에서 살펴보았듯이 서킷시티의 스쿠노버는 위기 상황에서도 회사 차원의 지식 창조 프로세스를 구축했다. 스쿠노버가 완성한 이 프로세스는 앞으로도 위기와 상관없이 서킷시티의 지식 창조에 기여할 것이며 전략과 예산, 승계 계획 등에서도 새로운 운영체제의 역할을 수행할 것이다.

대량으로 지식을 창조하기 위해 리더는 세 가지를 활용해야 한다. 첫째는 운영체제로, 전략 구축이나 예산, 승계 계획을 포함하는 조직의 중추적 프로세스를 말한다. 둘째는 개인의 경력과 업무 경험, 순환 보직, 공식적인 자기계발 경험 등을 아우르는 리더십 계발 활동이다. 그리고 마지막은 대규모의 조직적 지식 창조 플랫폼으로, 직원을 대상으로 하는 훈련과 교육 프로그램 등이 여기에 해당한다.

운영체제를 통한 지식 창조

제프 이멜트가 잭 웰치한테서 물려받은 GE는 학습 능력과 판단력에서 타의 추종을 불허하는 진화한 기업이었다. 그래서 베스트바이와 인튜이트, 3M, 보잉, 얌! 브랜드, 허니웰 같은 굵직한 대기업들이 앞다투어 GE 모델을 벤치마킹 대상으로 삼았다. 잭 웰치는 단기간

[도표 11.3] GE의 운영체제

1분기

1월
운영 책임자 회의(보카):
600명의 임원
프로그램 시행
- 새 프로그램 관련 사례
- 타사의 동일 프로그램 도입 경험
- 1년간의 목표
- 역할 모델 소개
- 기존 프로그램의 재시행

2월
- 사업부별 적극적 시행

3월
본사 임원회의(크로톤빌):
사업부 책임자와
고위직 임원 35명
- 조기 학습?
- 고객 반응?
- 프로그램 자원은 충분한가?
- 경영자과정(BMC) 조언

4월
CEO의 익명
온라인 조사:
직원 1만 1,000명
- 프로그램을 '느끼고' 있는가
- 고객들은 느끼는가
- 실행 자원이 충분한가?
- 메시지는 분명 믿음이 가는가

세계화
식스시그마
제품 서비스
e-비즈니스

GE 가치관

4분기

12월
본사 임원회의(크로톤빌):
사업부 책임자와
고위직 임원 35명
- 운영 책임자 회의(보카)
- 사업부별 프로그램 성과
- 경영자과정 조언

11월
운영 계획 소개:
모든 사업부 책임자
- 프로그램 확장 목표
- 사업부별 운영 계획
- 경제 전망

10월
본사 임원회의(크로톤빌):
임원 150명
- 익년 운영 계획에 초점
- 역할 모델 규명
- 프로그램 승계
- 경영자계발과정(EDC) 조언
- 모든 사업부 참여 회의: 그동안 무엇을 배웠는가?

9월
본사 임원회의
(크로톤빌):
사업부 책임자와
고위직 임원 35명
- 경영자과정 조언
- 역할 모델 규명
- 사외 최적 프로세스 소개
- 프로그램 최적 프로세스
- 프로그램의 고 영향력

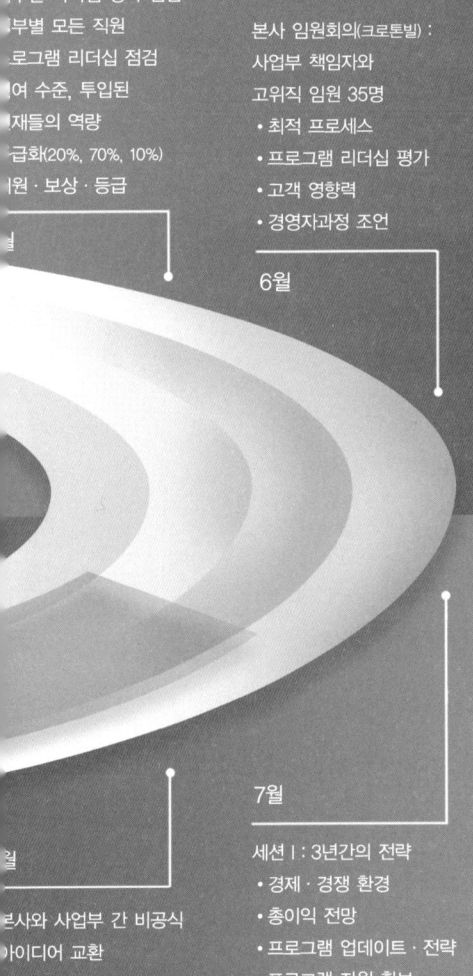

2분기

부별 리더십 성과 점검 :
부별 모든 직원
로그램 리더십 점검
여 수준, 투입된
재들의 역량
급화(20%, 70%, 10%)
원 · 보상 · 등급

본사 임원회의(크로톤빌) :
사업부 책임자와
고위직 임원 35명
• 최적 프로세스
• 프로그램 리더십 평가
• 고객 영향력
• 경영자과정 조언

6월

사와 사업부 간 비공식
아이디어 교환

7월

세션 I : 3년간의 전략
• 경제 · 경쟁 환경
• 총이익 전망
• 프로그램 업데이트 · 전략
• 프로그램 자원 확보

3분기

GE 운영체제

GE의 운영체제는 학습문화의 실천 프로그램으로 핵심적인 운영 소프트웨어라고 할 수 있다.

이것은 1년에 걸친 집중적 학습 프로그램으로 GE의 사업부 CEO와 역할 모델, 프로그램 책임자 외에 타사의 인사들도 참여해 지적자본을 공유한다.

광범위한 전사적 프로그램에서 도출된 최고의 아이디어와 프로세스를 공유하고 실천함으로써 회사의 실적을 극대화하는 것이 주된 목적이다.

운영체제는 신뢰와 비공식성, 단순성, 벽 없는 행동양식, 변화 추구 등 GE의 유연한 가치관을 근간으로 한다. GE의 각 사업부는 운영체제를 바탕으로 도저히 불가능할 것 같은 빠른 속도로 높은 경영 실적을 창출한다.

이 도표에서 제각기 진행되는 것처럼 보이는 경영 회의들은 실제로는 프로그램을 더욱 풍요롭게 만드는 일련의 프로세스다. 앞 회의에서 얻은 교훈을 바탕으로 다음 회의를 진행하면서 프로그램의 범위와 추진력을 한층 강화한다.

GE의 세계화는 12가지 이상의 사이클을 통해 더욱 속도를 높인다. 그중 식스시그마는 다섯 번째, 서비스는 여섯 번째, e-비즈니스는 세 번째 사이클에 속한다. GE 운영체제는 40개에 가까운 사업부의 아이디어 실행력을 빠르게 강화시킨다. 따라서 어떤 프로그램이든 도입 후 한 달이면 회사 전체로 확산되며 첫 번째 사이클부터 재정상의 성과를 창조한다.

에 매우 급진적인 혁신을 일구었다.

앞의 [도표 11.3]은 잭 웰치가 구축해 지금까지 시행하고 있는 GE만의 운영체제다. 그에 대한 설명은 잭 웰치가 직접 작성한 것으로 각 프로세스의 학습 측면을 강조한다.

제프 이멜트는 이 운영체제를 물려받아 '세션 T' 같은 새롭고 의미 있는 요소를 가미했다. 사업부 책임자와 주요 임원들은 1년에 네 차례씩 글로벌리서치센터를 찾아 연구원들과의 교류를 통해 새로운 기술 역량을 습득한다. 8장에서 논의했듯이 GE의 경영자들은 새로운 지식을 바탕으로 판단력을 향상시키는 동시에 새로운 전략도 모색한다.

이런 지식 창조 운영체제를 효과적으로 활용하기 위해서는 무엇보다 직원들과의 교류를 통해 지속적으로 개선해 나가려는 노력이 필요하다. 그렇지 않으면 조직은 관료주의 시대 지식 장사꾼들의 손아귀에서 벗어날 수 없을 것이다.

리더의 판단력 계발

신입에서 고위직에 이르기까지 모든 리더가 더한층 성장하기 위해서는 판단력을 향상시키려는 지식 창조가 필요하다. 여기서 판단력은 리더의 실시간 판단력뿐 아니라 차세대 리더들의 판단력 계발까지 포함한다.

그 대표적인 사례 중 하나가 7장에서 소개한 베스트바이의 경우다. 베스트바이는 고객 지향적 전략을 통해 새롭게 공략할 시장을 대상으로 하여 6개의 태스크포스팀을 구성함으로써 행동학습Action Learning의 기틀을 마련했다. 6개월 이상에 걸친 행동학습 프로세스를 통해 각 팀의 리더들은 전략적 과제를 해결하는 것 외에도 주변의 피드백을 통해 자신의 판단력과 리더십을 향상시켰다. 프로세스의 막바지에는 CEO인 브래드 앤더슨이 직접 팀별 리더들의 판단 성과와 리더십 행동에 대해 평가했다. 행동학습 프로세스는 새로운 시장의 발굴과 구체화에 기여했을 뿐 아니라 리더들이 새로운 시장을 개척하는 과정에서 따라야 할 기준도 제공했다. 그리고 이 과정에서 리더들이 보여 준 판단력과 미래 잠재력을 바탕으로 새 시장을 맡을 적임자들을 분류하기도 했다.

현장 리더의 판단력 향상

지식노동자Knowledge Worker 개념을 세상에 소개한 피터 드러커는 지식노동자를 비용의 원천이 아니라 자산으로 간주해야 한다고 관리자들에게 당부했다. 드러커의 이 조언은 급속히 확산되어 많은 회사의 각종 보고서와 경영 지침에서도 종종 발견된다. 그는 그동안 관심이 늘어난 것은 사실이지만 지금도 많은 회사에서 근본적인 의문을 해결하지 못하고 있다고 주장한다. '(지식노동자들의) 생산성을 향상시키기 위해, 그리고 그 생산성을 회의 실적으로 연결하려면 무엇을 해야 하는가?'

베스트바이와 인튜이트는 고객에게 차별화된 경험을 선사하려면 드러커의 조언대로 현장 지식노동자들의 판단력을 향상시키는 것이 우선이라고 생각한다. 그러기 위한 첫걸음은 CEO와 최고경영진이 현장 리더들에게 명확한 역할과 목표를 제시하는 것이다. 더불어 최고경영진은 전략 수립, 가치관 강화, 사기 진작, 자원 배분과 인력 확보에 관련된 결정 등 다양하고 어려운 역할도 수행해야 한다. 요컨대 최고경영진은 TPOV를 개발하고 이를 조직 전체로 보급해야 한다. 우리가 인튜이트와 베스트바이의 최고경영진과 일하면서 가장 먼저 한 것도 TPOV 개발이었다.

스탠퍼드 대학을 중퇴한 조 라이만츠가 설립했으며, 텍사스 주 오스틴에 본사가 있는 트릴로지 소프트웨어는 지식경제 시대의 전형으로 꼽히는 회사다. 다양한 기업용 소프트웨어를 판매하는 트릴로지는 개인회사로서 큰 성공을 거두었고 포춘 50대 기업의 상당수와 제휴를 맺고 있다. 이 회사는 설립 초기부터 최고의 컴퓨터 공학자들을 영입하는 데 심혈을 기울였다. 우리가 〈하버드비즈니스리뷰〉에 기고한 글에서도 소개했듯이 조 라이만츠는 신입 직원들에게 회사의 가치관을 주입하는 동시에 차세대 제품의 개발을 독려하려는 목적으로 3개월 기한의 오리엔테이션 '신병훈련소'인 트릴로지 대학TU을 세웠다. 최근 트릴로지는 인도 방갈로르에서도 TU를 운영하고 있다. 인도와 중국의 일류대학 졸업자들을 유치해 세계시장에서 경쟁력을 확보하기 위해서다.

트릴로지의 직원들은 대부분 공학이나 컴퓨터 과학 부문의 졸업자로서 고도의 훈련을 받은 지식노동자다. 이런 전문가들만을 선발하는 트릴로지의 고집에는 조금의 타협도 있을 수 없다.

캘리포니아 주 마운틴뷰에 자리한 인튜이트 역시 소프트웨어 제조회사다. 작은 회사나 개인 사업자를 위한 터보택스TurboTax, 퀴큰Quicken, 퀵북스QuickBooks 등의 소프트웨어를 제공한다. 트릴로지와 마찬가지로 인튜이트에서도 컴퓨터 공학자들이 소프트웨어 개발에서 중추적 역할을 한다. 그러나 트릴로지와 다른 점은 인튜이트에서는 회계사와 소매업체를 지원하는 전문가가 큰 비중을 차지한다는 점이다. 그렇다고 이 회사에서 고용하는 지식노동자들이 반드시 유명 대학 출신이거나 복잡한 컴퓨터 코드를 다룰 줄 알아야 하는 것은 아니다. 이들은 주로 현장의 리더나 고객 상담원 역할을 맡고 있으며 시급을 받는 경우도 있다. 인튜이트는 고객 상담원의 역할을 매우 중요하게 여긴다. 고객의 욕구를 파악하고 판매 후의 문제를 규명함으로써 매출에 지대한 영향을 미치기 때문이다.

인튜이트에서 최적 프로세스를 공유하고 고객의 욕구를 파악하는 실질적인 주체는 현장의 리더들이다. 한 예로 현장의 어느 관리자는 고객 서비스 담당자들이 매주 대여섯 번씩 만나 고객에게 자주 발생하는 문제와 그 대응책을 논의하도록 하는 정기 프로세스를 고안해냈다. 이 회의는 지식의 공유 외에도 고객의 만족스러운 경험을 위한 혁신적인 아이디어 계발에 크게 기여한다. 그 결과 이 프로세스를 도입한 뒤로 인튜이트의 고객 만족도는 40퍼센트나 향상되었다.

인튜이트는 지식 창조가 곧 고객과의 관계를 개선하는 데 최선이라는 것을 입증하는 사례다. 베스트바이도 마찬가지로 캘리포니아에 있던 한 매장의 관리자는 주변 지역에 유독 부동산 중개인이 많다는 사실을 발견했다. 그들에게 디지털 카메라를 판매하려던 계획이 수포로 돌아가자 그때부터 그는 부동산 중개인들의 욕구를 연구하기 시작했다. 고객의 문제를 파악해 독창적인 해결책을 수립하도록 훈련받은 이 관리자는 중개인들이 사진을 찍어 즉시, 심지어 차 안에서 곧바로 이메일로 전송하거나 인화기로 출력하는 것을 원한다는 사실을 알아냈다. 이후 그는 자동차 뒷좌석에서 곧바로 디지털 사진을 출력할 수 있는 이동식 프린터와 신속한 전송이 가능한 노트북 또는 PDA 등을 포함한 묶음상품을 고안해 냈다. 이 묶음상품이 주변 지역에서 선풍적인 인기를 끌던 어느 날, 한 중개인이 그 관리자를 찾아와 매달 한 번씩 열리는 부동산 중개인 모임에 참석해 제품 설명회를 해달라고 부탁했다. 덕분에 이 매장은 매출뿐 아니라 단골 고객의 수도 크게 늘어났다.

베스트바이와 인튜이트는 현장 리더들이 판단력을 향상시켜 고객 지향적인 혁신 아이디어를 창조하는 것이 얼마나 중요한지 보여 주는 좋은 예다. 현장의 리더들이 고객을 위해 어떤 혁신 아이디어를 창안할 것인지 미리 예상하기는 사실 어렵다. 그러나 고객에게 눈과 귀를 집중해 그들의 욕구를 이해하려고 노력하는 리더라면 어떤 식으로든 해답을 찾게 마련이다.

소비자 홍수 시대에 차별화를 추구하는 회사는 소비자한테서 고립된 본사가 아니라 고객과의 접점에서 지식을 구해야 한다. 현장 리더들의 역할이 중요한 것도 그 때문이다. 따라서 본사는 현장을 적극 지원해 지위와 상관없이 모든 현장 리더와 직원이 새로운 지식

[도표 11.4] 간단 재무 길잡이

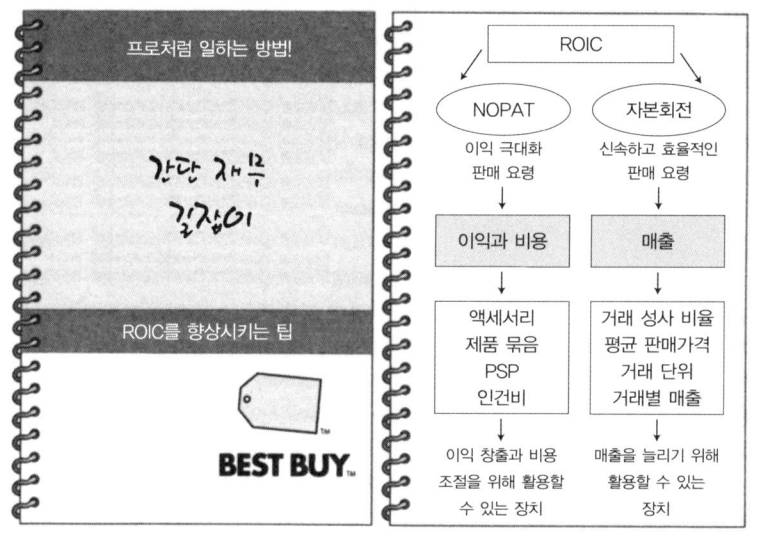

을 창조하도록 돕는 전략을 마련해야 한다.

베스트바이에서는 이런 프로세스가 일상화되어 있지만 거저 얻어진 것은 아니다. 그만큼 베스트바이가 현장 리더들의 판단력을 향상시키고자 투자하고 노력한 결과다. 이 회사의 현장 리더들은 매장의 손익계산서를 열람하고, 투하자본이익률도 계산하며, 영업이익 목표도 직접 관리한다. 운영 목표를 현장과 상의 없이 위에서 하달하는 전통적인 방식과 달리 이 회사는 현장 리더들의 판단을 존중해 목표를 정한다. [도표 11.4]는 현장 지식 창조의 좋은 예다. 베스트바이의 한 매장에서 개발한 이 표에는 자본 확보 방법, 자본회전 측정 방법, 투하자본이익률 측정 방법 등이 담겨 있다. 이 표는 매장 직원들의 지식 창조 능력을 북돋우며, 실제로 이를 통해 직원들을 한층 현명하고 유익한 존재로 만들어 가고 있다.

베스트바이는 이외에도 매장의 지식 창조 역량을 지원하기 위해 새로운 운영 메커니즘을 개발할 필요도 있었다. 베스트바이의 각 매장에서 영업을 시작하기 전에 20~30명에 이르는 직원이 모두 모여 45분가량의 '보고회'를 여는 것도 이런 노력의 일환이다. 이 자리에서는 전날의 손익과 거래 성사 비율 등 재무 관련 자료 외에 당일 노력해야 할 부분에 대해서도 논의한다. 매장 관리자뿐 아니라 비정규직 직원들까지 모두 참여해 의견을 적극 개진하므로 새로운 지식 창조의 수단으로도 활용된다.

이처럼 베스트바이에서는 고객 솔루션(고객의 문제를 해결하기 위한 조치)을 개발하는 데 현장 직원들이 적극적으로 참여하고 있다. 덕분에 인종별 마케팅 프로그램, 맞춤형 제품 진열, 신제품 도입 등 많은 아이디어가 현장 직원들한테서 나왔다.

CEO 브래드 앤더슨의 '고객 중심' 전략은 베스트바이를 북미 지역에서 가장 잘나가는 소비가전 판매회사의 하나로 성장시켰다. 그러나 이것만으로 미래의 성공까지 담보할 수는 없었다. 앤더슨은 현장의 모든 리더가 고객 중심적인 전략을 충분히 실현시킬 수 있는 환경을 조성해야 했다. 베스트바이는 전통적으로 강력한 중앙집권체제를 바탕으로 만들어진 회사다. 미네소타 본사에서 전략을 수립해 방향을 지시하면 나머지 부대원들이 줄지어 따르는 식이었다. 하지만 최근에는 '부대원들'도 전장 사령관처럼 해결책을 찾고 새로운 지식을 추구하도록 독려한다. 피라미드 형태였던 조직 구조도 완전히 달라져 지금은 직원들이 고객과 겪은 경험을 본사에 알려 전략이나 다양한 계획 수립을 돕는다.

이처럼 베스트바이가 획기적으로 달라진 데는 엄청난 양의 정보와 다양한 기술, 효율적인 의사결정 프로세스 등이 큰 몫을 했다. 특히 최근에는 지역별 손익계산서와 고객 데이터, 실적 관리 기법 등을 회사에서 일일이 제공해 주면서 각 매장의 운영을 지원한다. 나아가 인사관리나 보상체계, 마케팅 프로그램 등 운영 전반에서 현장의 견해를 적극 반영하고 있다.

인튜이트의 콜센터를 통한 지식 창조

인튜이트는 콜센터 상담원이 필요한 정보를 찾고, 각종 프로세스를 실행하고, 지식을 공유하는 등의 과정에서 겪는 기술적인 어려움을 최소화하는 데 역점을 둔다. 또한 고객 서비스를 강화하는 해법을 찾기 위해 현장 리더들의 의견을 경청할 뿐 아니라 관료주의 잔재를 철폐해 고객 서비스 담당자가 고객에게 초점을 맞춰 한층 현명하게 판단하도록 돕는다.

CEO 스티브 베네트의 주도로 최근 인튜이트의 콜센터 관리자들은 직원들과 함께 효과적인 교육 사이클을 창안해 팀별 성과를 측정한다. 한 예로 어느 관리자는 팀의 성과를 측정하려는 매트릭스를 팀원들과 함께 창안했다. 그 팀은 지금도 매주 한 번씩 만나 진전 상황을 점검하고, 보다 효과적인 고객 응대 요령에 대해서도 함께 고민한다.

직원 교육을 위한 현장 관리자 교육

베스트바이, 인튜이트, 트릴로지 모두 현장 관리자를 대상으로 그들의 직원을 교육하고 지도하는 방법을 가르치는 데 많은 투자를 한다. 특히 베스트바이에서는 재무관리 기초에서 고객 세분화, 현장 리더십에 이르기까지 모든 것을 가르치는 워크숍에 수천 명의 직원을 참석시켰다.

언젠가 인튜이트에서 콜센터 관리자들을 교육자로 만들려는 방안을 고심하고 있었다. 이때 우리는 현장 관리자를 유능한 교사로 만들기 위한 사흘간의 워크숍 프로그램을 개발했다. 이 워크숍은 현장 관리자가 하위 리더들을 대상으로 여는 독자적인 프로그램으로 외부의 컨설턴트나 인사팀 직원들은 전혀 관여하지 않았다. 워크숍에 참석한 현장 리더들은 경영 전략과 운영 효율, 실적 관리 등에 대해 많은 지식과 간접 경험을 쌓았다. 특히 사흘간의 워크숍이 마무리될 무렵에는 자신들이 관리하는 콜센터 직원의 역량을 강화하기 위한 새로운 아이디어와 다양한 기법도 배울 수 있었다. 이를 통해 현장 직원들은 회사의 전략에 맞춰 유기적으로 행동하고 기여하는 방법을 터득했다. 현장의 지식 창조가 점점 더 요구되는 이 시대에 인튜이트는 지위가 높은 리더일수록 하위직에 비해 상대적으로 더 숙련되고 노련해져야 한다고 믿고 있다.

인튜이트의 현장 리더십 프로세스

인튜이트는 현장 리더들의 판단력을 증진시키기 위해 두 번의 워크숍 참석, 직원 교육, 새로운 업무 프로세스 도입, 지식 창조 프로세스 실행 등 여러 가지를 요구한다. 다음은 인튜이트에서 현장의 역량을 강화하고자 개발한 프로세스를 요약해 놓은 '인튜이트 현장 프로그램'이다.

인튜이트 현장 프로그램

첫 번째 단계 : 3일간의 워크숍
- 현장 리더들은 전략과 가치관, 비전에 대해 고민하고 이를 직원들에게 가르칠 방법을 배운다.
- 현장 리더들은 비즈니스 통찰력을 배운다.
- 현장 리더들은 '팀 TPOV'를 창안해야 하는 필요성과 운영 메커니즘을 수시로 교육해야 하는 중요성에 대해 배운다.
- 현장 리더들은 직원 각각의 스타일과 역량을 포용하고 강화하는 방법을 배운다.
- 현장 리더들은 직원 교육을 준비한다.

두 번째 단계 : 현장 리더들의 직원 교육
- 3일간의 워크숍에 참석한 현장 리더들은 여기서 배운 내용을 다시 직원들에게 가르쳐야 한다.

- 이 프로세스의 궁극적 목적은 교육과 지도 역량을 강화하는 것이다.

세 번째 단계 : 지식 창조 프로젝트
- 현장 리더들은 직원들과 교류하며 지식을 공유하고, 이를 다시 현장에 적용해 그 효과를 측정하는 방안을 마련한다.

네 번째 단계 : 2일간의 후속 워크숍
- 현장 리더들은 부문별 성과와 최적 프로세스를 공유한다.
- 현장 리더들은 비즈니스 통찰력, 회사의 지원 프로세스, 현장 리더십, 실적 관리 등에 대해 끊임없이 배움을 추구한다.

'지식'과 관련된 사람이라고 하면 대다수 사람의 머릿속에는 엔지니어나 과학자, 서비스 전문가 같은 이미지가 떠오른다. 시간제 판매직원이나 콜센터 담당자를 떠올리는 경우는 그리 많지 않다. 그러나 서비스를 통해 경쟁력을 강화한 많은 회사에서 경험했듯이 지식을 창조하는 최적의 프로세스는 현장 인력들의 판단력을 향상시키는 것이다.

그러기 위해서는 현장 직원들의 권한을 강화할 필요가 있다. 하지만 권력 이동은 기술적·정치적·문화적 걸림돌을 동반하므로 고위직 인사들은 자신의 권한을 활용해 이 걸림돌을 제거해야 한다. 현장의 판단력을 향상시키는 데는 이처럼 전사적인 지원이 뒷받침되어야 한다. 현장의 판단력은 실적 향상과 고객 만족, 지식 창조와 직결된다는 점을 기억해야 한다.

'상황적 지식' 창조

지식이 필요한 마지막 분야는 회사의 핵심 이해관계자와 이사회, 협력회사, 고객과 해당 지역사회와의 교류에 관련된 부분이다.

제프 이멜트는 GE의 경영진과 핵심 고객집단의 주요 인사들을 크로톤빌로 초청해 '고객 드리밍 세션'을 개최한다. 그는 이 프로세스를 다음과 같이 설명했다.

> 2004년 여름에 30개 공기업의 인사들을 초청해 고객 드리밍 세션을 열었습니다. 이 자리에는 동종 업계의 몇몇 CEO와 대학 학장도 참여해서 지구 온난화에 대해 많은 이야기를 나눴습니다. 특히 온실가스와 관련된 공공정책 등을 주제로 활발한 토론이 이루어졌습니다.[9]

이멜트는 이런 상호교육 프로세스를 통해 '에코매지네이션'이라는 전략을 구체화·명명했다. 이것은 환경보전과 GE의 상업적 이익을 동시에 추구하는 데 있어 중요한 진전이었다. 이멜트의 예에서 보듯이 기업의 리더는 공급자와 소비자 측면의 상호교류를 통해 새롭고 다양한 지식을 창조해야 한다.

이사회의 지식 창조

사베인스옥슬리 법(Sarbanes-Oxley Act, 회계감독을 강화하는 법률)이

제정된 뒤로 많은 상장기업이 이사회를 지식 창조의 파트너로 바라보지 않게 되었다. 엔론과 타이코, 월드컴 등의 부정한 사례에 지나치게 민감한 반응을 보인 탓이다. 기업의 윤리를 저버린 이런 사례들 때문에 지식 창조의 한 축인 이사회가 상대적으로 소외돼 버린 것이다.

'고객 중심'을 향한 베스트바이 이사회의 기여

베스트바이에서 고객 중심 전략을 도입했을 때 이사회 소속의 임원 164명이 첫 워크숍에 참석했다. 임원들은 이 전략이 베스트바이에 어떤 의미를 부여하는지 진지하게 논의했다. 그리고 이것을 조직 전체에 확산시키고자 임원들과 부문별 리더 5~6명씩으로 팀을 구성하여 새 전략의 개념과 의미에 대해 설명했다.

새로운 전략 기반을 형성하려면 이사회의 적극적인 참여가 필수적이었다. 이때 래리 셀던과 노엘 티시는 베스트바이의 이사회, 부문별 리더들과 함께 세 가지 세션을 추가로 실행했다. 이 세션들의 목적은 부문별로 획득한 정보와 지식을 서로 공유해 행동학습 기능을 강화하는 데 있었다. 따라서 임원들이 매장에서 판매 직원들과 함께 시간을 보내며 '고객과의 관계'를 혁신하는 데 기여했다. 이것은 이사회도 지식 창조를 위한 파트너십에서 예외가 아님을 보여 주는 좋은 예다.

지역사회 참여와 기업시민의식

기업이 활동하는 지역사회에 대한 지식도 중요하다. 노엘 티시는 지난 10여 년간 베스트바이와 서킷시티, 아메리테크, U.S. 웨스트, 인튜이트, 로열더치셸, 포드 등의 많은 조직 속에 '기업시민의식'을 주입하는 데 노력을 기울였다. 특히 시대가 변하는 것에 따라 환경문제나 인적자원에 관련된 이슈도 리더십 계발의 핵심으로 자리 잡을 수 있도록 애썼다. 이처럼 현대의 경영자들은 '기업시민의식'으로 TPOV의 한 축을 형성해 지역사회를 성장시키고 지역사회에 환원하고 나아가 새로운 지식을 창조하는 것까지 모두 경영진의 역할로 바라보아야 한다.

예컨대 베스트바이에서는 미니애폴리스의 어린이센터에서 어린이들과 함께 한나절을 보내는 것을 리더십 계발 프로그램의 하나로 운영하고 있다. 바이오 회사인 지넨테크에서도 정규 리더십 계발 프로그램의 하나로 수백 명의 경영 리더가 지역사회의 직업 재교육 프로그램에 참여해 도움을 주도록 한다.

기업시민의식을 실천하려는 GE의 노력은 이보다 훨씬 규모도 클 뿐 아니라 이미 정착 단계에 들어섰다. GE는 아프리카의 가나와 제휴를 맺고 GE의 제품과 자원봉사자들을 동원해 지역사회 개발에 노력하고 있다. GE의 이런 노력은 코네티컷 주 스탬퍼드의 경우처럼 미국의 학교 교육체계를 강화하려는 프로그램으로 이어지고 있기도 하다.

제프 이멜트가 GE를 하나의 봉사조직으로 전환한 것처럼 현대 사회의 올바른 리더십은 지역사회를 빼놓고는 결코 생각할 수 없다. 기업이 활동하고 있는 전 세계 지역사회를 위해 부를 환원하는 것, 이것도 리더십의 핵심이라는 점을 잊어서는 안 된다.

Chapter 12

미래 세대를 위한 판단력
뉴욕 시 리더십 아카데미

- 뉴욕 시의 학교를 혁신해야 한다고 판단한 블룸버그 시장의 판단
  - 조엘 클라인을 뉴욕 시 교육감으로 임명하다.
  - 잭 웰치, 딕 파슨스 등 비즈니스 공동체와 협력하다.

- 학교체계를 중앙집중형으로 바꿔야 한다고 판단한 조엘 클라인과 블룸버그 시장
  - 학교 교장 1,200명을 변화의 핵심 주체로 선정하다.
  - '학교장 리더십 아카데미'를 설립하다.

- 학교장 리더십 아카데미를 이끌 사람으로 임명된 밥 놀링
  - 아카데미 운영자로 밥 놀링과 샌드라 스타인을 임명하다.

⋮

어느 모로 보더라도 현재 뉴욕 시 고등학교 학생들의 졸업 비율은 그 어느 때보다 높습니다. 이 정책을 도입한 뒤로 그 수치는 매년 높아지고 있습니다. 그동안 학교를 혁신하기 위해 보여 준 클라인 교육감의 리더십과 학생이나 교사, 교장들의 힘든 노력이 결실을 얻고 있다는 증거입니다. 비록 아직은 만족스러운 수치가 아니지만 우리 노력이 학생들의 성취도 향상에 기여하고 있는 것은 분명한 사실입니다. 그리고 문제가 있는 제도는 지금부터라도 다시 수정할 것입니다.

—마이클 블룸버그 시장[1]

블룸버그 시장의 이 말은 정책의 성공을 선언한 것이 아니라 뉴욕 시의 학교체계를 혁신하려는 대대적인 노력이 어느 정도 성과를 거두었다는 현실적 평가의 표현이다. 이 사회에서 가장 중요한 사회기관의 하나가 바로 공립학교로, 올바른 판단을 할 수 있는 세대를 길러내는 데는 공립학교의 존재가 무엇보다 중요하다. 그렇다고 가족이나 교회 또는 걸스카우트와 보이스카우트 같은 제도나 기관의 가치를 폄훼하는 것은 아니다. 다만 세상을 더 살기 좋은 곳으로 만드는 인재와 리더를 양성하기 위한 가장 큰 기회의 창이 바로 공립학교라는 뜻이다. 학교체계의 실패는 곧 우리 사회의 실패를 의미한다. 뉴욕 시 교육감인 조엘 클라인은 학교체계가 학생들에게 어떤 역할을 하는지 다음과 같이 설명한다.

우리는 학생들에게 현실적인 과제를 부여하고 이들은 저마다의 판단력을 발휘해서 그 과제를 해결해야 합니다. 그것이 핵심입니다. 판단이란 근筋 능력과 비슷합니다. 운동을 통해 근육을 강화하듯 판단력도 계속 연마해야 합니다. 우리는 앞으로도 학생들에게 실질적인 시나리오를 제공할 것입니다. 학생들은 과제를 정확히 이해하고 해결해야 하며, 그 과정에서 판단력도 점점 향상될 것입니다. 판단력은 사람과 사람의 교류에서 나오는 결과물입니다. 학생들은 실수와 성과를 통해 하나씩 배워 나가게 됩니다.

블룸버그와 클라인은 120만 명에 이르는 뉴욕 시 학생의 판단력을 향상시키는 것을 우선 과제로 여긴다. 그러기 위해서는 8만여 명의 교사와 1,400여 명의 교장이 몸담고 있는 뉴욕 시 각급 학교에 대해 리더십을 발휘해야 한다. 두 사람은 전략적 판단의 초점을 교장들에게 맞췄다. 학생과 교사들에게 가장 크고 직접적인 영향을 미치는 존재가 바로 교장이기 때문이다.

혁신을 향한 뉴욕 시의 여정

성공한 CEO에서 뉴욕 시장으로 직업을 바꾼 마이클 블룸버그는 그동안 경영자로서 갈고닦은 판단력을 뉴욕 시 정책에 적용해야 했다. 그가 시장이 되고 나서 변화의 필요성을 가장 먼저 감지한 분야는 다름 아닌 뉴욕의 인적자원이었다. 즉 학교와 젊은 세대들을 변화의 우선 대상으로 규명했다.

당시 뉴욕의 학교들은 복잡하고 봉건적인 방식으로 운영되고 있었다. 학군이 40여 곳에 이르고 제각기 다른 학사일정으로 운영되고 있어 중앙의 통제와는 거리가 멀었다. 교육감이 있긴 했지만 각 지역의 학교에까지는 영향력이 미치지 못했다. 1,200여 개의 학교에 110만 명의 학생이 다니고 있었지만 졸업률과 시험 성적, 졸업생의 성적 등 전반적인 학업성취도는 수준 이하였다.

블룸버그 시장이 판단해야 할 첫 번째는 문제를 구체화하고 정확히 규명하는 일이었다. "학교와 학교체계에 대해 이렇다 할 리더십을 발휘하지 못했습니다. 그것부터 해결해야 했지요." 블룸버그는 교육대학에서 추구하는 이상적인 커리큘럼을 도입하면 학교가 달라질 수 있다는 통념을 단호히 거부했다. 게다가 교육대학은 열정적인 교사 양성에는 기여할지 몰라도 교과과정 이외에 리더를 양성하는 데는 신통치 않다는 게 그의 생각이었다.

블룸버그는 조직의 실적이 리더에 따라 달라진다는 시각TPOV을 갖고 있었다. 비즈니스 세계에서 정설로 받아들여지는 이 논리가 교육 분야라고 해서 달라질 건 없을 것이라고 확신했다. 특히 학교에서 학생들과 가장 가까운 곳에 있는 리더로는 교사 외에도 교장이 있었다. 현장의 리더인 교장의 역할을 성공적으로 수행하도록 하기 위해서는 임명에서 자기계발에 이르기까지의 여건을 정책적으로 조성해 줄 필요가 있었다. 블룸버그로서는 쉽지 않은 일이었다. 게다가 자신이 생각하는 뉴욕 시 공립교육체계의 문제점을 동일하게 인식하고 해결책 마련과 실행을 도맡아 줄 리더의 존재도 필요했다.

조엘 클라인을 임명한 배경이 바로 이것이었다. 블룸버그는 교육자 출신이 아닌 조엘 클라인을 뉴욕 시 교육감으로 임명하는 과감한 인사 결정을 내렸다. 클라인과 함께 뉴욕 시의 공립교육체계를 하나씩 바꾸고 싶었던 블룸버그는 자신의 이 소망을 실현하고자 뉴욕 시에서 클라인을 적극적으로 지원해야 한다고 판단했다. 바야흐로 두 사람은 40여 곳에 이르는 뉴욕 시 각 학군의 학교들을 대상으로 전면적인 혁신의 칼을 빼들 참이었다.

대대적인 혁신을 위한 서막

시장에 취임한 블룸버그는 자신이 맞서야 할 벽이 너무도 완강하며 위험도 크다는 사실을 인정했다.

세계 어느 나라보다도 많은 투자를 해왔지만 그 효과는 만족스럽지 않습니다. 우리의 교육제도는 1970년대의 자동차 산업과 닮은 구석이 많습니다. 소비자보다는 직원들의 요구에 따라 움직이던 무기력하고 비효율적이며 낮은 생산 모델 말입니다.

관료주의가 팽배해지면서 책임의식은 실종되었습니다. 어쭙잖은 성과에다 설령 실패하더라도 대수롭지 않게 여기며, 남다른 성과를 올렸다고 특별한 보상을 하는 경우도 없습니다. 교육대학의 하위 30퍼센트 중에서 교사로 진출하는 비율이 너무 많습니다. 그런데도 3년만 지나면 평생 임기를 보장하고 성과가 아닌 근무기간을 근거로 보상합니다. 문제 학생들은 초기에 바로잡는 것이 효과적이고 비용도 적게 듭니다. 상급생이 되고 나서야 비로소 치료 프로그램을 가동하면 비용도 많이 들 뿐 아니라 효과도 떨어집니다. 게다가 학군에 따라 지원액도 차이가 많아서 흑인과 히스패닉 등 유색인종 학생들이 상대적으로 불이익을 받고 있습니다.

이처럼 실패한 제도에 더 많은 돈을 쏟아부을 수도, 아니면 미국만의 재능을 발휘해 새로운 제도를 개발할 수도 있습니다. 선택은 분명합니다. 하지만 어려움도 적지 않습니다. 학교체계를 개선하려면 전면적인 재고가 필요하며, 관료주의가 아닌 학생들을 기반으로 하는 성취도 중심의 문화를 건설해야 합니다. 그러기 위해서는 더 많은 급여를 주어 유능한 교사를 확보하고, 높은 성과를 올린 교사에게는 그에 합당한 보상도 해야 합니다. 나아가 기준을 높게 설정하고 혁신과 경쟁을 장려하면서 학업성취도가 낮은데도 다음 학년으로 올려 주는 정책적 승급Social Promotion제도는 없애야 합니다. 마지막으로 저학년 학생들에게 더 많이 투자하며 예산 지원은 공평하게 해야 합니다.[2]

블룸버그의 이 말은 뉴욕 시 학교체계를 대대적으로 혁신하기 위한 서막이었다. 필요한 것은 뉴욕 시 학교체계의 대대적인 혁신이었다. 그리고 이를 실행으로 옮길 수 있는 혁신적 리더도 필요했다.

조엘 클라인의 등장

애스토리아(뉴욕 퀸스 지역의 한 도시-역주)의 블루칼라 가정에서 자란 조엘 클라인은 컬럼비아 대학을 거쳐 하버드 로스쿨로 진학했다. 개인 법무회사를 운영한 적도 있고 검사와 클린턴 대통령의 법률 고문, 법무부 반독점법 국장, 미국 베텔스만의 CEO 등 화려한 경력을 갖췄다. 이처럼 비즈니스와 법무 분야에서 모두 성공적인 인생을 걸어온 그였지만, 공교육에 대해서는 어린 시절 뉴욕에서 자란 것 외에는 아무런 경험도 없었다. 블룸버그는 이런 그에게 인생 최대의 도전 기회를 안겼다.

왜 교육감직을 수락했는지 묻는 질문에 그는 다음과 같이 답했다.

이번 일은 경제학이 아닌 심리학 차원에서 설명해야겠네요. 내가 그 제안을 받아들인 것은 근본적인 몇 가지 이유 때문입니다. 우선 나는 교육이야말로 우리 미국이 직면한 가장 심각한 문제라고 생각합니다. 그런데도 사람들은 이 문제를 제대로 인식하지 못합니다. 바로 자기네 자식들이 얽혀 있는데도 말이죠. 두 번째는 교육제도와 아메리칸 드림의 상관관계가 어떠냐에 따라 이 나라가 더욱 살기 좋은 곳이 될 수 있기 때문입니다. 사실 나는 많은 아이, 특히 유색인종 아이들

세계에서는 아메리칸 드림이 이미 실종되었다고 생각합니다. 사람들이 교육을 단순히 빈곤에서 탈출하려는 방편으로만 생각한다는 사실이 걱정스럽습니다. 마지막 세 번째이자 가장 중요한 것은 그동안 시장이 해온 노력 덕분에 많은 사람이 혁신이라는 어려운 도전을 기꺼이 받아들이게 되었다는 점입니다.

교육감에 취임한 조엘 클라인이 가장 시급히 판단해야 할 것은 자신의 팀에 필요한 사람을 찾아내는 이른바 '인물 판단' 문제였다. 잘 고른 사람도 있고 잘못 고른 사람도 있었다. 그중에서도 잭 웰치와 타임워너의 CEO인 딕 파슨스 등 비즈니스 리더들의 도움을 받아 학교 차원의 리더십 계발에 주력할 수 있게 된 것이 가장 인상적인 진전이었다. 또한 존 케네디의 딸인 캐롤린 케네디를 비롯한 폭넓은 사회인맥을 동원해 뉴욕 시 리더십 아카데미를 후원해 줄 약 1억 달러의 기금을 마련한 것도 크나큰 성과였다.

누구보다 풍부한 경험의 소유자인 그는 하나의 체계를 바꾸는 가장 빠른 길이 핵심 리더들에게 달렸다는 사실을 잘 알고 있었다.

문제가 된 조직이 학교라면 그 학교의 리더들에게 문제가 있다는 뜻입니다. 이건 게임입니다. 1,400명에 이르는 교장을 한꺼번에 변화시킬 수는 없지만 내가 할 수 있는 일부터 하나씩 해나갈 생각입니다. 그리고 변화를 위해서는 무엇보다 각 학교의 문화적 가치관부터 바꿔야 한다고 생각합니다.

따라서 클라인과 블룸버그는 뉴욕 시 공립학교들의 리더십을 근본적으로 바꾸려면 교장을 선발하고 교육하는 통제권부터 확보해야 한다고 판단했다. 뉴욕 시의 교육 역사에서는 이처럼 단순한 전략이 철저히 무시되었고, 특히 지역사회의 통제력을 강조하던 1970년대부터 교육의 분권화가 강화되면서 상황은 더욱 나빠졌다. 통제력의 분산은 그릇된 결정으로 드러났는데, 43개 학군에서 학교체계가 제각각으로 나뉘었다. 모두를 아우르는 명확한 기준도 없었고 지역사회가 참여해야 한다는 주장 또한 공허한 메아리에 지나지 않았다. 40여 명의 학군 교육감도 제각기 교육위원회를 운영하며 정치적 후원체제를 형성했다. 그리고 상당수 학군은 거의 붕괴 직전까지 내몰리기도 했다.

블룸버그와 클라인은 교육체계 속의 이런 정치적 현실을 타파하고 중앙집중형 체계로 전환하기로 했다. 적절한 판단이었지만 그것만으로는 제도의 혁신을 보장할 수 없었다. 무엇보다 교장의 선발과 교육, 관리 권한을 학군 교육감한테서 뉴욕 시 교육감으로 되돌릴 필요가 있었다. 그리고 미래의 교장을 양성하려는 새로운 리더십 파이프라인도 구축해야 했다. 클라인에게는 교장을 위한 리더십 아카데미를 건설할 비전이 있었지만 그 일 역시 책임지고 추진해 줄 리더가 필요했다.

밥 놀링의 영입을 결정한 조엘 클라인

어느 날 저녁, 잭 웰치와 함께 식사를 하면서 내가 말했습니다. "아시겠죠? 이것이 앞으로의 제 계획입니다." 그랬더니 그도 반색하면서 "아주 적절한 방안이네요"라고 말했습니다. 그러고는 자신도 무언가 도움을 주고 싶다면서 곧바로 행동으로 보여 주었습니다. 이처럼 비즈니스 세계와의 제휴를 통해 3,000만 달러의 기금을 마련했습니다. 재정적 여유를 바탕으로 영입 대상을 고민하던 나는 이윽고 밥 놀링을 찾아냈습니다.

클라인은 뉴욕 시 리더십 아카데미를 설립하고 운영해 줄 리더가 필요했다. 뉴욕 시의 교장들을 대상으로 하는 이 아카데미는 잭 웰치의 '크로톤빌 연수원'에서 영감을 얻었다. 클라인은 잭 웰치가 GE를 혁신해 온 과정을 인상 깊게 지켜보았고, 그 과정에서 크로톤빌 연수원이 경영자 교육과 지원에 큰 역할을 했다는 사실도 잘 알고 있었다. 이제 이 '교장 학교'를 운영할 적임자를 찾을 순간이었다.

그 무렵 클라인을 도와주고 있던 전 골드만삭스 파트너였던 론 벨러가 좋은 소식을 전해 왔다. 자신과 친분이 있던 마이클 브림(Michael Brimm, 프랑스 인시아드 경영대학원 교수) 교수가 이 소식을 듣고 밥 놀링을 추천했다는 것이다. 브림은 1990년대 초부터 놀링과 함께 일했다. 아메리테크에서 크로톤빌과 유사한 리더십 계발 프로그램을 만들었을 때 노엘 티시가 브림을 이곳에 소개했고, 당시의 책임자가 바로 밥 놀링이었다.

브림은 밥 놀링이 아메리테크를 떠난 뒤로도 U.S. 웨스트의 경영 2인자, 코바드의 CEO, 심데스크테크놀로지의 CEO, HP를 비롯한 주요 대기업의 이사 등을 역임한 사실을 잘 알고 있었다. 흑인 경영자로서 리더십 전문가이며 다양하고 성공적인 경력을 소유한 놀링이야말로 이 아카데미의 적임자라고 생각한 브림은 자신의 생각을 클라인에게 전했다. 클라인은 잭 웰치를 만나 밥 놀링에 대한 의견을 구했고, 웰치는 다시 노엘 티시에게 자문을 구했다. 2003년 1월 초, 노엘 티시는 패티 스테이시Patti Stacey와 함께 놀링을 만났다. 이 자리에서 놀링은 아카데미 책임자 직책에 대해 신중히 고민해 보겠다고 약속하면서 한 가지 조건을 제시했다. 패티 스테이시가 아카데미의 모든 업무에 대해 자신을 도와야 한다는 조건이었으며 그녀도 그것에 동의했다.

결국 놀링은 제의를 수락했다. 조엘 클라인도 놀링의 수락을 환영했는데, 아메리테크와 U.S. 웨스트 등의 대기업뿐 아니라 신생 회사도 이끄는 등 다방면에서 풍부한 경험을 쌓은 그가 이 아카데미의 적임자라고 판단했다. 한마디로 경직된 관료주의 조직과 열정으로 운영되는 신생 회사를 모두 경험한 리더라는 점을 높이 평가한 것이다.

생각을 굳힌 조엘 클라인은 주저 없이 밥 놀링을 뉴욕 시 리더십 아카데미의 책임자에 임명했다. 그러나 이때만 해도 아무것도 준비되어 있지 않았다. 설계도, 커리큘럼도, 직원도, 재원도 없었다. 하지만 놀링을 아카데미 책임자에 임명한 것은 뉴욕 시 공립학교체계의 혁신을 위한 의미 있는 출발이었다.

| 소설 / 에세이 |

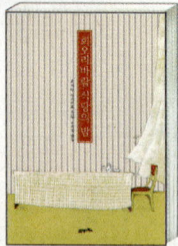

회오리바람 식당의 밤
요시다 아쓰히로 소설 / 값 11,000원

식당 앞 네거리에 사람이 나타나면 느닷없이 회오리바람이 분다!
정겨운 마을 '달의 배 마을' 네거리 모퉁이에 위치한 별난 이름의 회오리바람 식당. '나'는 아파트 옥탑방에서 비 내리게 하는 연구를 하는 '강우 선생'으로, '나' 주변의 인물들의 이야기가 계속 이어진다. 회오리식당에 모인 사람들이 펼치는 따뜻하고도 가슴 시원한 이야기.

콜미 프린세스
사라 브레델 장편소설 / 값 13,500원

살과 피를 지닌 생생한 캐릭터라면 삶의 잔인성을 감출 수 없다!
덴마크의 코펜하겐을 무대로 연쇄 범죄를 저지르는 범인과 그의 뒤를 쫓는 여형사의 이야기. 잡힐 듯 말 듯 좀처럼 잡히지 않는 범인의 행방에 자신도 함께 범인을 뒤쫓는 형사가 되는 흥분과 스릴을 맛볼 수 있다. 마침내 범인의 정체가 밝혀지는 순간 놀라움을 금치 못할 것이다.

살인은 없었다
리하르트 다비트 프레히트, 게오르크 요나탄 프레히트 소설 / 값 15,800원

독일 아마존 베스트셀러 1위 작가
이 책은 한 형사가 살인자를 추격하는 내용이 전부인 단순한 추리소설이 아니다. 철학자, 평론가, 언론인, 소설가 등 그에게 따라붙는 다양한 수식어에 걸맞게 리하르트는 유럽의 종교와 역사, 그리고 덴마크의 독특하고 아름다운 자연 환경이 잘 조화된 환상적인 추리소설을 펴냈다.

삶의 마지막에 마주치는 10가지 질문
오츠 슈이치 지음 / 값 12,000원

〈죽을 때 후회하는 스물다섯 가지〉 저자의 최신작!
이 책은 '죽음'을 이야기하는 책이지만 그만큼의 무게로 '삶'을 이야기하는 책이기도 하다. 호스피스 전문의로서 수많은 말기암 환자의 임종을 지켜본 저자는 죽어가는 사람의 아픔과 고독, 남아 있는 사람의 슬픔을 함께 겪으면서 '후회 없는 삶, 후회 없는 죽음'을 위한 고민을 나누고자 이 책을 썼다.

| 자기계발 |

생각 버리기 연습

화내지 않은 연습
버리고 사는 연습
코이케 류노스케 지음 / 각 권 12,000원

매일 3000명의 인생을 바꾼 화제의 베스트셀러!

MBC 스페셜 방영 화제

공병호 습관은 배신하지 않는다
공병호 지음 / 값 14,000원

내공의 깊이를 결정하는 보이지 않는 차이

예측하기 힘든 세상의 변화 속에서 우리는 어떻게 살아가야 하는가? 평범한 사람으로서 기반을 잡기가 힘들다면 과연 무엇을 해야 하는가? 국내 최고의 경제경영 전문가 공병호 박사가 바로 이 질문에 대한 해답을 제시한다. 저자는 특별한 인생을 원한다면 특별한 씨앗을 뿌릴 수 있어야 한다고 답하고 있다.

노는만큼 성공한다
김정운 지음 / 값 15,000원

지식 에듀테이너·문화심리학자 김정운 교수가 제안하는 재미학

행복하고 재미있는 성공을 꿈꾸는 사람은 물론, 갑자기 늘어난 여가시간에 당황해하는 사람 모두가 읽어야 할 주5일근무시대의 필독서. 압축성장의 그림자가 가장 극명하게 드러나는 한국의 여가문화의 문제는 재미, 행복, 휴식의 심리학적 가치, 철학적 의미가 정립되어야만 해결될 수 있다고 지적하고 있다.

스토리 건배사2
김미경 지음 / 값 12,000원

나만의 스토리 건배사로 나만의 브랜드를 만들자

전권의 열광적인 반응에 힘입어 다양한 건배사의 '실전편'으로 두 번째 책을 준비했다. 특히 2권에는 건배사를 할 일이 가장 많은 CEO 들을 위해 CEO 건배사만 따로 10편을 묶고, 언제 어디서나 만능으로 쓸 수 있는 '마이더스 건배사' 20편을 추가해 활용도를 높였다.

21세기북스 트위터 @21cbook 블로그 b.book21.com 전화 031-955-2153 홈페이지 www.book21.com

| 자기계발 |

정진홍의 사람공부
정진홍 지음 / 값 15,000원

『인문의 숲에서 경영을 만나다』에 이은 정진홍 박사의 또 하나의 역작!

인문학적 지식을 바탕으로 우리 삶이 나아갈 방향과 태도를 제시했던 정진홍! 그가 이제 '사람'에 주목한다. 진정한 차이를 만드는 힘은 사람에게서 나온다는 신념으로 10년 동안 수많은 사람을 공부한 그 치열한 성찰의 기록을 이 책에 담았다.

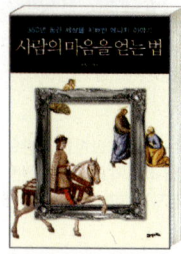

사람의 마음을 얻는 법
김상근(연세대 교수) 지음 / 값 16,000원

2011 삼성경제연구소(SERI) 선정 추천도서

메디치 가문이 원동력이 무엇인지 알아보고, 그들이 이룩한 성공과 실패의 부침을 살펴봄으로써 세상을 바라보는 다른 시선을 선사한다. 단순히 메디치 가문의 역사와 업적을 이야기하는 데 그치지 않고, 낡은 중세 시스템을 마감시키고 르네상스 시대를 열 수 있었던 기반과 그 탁월한 통치의 비밀을 분석한다.

눈맞춤의 힘
마이클 엘스버그 지음 / 값 13,500원

마음을 훔치는 3분 심리학

"당신이 다른 사람의 눈을 바라보는 순간 당신은 자신의 감정 세계로 들어오는 열쇠를 상대에게 주는 것이다." 저자의 말이다. 눈맞춤은 매우 짧은 시간 안에 사람 사이를 강력하게 연결해, 두 사람이 하나가 된 것 같은 느낌을 준다. 그래서 상대와의 유대감이나 신뢰를 순식간에 끌어올린다.

시간의 마법
정선혜, 서영우 지음 / 값 13,000원

하루 10분으로 인생을 바꾼 이야기

하루 10분만 나를 위해 투자하라. 온전히 내 삶에 집중할 수 있는 시간 관리의 비밀! 의미 없이 보내는 시간을 자신을 변화시킬 수 있는 가장 강력한 솔루션으로 바꿀 수 있도록 해준다. 시간의 관리와 활용법을 연구해온 저자는 자신의 체험과 그것을 바탕으로 한 멘토링의 과정들을 고스란히 이 책에 담았다.

| 경제 / 경영 |

세스 고딘의 시작하는 습관
세스 고딘 지음 / 값 11,500원

머뭇거리는 순간, 기회는 지나간다
성공으로 가는 공식 같은 건 없다고 저자는 잘라 말한다. 넘쳐나는 전략과 정보들로 사람들은 오히려 더 시작을 두려워하게 되었다. 무언가 미지의 것을 향해 발을 떼는 일은 매우 어렵다. 그렇기에 승자는 실패의 두려움을 극복하고, 아이디어와 열정을 '실행'으로 옮긴 사람이다.

테드 레빗의 마케팅
테드 레빗 지음 / 값 18,000원

혁신적으로 '모방' 하라!
마케팅의 구루인 저자는 현대 사회는 제품을 잘 만드는 것도 중요하지만, 무엇보다 잘 만들어낸 제품의 판매율을 높이는 것이 중요하다고 강조하며 고객과의 관계를 통해 기업의 이미지를 제고하고, 신뢰를 주며, 재구매 의사를 유발시키는 것이 꼭 필요한 과정이라고 조언한다.

돈 벌수 있는 사람 돈 벌수 없는 사람
다케우치 마사히로 지음 / 값 12,000원

30대에 연봉 3억 받는 300명에게 들었다
저자는 일본에서 활동하고 있는 경영 컨설턴트로, 누구나 밑바닥에서부터 성공할 수 있는 방법을 알아내기 위해 1년 반에 걸쳐 '30대에 연봉 3억 받는 300명'을 직접 취재하거나 설문조사했다. 그리고 그렇게 쌓인 결과를 종합하고 분석해 어떤 상황에서도 자신의 힘으로 돈 벌 수 있는 방법을 정리해 보여준다.

알콩달콩 경제학 1,2,3
정갑영 지음 / 각 권 13,800원 (전 3권)

조선일보 최고 인기 연재 만화
재미는 기본, 깊이 있는 내용으로 가득 찬 경제상식 완전 정복의 길! 경제와 친해질수록 삶은 더 풍요로워진다. 경제공부, 이제 만화로 시작해서 만화로 끝내자!

| 인문 |

마흔, 논어를 읽어야 할 시간
신정근 지음 / 값 15,000원

멋지게 인생을 다스리는 법! 군자의 지혜와 벗하다!
마흔이라는 시간은 조언자 또는 리더로 서야 하는 인생의 더 큰 단계로 우리를 안내한다. '과연 나는 누군가에게 길이 되는 삶을 살고 있는가, 아니면 반면교사로 살아가고 있는가.' 동양철학자 신정근 교수는 인생의 절반에서 여러 장벽 앞에 선 이들을 위해 그 해답을 시대를 뛰어넘는 정신적 지도자 공자에게서 찾았다.

인섹토피디아
휴 래플스 지음 / 값 28,000원

인간과 곤충의 아름답고도 위험한 공존 이야기
이 책을 읽고 나면 지구의 주인은 곤충이고, 인류는 세입자 같다는 생각이 든다. 집주인과 잘 지내야 하는 세입자 말이다. _조선일보
인간사회의 모순을 고발하는 르포이면서 서정적인 여행기, 생각거리를 가득 안겨주는 철학서이다. _중앙일보
그 여정을 따라가다 보면 인간이란 존재에 대해 적지 않은 숙고와 사색을 하게 된다. _동아일보

내 감정 사용하는 법
마고트 슈미츠, 미하엘 슈미츠 지음 / 값 15,000원

감정의 함정에 빠지지 않고 똑똑하게 감정을 다스려라!
감정의 함정에서 벗어나 일상생활에서 똑똑하게 감정을 활용하고 다스리는 법! 감정과 이성이 더 이상 평행하거나 대립하지 않고 서로 협력해 작동해야 자신 안에 숨어 있던 힘을 발휘할 수 있다는 사실을 뇌 과학과 심리학, 실제 사례 등을 통해 증명한다.

전기로 세상을 밝힌 남자, 마이클 패러데이
랄프 뵌트 지음 / 값 15,000원

아인슈타인이 평생 존경한 과학자
우리에게 소중한 전기 현상을 발견한 이가 바로 마이클 패러데이다. 그는 자기장이 변화할 때 전기장이 발생된다는것을 알아냈는데, 이는 발전기의 기본 원리로써 널리 이용되었다. 즉 전기 에너지를 역학적 에너지로 사용할 수 있다는 것을 최초로 증명한 것이다.

| 취미 / 실용 |

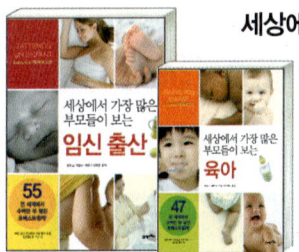

세상에서 가장 많은 부모들이 보는 **임신 출산**
로랑스 페르누 지음 / 값 25,000원

세상에서 가장 많은 부모들이 보는 **육아**
로랑스 페르누 지음 / 값 18,000원

전 세계에서 수백만 부 팔린 초베스트셀러!
각 분야 최고의 전문가들이 모여 매년 새로운 정보를 담아내 그 전문성을 확보하고 있다. 생생한 사진과 다양한 팁으로 누구나 자신에게 필요한 정보를 바로 활용할 수 있다.

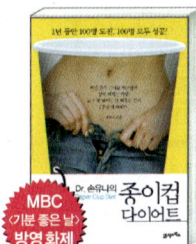

Dr. 손유나의 종이컵 다이어트
손유나 지음 / 값 12,000원

1년 동안 100명 도전, 100명 모두 성공!
입소문으로 인정받은 기적의 다이어트 법 대 공개! 밥 1컵, 채소 1컵, 단백질 0.5컵으로 끝내는 종이컵 다이어트! 칼로리 계산도, 운동도 필요없는 종이컵 다이어트 2주 프로그램으로, 요요현상 없는 기적의 살빼기를 시작하라.

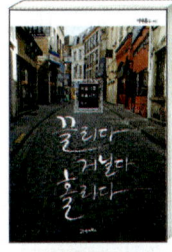

끌리다 거닐다 홀리다
이태훈 지음 / 값 15,000원

예술가의 영혼이 남아 있는 도시로의 여행
체코 프라하, 독일 본, 영국 옥스퍼드 등 관광지로만 지나치기 쉬운 도시에서 예술가들의 숨결을 찾는다. 이것을 통해 예술작품에 숨겨진 이야기들도 소개하며 단순히 작품에 대한 지식을 쌓는 것이 아니라 그들의 삶까지도 이해할 수 있는 길을 제시한다.

여행 사진의 모든 것
박태양, 정상구 지음 / 값 18,000원

찍으면 바로 작품이 된다!
인기 여행작가와 사진작가가 만나, 여행과 사진에 관한 모든 것을 담았다. 어떻게 여행 정보를 얻어야 하는지, 어디로 떠나야 내가 원하던 사진을 찍을 수 있는지, 어떻게 카메라를 다뤄야 하는지 등 여행 사진을 멋지게 남기기 위해 꼭 필요한 정보들을 자세히 소개한다.

리세기북스 고객님들께 드리는 특별한 지식선물~

🍃 프로직장인을 위한 대한민국 최고의 스마트 연수원

SERIPro는 삼성경제연구소가
지난 10년간 대한민국 CEO와 오피니언 리더
1만 9천여명을 열광시킨 SERICEO 콘텐츠의
제작, 서비스 노하우를 바탕으로
대한민국을 이끌어갈 프로직장인을 위한
최적의 콘텐츠와 서비스를 제공하는
'인터넷 기반의 동영상 지식서비스'입니다.
(SERIPro 연회비 : 40만원/VAT 별도)

🍃 2주간의 짜릿한 무료체험(웹사이트+모바일), 지금 바로 신청하세요!

- 매일 제공되는 아이디어 씨앗(日3편 E-Mailing 서비스)
- 바쁜 직장인들에게 최적화된 콘텐츠 서비스(평균 6분)
  (온라인+모바일 : 출근시간, 점심시간, 자투리시간 활용)
- 경제, 경영부터 인문학까지 어우르는 다양한 분야의 콘텐츠

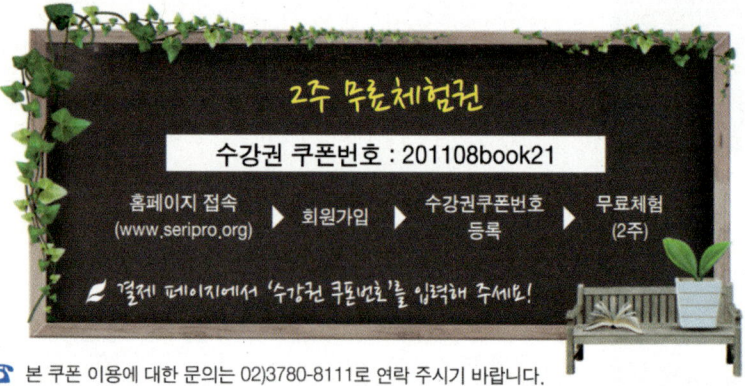

2주 무료체험권

수강권 쿠폰번호 : 201108book21

홈페이지 접속 (www.seripro.org) ▶ 회원가입 ▶ 수강권쿠폰번호 등록 ▶ 무료체험 (2주)

🍃 결제 페이지에서 '수강권 쿠폰번호'를 입력해 주세요!

☎ 본 쿠폰 이용에 대한 문의는 02)3780-8111로 연락 주시기 바랍니다.
(고객센터 운영시간 : 주중 09:00~17:00, 토.일.공휴일 휴무)

2011년 12월 12일 발행

조엘 클라인의 인물 판단

클라인은 놀링 외에 또 한 명의 중요 인물을 선택했다. 교육 부문의 경험이 없는 놀링을 보완해 주려고 샌드라 스타인을 그의 핵심 팀원으로 임명한 것이다. 클라인의 설명은 다음과 같다.

일종의 중매결혼인 셈이지요. 나는 샌드라 스타인을 선택했습니다. 물론 놀링은 달가워하지 않을 수도 있다고 생각했습니다. 리더가 팀원을 직접 뽑는 것이 일반적이니까요. 하지만 샌드라 스타인을 포기할 수 없었습니다. 변화를 추진할 때 믿음을 실어 줄 수 있는 사람이었거든요. 교장들을 교육할 만한 경험이 부족한 놀링에게는 그녀가 최선의 대안이었습니다.

아카데미 내부에서 놀링과 스타인의 역할도 구분되었다.

리더십 아카데미의 CEO는 여러 대기업 경영자를 역임했으며 리더십 계발 프로그램을 운영한 경험도 있는 밥 놀링이 맡았습니다. 현재 그는 세계적인 교육자, 비즈니스 전문가와 팀을 이루어 조직 변화 관리와 리더십 계발, 훈련 등의 업무를 수행하고 있습니다. 그리고 리더십 프로그램을 운영했던 경력이 풍부한 샌드라 스타인은 아카데미에서 학장 역할을 맡고 있습니다. GE의 CEO를 역임한 잭 웰치가 고문단의 의장을 맡고 있고요. 뉴욕 시 리더십 아카데미는 미 국내법에 따른 비영리기구로 많은 기업과 자선단체의 후원을 받습니다. 또한 월

리스 재단에서 재정적 후원을 받고 있으며 '뉴욕 시를 위한 파트너십'으로부터 3,000만 달러의 기부금도 확보했습니다. 이외의 모금 활동은 캐롤린 케네디가 이끄는 전략적 파트너십 사무소OSP에서 관할하고 있습니다.³

밥 놀링의 판단

블룸버그에서 클라인, 웰치, 놀링까지 이어진 진지한 논의 과정 끝에 2003년 2월, 뉴욕 시 리더십 아카데미의 CEO로 밥 놀링이 임명되었다. 놀링은 첫 몇 개월 동안 여러 학교를 방문하며 팀원들과 함께 아카데미의 나아갈 방향을 조율했다. 이때 노엘 티시와 패티 스테이시도 겨울에 시작해 초봄에 끝나는 프로그램을 기획하는 데 며칠씩 투자했다. 놀링은 자신이 변화의 주체라는 사실을 분명히 하며 자리에 연연해하지 않고 강력한 변화를 추구하겠다고 역설했다. 실제로 아카데미 CEO에 오른 이후로 그는 자리 따위에는 전혀 개의치 않는 의연함을 보였다.

나는 여기서 매우 절실한 마음으로 변화를 추진하고 있습니다. 이 제도에서 변화를 모색하는 학교들을 위해 어떤 것도 아끼지 않을 것입니다. 나 스스로 리더들의 리더가 되어 이들이 나아가야 할 방향을 안내할 것입니다.

놀링은 물론 저항을 예상했지만 뉴욕 시 언론에 대해서는 미처 준비하지 못했다. 그래서 지금까지도 그는 언론의 공격에서 자유롭지 못하다.

나는 변화를 만들어 가고 있습니다. 하지만 편향된 언론 탓에 이렇게 골머리를 앓을 줄은 몰랐습니다. 특히 몇몇 언론을 정말 경멸합니다. 지금껏 살아오면서 한 번도 만난 적 없는 지저분한 사람들이 그곳을 차지하고 있는 느낌입니다. 그들은 진실에는 관심이 없습니다. 오로지 말초신경에만 관심 있을 뿐이지요. 언론이란 것에 정말 실망했습니다. 그들에게는 조금의 인정도 느껴지지 않습니다. 타이타닉이 부활한다면 그들을 통째로 실어 바다로 보내고픈 심정입니다.

놀링은 성공한 CEO인 샌드라 스타인과 함께 뉴욕 시 리더십 아카데미를 시작했다. 샌드라는 90명의 교장과 함께하는 정책을 맡았다. 이것은 교장이 되려는 교육자들 중에서 적임자를 선발하는 중요한 프로그램이었다. 이렇게 선발된 교장 후보자들은 장시간의 워크숍과 학교 실무 훈련 등 집중적인 교육 과정을 거치며 교장으로서의 자질을 쌓았다.

놀링이 관리해야 하는 교장의 수는 과거 1,200여 명에서 지금은 1,400여 명으로 늘어났다. 그중에서 250명 정도는 신임 교장이었고, 지금도 매년 그 정도의 교장 후보자가 아카데미에서 집중적인 교육을 받은 뒤에 부임지로 향한다.

아카데미의 시작은 크로톤빌 워크숍으로

2003년 봄, 학군 교육감제도를 폐지한 놀링은 직접 10명의 지역 교육감과 보좌진을 새로 임명했다. 이들과 리더십 아카데미의 협력체제를 강화하기 위해 60여 명에 이르는 사람을 GE의 크로톤빌 연수원(이 무렵에는 '존 F. 웰치 리더십센터'로 이름이 바뀜)으로 불러 사흘간의 워크숍을 열었다. 이 자리에는 놀링과 노엘 티시, 패티 스테이시가 모두 참석해 워크숍을 이끌었고 잭 웰치도 아카데미의 첫발에 힘을 실어 주었다. 이 워크숍의 목표는 지역 교육감과 교육위원회 위원들에게 뉴욕 시 학교체계의 변화를 지향하는 TPOV를 인식시키고 공감대를 이끌어 내려는 것이었다. 이 워크숍이 크로톤빌에서 개최되며 잭 웰치라는 저명한 경영자와 캐롤린 케네디 같은 유명 인사들이 아카데미의 시작을 함께했다는 점에서 상징적 의미가 컸다.

잭 웰치는 GE의 최고경영자가 매달 몇 번씩 GE의 주요 경영진과 대화를 나누는 112석 규모의 강연장에서 워크숍의 개회를 알렸다. 특히 그는 참석한 교육자들에게 앞으로 해야 할 일이 기업 리더들의 그것보다 훨씬 어려우리란 점을 강조하며, 이처럼 중요한 일을 해내야 하는 근본적인 이유로 차세대 양성이라는 소중한 덕목을 꼽았다.

웰치는 '엄한 사랑 Tough Love'을 강조했다. 더불어 교육자는 누구보다 훌륭한 리더로 성장하도록 스스로 채찍질해야 한다고 주장하며, 지금까지의 교육체계가 실패한 원인은 교육자들이 관료주의를 극복하지 못했기 때문이라고 지적했다. 또한 리더십에 대한 자신의 관점도 피력했다.

언젠가 GE의 연차보고서에서도 그는 관료주의의 병폐를 지적하는 글을 남긴 적이 있다.

> 관료주의 타파 : 그동안 비즈니스 세계에서는 관료주의가 낳은 '증오'가 팽배해졌습니다. 관료주의자들은 어리석은 존재이자 사라져야 할 대상입니다. 그들은 조직의 서열을 공고히 해 그 기능적 방벽 속에 숨어 버립니다. 이 공고한 조직 구조를 타파해 개방적이고 자유로운 환경을 건설하려면 매일같이 혹독한 노력이 필요합니다. 그동안 GE에서는 관료주의를 박멸하고자 많은 노력을 기울였습니다. 우리가 편집증 환자처럼 보일지언정 관료주의의 재발을 막으려는 경계를 늦춰서는 안 됩니다. 그만큼 관료주의는 거부하기 어려울 뿐 아니라 눈 깜빡할 사이에 제자리로 돌아오곤 하기 때문입니다. 관료주의는 사람을 좌절하게 하고, 우선순위를 왜곡하고, 사람들의 꿈을 제약하고, 조직 전체를 비밀스러운 곳으로 만듭니다.[4]

워크숍 참석자들은 자신도 관료주의의 희생양이 될 수 있다는 것을 잘 알았다. 이들에게는 폐해를 되돌려 학생들에게 유익한 무언가로 바꿀 수 있는 잭 웰치 같은 리더가 꼭 필요했다. 이후로도 몇 년간 잭 웰치는 교장 워크숍뿐 아니라 교육위원회 회의에도 자주 참석해 놀링과 클라인에게 힘을 실어 주었다. 잭 웰치가 뉴욕 시 리더십 아카데미의 발전에 지대한 기여를 한 것이다.

사흘간의 워크숍을 연 목적은 뉴욕의 학교체계를 혁신하는 데 따르는 TPOV와 비전을 모든 사람이 처음부터 공유하는 데 있었다. 이 자리에서 조엘 클라인은 자신의 비전을 설명하면서 모두 이 중요한 전환기에 동참해 달라고 호소했다. 그리고 참석자들로 소집단을 만들어 앞으로의 실행 방안에 대해 토론하고 새로운 가치관과 비전을 다시금 공유하는 시간도 가졌다.

조엘 클라인과 밥 놀링은 복잡한 정치력을 발휘해야 하는 숙제도 떠안았다. 두 사람 모두 교육제도와 관련된 경험이 거의 없는 만큼 주변의 회의적인 시선을 피할 수 없었다. 특히 교육 부문의 완고한 권력체계를 극복하는 것도 쉽지 않은 일이었다. 중앙교육행정부의 행정관들, 평생 임기가 보장되는 교육자들은 모두 까다로운 존재인 데다 기존 분권체제에서 근무하던 학군 교육감의 상당수가 권력을 내놓아야 하는 상황이니 정치 환경에도 상당한 파장이 예상되었다.

막바지 사흘째에 접어들면서 정치적으로 가장 어려운 문제가 무엇인지 점점 명쾌해졌다. 무엇보다 클라인과 놀링에게는 여성 부교육감이 골칫거리였다. 부교육감은 신임 지역 교육감 10명의 직속상사이므로 전체 학교체계에 미치는 영향력이 상당했다. 그런 그녀가 자신의 역할에 대해, 특히 리더십 아카데미와 관련된 역할에 큰 부담을 느꼈으며 리더십보다는 오로지 학교체계 자체에만 한정해 커리큘럼 문제를 해결하려는 성향을 보였다. 클라인과 놀링에게 그녀는 그릇된 인물 판단의 조기경고와 다름없었다.

조엘 클라인이 애초에 그녀를 부른 것 자체가 문제였다. 결국 그녀는 해고되었다. 하지만 그 시기가 조금 늦은 바람에 적지 않은 정치적 자원과 추진력이 훼손되고 말았다. 이 일을 계기로 클라인은 다른 사람들도 도마 위에 올려놓고 인물 판단이 적절했는지 되짚어 보았다. 그는 "처음엔 일반 교육자 중에서 부교육감을 발탁하려 했습니다. 하지만 결과가 보여 주듯이 그건 잘못된 판단이었지요"라고 말했다.

학교체계를 혁신하려면 평범한 교육자가 아니라 새로운 인재가 필요하다고 생각한 클라인은 또 다른 중요한 자리에 미군의 유능한 장성 출신을 앉혔다. 그러나 그녀 역시 학교체계와 정치적 환경을 바꾸는 데 실패했다. "외부로 눈을 돌려 장성 출신의 유능한 여성을 영입했지만, 그녀도 역시 이 일에 맞지 않았습니다. 알고 보니 그녀는 조직 구조를 바꾸는 방법도 잘 모르던 사람이었습니다." 왜 이런 판단 착오가 반복되는지 클라인은 골똘히 생각했다. 그리고 해답을 찾아냈다. 준비 과정에 문제가 있었던 것이다.

> 상황을 구체화한 것은 지금 생각해도 훌륭했습니다. 문제는 지나치게 서둘러 판단을 내린 것이었죠. 그게 내 스타일이긴 하지만, 아무튼 너무 서두른 것이 화근이었습니다. 물론 빨리 사람을 뽑아야 한다는 압박감도 심했지요.

몇 번의 실패를 거듭한 뒤 잭 웰치를 만난 클라인은 그동안의 경험에서 얻은 교훈을 이 한마디로 집약해 말했다. "고용은 천천히, 해고는 신속히!"

클라인과 놀링 모두 배움에는 열린 사람이었다. 두 사람은 몇 차례의 판단 착오를 통해 소중한 교훈을 얻었고 이를 바탕으로 자신감과 목적의식을 한층 강화할 수 있었다.

판단력 향상 교육의 필요성

밥 놀링은 학교체계 문제를 대하면서 해결해야 할 과제가 있었다. 첫째, 자신의 상사 격인 블룸버그와 클라인이 뉴욕의 교육 문제를 어떻게 바라보는지부터 이해해야 했다.

> 시장이나 교육감과 함께 뉴욕 학교들의 행태에 관한 이야기를 나누면서 문제를 어느 정도 파악할 수 있었습니다. 두 사람은 뉴욕의 교육 현장에서 벌어지는 문제의 상당수가 리더의 판단력 부재에서 빚어진다고 바라보았습니다. 사실 이런 판단력 같은 것은 교육대학에서 가르치기도 어렵지요.

놀링은 교장들이 진정한 리더가 되어야 한다고 생각했다. 대부분의 교장은 관료주의적인 학교체계에서 성장했으므로 학교에서 자신의 역할을 정확히 규명하지 못했다. 다시 말해 단순한 학교 관리자가 아니라 교사들의 자기계발을 통해 교육 환경을 개선하도록 해야 한다는 책임의식을 느끼지 못했다.

이 문제에 대해 놀링은 확고한 TPOV를 구축했다. 그는 여러 학교를 다니며 교장들을 관찰하고 대화하면서 그들의 훌륭한 판단이나 그릇된 판단 사례를 분석했다. 그러고 나서 "교장들한테서는 프로세스 개념을 찾아볼 수 없었습니다. 의사결정 프로세스를 이해조차 못 하는 것 같았습니다"라고 결론 내렸다.

교장들은 '학교를 창조적으로 파괴해 새로이 건설하는' 혁신 리더로 거듭나야 했다. 놀링은 교원노조의 강력한 보호를 받을지라도 교사의 자격이 없는 사람은 과감히 내칠 수 있는 혁신적 사고를 가진 교장을 원했다. 한 학교의 교장이라면 학교와 학생들을 위해 전략적인 판단을 하고 위기에도 대비해야 한다. 이것이 바로 놀링이 뉴욕시 리더십 아카데미를 위해 구체화하고 명명한 전략적 판단이다.

> 특정 상황이나 문제에 직면한 교장들은 어떤 식으로 정보를 수집할까요? 현실을 있는 그대로 바라볼까요? 그 정보를 얻는 데 그동안 얼마나 시간을 투자했을까요? 우리가 지켜본 바로는 대다수 교장은 의사결정 프로세스란 걸 알지도 못합니다. 프로세스가 없으니 현명하게 판단할 리도 만무하지요. 교장들에게 상황적 리더십 Situational Leadership 을 가르치고 의사결정 능력을 향상시키는 것이 우리의 과제였습니다.

학교장을 위한 리더십 계발 프로그램

매년 250명의 신임 교장이 한 해 동안 네댓 차례 열리는 집중적인 리더십 계발 프로그램을 통해 교육을 받는다. 그 시작은 여름에 열리는 5일 일정의 워크숍이며 그 뒤로도 며칠 일정의 워크숍이 서너 차례 더 열린다. 여기서 교장들은 아카데미 관계자뿐 아니라 참여한 기업 경영자들의 다양한 후원과 조언을 얻는다. 이 프로그램의 목적은 교장들의 인물·전략·위기 판단력을 향상시키기 위한 것이다.

학교를 운영하려면 세 가지 부문의 판단력이 모두 필요하다. 신임 교장들은 학교의 책임자라는 부담감과 처음으로 겪는 이런저런 실수, 다른 교장들의 사례 등을 접하고 주눅이 들기도 한다. 1년에 걸친 이 프로그램은 이런 교장들에게 행동학습의 기회를 제공하려고 만들어졌다. 교장들은 이 프로그램을 통해 새로운 역량을 익히고, 이를 적용하며, 자신의 판단에서 교훈을 얻고, 의미 있는 결과를 만들어 내는 등 다양한 경험을 하게 된다.

1차 워크숍

프로그램의 첫 단계는 신임 교장들을 한 번에 30명씩 소집해서 여는 워크숍이다. 이들 30명은 1년 내내 같은 워크숍에서 함께 고민하고 서로 돕는 전우다. 먼저 5일간 열리는 1차 워크숍은 신임 교장들의 인물·전략·위기 판단력을 배양시키고 혁신적 리더로 양성하기 위한 첫 단계다. 놀링은 1차 워크숍에 대해 다음과 같이 말한다.

강도가 높은 이 워크숍을 통해 교장들은 자신을 되돌아보고 동료들에게 교훈을 얻습니다. 교장들이 워크숍으로 들고 오는 문제는 끝도 없습니다. 실제로 몇몇은 상황이 급한 나머지 사비를 들여 컨설팅 기관의 도움을 받기도 합니다. 아카데미 운영진은 교장들에게 현실 인식을 최대한 빨리 심어 주려고 노력합니다. 현실을 이해해야 판단도 내릴 수 있습니다. 학교에서 생활하다 보면 교육감의 결정을 기다릴 여유가 없을 때도 있습니다. 이럴 때 훈련받은 교장은 큰 부담 없이 현명한 결정을 내릴 수 있습니다.

1차 워크숍은 각 학교를 바라보는 교장들의 TPOV 형성에도 기여한다. 이 TPOV는 학교의 커리큘럼을 만들 때뿐 아니라 학부모나 지역사회와의 관계에도 일관되게 적용된다. 교장들은 앞으로 학교에 가서 적용할 전략과 아이디어를 담은 행동계획서를 만들어 서로 검토하고 보완한다.

이 워크숍은 신임 교장들이 서로 가치관 형성에 도움을 주는 기회이기도 하다. 올바른 가치관은 위기에 대처하고, 사람을 고용하거나 해고하고, 한정된 자원을 배정할 때 등 학교 운영 전반에서 방향지시 등 역할을 한다.

다음 [도표 12.1]은 1차 워크숍에서 다루는 주제들을 정리한 것이다. 워크숍 막바지에는 각 교장이 학교에 부임해서 연설할 내용을 미리 정리해 연습하는 모습을 비디오로 녹화한다. 형식은 마틴 루터 킹의 '나에게는 꿈이 있습니다' 연설을 모델로 한다. 아울러 교장들은 그동안 형성한 TPOV와 가치관 그리고 스토리라인을 직접 문서로 작성한다. 이것은 앞으로 학교에 나가 교사와 학생, 학부모, 교원노조 등과 수도 없이 부닥쳐야 할 때 행동의 근거로 삼을 것이다.

신임 교장들이 자주 겪는 '흥미로운 위기' 중 하나가 바로 개학 전에 학생들에게 지급하는 새 교과서 문제다. 개학 일주일 전에 대

[도표 12.1] 신임 교장 워크숍 아카데미

첫날	둘째 날	셋째 날	넷째 날	다섯째 날

• 개회
• TPOV
• 리더십은
  자서전과 같다.
• 계획
• 가치관
• 팀 구성과
  저녁식사
	• 작성한 내용
	  제출
	• 커리큘럼
	• 변화 거부
	• CRPI/PAL
	• 행동 계획
		• 학교 소개
		• 예산 관련 논의
		• 인물 판단
		• 운영 메커니즘
		• 행동 계획
			• 학교 운영진
			  선정
			• 권력과 갈등
			• 비전
			• 혁신 리더
			• 감성의 변화
			• 팀 구성과
			  저녁식사
				• 교원노조와의
				  관계 관리
				• 스토리라인
				• 행동 계획
				• 교육감과의
				  대화

량의 교과서가 학교로 배달되었을 때, 신임 교장들은 이것을 어떻게 일일이 분류하고 운송장을 붙여 학생들 가정에 배달할지 고민에 빠지게 마련이다. 놀링은 이것마저도 하나의 기회로 간주한다. 그는 이런 경우에 교장들에게 필요한 것이 프로세스 매핑Process Mapping이라고 가르친다. 즉 프로세스를 체계적으로 설계하고 효율과 효과를 극대화하는 방향으로 실행하는 것이 중요하다. 품질관리, 식스시그마, 생산 최적화 등을 실천하는 기업들은 프로세스 매핑 기법을 자주 사용하지만 학교를 관리하는 교육자들이 이를 활용하는 경우는 거의 없었다.

놀링은 교과서 문제야말로 프로세스 매핑을 배울 '살아 있는 사례'라고 강조한다. 실제로 그는 이 기법을 배운 교장들이 '교과서 위기'에 적절하게 대처했다고 말한다. 교장들은 교과서의 분류와 배송지 정리, 운송장 부착 등을 체계적으로 처리했다. 비록 짧은 기간의 교육이지만 그 효과는 즉각 학교의 성과 개선으로 이어졌다.

2차 · 3차 · 4차 워크숍

나머지 워크숍들은 며칠에 걸쳐 열리며 이론보다는 실무 회의에 가깝다. 동일한 30명의 교장이 다시 모여 그동안 학교에서 겪은 경험, '판단'을 하지 못해 고민하고 있는 문제, 전우들에게 도움받고 싶은 내용 등을 함께 논의한다.

학교장과 교사가 미래를 결정한다

블룸버그와 클라인은 뉴욕 시의 공교육을 되살리려고 노력하는 과정에서 밥 놀릭과 잭 웰치, 딕 파슨스, 캐롤린 케네디 등의 사회적 리더들과 인맥을 형성했다. 특히 이들 덕분에 아직 완성하지 못한 전략 판단을 어렵사리 실행할 수 있었다. 뉴욕 시 리더십 아카데미를 설립하고 뉴욕의 학교체계를 대대적으로 혁신하는 데는 체계적인 조직 프로세스와 그 실행이 필수였다. 그리고 더 나은 학교를 만들기 위한 초점은 당연히 학교 교장들에게 맞춰졌다.

조엘 클라인은 뉴욕 시 리더십 아카데미를 설립한 가장 큰 목적이 교장들의 판단력을 향상시키는 것이라는 점을 분명히 했다. 그는 이것을 "그중 일부는 인생 경험이라고 생각합니다. 교육을 통해 얻는 가장 큰 소득은 그들의 판단력을 향상시켜서 현명한 사람으로 만드는 것입니다"라고 표현했다.

리더십 아카데미를 통해 현명한 판단력을 갖춘 교장들을 양성하는 것이 가장 큰 목적이자 보람이라고 클라인은 다시 한 번 강조했다. 그는 아카데미에서 추진하는 일이 제대로 실행되는지 확인하러 여러 학교를 직접 방문하곤 한다. "교장들을 만나면 뿌듯함을 느끼곤 합니다. 일이 제대로 풀리지 않을 때는 그 이유를 내게 상세히 설명합니다. 그만큼 자신이 있다는 거죠. 하지만 변명으로 일관하는 사람은 기본적으로 성공하기 어렵습니다."

클라인은 판단력에 대한 철학적 관점을 소개하면서 마무리했다.

결국은 그게 인생입니다. 당신이 나름의 기준을 정하고, 다른 사람들이 그 기준을 어느 정도 충족시키기 위해 현명한 방법을 제시한다면 그것으로 됐다고 생각하지요. 그럴 때 당신은 자신에게 이렇게 묻습니다. '저 사람들이 정말로 실천했을까? 전에도 날 속인 적이 있는데 설마 두 번 그러지는 않겠지?' 그렇게 또 넘어가지요.

학교 리더들의 '판단력'이 결국 우리 아이들의 판단력 형성과 직결된다는 점을 명심해야 하는 것이 가장 중요하다.

Chapter 13
위대한 리더의 덕목, 판단력

인물과 전략 그리고 위기의 3대 영역에서 현명하게 판단하는 것이 리더의 가장 중요한 역할이라고 지금까지 여러 차례 강조했다. 유능한 리더는 상대적으로 판단력이 뛰어나며, 판단의 현명함 여부는 실행의 성공과 직결된다. 또한 리더에게 주어진 두 번째로 중요한 역할은 다른 리더들도 현명하게 판단할 수 있도록 성장시키는 일이다.

  이 책은 리더에게 두 가지 목표를 모두 달성하도록 돕는다. 이 책에서 모든 의문에 대해 완벽한 해답을 제시하지는 않는다. 하지만 우리는 수많은 리더의 옳고 그른 의사결정 사례를 보고 듣고 경험해 왔으며, 중요한 결정을 하고 나서 적절한 관리를 통해 만족스러운 결과를 이끌어 내는 과정도 수없이 관찰했다. 반면에 적절히 판단하고서도 실행에서 실패하거나 또는 그 과정에서 집중력을 상실해 중요한 맥락을 놓치는 경우도 지켜보았다. 이 모든 사례에서 정말 소중한 가르침을 얻었다. 여기에 우리의 두뇌와 경험을 더해서 우리만의 '틀'을 완성할 수 있었고 그 틀을 바로 이 책 속에 담았다.

이런 헌신적인 노력이 부디 리더들의 판단력을 향상시키는 데 도움이 되었으면 하는 바람이다. 리더십 판단 프로세스는 판단의 필요성을 인식하는 데서 출발해 성공적인 실행으로 마무리된다. 유능한 리더의 전제조건은 '훌륭한 판단력'이며, 특히 여러 영역에서 전개되는 복잡한 상황에 적절히 대처할 수 있어야 한다. 여기에서는 그 영역을 세 가지로 압축했다.

시기 : 판단 시기는 세 단계로 구분한다.
- 사전 상황 : 리더가 결정을 내리기에 앞서 어떤 일이 벌어지고 있는가?
- 결정 : 궁극적으로 현명한 판단을 내리려면 리더는 어떻게 행동해야 하는가?
- 실행 : 자신의 결정이 좋은 결과로 이어지려면 리더는 어떤 것을 챙겨야 하는가?

영역 : 프로세스의 단계, 각 단계에 쏟는 관심, 결정에 소요되는 시간 등은 사안의 중요성에 따라 달라질 수 있다. 치밀한 판단이 필요한 3대 영역을 다음과 같이 구분한다.
- 인물 판단
- 전략 판단
- 위기 판단

이해관계자 : 리더는 폭넓은 인간관계를 통해 정보를 얻고 실행 수단도 확보한다. 또한 리더는 원만한 인간관계를 바탕으로 결정 사항을 효율적으로 추진할 뿐 아니라 실행 과정에서 빚어지는 다양한 이해관계도 능동적으로 관리할 수 있다. 다양한 유형의 이해관계자와 적극적으로 교류하고 인간관계를 원만하게 유지하는 리더만이 현명한 결정을 내릴 수 있다.

이와 함께 우리는 리더에게 요구되는 네 가지 유형의 지식에 대해서도 살펴보았다.

- 자신과 관련된 지식 : 개인적인 가치관과 목표
- 사회인맥과 관련된 지식 : 주변 사람들에 대한 지식
- 조직과 관련된 지식 : 지위고하와 상관없이 조직의 모든 사람에 대한 지식
- 주변 상황과 관련된 지식 : 고객, 협력회사, 관공서, 주주 집단, 경쟁회사 등 다양한 이해관계자에 대한 지식

우리는 세상의 모든 리더가 이 책을 통해 자신뿐 아니라 다른 리더들의 판단력을 향상시킬 수 있기를 바란다. 그리고 이 책이 '판단력'이라는 주제를 향한 더 깊은 여정의 출발점이 되기 바란다.

오늘의 세상은 훌륭한 판단력을 갖춘 리더들을 요구한다!

리더십 판단을 위한 안내서

| 크리스 데로즈 · 노엘 티시 |

• 리더십 판단 프로세스 •

전 단계에 걸친 인식 프로세스 ⟶
전 단계에 걸친 감성 프로세스 ⟶

| 준비 단계 | 결정 단계 | 실행 단계 |

감지·규명 ⟶ 구체화·명명 ⟶ 동원·가동 ⟶ 결정 ⟶ 실행 ⟶ 학습·수정
　　　　　　　　　↖재실행↙　　↖재실행↙　　　　　↖재실행↙

SECTION 01
리더십 판단 프로세스

판단력은 리더십에 반드시 필요한 유전체genome다. 궁극적으로 리더에 대한 평가는 그 조직이 이뤄 낸 실적을 근거로 한다. 그리고 실적은 여러 가지 요소에 따라 달라진다. 이 요소에는 주요 직책을 맡을 적임자를 선정하는 일처럼 '복잡한 것'도 있고, 제품 도입이나 정책 변경 같은 비교적 '단순한 것'도 있다. 복잡하든 단순하든 이 모든 실적 요소는 판단력을 요구한다. 다시 말해 리더는 활용 가능한 정보의 양에 상관없이 스스로 언제 무엇을 해야 하는지를 결정해야 한다.

리더십 판단을 위한 안내서는 인물과 전략, 위기의 3대 핵심 영역에서 리더의 판단 요령을 설명한다. 판단력은 리더의 성공 여부를 가름하는 중요한 요소 중 하나다. 이 안내서는 본문에서 설명한 리더십 판단 프로세스의 실제 적용을 돕는 동시에 리더 자신의 판단력을 향상시키는 길잡이가 되어 줄 것이다.

역동적 프로세스

우리는 판단과 의사결정을 구분한다. 의사결정을 다룬 많은 학술서가 결정이 이루어지는 '한순간'에 대해 종종 언급한다. 그러나 이 안내서에서는 시간을 두고 전개되는 프로세스로서의 '판단' 개념에 주목한다. 판단 프로세스에 대한 그동안의 분석 사례는 리더에게 정확한 방향을 알려 줄 만큼 충분치 못했을 뿐 아니라 비현실적인 내용도 적지 않았다. 우리는 이 판단 프로세스가 줄거리와 등장인물, 예상치 못한 갈등과 반전이 뒤섞인 드라마와 유사하다고 본다. 따라서 리더는 '한순간의 결정'이 아니라 프로세스 전체를 효율적으로 관리할 수 있어야 한다.

조직의 핵심 리더들이 무언가를 판단할 때는 다음의 여러 측면을 고려해야 한다.

시기 : 리더십 판단 프로세스의 판단 시기는 세 단계로 구분된다. 이 단계가 언제나 순서대로 진행되는 것은 아니다. 그러므로 리더는 '재실행 회로'를 활용해 언제든 앞 단계로 돌아가 잘못된 부분을 수정할 수 있다.

- 사전 상황 : 리더가 결정을 내리기에 앞서 어떤 일이 벌어지고 있는가?
- 결정 : 궁극적으로 현명한 판단을 내리려면 리더는 어떻게 행동해야 하는가?
- 실행 : 자신의 결정이 좋은 결과로 이어지게 하려면 리더는 어

떤 것을 챙겨야 하는가?

영역 : 치밀한 판단이 필요한 핵심 영역을 세 가지로 구분한다.
- 인물 판단
- 전략 판단
- 위기 판단

이해관계자 : 성공적인 결정에 필요한 정보를 확보하려면 리더의 폭넓은 인간관계가 중요하다. 또한 리더는 이 인간관계를 통해 결정사항을 효율적으로 추진할 수 있을 뿐 아니라 실행 과정에서 빚어지는 다양한 이해관계도 능동적으로 관리할 수 있다. 다양한 유형의 이해관계자들과 적극적으로 교류하고 인간관계를 원만하게 유지하는 리더만이 현명한 결정을 내릴 수 있다. 아울러 리더는 조직 전체의 판단력을 향상시키고자 자신의 인간관계를 활용해 다른 리더들의 판단에도 도움을 주어야 한다.

결과가 중요하다

리더의 성적표는 조직의 안녕을 위해 리더가 실행한 중요한 판단들의 결과물이다. 리더는 설령 실수하더라도 재실행 회로를 통한 자체 수정으로 얼마든지 바로잡을 수 있다. 리더의 역량은 이 프로세스에 따라 얼마나 성공적인 결과를 창조하느냐에 따라 달라진다. 이론적으로는 훌륭하지만 실행이 취약한 전략은 무의미하다. 리더는 성공을 향한 길로 조직을 안내해야 한다. 그러기 위해서는 판단 프로세스의 실행 과정에서 유발되는 여러 가지 제약을 인식하고 해결해야 한다. 또한 사람을 판단할 때도 신실과 용기를 바탕으로 성과를 창조할 수 있는 사람을 선별해 리더의 지위에 앉혀야 한다.

메드트로닉의 CEO를 지냈으며 지금은 하버드 대학 교수로 재직하는 빌 조지는 우리와의 인터뷰에서 과거에 겪은 '뼈저린 실패'에 대해 털어놓았다. 그는 메드트로닉에 합류하기 전 리턴인더스트리에서 촉망받는 임원이었다. 그곳에서 특정인을 선정해 3년에 걸쳐 자신의 후임자로 키웠다. "기회가 있을 때마다 그 사람이 내 후임이라는 사실을 강조하다 보니 다른 사람들도 그것을 자연스레 받아들였습니다." 그러나 이 회사의 CEO는 조지가 리턴을 떠나자 그가 정한 사람보다 상대적으로 경험이 부족한 다른 사람을 후임자로 임명했다. 그 뒤로 리턴은 내리막길을 걷기 시작해 경영 실적이 악화되었고 결국 회사의 명맥을 잃고 말았다. 이런 현실에 대해 조지는 지금도 자신을 책망하고 있다.

빌 조지의 판단은 적어도 우리가 보기에는 공정하고 정직했으며 또 정확했다. 반면에 그의 후임자를 결정했던 CEO의 판단은 명백한 실패였다. 조지는 자신의 후임자로 적당한 사람을 찾아냈지만 이를 실행으로 옮길 권한이 없었다. 게다가 이미 회사를 떠났으므로 CEO의 일에 관여할 수도 없었다. 오히려 그는 CEO의 어리석은 판단으로 자신의 판단이 옳았다는 확신을 얻었다. 그런데도 자신의 판단을 실천하지 못한 것 때문에 회사의 명맥이 끊어졌고, 이런 사실이 자신의 '실패'와 무관하지 않다고 생각한다. 성공적인 판단의 가치는 과정의 적절성보다 결과로 측정된다는 사실을 이미 오래전부터 알고 있었던 것이다.

그렇다고 모든 리더가 처음부터 무조건 옳은 판단을 해야 한다는 뜻은 아니다. 물론 처음부터 현명하게 판단한다면 더할 나위 없이 좋은 일이다. 하지만 리더의 판단이 잘못되었다 하더라도 얼마든지 앞 단계로 되돌아가서 잘못을 수정할 수 있다. 이것을 '재실행 회로'라고 부른다. 재실행 회로는 언제든지 학습과 자체 수정이 가능하다는 것을 뜻한다. 여러 차례의 성공적인 판단을 내린 경험이 있는 빌 조지는 판단 결과에 대해 다음과 같이 말한다.

> 사후에 비판하지 말자는 것이 내 스타일입니다. 설령 실수해서 다시 수정해야 할 때도 있습니다. 그렇더라도 자책하지 않습니다. 판단이 적절했는지는 어느 정도 시간이 흐르고 나서야 알 수 있으니 그때까지는 계속 추진할 수밖에 없습니다. 문제가 있는지 없는지 아직은 모를 때니까요.

우리와 인터뷰했던 또 다른 리더인 웨인 다우닝은 자신이 전쟁터에서 경험한 '재실행 회로'에 대해 설명했다. 1년 반 동안 치밀하게 계획을 세운 끝에 1989년, 마침내 미국의 비밀부대가 마누엘 노리에가 정권을 붕괴시키려고 파나마로 침투했다. 그런데 작전을 불과 다섯 시간 앞두고 파나마 독재자의 소재가 불투명해졌다.

위기, 그것도 아주 심각한 위기에 봉착했습니다. 시간은 점점 흐르고 있었습니다. 이미 합법적인 정부를 보호하고 있는 상황에서 노리에가와 잔당들을 체포하는 대로 새로운 정부를 세울 계획이었습니다. 우리 부대는 날이 어두워지는 대로 작전지역으로 이동할 준비를 하고 있었습니다. 그뿐 아니라 공수부대 소속 부대원들이 새벽 1시를 기해 작전지역에 낙하하려고 파나마 상공으로 이동하고 있었습니다. 이런 상황에서 목표물이 사라진 것입니다.

다우닝이 이 상황에 대처하는 한 가지 방법은 애초에 준비한 계획대로 밀어붙이는 것이었다. 그다음에 미국 정부가 파나마의 국정을 안정시키고 합법 정부를 출범하게 하면 될 터였다. 그러나 노리에가가 미국의 작전을 피해 쿠바나 베네수엘라로 도피할 가능성도 높았다. 그렇게 되면 민주적으로 선출된 파나마 합법 정부가 오래도록 유지된다는 보장이 없었다. 다우닝은 특수부대의 당시 작전을 다음과 같이 설명했다.

나와 장교들은 한자리에 앉아 궁리하기 시작했고, 15분 만에 방향을 틀었습니다. 1년 반이나 준비해 온 계획을 단 15분 만에 바꾸기로 한 것입니다. 전쟁터에서는 적의 움직임에 따라 대처방식도 달라져야 하기 때문입니다. 이처럼 언제든지 상황이 달라질 수 있다는 것을 염두에 두어야 합니다. 계획이 아무리 훌륭하더라도 상황은 늘 변한다는 사실을 잊어서는 안 됩니다.

[도표 1] 의사결정과 판단 프로세스

	전통적 관점	판단 프로세스 관점
시기	한순간 · 정적	지속적으로 전개되는 역동적 프로세스
사고 과정	합리적 · 분석적	합리적 분석과 감성적 · 인간적 드라마 병행
변수	예상과 측정 가능	변수들의 상호작용에 따라 완전히 새로운 결과도 가능
초점	개인 : 어려운 결단을 내리는 영웅적인 리더 개인	조직 : 리더가 이끌지만 주변 관계자들의 영향을 받는 지속적인 판단 프로세스
성공 기준	알려진 데이터를 통한 최상의 의사결정	판단 프로세스에 바탕을 둔 실행과 재실행을 통해 모든 관계자가 성공적인 결과를 얻도록 지도함
실행자	하향식 핵심적 사안은 리더가 결정함	하향 · 상향식 실행을 통한 판단 프로세스 조율
투명성	폐쇄적 시스템 결정권자가 정보를 독점해 결정하며 판단 근거는 설명하지 않음	개방적 프로세스 실수를 공유하고 학습을 통해 문제를 수정함
역량 계발	경험 또는 행운에 따라 무의식적으로 이루어지며 주로 최고위직에만 해당함	지위와 상관없이 모든 관계자를 대상으로 계획함

다우닝과 장교들이 수립한 새 계획은 노리에가를 도울 수 있는 최고위직 측근 100명의 위치를 찾아내는 것이었다. "불과 몇 시간 만에 노리에가에게 은신처를 제공할 수 있는 측근 100명 중 95명의 소재를 파악했습니다. 그들을 압박해 결국 항복을 받아냈지요."

다우닝의 이야기는 '재실행 회로'의 모범적인 실천 사례다. 그는 원래 계획대로 상황이 진행되지 않자 애초의 임무를 과감히 버리고 동료들과의 논의 끝에 계획을 수정했다.

앞의 [도표 1]은 일반론적인 의사결정과 다우닝이 구체화한 판단 프로세스의 차이를 정리한 것이다.

풍부한 지식에 바탕을 둔 판단

유능한 리더는 현명하게 판단할 확률이 매우 높다. 어떤 리더든 잘못된 판단을 내릴 때가 있지만, 유능한 리더는 그 속에서 교훈을 얻고 같은 실수를 반복하지 않는다. 그리고 판단 프로세스 전반을 관리함으로써 만족스러운 결과를 낳고 그 과정에 참여한 모든 사람의 자기계발을 북돋운다. 이 과정에서 리더는 단순한 '사실 분석' 수준을 넘어서는 지식을 갖추고 있어야 한다. 리더의 판단 과정에서 필요한 지식 유형은 크게 네 가지로 구분된다.

- 자신과 관련된 지식 : 개인적인 가치관과 목표, 욕구 등에 대한 인식. 리더는 판단의 필요성을 인식하거나 사실을 해석하는 과정에서 이런 개인적인 변수에 영향을 받을 수 있다는 것을 인지해야 한다. 아울러 판단 과정과 그 결과에 대한 스토리라인을 구성하는 능력도 필요하다.
- 사회인맥과 관련된 지식 : 팀에 소속된 사람들의 개성과 능력, 판단 이력 등에 대한 이해. 그들이 리더의 판단 프로세스에 어떻게 기여하고 또는 어떤 부작용을 끼치는지도 알아야 한다.

- 조직과 관련된 지식 : 모든 조직 구성원의 대응·적응·실행 방식에 대한 이해. 조직 전체를 포괄하는 개인적 인맥과 학습 메커니즘도 여기에 포함된다.
- 주변 상황과 관련된 지식 : 고객이나 협력회사, 관공서, 주주 집단, 경쟁회사 등 다양한 이해관계자와의 관계 그리고 상호작용에 대한 이해. 이들이 판단 과정에 어떤 영향을 미칠 것이며 판단 결과에 어떻게 반응할지 예측하는 것도 중요하다.

판단력 계발

판단력은 인생의 경험을 바탕으로 한다. 환자들은 누구나 의료 경력이 풍부한 전문의를 원한다. 의료계에 갓 들어와 환자를 통해 능력을 계발해야 하는 신참 레지던트를 선호할 사람은 없을 것이다. 이와 마찬가지로 조직의 리더도 많은 것을 갖춰야 한다. 풍부하고 깊이 있는 인간관계와 타인에 대한 배려, 미래 지향성, 완벽한 지식 없이도 실행할 수 있는 용기 등 리더가 갖춰야 할 덕목은 여러 가지다. 특히 판단력은 계획적인 프로세스를 통해 지속적으로 갈고닦아야 하는 능력이다.

리더가 지녀야 할 능력 중 하나인 판단력을 계발하려면 먼저 조직 내부의 의식을 변화시켜야 한다. 당신이 현재 처해 있는 여건에서 [도표 2]의 내용을 평가해 보라.

[도표 2] 조직 내부에 대한 평가

	전혀 아니다			매우 그렇다

1. **프로세스 이해** : 판단력은 한순간의 결정이 아니라 계획적이고 세밀한 프로세스다.

1	2	3	4	5

2. **참여** : 결정은 리더의 팀과 조직, 이해관계자들이 참여해 개방적이고 투명하게 해야 한다.

1	2	3	4	5

3. **교육 환경** : 사람들은 판단 프로세스를 통해 판단 요령과 시기, 이유를 이해하므로 훌륭한 교육 기회가 될 수 있다.

1	2	3	4	5

4. **배움과 수정** : 조직의 모든 구성원이 성공적인 결과를 얻기 위해 평가와 수정에 기여하는 과정에서 지식이 창조된다.

1	2	3	4	5

5. **계발 프로세스** : 판단력은 평가와 계발 과정에서 필연적으로 향상된다.

1	2	3	4	5

6. **승계 계획** : 지속적으로 훌륭한 판단력을 보여 준 사람에게 리더의 역할을 맡겨야 한다.

1	2	3	4	5

당신이 소속된 조직의 성향은 어떠한가?
....
....
....

구성과 내용

지금까지 성공한 리더의 특징과 이들이 창조하는 판단 프로세스에 대해 살펴보았다. 이 안내서는 리더십 판단력을 향상시키는 데 실용적인 길잡이가 되어 줄 것이다. 여기서는 현명한 판단의 기초가 되는 지식을 네 가지 영역으로 나눠서 설명하고 있으며, 각 섹션마다 소개되는 실전 프로세스는 판단력과 발전 계획을 점검하고 개선하는 데 도움을 줄 것이다.

Section 2 : 자신과 관련된 지식
- 판단력 형성에 기여한 경험
- 판단 이력에 대한 평가
- 자신의 판단력 허점과 계발 기회 분석

Section 3 : 미래를 위한 스토리라인
- 스토리라인 구축
- 대안적 결말 구상
- 결정 시기에 대한 이해

Section 4 : 당신의 팀
- 팀의 판단력 평가
- 개인들이 판단 프로세스에 미치는 영향력 분석
- 팀의 판단 프로세스를 개선하는 메커니즘 구축

Section 5 : 조직과 관련된 지식

- 조직에 대한 지식을 창조하기 위한 리더의 인맥 규명
- 조직의 참여를 북돋우는 메커니즘 개발
- 모든 단계의 리더들을 위한 판단력 계발 프로세스

Section 6 : 이해관계자와 관련된 지식

- 당신과 이해관계가 있는 인맥과 인간관계 규명
- 주요 이해관계자들의 참여 시기와 장소, 방법 결정
- 이해관계자들을 참여시킬 프로세스 개발

Section 7 : 현명하게 결정하라

- 배운 것을 실행으로 옮기기

SECTION 02
자신과 관련된 지식

성공 리더십은 자기인식을 바탕으로 한다. 조직과 구성원들에게 영향력을 행사하는 방법을 모르는 리더는 다른 사람에게 동기를 부여하거나, 나아갈 방향을 제시하거나, 현명한 판단을 내릴 수 없다. 빌 조지는 리더십에 대해 다음과 같이 말했다.

> 진정한 리더가 되는 것은 결코 쉬운 일이 아닙니다. 무엇보다 자신을 알아야 하는데, 가장 이끌기 어려운 존재가 바로 '자신'이기 때문입니다. 자신의 '참모습'을 이해하고 나면 다른 사람을 이끄는 방법을 찾는 것도 한결 수월해집니다.[1]

경험에 바탕을 둔 판단력

리더의 성공 여부는 자신의 판단 이력에 따라 달라진다. 성공적인 리더는 평균 타율이 상대적으로 높다. 따라서 조직과 관련된 중요한 사안에서도 현명하게 판단하는 비율이 높다. 요컨대 유능한 리더는 판단력이 뛰어날 뿐 아니라 중요한 사안일수록 더 신중한 태도로 현명하게 임한다.

캐터필러의 CEO 짐 오언스는 노엘 티시와의 인터뷰에서 자신의 직업 인생과 리더로서의 판단력을 돌이켜 보며 이렇게 말했다.

나는 꽤 운이 좋은 사람입니다. 왜냐하면 급박한 판단이 필요한 위기 상황과 수시로 맞닥뜨렸기 때문입니다. 덕분에 우리가 처한 비즈니스 환경을 종종 되짚어 볼 기회가 있었고 이를 바탕으로 적절한 판단을 내리곤 했습니다. 아무리 똑똑한 사람이라도 이런 상황에 직접 처해 보지 않으면 자신의 판단력을 시험할 기회가 그만큼 적겠지요.[2]

다행히 판단력은 수많은 판단 이력의 결과물이다. 모든 사람이 CEO를 대비한 경험을 하는 것은 아니지만 개인의 삶이 판단의 연속이라는 점은 틀림없는 사실이다. 그중에는 사적인 판단도 있고 직업적인 판단도 있다. 또한 결혼이나 직장 선택, 자녀 계획 같은 중대한 판단도 있고 시리얼을 고르는 일처럼 비교적 사소한 것도 있다. 계획적으로 판단하는 경우가 있는가 하면 무언가를 진행하는 도중에 즉석에서 내리는 판단도 있다. 판단력은 이 모든 경험의 총체다. 따라서 다양한 판단 사례를 통해 교훈을 얻어서 다음에는 더 현명하게 판단하도록 노력해야 한다.

노스 쇼어 LIJ 의료 시스템의 부회장이자 교육 담당 책임자로 근무하는 캐시 갈로는 유능한 초진 간호사에게 필요한 덕목에 대해 설명해 주었다. 간호사 출신인 갈로는 뉴욕 전역의 응급대응체계 구축에 기여했다. 병원에 응급환자들이 들이닥쳤을 때 누구를 먼저 치료할 것인지 정하는 사람이 초진 간호사다. 이때의 판단은 의료학적 상황의 심각성과 긴급성에 따라 이루어진다. 그리고 이 판단은 계획과는 무관하게 현장에서 바로 이루어지며 그것이 환자의 생명을 좌우하기도 한다. 다음은 갈로의 말이다.

> 성공과 실패 사례에서 아무것도 배우지 못하는 사람은 초진 간호사로 적합하지 않습니다. 재실행 회로를 통해 이전 단계로 되돌아감으로써 결과의 성패 여부를 떠나 자신이 내린 판단이 어떠했는지 확인할 수 있습니다. 무엇보다 성찰이 중요한데, 과거의 상황을 되짚어 보고 그 결정이 옳았는지 고민해야 합니다. 성찰의 가장 큰 목적은 과거에 발견하지 못했던 정보를 찾아내는 것입니다.

판단력을 계발하는 데 꼭 필요한 요소 중 하나가 바로 성찰이다. [도표 3]의 여백을 활용해 자신의 리더십 판단 여정을 완성해 보라. 자신이 내린 중요한 판단의 내용과 시기를 규명하고 그것에서 얻은 교훈을 정리하는 것이다. 도표의 수평축에는 자신의 삶에서 중요한 판단을 내린 시기를, 수직축에는 그 판단의 긍정적 또는 부정적 결과를 표시한다. 여기서 유의할 것이 있는데, 긍정적 판단이란 긍정적 결과와 더불어 긍정적 감성 에너지를 모두 유발하는 경우를 말한다.

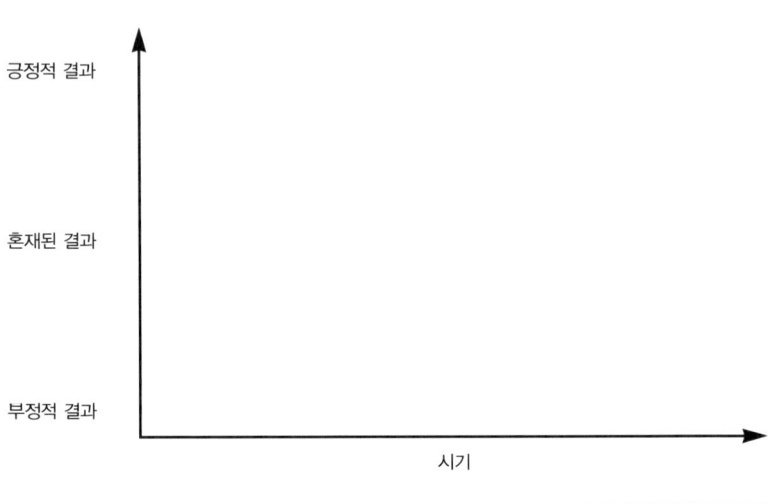

[도표 3] 리더십 판단 여정

리더십 판단 사례에서 얻은 교훈

다양한 영역의 판단 경험

조직의 리더로서 내리는 판단은 때때로 그 역할이나 책임 범위에 따라 직접적인 제한을 받기도 한다. 앞서도 말했듯 판단력은 리더의 지위에 머무른 햇수, 즉 경험에서 많은 영향을 받는다. 더불어 살아오면서 판단이 필요한 상황에서 어떻게 대처했으며 그로부터 어떤 교훈을 얻었는지 성찰하는 것도 판단력을 향상시키는 방법이다.

짐 오언스에게는 캐터필러의 CEO 물망에 올랐다가 좌절된 1999년이 자신의 인생에서 깊은 자기성찰이 필요했던 시기였다. 몇 년 뒤인 2004년 마침내 캐터필러의 CEO에 오르긴 했지만 당시에는 여러 모로 혼란스러웠던 게 사실이다. 뒷날 그는 당시를 회상하면서 "그때가 마지막 기회가 아니란 걸 알고 있었다"라고 말했다. 오언스가 CEO 후보에서 탈락하자 여러 헤드헌터 기관이 앞다투어 그를 다른 회사의 CEO로 영입하려고 물밑작업을 벌였다. 하지만 오언스는 몇 주 동안 고민한 끝에 결국 캐터필러에 남기로 결정했다. 그때 오언스가 한 말이다.

> CEO가 되는 것이 내 인생의 최우선 목표라고는 생각하지 않습니다. 나는 이곳에서의 일을 사랑하며 회사와 CEO를 존경합니다. 내가 있어서 회사가 더 잘된다면 좋은 일이라고 생각합니다. 당장 다른 회사의 회장직을 맡을 수도 있지만 그보다는 내가 헌신해 왔고 또 주요 인사들을 잘 알고 있는 이곳에 남는 것이 현명하다고 봅니다. 그래서 이곳에 남기로 결정했습니다.[3]

2003년 오언스는 글렌 바턴Glen Barton의 뒤를 이을 3명의 후보자에 포함되었고, 2004년 초부터 CEO로서 임기를 시작했다. 그는 자신에 대해서 그리고 자신이 무엇을 원하는지에 대해서 충분히 이해하고 있었다. 이후 CEO로서 성공가도를 달릴 수 있었던 배경에는

[도표 4] 판단 유형

	인물	전략	위기
자신	당신의 야망과 역할, 능력에 대한 개인적 판단	당신의 직업 인생과 삶의 전략에 대한 개인적 판단	위기와 성찰의 시기에 대한 개인적 판단
사회인맥	누가 당신 팀에 있어야 하는지에 대한 판단	비즈니스 요구를 충족시키기 위해 당신 팀이 해야 할 일에 대한 판단	위기 상황의 팀 운영방식과 운영 협력자(팀원)에 대한 판단
조직	조직 구성원의 자질과 역량을 향상시키기 위한 조직체계에 대한 판단	전략의 실행 단계에서 모든 구성원의 참여와 가동을 위한 판단	위기 상황에서 조직과의 협력방식에 대한 판단
상황	이해관계자의 비중을 가늠하고 그들의 참여를 북돋우기 위한 판단	전략의 구체화·규명·실행 단계에서 이해관계자의 참여를 북돋우기 위한 판단	위기 상황에서 핵심 이해관계자와 교류하는 방식에 대한 판단

이처럼 성찰을 통한 자기지식이 큰 도움이 되었다.

[도표 4]를 활용해 자신이 경험한 판단 유형을 정리해 보라. [도표 5]의 빈칸에는 자신이 경험한 중요한 판단 사례를 기록한다. 모든 칸을 다 채우지 못해도 상관없다. 빈칸을 채웠다면 이제 그 결과를 점수로 평가해 보라. 최악의 판단이었다고 생각하면 1점, 판단과 실행 모두 훌륭했다고 생각하면 최고 5점을 매긴다.

판단은 하나의 프로세스다

판단 영역을 이해하는 리더는 한층 체계적이고 효율적인 판단이 가능하다. 그러나 판단은 매우 역동적이고 복잡한 프로세스로서 개

[도표 5] 나의 판단 유형

	인물	전략	위기
자신	나의 판단 사례 : 평가(1~5) :	나의 판단 사례 : 평가(1~5) :	나의 판단 사례 : 평가(1~5) :
사회인맥	나의 판단 사례 : 평가(1~5) :	나의 판단 사례 : 평가(1~5) :	나의 판단 사례 : 평가(1~5) :
조직	나의 판단 사례 : 평가(1~5) :	나의 판단 사례 : 평가(1~5) :	나의 판단 사례 : 평가(1~5) :
상황	나의 판단 사례 : 평가(1~5) :	나의 판단 사례 : 평가(1~5) :	나의 판단 사례 : 평가(1~5) :

나의 판단 경험에서 얻은 교훈

1. 내가 반복적으로 현명하게 판단한 영역

   ....

   ....

2. 판단이 어려웠고 결과도 만족스럽지 않았던 영역

   ....

   ....

3. 경험이 부족하거나 전혀 없는 영역

   ....

   ....

인의 인생 경험과 가치관, 다른 사람의 행동 등 여러 가지를 고려해야 한다(75쪽 [도표 2.1] 참조).

인물 판단 : 인물과 관련해 최근에 당신이 했던 판단 사례를 하나 정하라. 비록 그 판단이 완벽하지 못했더라도 어떤 부분이 훌륭했는지, 더 나은 판단을 위해서는 어떤 부분을 개선해야 하는지 생각해 보라.

	준비 단계	결정 단계	실행 단계
긍정적인 행동			
개선 영역			

전략 판단 : 전략과 관련해 최근 자신이 했던 판단 사례를 정해 앞에서와 동일하게 시행한다.

	준비 단계	결정 단계	실행 단계
긍정적인 행동			
개선 영역			

위기 판단 : 위기와 관련해 앞에서와 동일하게 시행한다.

	준비 단계	결정 단계	실행 단계
긍정적인 행동			
개선 영역			

품성과 용기

지금까지의 연습은 당신의 판단 이력을 일깨우기 위한 것이다. 이를 통해 리더로서 당신의 판단력이 어느 정도인지, 그동안 어떤 영역에서 판단력을 발휘해 왔는지, 특히 최근의 판단 이력을 바탕으로 개선해야 할 영역은 무엇인지 규명할 수 있다.

모든 판단은 품성과 용기를 바탕으로 이루어진다. 품성은 개인의 가치관에 기초를 두며, 용기는 불완전한 상황에서도 기꺼이 행동하고 결과를 받아들일 수 있는 태도를 말한다.

가치관에 대한 도전을 경험하지 않는 리더는 드물다. 사람의 품성은 그 도전에 어떻게 대처하느냐에 따라 결정된다. 품성은 개인의 정체성을 이루는 핵심이며, 이를 갖춘 사람은 자신보다 다른 사람의 이해관계를 우선하는 아량도 갖추고 있다. 빌 조지는 '가치관을 토대로 판단하는 사람'이야말로 진정한 리더라고 했다.

리더의 판단은 품성에서 비롯된다. 다음 빈칸에 자신이 가진 가치관의 내용과 이를 바탕으로 실제 판단에 이른 사례를 정리해 보자. 각 상황에서 당신은 어떤 가치를 중시했고, 그 시기는 언제였는지 기록하라.

나의 가치관	가치관을 적용한 때	그것이 판단에 미친 영향
1.		
2.		
3.		
4.		
5.		

가치관이 품성을 이루고 그 품성이 사람의 행동 기준이라면, 용기는 그 기준과 부합하게 행동할 수 있는 역량을 말한다. 리더들 중에는 [도표 6]에서 열거하는 두려움 때문에 용기를 발휘하지 못하는 사람도 있다. 그중 당신의 판단에 영향을 미치는 두려움이 실제로 어느 수준인지 평가해 보라. 전혀 문제되지 않는다면 1점, 매우 심각하다면 5점으로 기록한다.

자체평가

지금까지 리더로서 당신의 판단 이력과 품성에 대해 되짚어 보았다. 성찰을 통한 자체평가야말로 현명한 판단의 필수 요건이다. 그러나 사람이 자신을 바라보는 능력에는 한계가 있다. 깊은 내면에 자리 잡은 생각과 비밀을 알 수 있는 존재는 자신뿐이지만, 인간의

[도표 6] 판단과 용기

	전혀 아니다				매우 그렇다
1. **행동에 대한 두려움** : 행동의 필요성을 느끼면서도 무대응으로 일관, 변화보다는 현상 유지를 선호함	1	2	3	4	5
2. **비난에 대한 두려움** : 자신의 판단이나 실행에 대해 주요 이해관계자들이 비난할까 봐 우려함	1	2	3	4	5
3. **저항에 대한 두려움** : 아랫사람들이 리더를 따르지 않아 권위에 상처를 입을지도 모른다고 우려함	1	2	3	4	5
4. **개인적 손실에 대한 두려움** : 섣불리 행동에 나섰다가 소중한 무언가나 직업적 기회를 잃을까 봐 우려함	1	2	3	4	5
5. **불충분하거나 부정확한 정보에 대한 두려움** : 정보가 정확하지 않아서 결과가 달라질 수 있다며 의심하고 우려함	1	2	3	4	5

의식은 자기인식을 왜곡하려는 성향도 있다. 그래서 남들이 겪어 본 자신의 모습이 아니라 스스로 원하는 대로 이미지를 가꾸려는 경향을 보인다. 따라서 자체평가의 균형을 유지하는 데는 다른 사람의 피드백이 필요하다.

정확한 자기지식을 얻으려면 다음과 같이 실행해 보자.

① 인물, 전략, 위기와 관련된 최근의 판단 사례를 각각 하나씩 선

정한다(가능하면 앞에서 연습했던 것과 같은 사례를 택하는 것이 좋다).

② 각각의 판단 프로세스에 참여했던 사람을 3명에서 5명씩 선별한다. 그들에게 앞에서 연습한 자료를 나눠 준 뒤 피드백을 요청한다.

③ 그들이 당신의 가치관을 어떻게 이해하고 있는지 기록하고, [도표 6]에 대해서도 점수를 매기도록 한다.

④ 사람들이 제출한 자료와 당신이 작성한 자료를 비교한다. 내용이 어느 정도 겹치는지 살펴보고, 당신의 자기인식을 향상시키려면 어떤 노력이 필요한지 피드백을 구한다. 그 내용을 다음과 같이 기록한다.

공통적으로 인식하는 영역

....

....

인식의 차이를 보이는 영역

....

....

이 결과를 바탕으로 내가 해야 할 일

....

....

SECTION 03
미래를 위한 스토리라인

  지금까지 당신의 판단 사례에 대해 고찰해 보았다. 당신의 리더십 역량은 이러한 판단 이력과 경험을 통해 형성되었다.

  미래에 대한 판단을 내리려면 과거의 경험을 활용해 어느 정도 미래를 예측해야 한다. 리더는 이 과정을 통해 조직의 나아갈 방향과 경영진이 취할 행동, 그들의 개인적 역할을 담은 스토리라인을 구성할 수 있다. 이런 능력을 갖춘 리더의 머릿속에서는 마치 한 편의 드라마처럼 스토리라인이 펼쳐진다. 앞으로 어떻게 행동할 것인지, 경쟁회사들은 어떻게 대응할 것인지, 드라마 주요 등장인물들의 대화는 어떻게 이루어질 것인지 등이 머릿속에 그려지면 리더는 이 내용을 대본으로 작성한다.

  그러나 영화감독이 의도했던 대로 편집하는 DVD의 디렉터스컷처럼 조직의 리더도 스토리라인의 결말이 다양하게 펼쳐질 수 있다는 것을 알아야 한다. 따라서 스토리라인을 구성하는 리더는 때로는 만족스럽고 때로는 불만스러운 결말을 유도하는 여러 가지 요소에 주목해야 한다.

조직의 리더는 자신만의 스토리라인을 만들어야 하며 여기에서 벗어나지 않도록 의식적으로 노력해야 한다. 이 역시 자기지식의 중요한 일부다. 스토리라인은 리더의 미래 비전이며 조직과 팀, 자신을 위한 꿈이나 희망의 반영이기도 하다. 경우에 따라 리더들은 머릿속에 마치 영화와 같이 선명한 스토리라인을 그려낸다. 상상력으로 만들어지는 이 미니 드라마 속에는 경쟁회사를 물리치거나, 고객과의 대규모 거래를 마무리 짓거나, 언론에 대대적으로 인수합병이 보도되는 등 다양한 장면이 그려진다.

이와 달리 앞으로 나아갈 방향이나 지향해야 할 모습에 대한 스토리라인이 명확히 그려지지 않는 경우도 있다. 어떤 사람은 영상이 아닌 감성적 수준에서 스토리라인을 형성한다. 따라서 말로 정확하게 표현하기는 어렵지만, 적어도 방향감각이나 가부에 대해서는 직감하고 있다.

의식하든 못하든, 스토리라인은 행동으로 나아가게 부추기며 종종 판단을 흐리게 할 수도 있다. 스토리라인에 부합되는 방향으로만 판단하려다 보니 일어나는 현상이다. 이렇게 되면 정보 수집 과정에서 스토리라인과 어울리는 정보만 우선하고 나머지는 배척함으로써 오히려 정보의 왜곡을 초래할 수 있다. 또한 이미 명문화된 스토리라인을 제대로 의식하지 못하는 리더는 주변 환경의 변화에 적절히 대처하지 못할 수도 있다.

그러나 긍정적인 측면에서 볼 때 스토리라인은 미래의 결과와 다양한 이해관계자 그리고 요소들의 상호관계를 어느 정도 예상할 수 있게 함으로써 중요한 판단에 미리 대비하도록 한다. 자신과 조직을 위한 역동적인 스토리라인을 구축하고 따르는 리더는 미래의 잇따른 판단이 어떻게 전개될지 보여 주는 살아 있는 드라마를 쓰고 있는 것과 같다.

TPOV와 함께 시작하라

첫 단계는 스토리라인을 명시하는 것이다. 그러기 위해서는 조직의 미래와 직결된 TPOV(가르칠 수 있는 관점)가 있어야 한다. TPOV란 쉽게 말해 조직의 성공에 필요한 아이디어와 운영진에 필요한 가치관 그리고 조직 구성원의 의욕을 북돋우기 위한 방법 등의 총체라고 할 수 있다. 아이디어와 가치관, 감성 에너지로 구성되는 TPOV는 리더의 판단을 이끌어 주는 이정표다. 현실에 당당히 맞서서 상황을 판단하는 능력이 바로 GE의 CEO를 지냈던 잭 웰치가 명명한 '결단력'이다.

리더의 판단은 TPOV를 기반으로 만든 스토리라인에 따라 이루어진다(96쪽 [도표 3.2] 참조). TPOV의 각 요소는 상호 시스템 구축에 기여하며, 이것이 리더의 조직 운영을 돕는다. 여기서 각 요소는 서로 강화시키는 역할을 한다. 다음 [도표 7]을 참조하라.

[도표 7] TPOV의 3대 요소

	의미	상호 강화 효과
아이디어	• 시장에서 승리하기 위한 신념과 전략. 비즈니스 조직의 경우에는 고객과 제품, 유통 경로, 공급망, 가격, 기술 등에 대한 가정이 포함된다. • 아이디어는 조직의 성공을 위한 주춧돌이다. 아이디어 없는 조직은 희망도 없다.	• 아이디어 – 가치관 : 가치관을 통해 아이디어와 전략을 강화해야 한다. • 아이디어 – 감성 에너지 : 아이디어는 참신해야 하며 지위고하에 상관없이 모든 조직 구성원의 감성 에너지를 강화할 수 있어야 한다.
가치관	• 리더가 조직에서 지위를 유지하고 고임금이나 승진 같은 보상을 얻기 위한 행동양식의 준거 • 가치관에 바탕을 둔 행동양식이 조직문화를 만든다.	• 가치관 – 감성 에너지 : 가치관을 공유하는 직원들은 감성 에너지가 강화되며 도덕적 기준도 엄수하게 된다.
감성 에너지	• 직원들의 유대를 강화하고 조직의 활력을 강화하는 수단 • 공식적(보상제도·임무 등), 비공식적(칭찬·임시 목표 등), 체계적(회의 체계 등) 수단	• 위의 내용과 같음

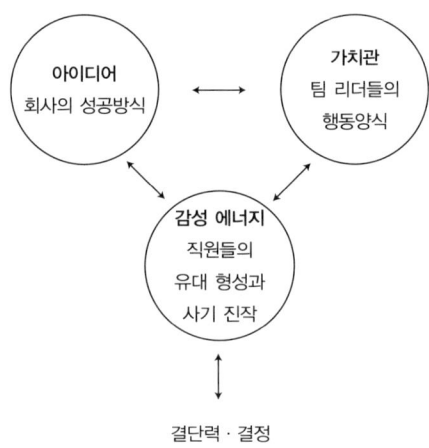

다음 빈칸을 채워 당신의 TPOV를 구체화하라

아이디어	가치관	감성 에너지
....	....	....
....	....	....
....	....	....

작가·연기자·감독으로서의 리더

TPOV는 조직을 성공으로 이끌기 위한 철저한 분석과 창의적인 가정에서 형성된다. 조직에서 이루어지는 모든 행동과 구성원들의 유대관계가 바로 이 TPOV를 바탕으로 한다. 그러나 TPOV가 행동양식의 준거라고 해도 성공의 세세한 공식까지 제시하는 것은 아니다. TPOV를 실행하려면 조직 내부와 외부의 많은 사람을 연계시켜야 한다. 또한 TPOV는 업계의 진화와 밀접한 관련이 있으며 경쟁회사의 움직임이나 고객의 반응에 따라서도 달라질 수 있다. 따라서 리더는 이 모든 요소를 고려해 조직의 성공에 필요한 준비를 해야 한다.

미래의 성공을 위해 가장 필요하고 타당성 높은 것만을 뽑아 구성한 비전이 바로 스토리라인이다. 리더의 TPOV라는 토대 위에서 만들어지는 스토리라인은 앞으로 펼쳐질 휴먼 드라마를 뜻한다.

이 스토리라인의 핵심 인물은 당연히 리더다. 리더는 스토리라인을 만들고 이를 조직원들과 공유함으로써 성공 비전을 향한 팀의 방향을 설정한다. 그리고 리더의 모든 행동은 스토리라인을 기반으로 하므로 시나리오를 준수하는 연기자와 비슷하다. 마지막으로 리더는 스토리라인의 세계와 실제 세상을 면밀히 비교해 본래의 스토리라인에 따라 의사결정을 하는 감독의 역할도 한다. 하지만 여기서 끝나는 건 아니다. 리더는 필요에 따라 스토리를 변경함으로써 궁극적으로는 성공 비전까지 바꿀 수 있다. 따라서 리더는 시나리오를 쓰는 작가이자 화면에서 연기하는 배우, 상황에 따라 시나리오의 준수나 변경을 결정하는 감독 역할까지 모두 맡는 셈이다.

다음 질문을 참고해 당신만의 스토리라인을 만들어 보라.

> 당신 회사가 유명 잡지에 소개될 예정이라고 가정해 보자. 여기에는 회사의 성공담과 함께 향후 몇 년간의 경영 방향도 소개될 것이다.
>
> 1. 그동안 회사 내부적으로 혹은 시장에서 어떤 성과를 올렸는가?
>
> 2. 어떤 경쟁회사들을 물리쳤으며 그 방식은 어떠했는가?
>
> 3. 조직문화는 어떻게 달라졌으며 그 방식은 어떠했는가?
>
> 4. 경영진 각자가 어떤 역할을 했으며, 어떤 식으로 이들의 의욕을 북돋았는가?
>
> 5. 그 과정에서 어떤 어려움 또는 저항을 경험했으며 이를 어떻게 극복했는가?
>
> 6. 성공 여부를 어떻게 알았으며, 당신과 회사, 고객에게 어떤 느낌을 주었는가?

판단 구체화에서 스토리라인 구축까지

앞에서 정리한 스토리라인 요소들은 조직의 성공적인 미래를 향한 비전을 제시한다. 리더로서 당신의 역할은 매사에 만족스러운 결과를 얻을 수 있도록 판단을 내리는 것이다. 그러기 위해서는 드라마에 등장하는 배우들 가운데 누가 조직에 유익하고 누가 그렇지 않은지를 구분해야 한다. 특히 리더는 '일탈자'를 미리 감지해 조직의 방향성이 흐트러지지 않도록 대처해야 한다.

앞의 스토리라인을 떠올리며 서로 다른 사람과 사건들이 스토리 결과에 어떤 영향을 미칠 수 있는지 생각해 보자. 여기서는 경쟁회사와 고객, 협력회사, 내부의 리더뿐 아니라 업종이나 규제 등 당신과 조직에 영향을 미칠 수 있는 모든 요소가 포함된다. 다음 표를 활용해 누가 어떻게 스토리라인의 결과에 영향을 미칠지 생각해 보라.

사람들의 행동		
누가	어떤 행동을 할 것인가	결과에 미칠 영향
....	....	....
....	....	....
....	....	....

결정의 필요성 감지

스토리라인을 만들고 그 결과에 영향을 미칠 수 있는 사람이나 사건에 대해 생각했다면 앞으로 어떤 결정을 해야 하는지도 가늠할 수 있다. 다시 말해 스토리에 영향을 미칠 수 있는 사건을 예측할 수 있다는 뜻이다. 또한 예측할 수 있다는 것은 상황에 따른 취약점을 찾아낼 수 있다는 뜻이기도 하다. 이러한 리더는 느닷없는 위기에 당황스러워하거나 자포자기하는 일 없이 적극적으로 판단을 내린다.

서킷시티의 CEO인 필 스쿠노버가 시련에 직면한 적이 있었다. 북아메리카 지역의 소비가전 판매회사인 서킷시티는 2006년 연휴를 맞아 평면 패널 TV 가격을 10~20퍼센트가량 낮춰야 하는 위기를 맞았다. 한 제조회사가 월마트와 손잡고 당시 가장 인기 있던 플라즈마 TV 가격을 전년에 비해 40퍼센트나 낮춰 공급하기로 한 탓이었다. 서킷시티로서는 전혀 예상치 못한 일이었다. 가격 인하를 발표하고 나서 20여 일이 지나자 평면 패널 TV를 팔아 얻는 수익은 거의 '제로'에 가까워졌다. 이것은 소비가전 역사에서 단일 품목의 가장 급격한 가격 인하 사례로 손꼽힌다.

이 사건은 서킷시티에 치명타나 다름없었다. 서킷시티는 경쟁회사에 비해 비교적 많은 이익을 남기고 TV를 팔았기 때문에 상대적인 매출은 적더라도 큰 문제가 되지 않았다. 그런데 이 위기를 앞두고 스쿠노버는 전자제품의 설치와 지원 서비스를 제공하는 파이어독이라는 서비스 조직을 구축한 상태였다. 문제는 TV 가격이 급격히 하락하면서 서비스 비용이 상대적으로 높아졌다는 점이었다. TV를 설치해 주는 데 드는 서비스 비용은 모두 300달러가량이었다. TV 가격이 1,000달러일 때와 2,000달러일 때 이 비용의 체감 효과는 크게 달라질 수밖에 없었다.

서킷시티는 스쿠노버의 지휘로 대응 프로세스에 돌입했다. 스쿠노버는 11개 팀을 구성해 시장의 역동성에 대처하는 데 필요한 새로운 전략을 모색하도록 했다. 이렇게 해서 공급망과 매장 운영, 재고 관리 등 다방면에서 혁신을 이룰 수 있었다. 이 모든 노력을 통해 서킷시티는 시장의 변수에 충분히 대응할 수 있을 뿐 아니라 사전에 어느 정도 위기를 예측하는 능력도 갖추게 되었다.

캐시 갈로는 병원 응급실에 들이닥친 환자들을 적절히 구분하는 요령에 대해 이렇게 설명했다. "경험이 풍부한 간호사는 환자가 병원 문을 들어서는 순간부터 평가를 시작합니다. 어떤 옷을 입었는지, 계절에 맞는 옷인지, 걸음걸이는 어떤지, 아파 보이는지, 혈색은 어떤지 이 모든 것이 그 환자에 대한 정보를 제공해 줍니다."

초진 간호사들은 이 정보를 바탕으로 신속히 검진 여부를 판단한다. 현명한 간호사는 눈에 보이는 신호를 절대 무시하지 않는다. "정확한 분류가 중요합니다. 모든 환자는 몸속에 피가 흐르는 소중한 존재입니다. 정확한 분류만이 이들의 안전을 담보할 수 있습니다."

정확한 분류! 풍부한 임상 경험이 있는 캐시 갈로는 환자와의 첫 대면에서 문제의 징후를 감지하고 대응하는 것이 무엇보다 중요하다고 강조한다. 간호사에 비해 조직의 리더는 외면적인 증상의 관찰에 둔감한 편이다. 그러나 리더들도 환경이 던져 주는 실마리에 민감하게 반응해야 비로소 좋은 판단을 내릴 수 있다.

다음 빈칸에 지금 당신에게 필요할지도 모르는 결정의 내용과 방법 그리고 시기에 대해 적어 보라.

내게 필요할지도 모르는 결정	결정의 필요성을 암시하는 신호

결정의 '내용' 못지않게 '타이밍'도 중요하다

의사결정의 주요 요소 중 하나가 '타이밍'이다. 즉 언제 결정할 것인지 또는 그 결정의 보류를 언제 알릴 것인지도 매우 중요하다. 우유부단과 계획적 보류는 엄연히 다르다. 전자는 중요한 사안에 대한 판단 자체를 감당할 능력이 없다는 뜻인 데 반해, 후자는 긴박한 상황에서 의도적으로 실행을 연기하는 것을 말한다. 특히 후자는 기다림을 통해 미래의 잠재적 손실을 최소화할 수 있음을 인식할 때 가능해진다.

혼돈 속의 전쟁터처럼 타이밍이 중요하게 대두되는 곳도 드물 것이다. 웨인 다우닝은 타이밍이 삶과 죽음의 경계를 가를 수도 있다고 말했다.

여단 작전사령부 장교로 베트남 전쟁에 참전했던 우리는 종종 교전 중인 부대를 지원해야 할 때가 있었습니다. 일촉즉발의 상황에서 일단 교전이 시작되면 결과가 어떻게 될지 알 수 없습니다. 경험에 비추어 볼 때 보병 부대는 탄약과 식량, 물을 직접 군장에 담고 다녀서 전투를 장기적으로 수행하기 어려운 반면, 기갑 부대는 단시간에 먼 거리를 이동할 수 있고 며칠씩 보급 없이 전투를 수행할 수 있습니다. 이런 중화기 부대에는 꼭 필요한 경우가 아니면 잘 바뀌지 않는 임무를 부여하는 게 일반적입니다.

혼돈의 상황에서 사령부의 선택권을 극대화하는 최선의 방법은 이른바 '준비 명령'입니다. 다른 지역의 교전 부대를 신속하게 지원하려면 항상 준비 상태로 대기하고 있어야 합니다. 그래야 상황에 따라 즉각적인 지원을 할 수 있기 때문입니다. 지원 부대원들에게는 지원할 아군과 적군의 규모, 사령부의 보급 계획, 신속한 기동성 등에 대한 정보를 제공했습니다. 그리고 상황이 어떻게 전개되느냐에 따라 대응 시간도 조율했습니다. 상황이 어려워지면 되도록 빨리 철수시키고, 우리에게 유리하게 전개되면 전투를 한 시간 이상 늘리는 방식으로 말입니다.

준비 명령을 받은 부대는 기존의 임무를 수행하는 동시에 이동 명령이 하달되었을 때의 지원 임무에 대한 계획도 세워야 했습니다. 물론 위기 상황이 끝나면 준비 명령도 취소되었지요. 하지만 상황이 악화될 경우에는 준비 명령을 통해 대응 시간을 훨씬 절약할 수 있었습니다. 이처럼 신속한 지원이야말로 전투의 성과를 극대화하는 중요한 방법입니다.[4]

웨인 다우닝의 사례는 판단이 필요한 상황에서 치밀한 시간관리가 얼마나 중요한지를 잘 보여 준다. 리더는 스토리라인을 펼치기 위한 시간대를 구상해야 한다. 리더가 전쟁터처럼 생명이 왔다 갔다 하는 급박한 결정을 내리는 경우는 드물지만, 그렇더라도 다우닝의 사례에서 얻는 교훈은 분명하다. 시간을 너무 끌면 기회를 잃게 되고, 반대로 너무 급하게 덤비면 아무런 성과도 얻지 못하게 된다.

앞에서 당신에게 필요할지도 모르는 결정에 대해 규명해 보았다. 이제 당신의 스토리라인에 따라 일어나게 될 주요 사건들을 시간 순서대로 정리하라. 그리고 사건별로 이름을 붙이고 어떤 결정이 필요할지 생각해 보라.

오늘 ⟶		달성한 비전 ___개월
시기	주요 사건	잠재적 판단

변수

모든 판단은 수많은 변수의 결과물이다. 한 예로 고객이 무언가를 구입하거나 파트너가 사업적 거래를 받아들일 때는 거래 시점의 기분도 적지 않은 작용을 한다. 비슷한 경우로 당신의 실적도 가정에서 받는 스트레스나 최근의 건강 상태, 심지어 오전 10시에 먹은 피자 한 조각 등 겉으로 드러나지 않는 개인적 변수로 말미암아 달라질 수 있다. 중요한 것은 당신이 추구하는 스토리라인이 앞으로 일어날 수 있는 예상치 못한 상황에 적절히 대응할 수 있어야 한다는 점이다. 다시 말해 숫자로 도배된 프로세스가 아니라 상황적 유연성에 바탕을 두고 리더십 판단력을 향상시켜 나가야 한다.

SECTION 04
당신의 팀

 어떤 리더든 믿을 만한 조언자들이 주변에 있게 마련이다. 역사적으로 볼 때 케네디의 가신 집단이나 니콜라이 2세 때의 라스푸틴 같은 이는 위정자의 중요한 판단에 적지 않은 영향력을 행사했다. 리더들은 자신이 이끄는 팀과 함께 대부분의 시간을 보낸다. 판단하기 어려운 일일수록 팀원들과의 논의 시간도 길어진다. 따라서 주변에 어떤 사람을 배치하고 또 어떤 사람한테서 자문을 구할 것인지 정하는 것도 리더에게 주어진 중요한 판단 대상 중 하나다.
 최근 비즈니스 리더들은 주로 전문지식이 해박하고 기술적 역량이 뛰어난 사람으로 경영진을 구성한다. 경영진에 소속된 사람에게는 저마다의 임무를 부여하고, 그 역할에 필요한 최소한의 조건을 요구한다. 여기서는 팀에 소속된 사람들이 준수해야 할 실적 기준보다는 그들이 개인적 또는 집단적으로 리더의 판단력에 영향력을 미치는 과정을 중점적으로 살펴본다.

팀을 구성하는 리더가 가장 먼저 판단해야 할 것은 팀원으로 어떤 사람을 뽑을 것인가 하는 점이다. 이때의 핵심 질문은 "이 사람이 팀의 판단력을 높이는 데 도움을 줄 수 있는가?"이다.

빌 조지는 노엘 티시에게 다음과 같이 말했다.

> 메드트로닉의 CEO를 포함해 내가 지금까지 가졌던 여러 직업의 공통점이 있습니다. 우리 비즈니스에 대해 내가 아는 지식은 경영진이 알고 있는 것의 극히 일부에 지나지 않는다는 사실 말이지요. 그러면서 나는 믿을 수 있는 사람을 가까이에 두는 것이 얼마나 중요한지 깨닫게 되었습니다. 리더는 팀원들의 품성과 내면적 성향에 대해 잘 알아야 합니다. 무엇이 이들에게 동기부여가 되는지, 당신을 솔직하게 대하는지, 이들의 장점은 무엇인지 속속들이 파악해야 합니다.[5]

어느 조직에서든 기술적 경쟁력은 우수하지만 판단력이 떨어지는 사람이 수두룩하다. 이런 사람은 조직의 판단력 향상에 기여하기는 커녕 어설픈 가정으로 팀에 혼란을 불러오며 엉뚱한 방향으로 이끌곤 한다. 적어도 판단력에 관한 한 '중립'은 있을 수 없다. 중립이라는 얘기는 판단 프로세스에 어떠한 영향도 행사할 수 없다는 뜻이다. 이처럼 믿을 수 없거나 혹은 판단 프로세스에 아무런 기여도 할 수 없는 사람들로 말미암은 기회비용은 생각보다 훨씬 크다.

다음 빈칸에 당신의 팀원들이 판단 프로세스에 기여하는 수준을 평가해 보라.

팀원	해당 팀원의 판단력에 대한 나의 신뢰도 (1=매우 낮음, 5=매우 높음 수치를 기록하고 등급을 매긴다)	팀의 판단 프로세스에 대한 긍정적 기여도 (1=매우 부정적, 5=매우 긍정적 수치를 기록하고 등급을 매긴다)

팀의 판단 프로세스에 대한 각 팀원의 영향력을 평가했다면, 이제 해당 팀원이 팀에 어떻게 기여하는지 살펴볼 차례다. 다시 말하지만 이는 해당 팀원의 직무 성취도를 평가하는 것이 아니라 개인의 판단력 수준과 그것이 팀의 판단 프로세스에 미치는 긍정적 영향을 살펴보기 위한 것이다.

조화롭게 구성된 팀에는 다양한 기술력과 관점, 원만한 인간관계를 가진 팀원들이 있게 마련이며, 리더는 이들의 도움을 받아 팀의 판단력을 향상시킨다. 팀원들이 팀에 가져다주는 소중한 자산은 다음과 같다.

- 영역 전문성 : 특정 업무나 기술 등 기술적 영역에 대한 깊은 이해가 필요하다.
- 업종 지식 : 업종의 동향이나 역사적 맥락을 꿰뚫어야 미래를 예측할 수 있다.
- 조직에 대한 지식 : 조직의 경쟁력, 인재, 인력, 프로세스, 문화

등을 잘 알아야 실행 능력이 향상되고 변화에도 능동적으로 대처할 수 있다.
- 주요 관계자들에 대한 지식 : 규제기관, 주요 고객, 협력회사 등 주요 관계자들과 관계가 원만하고 정보가 풍부해야 변화를 효과적으로 이끌어 갈 수 있다.
- 정보 접근성 : 해답이 없더라도 개인적인 인맥과 인간관계를 통해 해답에 한 걸음 더 다가갈 수 있다.
- 외부 경험 : 회사나 업종 외부의 경험에서 나오는 '시야'가 있어야 최선의 또는 대안적인 접근이 가능하다.
- 통념에서 탈피한 창의적인 문제 해결 방식 : 기존과 다른 사고 방식으로 접근해야 창의적인 해결책을 세울 수 있다.

이제 팀원 각자에 대해 다시 생각해 보자. 앞에서 소개한 항목과 당신의 관찰을 바탕으로 각 팀원이 팀의 판단 프로세스에 어떻게 기여하는지 평가해 보라. 리더는 각 팀원의 기여도를 바탕으로 팀의 판단력을 향상시키는 포괄적인 지식 기반을 마련해야 한다.

팀원	팀에 기여하는 요소

[도표 8] 팀원의 기여도 평가

	매우 낮음				매우 높음
1. 팀의 다양한 관점, 지식 기반, 문제 해결 역량의 조합 수준	1	2	3	4	5
2. 영역별 조합이 심층 지식과 전문성에 기여하는 수준	1	2	3	4	5
3. 판단 과정에서 지식의 깊이와 다양성을 효과적으로 활용하는 수준	1	2	3	4	5

우리 팀이 보유한 판단력의 깊이와 다양성에 대한 결론
....
....

취해야 할 행동
....
....

팀워크 구축

지금까지 팀 구성원들의 영역별 조합에 대해 살펴보았다. 팀을 구성했으면 이제 판단 과정에서 그들의 기여를 이끌어 내는 공동 작업이 필요하다. 리더에게는 균형을 유지해야 하는 두 가지의 동시 역동성이 존재한다. 첫째, 리더는 모든 팀원을 개방적이고 적극적으로 토론에 참여시켜 구체화·명명·결정 과정에 기여하도록 해야 한다. 둘째, 팀원들이 판단의 실행에 기여해야 하지만 리더의 판단 권한까지 침해하도록 내버려 둬서는 안 된다.

P&G의 앨런 래플리는 유아용품 사업부의 책임자를 선정하는 중요한 '인물 판단' 상황에서 팀의 기여가 얼마나 중요한지 보여 주었다. P&G에서 유아용품은 세탁용품에 이어 두 번째로 규모가 큰 사업부였지만 당시에는 경영 실적이 영 신통치 않았다. 이 회사는 팸퍼스와 러브스라는 유명 브랜드를 2개나 보유했지만 1980년대 중반의 전략적 실패로 30퍼센트가 넘는 시장점유율을 킴벌리클라크의 하기스에 넘겨 주고 말았다.

2000년 P&G의 CEO에 임명된 래플리는 이 분야의 속사정을 잘 알고 있었다. 유아용품 사업부의 어려움은 단순한 마케팅이나 기술 문제로 풀릴 수 있는 게 아니었다. 그는 이 사업부의 문제를 경영 모델의 한계로 인식했다. "기술적으로 뒤떨어질 것은 없다고 생각했습니다. 문제는 공장 직원이나 엔지니어들이 아니라 소비자와 시장에서 찾아야 했습니다."

래플리는 이 문제를 '인물 판단'의 범주에서 구체화했다. 먼저 경영 모델을 혁신하려면 유능한 경영진을 구성하고 새로운 전략을 만들어 위기를 타개할 적임자가 필요했다. 래플리는 당시 HR팀 책임자였던 딕 앙투안과 함께 후보자들의 검증에 착수했다. 그 결과가 바로 뎁 헨레타였다. 래플리는 그녀를 낙점한 이유에 대해 이렇게 설명했다. "헨레타는 세탁용품 사업부에 속한 사람이었습니다. 하지만 나는 그녀가 누구보다 강인하고 결단력 있는 리더라는 사실을 잘 알고 있었습니다. 특히 소비자와 브랜드 그리고 혁신 프로그램을 구축하는 요령에 대해서는 탁월한 존재였습니다. 이것이 그녀를 선택한 이유입니다."

그러나 이 과정에서 래플리가 팀(경영진)과의 조율에 실패한 탓에 헨레타를 지원할 사람들을 동원·가동하는 과정은 여의치 않았다.

아침 경영회의 시간에 뎁 헨레타의 선임 사실을 알렸습니다. 아직은 조용했지만, 이 소식이 회사 전체로 확산되면 민감한 반응이 나타나리라고 예상했습니다. 오후 3시, 드디어 저항의 불꽃이 타오르기 시작했습니다. 부회장단과 그룹 사장단이 모두 반발했습니다. 그들 모두 자신의 후보를 염두에 두고 있었거든요.

결과적으로 래플리는 판단 프로세스의 동원·가동 단계를 재실행해야 했다. 이미 내린 판단이었지만 팀원들의 요구로 어쩔 수 없이 앞 단계로 돌아가 이들의 말을 귀담아들어야 했다. 래플리는 팀원들을 모아 놓고 한 사람씩 지명해 헨레타의 선임에 반대하는 이유와 그들이 생각하는 후보자가 더 적합한 이유를 물었다. "한 사람씩 지명한 다음 왜 그 후보자를 선택했는지, 그 사람이 헨레타에 비해 어떤 점에서 더 훌륭한지 설명해 달라고 했습니다. 둥근 테이블을 앞에 두고 모두 둘러앉은 공개석상에서 한 사람씩 돌아가며 설명하고 또 듣게 했습니다. 이렇게 모든 사람의 설명을 들은 뒤 나는 각자의 선택 이유에 대해 공감을 표시하고 내가 헨레타를 선택한 이유도 설명했지요."

[도표 9] 준비 단계 평가

감지 · 규명

	매우 낮음				매우 높음
1. 상황을 파악하는 능력	1	2	3	4	5
2. 적극적인 행동	1	2	3	4	5
3. 현실을 기꺼이 받아들임	1	2	3	4	5

구체화 · 명명

4. 복잡한 상황을 헤쳐나가는 능력	1	2	3	4	5
5. 문제의 적정한 범위 설정	1	2	3	4	5
6. 문제의 정황 이해와 표현력	1	2	3	4	5

동원 · 가동

7. 관련된 이해관계자들 규명	1	2	3	4	5
8. 이해관계자들의 기여 유도와 사기 진작	1	2	3	4	5
9. 조직의 경계와 서열을 초월한 협력	1	2	3	4	5

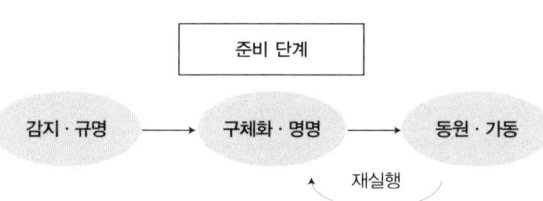

　래플리는 실력자인 부회장을 비롯해 많은 사업부 책임자가 여전히 헨레타를 회의적으로 생각했지만, 적어도 그녀의 선임에 반대할 만한 명분은 없다는 점을 확인했다. 여기서 눈여겨볼 점은 래플리가 자신의 선택을 강압적으로 밀어붙이지 않았다는 사실이다. 이미 독단

적인 행보로 말미암아 팀의 저항에 직면한 터였으므로 앞으로의 성공적인 실행을 위해서는 어느 정도 여유가 필요했다. 또한 실행 단계 초기에 헨레타가 부딪힐 저항도 감안해 이 단계를 직접 관장하며 '그녀의 일거수일투족'에 힘을 실어 주어야 한다고 생각했다.

이제 당신이 최근에 팀과 함께했던 결정에 대해 생각해 보자. 먼저 준비 단계를 되짚어 보고 그 과정에서 팀원들이 얼마나 협력했는지 확인한다. 앞의 [도표 9]를 통해 당신과 팀의 준비 단계를 평가해 보라. 이때 어느 항목이든 3점 이하에 해당한다면 신중히 재검토해야 한다. 판단은 역동적인 프로세스다. 필요한 요소가 결여될 때는 '재실행 회로'를 통해 앞 단계로 되돌아가서 실수를 수정해야 한다. 이를 무시한 채 앞으로만 향하다가는 실행 단계의 성공을 기대할 수 없기 때문이다.

[도표 10]을 활용해 당신과 팀의 협력을 강화하는 개선책을 생각해 보라.

결정 단계는 리더가 판단을 위한 분석과 대화를 거쳐 팀의 역동성을 관리해야 하는 단계다. 제프 이멜트의 말처럼 조직의 모든 곳에서 기여를 이끌어 내고 팀원들과 활발한 논의를 거쳐 "좋아, 이제 결정했어!" 하고 결론짓는 단계를 말한다. 리더는 결정 단계에서 몇 가지 요건을 지켜야 한다. 즉 누가, 무엇을 근거로, 언제 결정할 것인지를 분명히 해야 한다. 최종적으로 결정할 권한이 누구에게 있는지, 그 결정이 필요한 이유가 무엇인지 투명하게 밝히지 않는 리더는 자칫 독재자로 오해받을 위험이 크다.

[도표 10] 준비 단계의 판단 오류와 개선책

전형적인 판단 오류	나의 개선책
감지 · 규명	
상황을 파악하는 능력 결여 • 상황적 단서를 스스로 찾아내지 못한다. • 내부적 사고에 대한 외부의 (객관적) 시각을 이해하지 못한다. • 트렌드의 중요성을 간과한다. • 극소수의 사람에게만 도움을 기대한다.	
적극적으로 행동하지 못함 • 점진적 변화를 깨닫지 못하다가 위기가 닥치고서야 놀란다('삶은 개구리' 현상). • 최근의 만족스러운 결과에 도취된다. • 외부의 위협에 대비하느라 자원을 지키는 데만 급급하다.	
현실을 직시하지 않으려 함 • 문제의 심각성 때문에 현실을 기피하게 된다('타조 증후군'). • 정치성이 개입되어 솔직한 대화나 현실 인식을 방해한다. • 해당 업종의 통념을 극복하지 못한다.	
구체화 · 명명	
복잡한 상황을 헤쳐나가는 능력 부족 • 데이터 또는 분석에 대해 난감해한다. • 잘못된 데이터 포인트를 연결한다.	
문제의 범위를 적정하게 설정하지 못함 • 목표를 명확하게 규명하지 못한다. • 목표가 너무 방대하거나 협소하다. • 이 목표와 조직의 다른 목표들이 충돌한다.	
문제의 정황 이해와 표현력 부족 • 판단의 필요성을 알리는 배경과 히스토리에 대한 인식이 부족하다. • 판단의 필요성을 알리는 적절한 표현을 찾지 못한다.	

리더십 판단을 위한 안내서

전형적인 판단 오류	나의 개선책
동원·가동	
관련된 이해관계자들을 규명하지 못함 • 판단의 승인이나 실행과 직결된 사람을 제대로 찾아내지 못한다. • 규제기관 같은 주변의 이해관계자를 생각하지 못한다.	
이해관계자의 기여 유도와 사기 진작에 취약함 • 프로세스의 역할이 불분명하다. • 변화를 촉구하지 못하거나 명확한 비전을 그리지 못한다. • 리더가 권한의 위임을 제대로 이해하지 못한다.	
조직의 경계와 서열 때문에 좌절함 • 정치적 정당성을 이유로 부서 간 조율이 어렵다. • 조직의 각 부분이 어떻게 협력할 수 있는지 이해하지 못한다. • 조직 간 정치적 관계에 대해 잘 모른다.	

결정 단계

결정

앞에서와 동일한 방식으로 [도표 11]을 통해 결정 단계에서 당신의 팀이 어떻게 협력할 수 있는지 생각해 보라. 또한 [도표 12]를 활용해 당신과 팀의 협력을 강화하는 개선책을 생각해 보라.

실행 단계는 타이어와 도로가 만나는 단계라고 할 수 있다. 판단과 의사결정을 위한 다양한 논의는 결정에서 끝나는 경우가 많지만

[도표 11] 결정 단계 평가

결정

	전혀 아니다				매우 그렇다
1. 결정 이유를 분명하고 합리적으로 설명한다.	1	2	3	4	5
2. 결정은 시기적절해야 하며 일러서도 늦어서도 안 된다.	1	2	3	4	5
3. 결정에는 필요한 모든 변수와 이해관계자가 관여해야 한다.	1	2	3	4	5
4. 프로세스에 참여한 모든 사람이 결정 내용을 명확하게 이해하도록 한다.	1	2	3	4	5
5. 결정은 최근뿐 아니라 준비 단계에서 입수한 모든 정보를 바탕으로 해야 한다.	1	2	3	4	5

결정은 원하는 종착점에 다다르기 위한 또 다른 시작에 불과하다. 지도를 보고 방문할 도시를 정했을 때도 진정한 재미는 출발과 함께 시작된다.

  이때 리더는 결정이 실행으로 적절하게 연결되는지 감독해야 한다. 그러려면 다양한 이해관계자와의 관계를 조율하고, 후속 판단을 통해 방향을 유지하면서 진전 상황을 지속적으로 점검해야 한다. 이 과정에서 리더가 배우는 것이 많을수록 실행 과정을 적절히 수정해 방향을 유지할 수 있다. 특히 결정에 문제가 있거나 실행 방향이 잘못되었을 때는 '재실행 회로'를 통해 바로잡는다. 다음 [도표 13]과 [도표 14]를 참조하라.

[도표 12] 결정 단계의 판단 오류와 개선책

전형적인 판단 오류	나의 개선책
결정	
불명확한 판단 기준 • 문제의 정의가 불분명하고 결정에 필요한 데이터를 구체적으로 밝히지 못한다. • 팀원들과 대화할 때마다 기준이 흔들리는 바람에 결정의 요건에 대해 팀원들이 오해하게 한다. • 결정의 주체와 다른 팀원들의 역할이 불분명하다.	
부적절한 타이밍 • 공연한 우려와 위기의식으로 누군가의 결정 타이밍을 앞당겨 팀의 구체화·명명 단계가 너무 일찍 끝나 버린다. • 우유부단함이나 자만심으로 최적의 결정 타이밍을 놓친다.	
상호작용에 대한 인식 부족 • 결정 기준이 모호해 다양한 변수를 종합적으로 고려할 수 없다. • 이해관계자들의 상호작용과 공모, 대립 등에 대한 이해가 부족하다.	
불명확한 결정 • 리더가 결정을 알리면서 모호한 표현을 사용해 결정이 아직 끝나지 않았거나 절충의 여지가 있는 것처럼 오해하게 한다. • 결정의 시점과 공표 방식을 분명하게 알리지 못한다.	
선택적 해석 • 중요한 정보가 아닌 최근 정보만으로 결정한다(최신 효과). • 적절한 정보인데도 다른 데이터와 맞지 않는다는 이유로 무시하거나 축소한다(지적 게으름).	

실행 단계

실행 ⟶ 학습·수정
　　↑ 재실행

[도표 13] 실행 단계 평가

실행

	전혀 아니다				매우 그렇다
1. 의사결정에 관계된 사람들이 실행 과정도 적극적으로 관찰하고 검토하도록 함	1	2	3	4	5
2. 분명한 기준을 수립하고 지속적으로 검토	1	2	3	4	5
3. 필요한 인력과 시간, 자원을 포괄하는 실행 계획 수립	1	2	3	4	5

학습·수정

4. 실행 과정의 속도와 질을 평가하기 위한 피드백 회로 구축	1	2	3	4	5
5. 피드백을 기꺼이 받아들이고 변화를 포용하는 리더	1	2	3	4	5
6. 진단을 통해 필요에 따라 변화를 추구하는 프로세스	1	2	3	4	5

[도표 14] 실행 단계의 판단 오류와 개선책

전형적인 판단 오류	나의 개선책
실행	
책임 회피 • 손에 흙을 묻히기 싫어하는 리더는 사사건건 회피하려 든다('나 몰라라' 식 사고방식). • 결정권자와 실행 담당자의 일상적인 소통 경로가 없다.	
불명확한 기준 • 실행 경과를 진단하고 평가할 분명한 척도가 없다. • 실행을 평가할 척도가 너무 많거나 합리적이지 않다.	

전형적인 판단 오류	나의 개선책
부적절한 조직체계 • 정상적인 조직 프로세스라면 실행에 필요한 자본과 인력을 자연스럽게 제공한다고 가정한다. • '관료주의' 때문에 올바른 실행 계획을 창조하기가 쉽지 않다. • 복잡한 조직체계와 프로세스 때문에 실행에 방해를 받는다.	

학습·수정

취약한 피드백 • 사람들이 비공식적인 경로로 자유롭게 피드백을 할 것이라고 오해한다. • 서열이나 복잡한 소통 경로 때문에 피드백이 여과된다.	
피드백의 잘못된 처리 • 부정적 피드백에 적대적으로 대응하는 리더들이 있다. • 피드백에 대한 대응을 무시, 회피, 합리화하는 리더들이 있다. • 피드백에 과잉 대응하거나 무관심해 올바른 방향으로 변화를 이끌지 못하는 리더들이 있다.	
변화를 지원하는 프로세스가 없음 • 문제를 부각시켜 실행 계획을 수정할 수 있는 프로세스가 없다. • 변화 프로세스가 있더라도 관료주의적이어서 시기적절한 수정이 어렵다.	

판단을 위한 운영 메커니즘 구축

지금까지 당신과 팀의 판단 사례를 통해 그동안 판단의 함정에 빠져 있지는 않았는지 살펴보았다. 그리고 이제부터는 당신이 배운 교훈을 앞으로의 판단에 적용해 볼 기회를 모색할 것이다.

앞서도 언급했듯이 판단이란 사람들의 행동과 결부된 역동적이고 감성적인 프로세스다. 따라서 리더인 당신이 구축한 사회체계는 판단 프로세스의 질과 직접 관련된다.

준비와 결정, 실행의 각 단계에서 당신은 프로세스 전반을 관리해야 한다. 372쪽의 [도표 11.2]를 참조하라. 여기서 소개하는 질문들은 판단 프로세스와 관련해 당신이 구축한 사회체계의 특정 요소들을 되돌아보게 할 뿐 아니라 판단 프로세스를 계획하고 앞으로의 판단에 필요한 사회체계를 구축하는 데 도움을 줄 것이다.

SECTION 05
조직과 관련된 지식

"어디에 설 것인가는 어디에 앉아 있느냐에 달렸다." 1948년, 소속 기관에 따라 정부 관료들의 시각이 달라지는 점을 꼬집으며 루퍼스 마일스Rufus Miles가 한 말이다. 마일스의 법칙이라고 부르는 이 말은 최근의 조직 환경에서도 개인이 맡은 역할에 따라 견해가 달라질 수 있다는 것을 암시한다. 무엇을 평가하고, 무엇을 우선하며, 누구의 말을 듣고, 어떻게 시간을 사용할 것인지는 지금 맡고 있는 역할에 따라 달라진다. 특히 신입사원보다는 기업의 CEO 같은 고위직에 더 해당되는 이야기다.

리더로서 어떤 역할을 맡고 있든 마일스의 법칙은 리더의 판단이 처음부터 어긋날 수 있다고 경고한다. 성공적인 판단 프로세스라면, 어느 단계에서든 리더가 다양한 사람의 다양한 관점을 접할 수 있어야 한다. 마찬가지로 어떤 판단이든 한 사람이 독단적으로 내려서는 안 된다. 전략의 변화나 사람의 교체 같은 중요한 판단일수록 다른 사람의 지원이 필요하다. 특히 전략적 기초를 다지는 일일 때는 수많은 사람의 참여와 협력이 요구된다.

어떤 리더든 자신의 인맥을 되짚어 보고 판단의 준비와 실행, 검사, 수정 등 모든 메커니즘을 신중히 재검토해야 한다.

개인적 인맥 형성

"여섯 다리만 건너면 모두가 아는 사람"이란 말이 있다. 세상이 그만큼 좁다는 뜻이며, 바꾸어 생각하면 우리가 알고 있는 사람들을 통해 다양한 지식에 접근할 수 있다는 뜻이기도 하다.

사람들의 인맥은 지금 소속되어 있는 팀이나 부서, 회사보다 훨씬 폭이 넓다. 평소에 자주 대하는 사람은 중심 인맥의 범주에 포함되겠지만, 정보나 도움을 얻거나 사담을 나누느라 가끔 연락하는 사람까지 합치면 인맥의 범위는 이보다 훨씬 넓어진다. 이처럼 절친한 동료가 아니라 그저 안면이 있는 사람으로 이루어진 '약한 인맥'도 리더에게는 다양한 관점과 도움의 원천이 되곤 한다.

이런 약한 인맥조차 없는 사람은 사회체계 저편의 다양한 정보를 얻을 수 없으며, 오로지 가까운 사람들의 관점이나 가까운 곳의 정보만 대할 수 있을 뿐이다.[6] 따라서 리더는 자신의 인맥을 관리해야 할 뿐 아니라 정보를 수집하고 관점을 다양화하는 데 그 인맥을 적극 활용할 수 있어야 한다.

그러나 조직의 경계를 벗어나지 못하는 인맥으로는 한계가 있다. 이 경우에는 인맥을 꾸준히 확장해야 한다. 그래야 조직의 변화에 대한 판단의 기로에서 매번 같은 사람의 조언만 듣는 한계를 극복할 수 있다.

한 예로 어느 유명한 CEO의 사업장은 지리적으로 매우 폭넓게 분포해 있을 뿐 아니라 직원의 수도 5만 명이 넘는다. 그 CEO는 여러 사업장 관계자들의 다양하고 특이한 관점을 이해하려고 노력했다. 그의 인맥은 조직의 서열이나 직능별 경계와 상관없이 그 폭이 매우 넓었다. 그래서 전화 한 통이면 지금 일이 어떻게 돌아가는지 손쉽게 파악할 수 있었다. 처음 한동안은 그랬다.

하지만 시간이 흐르면서 그 CEO의 인맥은 점점 조직 내부로 좁혀졌다. 결국 CEO의 입맛을 맞추려고 정치력을 발휘하는 사람이 인맥의 대다수를 차지하게 된 것이다.

리더는 어떤 상황에서 어떤 사람의 조언을 구해야 하는지 잘 판단해야 한다. 진실하고 호혜적인 인맥을 유지하려면 적지 않은 시간과 노력을 투자해야 한다.

다음에 나오는 [도표 15]를 활용해 당신의 인맥을 정리해 보라. 안쪽의 원에는 중요한 판단 상황에서 당신이 주로 의존하는 사람들을 적어 넣는다. 아울러 그들이 당신의 판단에 어떻게 기여하는지도 정리한다. 그리고 바깥 원에는 당신이 이따금 접촉하는 사람들을 적는다.

또한 다양한 관점과 정보를 얻기 위해 조직의 경계와 서열을 어떻게 극복하는가? [도표 16]을 통해 평가해 보라.

[도표 15] 나의 인맥

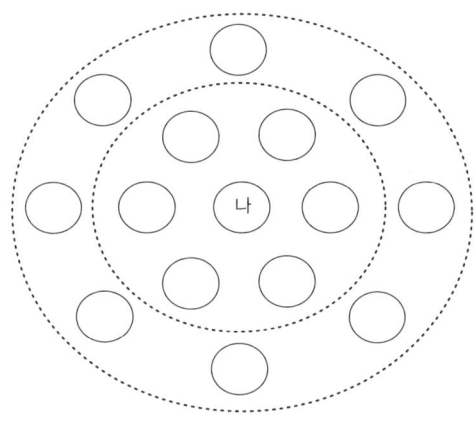

[도표 16] 회사의 인맥이 나의 판단력에 기여하는 방식

	매우 낮음				매우 높음

1. (내 인맥이) 판단의 필요성을 감지·규명하는 데 얼마나 기여하는가? | 1 | 2 | 3 | 4 | 5 |

2. 내 인맥이 결정에 필요한 (조직의 경계를 넘어) 시기적절하고 정확한 정보를 얼마나 제공하는가? | 1 | 2 | 3 | 4 | 5 |

3. 내 인맥이 실행 과정에서 평가와 수정에 기여하는 정도는 어떠한가? | 1 | 2 | 3 | 4 | 5 |

4. 내 인맥을 지속적으로 보완하고 있는가? | 1 | 2 | 3 | 4 | 5 |

행동 방향

....

....

리더십 판단을 위한 안내서

조직의 참여를 끌어내는 운영 메커니즘

어떤 리더든 자신만의 인맥이 있지만, 한 사람씩 또는 소그룹 형태로 그들과 접촉하는 데 투자할 수 있는 시간에는 한계가 있다. 또한 새로운 관점과 정보를 확보하려면 새로운 인간관계를 맺고 인맥을 확장해야 한다.

유능한 리더는 비공식적인 만남에도 익숙해야 하며, 어디서 어떻게 누구에게 기여를 이끌어 내야 하는지 슬기롭게 조율해야 한다. 그래야 자신이 내린 결정과 그 뒤 이어지는 실행 과정에서 적절한 도움을 구할 수 있다. 이 부분에서 특히 뛰어난 리더가 잭 웰치다.

GE의 CEO로 재직하던 잭 웰치는 바쁜 시간을 쪼개 매달 크로톤빌 연수원에서 강의를 했다. 이는 GE의 수많은 사업부 관계자들의 다양한 관점과 아이디어를 여과 없이 받아들이고자 하는 자신만의 운영 메커니즘이었다.

언젠가 강의 도중에 한 참석자가 '업계 1, 2위를 추구하는 GE의 전략'에 이의를 제기한 적이 있다. 잭 웰치의 논리대로라면 시가총액으로 수백억 달러 규모의 대기업이 계속 성장하고 위기에 적절히 대처하려면 해당 분야를 거의 독점하다시피 할 필요가 있었다. 그 참석자는 대다수 임원이 '1위 아니면 2위 주문'을 일종의 명령으로 받아들이고 있다고 지적했다. 즉 '명령'을 완수하려면 업계 1위 또는 2위라는 사실을 자료로 입증해야 하므로 각 사업부 책임자들은 더 큰 투자 기회를 포기한 채 한정된 시장 영역에서의 1, 2위 자리를 고수하는 데만 치중한다는 말이었다. 그 참석자에게 한 수 배운 잭 웰치는

GE가 그동안 고수해 온 전략을 수정하기에 이른다. 그 뒤로는 각 사업부 관계자들에게 시장의 범위를 10퍼센트 이상 확장하도록 요구하는 동시에 순위보다는 '성장 기회'에 더 초점을 맞췄다.

잭 웰치는 자신만의 운영 메커니즘을 통해 일반 CEO가 좀처럼 만나기 어려운 사람들과도 교류하면서 지냈다. 덕분에 앞의 사례처럼 자신의 전략적 판단에 대해 되짚어 볼 기회를 얻었다. 즉 역사적으로 볼 때 성공이라고 평가받던 전략이 결국은 GE의 장기적 성장을 제약할 수도 있다는 점을 깨닫게 된 것이다. 이처럼 최근에는 CEO가 회사의 여러 분야 관계자들과 주기적으로 접촉하는 운영 메커니즘이 대세를 이루고 있다.

현명한 판단력을 지닌 리더의 중요한 특징 중 하나로 '배우고 가르치는 환경을 조성하는 것'을 빼놓을 수 없다. 현명한 리더는 TPOV를 기반으로 운영 메커니즘을 구축한다. 그리고 조직이 나아갈 방향을 수립하되 그로 말미암아 발생하는 비판과 논쟁을 기꺼이 받아들인다. 노엘 티시는 이처럼 조직의 모든 구성원이 배우고 가르치는 상호작용에 참여하는 과정을 'VTC(Virtuous Teaching Cycle)'라고 명명했다(362쪽 [도표 11.1] 참조).

운영 메커니즘 중에는 사람을 속속들이 평가할 정도로 정교한 것도 있다. 한 예로 캐터필러의 CEO 짐 오언스는 임원들이 모든 생산 시설을 1년에 최소 한 번 이상 방문하고, 중요한 경영 계획을 검토할 때도 임원들이 최소 2명 이상 참여하도록 한다. 이는 고위 경영진과 그들보다 두세 단계 아래의 리더들을 직접 만나게 하려는 의도에서다. 오언스는 "이 시스템은 전체 리더들과 그들의 전략적 사고를 관찰할 수 있다는 것이 장점입니다. 그들이 어디에 있고, 무엇을 하고 싶어 하며, 팀에 대해 어떻게 평가하는지 등을 직접 확인할 수 있지요"라고 말한다.[7] 또한 각 생산시설의 책임자들도 이 시스템을 통해 본사 임원들을 만나 조언을 구할 수 있으며, 임원들도 현장에 적합한 인재를 선발할 수 있다는 장점이 있다.

다음 질문을 활용해 당신만의 운영 메커니즘을 만들어 보라.

1. 테스트하려는 결정의 내용은 무엇인가?

2. 그 결정에 바탕이 된 TPOV는 어떤 것인가?

3. 그 결정과 관련해 현실적인 관점을 제시할 수 있는 사람(들)은 누구인가?

4. 그 사람(들)에게 어떤 질문을 할 것인가?

5. 그(들)에게 어떤 평가를 듣고 싶은가?

6. 이 논의를 어디서 혹은 어떤 환경에서 하는 것이 좋은가?

7. 이 논의에 적합한 시기는 언제인가?

판단력 형성

리더는 결정에 앞서 그 조직의 실행 능력을 미리 점검해야 한다. 중요한 결정일수록 조직 구성원들의 적극적인 지원이 필요하다. 결정은 리더가 하지만, 그 결정이 성공적으로 실행되려면 반드시 조직 전체의 지원과 후원이 뒤따라야 한다.

멀티브랜딩 전략을 시도한 얌! 브랜드의 CEO 데이비드 노박의 사례를 살펴보자. 피자헛과 타코벨, KFC 외에 여러 레스토랑 체인을 소유한 얌! 브랜드는 보통의 경우처럼 한 레스토랑에서 하나의 브랜드만을 취급하는 것이 정석이었다. 그러나 노박은 얌!의 유명 브랜드 2개 이상을 하나의 공간에 동시에 배치하는 전략을 세웠다. "한 곳에서 엄마는 치킨을, 아이들은 피자를 먹을 수 있게 한 것이죠." 멀티브랜딩 전략을 도입하고 나서 몇 개월 뒤 노박은 가맹점주들과 대화를 나누는 시간을 가졌다. 이는 일종의 운영 메커니즘으로, 이 자리를 통해 그는 실제 가맹점 운영자들에게 많은 것을 배웠을 뿐 아니라 자신이 내린 결정의 실효성도 가늠했다. 이 자리에서 어느 가맹점주는 "그럴듯한 전략이지만 경영진의 실행 속도는 지지부진하다"고 꼬집었는데, 이 말을 들은 노박은 경영진과 함께 '재실행' 모드에 돌입했다.

멀티브랜딩 전략의 우수성은 최근에 와서 충분히 입증되었다. 그러나 이 전략이 성공하기까지는 우여곡절도 적지 않았다. 재료 관리와 매장 건축 절차, 매장 운영 방침 등과 관련하여 가맹점주들의 의견을 반영하기 위해 여러 차례 수정을 거쳤다. 특히 기존의 방식을 고수하려는 사람들은 CEO인 노박의 결정을 무시한 채 매장 변화를 최소한에 한정시키려고 했다. 따라서 노박은 이런 반대자들을 설득해 전략의 우수성을 이해시키는 데도 적지 않은 시간과 노력을 쏟아야 했다.

판단력은 리더의 필수 자질이다. 또한 리더는 이미 결정된 사안을 실행하는 데 필요한 지식과 기술, 운영 메커니즘을 확보해 이를 활용해야 한다. 이 과정의 밑바탕은 아이디어와 가치관, 감성 에너지로 구성되는 TPOV다(TPOV는 조직의 방향을 안내하며 모든 리더의 판단 근거가 된다). 마지막으로 리더는 운영 메커니즘을 통해 기존의 결정을 실행하고 필요에 따라 수정해야 한다.

600여 개의 매장과 10만여 명의 직원을 보유한 북미 최대의 전자제품 판매회사인 베스트바이는 이 단계를 준수하여 판단력을 향상시킨 좋은 사례다. 2004년, 창업자 딕 슐츠의 뒤를 이어 베스트바이의 CEO에 오른 브래드 앤더슨은 고객 서비스에 대한 관심이 남달랐다. 그는 TPOV의 핵심을 고객 서비스로 삼고 현장 직원들을 통해 이를 실현하기로 했다. 하지만 뉴욕 증권거래소의 주가 순위와 '본사 중심 경영'을 신봉하던 사람들은 앤더슨의 이런 생각을 달갑게 여기지 않았다.

그럼에도 앤더슨은 전략적 변화의 필요성을 감지하고 규명했다. 당시 상황을 보면 경영 환경이 바뀌면서 아마존과 델컴퓨터 등 새로이 떠오르는 경쟁회사들이 베스트바이의 점유율을 갉아먹고 있었다. 게다가 잡화와 장난감 부문에 뛰어든 뒤로 줄곧 선두를 고수해

오던 월마트가 때마침 소비가전 부문으로도 진출하겠다고 발표한 상태였다. 이런 상황에서 앤더슨은 결정의 필요성을 감지하고 문제의 핵심을 '고객 중심성'으로 구체화했다. 기존의 획일적인 서비스와 달리 고객에게 차별화되고 개인화된 서비스를 제공함으로써 매출을 늘리겠다는 계획이었다.

2004년 10월, 앤더슨은 이사회를 포함해 최고위직 임원 150명을 미네소타 주 매든스에서 개최한 사외 회의에 소집했다. 이 자리는 앤더슨이 고객 중심성을 강조하는 자신의 TPOV를 주요 간부들에게 설명하는 것이 목적이었고, 모임 일정은 우리(크리스 데로즈·노엘 티시)와 패티 스테이시, 래리 셀턴이 공동으로 기획했다. 이 모임에서 150명의 리더는 앞으로 앤더슨의 전략을 지원할 방법과 이를 위한 가치관 확립, 고효율 실행팀 구성 등을 목표로 머리를 모았다. 또한 그해 말까지 고객 중심적 가치관과 전략을 회사 전체로 확산시킨다는 숙제도 떠안았다.

변화의 분위기가 무르익으면서 앤더슨은 중요한 판단을 해야 할 시점에 이르렀다. "실제로 실행에 돌입했을 때 '고객 중심성'을 어떻게 나타낼 것인가?" 우리는 이 질문에 대한 해답을 구해 앤더슨의 판단을 돕고자 각 부문의 리더 36명을 엄선했다. 그리고 6명씩 6개 팀으로 나눈 뒤 가장 수익성 높은 고객층을 유형별로 구분하도록 했다.

그로부터 3개월 후에 14개 이상의 고객층이 만들어졌고, 그중에서 6개 고객층이 주요 공략 대상으로 선정되었다. 다음은 가치 제안 단계였다. 여기에는 매장 구조와 실내 색상 변경, 맞춤형 상품 비치,

고객별 맞춤형 서비스 제공 등이 포함되었다.

2005년 3월, 앤더슨과 경영진은 부문별 리더 36명의 연구 성과를 토대로 중대한 결정을 내렸다. 앤더슨이 추구하는 고객 중심성을 실현하려면 모든 기능과 매장을 대대적으로 혁신해야 했다. 그 뒤 몇 개월간 그는 150명의 고위직 리더를 두 차례 소집해(동원·가동) 새로운 전략을 가르치고 회사의 지원방식에 대해서도 설명했다.

이제 결정을 지나 실행을 완성하기까지는 2년여의 시간이 필요했다. 무엇보다 이 전략이 성공하려면 매장 운영자와 직원들이 본사의 지시에 무작정 따르기보다는 매일같이 현명한 판단을 통해 고객에게 인상적인 서비스를 제공하는 것이 가장 중요했다. 그래서 우리는 앤더슨과 상의해 지역 책임자부터 매장 판매원에 이르기까지 모든 직원에게 '고객 중심 경영'의 기본을 가르치기 위한 프로세스를 만들었다. 이 프로세스 덕분에 현장의 직원들은 어느 곳에 어떤 제품을 진열하고, 가격은 어떻게 책정하며, 제품과 서비스를 어떻게 묶어 판매할 것인지 등을 스스로 판단하게 되었다.

그 결과 베스트바이는 과거에 별로 중요하게 여기지 않았던 고객을 새로운 타깃 고객층으로 공략했다. 그중에는 건축업계 종사자, 바bar 소유자, 베트남 이민자 등이 새로 포함되었고, 휴대용 디지털 카메라와 프린터를 앞세워 부동산 중개인들까지 신규 고객집단으로 개발했다.

베스트바이 매장의 획기적인 변신은 그들이 '질Jill'이라고 애칭을 붙인 고객층을 대할 때 극명하게 드러났다. 원래 질은 교외에 살던 주부를 가리키는 말로, 이들은 이따금 남편이나 아이들과 함께 매장을 찾곤 했다. 하지만 매장에 들어선 그녀들을 대하던 직원들의 태도는 냉랭했다. 질문을 해도 무시하기 일쑤고 설령 대답해 주더라도 질이 아니라 남편에게 하는 경우가 더 많았다. 게다가 설명할 때도 알아듣기 어려운 기술 얘기만 잔뜩 하고, 그 제품이 가정에 어떤 도움이 되는지에 대해서는 별다른 언급을 하지 않았다. 그러니 매장을 찾더라도 되도록 빨리 문을 나서는 것이 직원들의 모욕을 덜 받는 길이었다.

그러나 고객 중심 전략을 도입하고 나서는 각 매장에서 질 같은 주부들에게 특별 서비스를 제공하는 직원을 고용했다. 이 직원들은 주부들의 구매 이력을 데이터베이스로 확인해 주부 자신과 가정에 적합한 제품을 추천하거나 자녀의 생일에 카드를 선물하는 등 새로운 프로그램을 만들었다. 최근에는 본사 차원에서 생일 데이터베이스를 구축해 10달러짜리 카드를 선물로 제공하고, 고객의 구매 이력에 따라 최고 50달러짜리 카드를 선물하기도 한다. 이 카드는 질 같은 주부들의 가정을 행복하게 할 뿐 아니라 베스트바이의 주머니도 넉넉하게 하는 일석이조의 효과가 있다.

현장 직원의 판단력 제고

베스트바이의 성공을 이끄는 대표적인 인물이 바로 현장 리더다. 이들은 현장의 직원을 관리하고 제품을 정리·배송하는 등의 업무를 총괄적으로 지휘한다. 현장 리더의 역할이 무엇보다 중요한 이유는 그들이 어떻게 판단하고 행동하느냐에 따라 회사 전략의 승패가 결정되기 때문이다. 현장에서의 오판으로 일관성 있게 전략을 실천하지 못하면 결국 고객을 화나게 해 회사의 손익에도 부정적인 영향을 미친다.

현장 직원들도 혁신적인 프로그램을 개발해 고객들과 '만남의 효과'를 극대화할 수 있다. 한 예로 어느 매장의 비정규직 직원은 새로이 떠오르는 제품인 인터넷 전화기가 고객의 외면을 받고 있는 사실을 깨달았다. 그는 곧바로 매장 운영자를 찾아가 인터넷 전화기의 진열 위치를 옮기고 그와 관련된 서비스를 묶음으로 판매하면 어떻겠냐고 제안했다. 베스트바이의 경영 정신에 투철했던 두 사람은 이 제안의 실효성을 따져 보고 일단 2주간 시범 판매한 뒤에 결과를 평가해 지속 여부를 결정하기로 했다.

실험은 대성공이었다. 인터넷 전화기 매출은 과거보다 4배 이상 뛰어올랐고, 이 직원은 무슨 특별한 판매 기술이라도 가진 양 다른 직원들에게 비법을 전수해 달라는 요청까지 받았다. 게다가 고위직 인사들까지 이 상황을 관심 있게 지켜보았다. 이후로 이 매장의 인터넷 전화기 묶음상품 매출은 자체 목표뿐 아니라 다른 매장들의 실적을 크게 앞질렀다. 그리고 여기에서 얻은 교훈이 널리 확산되면서 베스트바이의 이 부문 매출은 두 자릿수 이상 뛰어올랐다.

베스트바이에서는 이런 사례가 드물지 않다. 회사에서 현장 리더들의 판단력을 강조하지 않았더라면 결코 일어날 법하지 않은 일이다. 이곳의 현장 리더들은 매장의 손익 자료와 투하자본이익률 ROIC

을 검토한 후 각자 알아서 순영업이익 목표치를 가늠한다. 아무 설명 없이 본사에서 운영 목표를 하달하는 다른 많은 회사와 달리 현장 리더들에게 상당한 결정권을 부여하기 때문이다.

베스트바이의 또 다른 숙제는 새로운 운영 메커니즘이었다. 예를 들어 모든 매장에서 매일 아침마다 열던 30분간의 아침회의 시간을 45분간의 '토의' 시간으로 바꿨다. 이 시간을 통해 매장 운영자들은 전날의 실적과 개선해야 할 부분을 검토하고, 고객 서비스와 회사 방침에 대해 직원을 교육하기도 한다. 600여 개의 매장에 각각 15분씩을 추가하다 보니 늘어난 임금만 해도 수백만 달러에 육박하지만 베스트바이는 이것이 매우 효율적인 투자라 믿고 있다.

현장 직원들의 능력 계발을 위해 이와 유사한 투자를 하는 회사가 또 있다. 캘리포니아 주 마운틴뷰에 자리한 인튜이트는 대표적인 제품으로 터보택스, 퀴큰, 퀵북스 등 작은 회사나 개인 사업자들을 위한 소프트웨어를 제공하는 회사다. 인튜이트에서는 컴퓨터 공학자를 비롯한 기술 전문가 외에도 다양한 지식노동자를 고용한다. 이들은 주로 현장의 리더나 고객 상담원 역할을 맡고 있으며 시급을 받는 경우도 있다. 인튜이트는 이들 고객 상담원의 역할을 매우 중요하게 여긴다. 고객의 욕구를 파악하고 판매 뒤의 문제를 규명함으로써 매출에 지대한 영향을 미치기 때문이다.

인튜이트에서 최적 프로세스를 공유하고 고객의 욕구를 파악하는 실질적인 주체는 현장 리더들이다. 한 예로 현장의 어느 관리자는 고객 서비스 담당자들이 매주 대여섯 번씩 만나 고객에게 자주 발생하는 문제와 그 대응책을 논의하도록 하는 정기 프로세스를 고안했다. 이 회의는 지식의 공유 외에도 고객의 만족스러운 경험을 위한 혁신적인 아이디어 계발에 크게 기여한다. 그 결과 이 프로세스를 도입하고 나서 인튜이트의 고객 만족도는 40퍼센트나 향상되었다.

베스트바이와 마찬가지로 인튜이트도 현장 리더들에게 투자를 아끼지 않는다. 특히 인튜이트는 콜센터 관리자들을 교육자처럼 만들 필요가 있었다. 우리는 이 회사의 CEO인 스티브 베네트와 함께 현장 관리자들에게 회사의 전략과 운영 매트릭스, 리더십의 기초, 고객의 욕구 등을 가르치는 프로세스를 마련했다. 또한 이 프로세스에 참석한 현장 리더들이 매장으로 돌아가 직원들을 교육하도록 했다. 그 결과 현장 리더들은 회사의 전략에 맞춰 매장의 업무 프로세스를 효율적으로 조정하고, 팀원들과 머리를 맞대고 목표를 수립하며, 불필요한 활동을 억제한다.

베스트바이와 인튜이트는 직원들의 판단력을 계발하는 데 투자를 아끼지 않는다는 공통점이 있다. 현장 직원에 이르기까지 모든 직원의 TPOV를 조율하기 위해, 그리고 직원들의 판단력을 향상시킬 수 있는 기술체계와 새로운 운영 메커니즘을 개발하기 위해 과감히 투자한다.

[도표 17]을 활용해 이런 원칙들을 당신의 판단력 계발 프로세스에 어떻게 적용할 수 있는지 생각해 보라.

[도표 17] 판단력 계발 프로세스

판단력 형성 프로세스	나의 적용 방안
1단계 : TPOV 규명	
무엇을 : 최고의 경영진은 시장에서 승리하는 데 필요한 핵심 가치관과 아이디어, 감성 에너지를 규명할 책임이 있다. 인물, 전략, 위기와 관련된 중요한 결정이 이루어질 수 있다. **누가** : 경영진. TPOV는 개인적인 경험과 주요 이해관계자들의 기여를 바탕으로 형성해야 한다. **어떻게** : 보통 회사 밖에서 2~3일간 이루어진다.	
2단계 : 조직을 대상으로 한 교육 · 학습 · 조율	
무엇을 : 경영진 아래의 리더들과 함께 TPOV와 주요 결정들을 교육, 토론, 지역별로 맞춤화한다. **누가** : 경영진이 1~3단계 아래의 리더들을 대상으로 교육한다. 교육 대상에는 궁극적으로 조직 전체가 포함된다. **어떻게** : 경영진이 주관하는 며칠간의 워크숍. 교육을 받은 리더들은 각자의 팀을 다시 교육해야 한다.	
3단계 : 전문적인 지식과 기술 형성	
무엇을 : 경영진 아래 단계의 리더들에게 교육하는 지식과 기술. 교육은 개인 또는 팀별 상황에 맞춰서 진행한다. **누가** : 필요한 결정의 유형에 따라 달라진다. 개인과 업무팀 또는 전체 부서를 포함할 수 있다. **어떻게** : 맞춤형 커리큘럼을 개발 · 교육해야 한다. 교육 효과를 평가하는 것도 판단 실행 과정의 한 요소로 포함해야 한다.	
4단계 : 운영 메커니즘 개발	
무엇을 : 경우에 따라서 실행을 강화하기 위해 운영 메커니즘을 개발 또는 변경할 수 있다.	

리더십 판단을 위한 안내서

판단력 형성 프로세스	나의 적용 방안
새로운 운영 메커니즘은 운영자 수준에서 기획하고 실행한다. **누가**: 결정 내용을 잘 아는 사람, 결정을 실행할 사람, 실행 책임자보다 한 단계 높은 사람이 운영 메커니즘을 개발한다. **어떻게**: 운영 메커니즘은 앞에서 언급한 사람들이 기획하고, 반복적인 테스트와 수정을 거친다.	
5단계: 실행을 평가하기 위한 운영 메커니즘 개발	
무엇을: 실행 단계에서 그 과정을 평가하고 수정할 운영 메커니즘을 개발한다. **누가**: 결정과 실행의 책임자가 참여한다. **어떻게**: 필요에 따라 회의와 워크숍, 현장 방문, 기타 필요한 메커니즘을 동시에 적용할 수 있다.	

리더십 파이프라인의 판단력 계발

지금까지 결정의 실행을 지원하기 위한 조직의 판단력 형성 과정에 대해 살펴보았다. 여기에는 결정을 실행할 사람들의 판단력 형성도 포함된다. 또한 조직 전체 리더들의 판단력을 평가하고 현명한 판단을 한 리더들에게 보상하는 체계도 갖춰야 한다.

대다수 승계 계획 프로세스에서 쉽게 간과하는 것 중 하나가 바로 판단력이다. 리더의 판단 이력을 살펴보면 리더십 수준이 어느 정도인지 파악할 수 있는데도 리더를 평가할 때 이를 중요하게 검토하는 경우는 드물다.

포춘 500대 다국적 제조회사 가운데 우리와 함께 일했던 한 회사를 예로 들어 보자. 이 회사는 제조와 물류, IT 시스템 등을 혁신하는 과정에서 지난 5년간 여러 차례 중대한 결정을 내렸다. 또한 비즈니스 포트폴리오를 조정하고, 꽤 큰 사업단위를 매각하고, 업계 컨소시엄의 지분을 조정하는 등 다방면에서 중대한 조치를 취했다. 물론 이런 일련의 조치들로 회사가 이전과 크게 달라질 것이라고 기대했다. 그런데 지난 5년간 회사 사정은 오히려 더 나빠지고 말았다. 그러자 개혁적인 조치를 추진하던 경영진은 하나같이 회사의 시기적절한 판단력이 부족하다고 입을 모았는데, 그 원인은 개인 리더십 문제 혹은 지나치게 경직된 관료주의 문제, 그것도 아니면 둘 다의 문제일 것이라고 추측했다.

우리는 이 회사의 판단 프로세스를 분석하기 위해 동료인 찰스 카두신Charles Kadushin과 함께 회사 각 부문의 유능한 리더들로 팀을 구성했다. 그리고 나서 먼저 경영진과 각 부문 리더들을 대상으로 회사의 관점에서 가장 중요한 다섯 가지 결정을 적어 달라고 했다. 그들이 적은 리스트의 내용은 제각각이었지만 남아메리카에 대한 투자 등 몇 가지가 공통적으로 눈에 띄었다.

그다음 이 다섯 가지 결정과 관련된 핵심 리더들을 대상으로 조사와 인터뷰를 실시했다. 조사 대상에는 각 사업의 부문별 리더와 서열별 리더들이 포함되었다. 여러 가지 조사 시스템을 동원한 포괄적인 조사 끝에 이 회사의 판단 프로세스를 저해하는 일관된 요소들을 찾아낼 수 있었다. 결과적으로 판단 프로세스에 존재하는 한 가지 이상의 오류가 여러 차례의 결정에 악영향을 미쳤고, 그것을 수정하지 않으면 자칫 '위기'에 직면할 수도 있다는 게 밝혀졌다.

[도표 18] 판단 프로세스를 저해하는 요소

판단 주제	리더의 결정에 영향을 미치는 부정적 행동	결정을 앞둔 다른 사람에게 영향을 미치는 부정적 행동	판단에 부정적 영향을 미치는 운영체제의 문제
리스크 회피	• 과감한 결정에 앞서 개인적 평판과 직업적 방어기제 동원	• 실패에 대한 과도한 처벌	• 실적평가 체계가 빈약해 리스크를 수용할 수 없음
책임의식 결여	• 개인적 책임보다 위원회별 위원들의 집단적 책임 강조	• 결정에 대한 책임을 리더 스스로 지려는 상황에서도 위원회 체계를 억지로 운용	• 결정권이 누구 몫인지 운영체제로 정확히 규명하지 못함. 따라서 동의나 합의에 따라 결정됨
절박함 결여	• 다급한 분위기를 조성하는 능력 부족	• 판단의 실행에 필요한 자원과 지원을 제공하지 못함	• 결정을 위해서는 관료제 조직의 단계별 승인을 거쳐야 함
신뢰의 바탕은 데이터	• 과도한 분석과 데이터를 요구하는 정치적 압력에 굴복함	• 회의에서 질문에 답하기 위한 데이터를 다른 사람이 가져오리라고 기대함	• 재정적 독점을 통해 거부권을 행사하거나 결정을 연기함
체계적 지식 부족	• 기존의 전략이나 체계가 효과적인 상황에서도 새로운 것에 현혹됨	• 신중한 고려 없이 실행을 단념하도록 직원들을 부추김	• 18~24개월 단위로 직원들의 보직 순환, 2년 이상 근속자는 실패자라는 인식
전략적 통합성 결여	• 회사 다른 부문의 결정에 전혀 영향을 미치지 못하는 폭 좁은 비전	• 다른 부서에 도움이 되는 것을 달갑지 않게 여기는 편협한 사고방식	• 부서 간 보직 순환이 드물어 우물 안 개구리 같은 시야를 지님

경영진의 추측이 옳았다. 개인 리더십도 문제였고, 현명한 판단을 지원하는 조직 시스템에도 문제가 있었다. 먼저 개인 리더십의 측면에서 보면 리더들은 스스로 현명한 판단을 가로막는 행동을 했을 뿐 아니라 그것이 다른 사람들의 판단까지 흐리게 했다. 나아가 이 회

사는 효과적인 HR 시스템이 부족하고, 재무 위주의 수치 문화 때문에 여러 가지 문제가 많고, 효과적으로 실행을 지원할 운영 메커니즘도 빈약했다. 우리의 조사에서 밝혀진 이 회사의 문제점을 소개하면 [도표 18]과 같다.

이처럼 문제점이 한두 가지가 아니었지만 회사에서 이를 제대로 인식하는 사람은 거의 없었다. 그러니 그들 대부분이 결정 프로세스에서 애를 먹는 것도 무리는 아니었다. 다행히 우리가 분석한 몇몇 의사결정 사례는 성공적이었고, 판단 프로세스의 어려움이 오히려 일부 리더에게는 다음과 같은 기술을 계발하는 자극제로 작용했다.

- 고군분투 : 재정적 압박과 관료주의라는 장해물 때문에 몇몇 리더는 결정 프로세스에서 모든 것을 혼자 해결해야 했다. 이 과정에서 성공적인 결과를 거둔 리더는 주요 이해관계자들을 변화·동원·가동하는 부분에서 자신만의 역량을 계발했다.
- 인맥 형성 : 판단 프로세스의 성공을 위해서는 다양한 부서에 걸쳐 포괄적인 인맥을 형성하고 그들과 교류하는 방법을 배워야 했다.
- 개인적 기여 : 개인적인 열정과 해결책 덕분에 성공적인 결과를 낳은 경우도 종종 있었다. 그리고 결정을 내린 리더들은 철회를 거부했다.
- 자신감 : 중요한 결정일수록 당사자에게 직업적 위험이 따르는 것처럼 보이므로 결정권자는 애써 자신 있는 모습을 보였다. 또

한 동료나 상사들이 이의를 제기하더라도 리더들은 정치적 압력에 굴복하지 않는다는 꿋꿋한 의지를 보여 주었다.

성공적인 결정 사례에서는 이 네 가지 속성이 예외 없이 나타났다. 판단 프로세스와 지원체계를 신중히 재검토해야 하는 것에는 의문의 여지가 없었지만, 이런 장해물이 있는데도 성공을 거뒀다는 것은 그만큼 리더의 재능이 뛰어나다는 증거이기도 하다. 실제로 우리가 판단 이력을 긍정적으로 평가한 리더 중에서 2명은 대규모 사업부 책임자로 승진했다.

이 회사의 판단 프로세스를 평가하는 과정에서 우리는 또 하나의 교훈을 얻었다. 그것은 다른 사람의 판단력 계발과 관련된 것이었다. 우리와 함께 작업했던 몇몇 유망한 리더는 자발적으로 데이터 분석과 인터뷰 시행 등을 수행하기도 했다. 그 과정에서 이들은 놀라울 정도로 많은 것을 배웠다고 했다.

이들은 지금껏 직업 활동을 해오면서 이렇게 많은 리더와 인터뷰를 나눈 적이 없다고 했다. 과거의 실패했던 결정 사례에 대해 회사에서 재검토를 시행한 적은 있었지만, 이런 회의의 범위와 깊이는 매우 제한적이어서 개인들의 관점을 모두 수용하기에는 역부족이었다.

반면에 이들이 나눈 인터뷰에서는 라쇼몽 효과 Rashomon Effect가 나타났다. 즉 인터뷰 대상자들은 판단 프로세스 자체를 제각기 다른 시각에서 바라보고 있었다. 유망 리더들은 분석과 인터뷰를 시행하면서 판단 프로세스의 결함과 관련된, 좀처럼 확인하기 어려운 통찰

[도표 19] HR 요소 : 판단력 계발

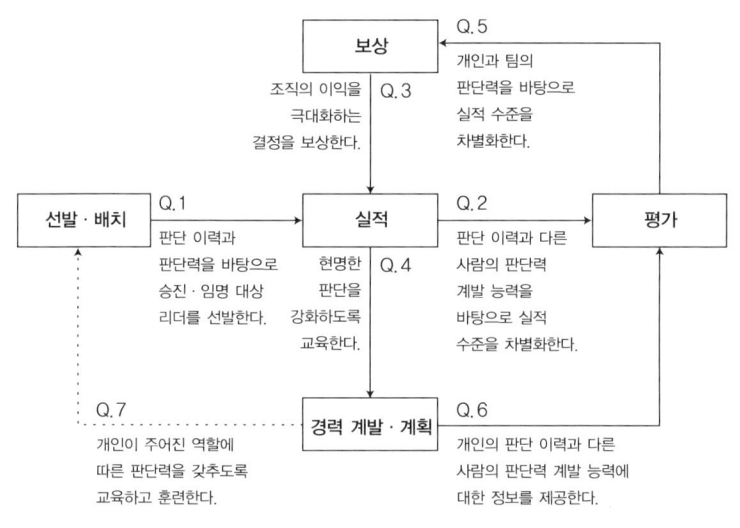

력을 얻었다. 여기에는 눈에 보이는 역설도 포함되었다. 즉 팀 구성원들이 판단력 계발의 장해물을 찾아내는 과정에서 오히려 그들의 판단력이 크게 향상되었다는 점이다. 그들은 이렇게 향상된 판단력을 다시 각자의 업무와 판단 프로세스에 적용했다.

우리가 이 제조회사에서 시행한 분석 유형은 다른 회사들의 판단력 수준을 평가하는 데도 요긴하게 사용된다. 특히 눈여겨볼 것 중 하나는 HR 시스템이 조직의 판단력 향상에 기여해야 하는데도 실제로는 엉성한 체계 탓에 전혀 도움이 되지 못하는 경우가 많다는 점이다.

[도표 19]는 HR 시스템의 기본 요소와 각 요소의 상호작용을 간략

[도표 20] HR 시스템의 평가 항목

	전혀 아니다				매우 그렇다
1. 판단 이력과 판단력을 바탕으로 승진과 임명 대상 리더를 선발한다.	1	2	3	4	5
2. 판단 이력과 다른 사람의 판단력 계발 능력을 바탕으로 실적 수준을 차별화한다.	1	2	3	4	5
3. 조직의 이익을 극대화하는 결정을 보상한다.	1	2	3	4	5
4. 현명한 판단을 강화하도록 교육하고 훈련한다.	1	2	3	4	5
5. 개인과 팀의 판단력을 바탕으로 실적 수준을 차별화한다.	1	2	3	4	5
6. 개인의 판단 이력과 다른 사람의 판단력 계발 능력에 대한 정보를 제공한다.	1	2	3	4	5
7. 개인이 주어진 역할에 따른 판단력을 갖추도록 교육하고 훈련한다.	1	2	3	4	5

하게 나타낸 것이다.

[도표 20]의 항목을 통해 당신 회사의 HR 시스템이 현명한 판단을 지원하고 있는지 평가해 보라.

SECTION 06
이해관계자와 관련된 지식

리더의 모든 판단은 리더 개인이나 조직을 둘러싼 이해관계자와의 관계 속에서 이루어진다. 핵심 이해관계자의 반응을 예측하지 못한 채 전략이나 인물과 관련해 성급하게 결론을 내리다가는 그 결정의 성공을 보장할 수 없을 뿐 아니라 자칫 리더 자신이 위기에 처할 수도 있다. 그러므로 리더는 다양한 이해관계자와 원만한 관계를 맺고 서로 협력함으로써 새로운 지식을 얻고, 결정을 실행할 때 도움을 받도록 해야 한다.

이해관계자가 당신의 스토리라인을 조율한다

어떤 조직이든 고객과 협력회사, 파트너, 투자자, 동종 협회, 규제기관, 이해집단, 지역사회 등 다양한 이해관계자의 영향을 받는다. 따라서 아무리 현명한 결정이라도 이해관계자의 반응에 따라 영향을 받게 마련이다.

실제로 조직이 직면하는 위기의 상당수는 이해관계자들의 대응으로 나타난 결과다. 서킷시티는 한 협력회사가 경쟁회사와 결탁하는 바람에 수익성이 크게 훼손된 적이 있다. 얌! 브랜드의 데이비드 노박은 동물애호단체의 건의를 받아들여 KFC의 닭 관리 방식을 바꿨고, 타코벨의 양상추 공급망도 전환했다. 로열더치셸도 그린피스의 집요한 공격에 방어적으로 대응할 수밖에 없었다.

때로는 이해관계자들의 행동이 애초의 결정에 대한 찬성과 반대보다는 근본적인 가정에 대한 변화를 요구하기도 한다. 우리와도 관련 있는 한 금융회사가 좋은 예다. 이 회사의 경쟁회사는 자사를 더 큰 경쟁회사에 팔려는 계획을 세웠다. 이는 업종 간의 통합이 예상보다 빨리 전개되리라는 징후였으므로 이 회사도 적대적 인수합병에 대비해야 했다.

이처럼 중요한 결정에 대해서도 이해관계자들에 의해 '재실행 회로'를 거치는 경우가 있다. 하지만 신속하고 효과적인 대응으로 변화에 성공하는가 하면, 오히려 궤도를 이탈해 파멸을 자초하는 사례도 있다. 리더들이 모든 상황에서 성공적인 계획을 세우기는 어려우므로 이를 보완할 수 있는 이해관계자들의 역할이 반드시 필요하다.

한 예로 캐터필러의 짐 오언스는 최근의 인수 사례에 대해 우리에게 설명해 준 적이 있다. 캐터필러에서 인수 대상으로 점찍은 그 회사는 자사 채권단에게 기업공개 압력을 받고 있었다. 오언스는 이 회사에서 상당한 지분을 갖고 있던 경영진이 캐터필러 같은 대기업에 인수될까 봐 우려한다는 점을 잘 알고 있었다. 인수가 성사되면

이 회사의 최고 결정권자인 CEO는 기업공개를 단행할 수밖에 없었다. 그러자 오언스는 인수 협상을 맡은 그룹 사장에게 이렇게 말했다. "그 CEO에게 다른 말은 하지 마세요. 독자적인 지분을 가진 독립 자회사의 운영 과정을 그 사람이 있는 그대로 보고 느껴야 합니다. 그래야 앞으로 어떤 일이 일어나더라도 동요하지 않을 겁니다."

오언스는 이 회사 경영진의 역학관계를 관찰해 그 CEO가 과연 핵심적인 영향력을 행사하는지 판단했다. 그리고 이 회사가 기업공개를 단행할 경우 캐터필러가 겪게 될 상황을 세 가지 시나리오로 정리했다. 첫째 인수 협상에 실패하는 것, 둘째 인수 전략에 큰 차질을 겪는 것, 셋째 이 회사 채권단에 막대한 대가를 치르는 것이었다. 또한 오언스는 이 회사 CEO와 캐터필러의 다른 독립 자회사 리더들을 만나게 함으로써 각 사업부의 운영방식에 대해 알도록 하는 것도 필요하다고 판단했다. 이처럼 인수 과정에서 주요 이해관계자들에게 관심을 쏟은 덕분에 캐터필러는 인수 협상을 성공적으로 마무리하고 새로운 사업부를 시작할 수 있었다.

본문에서도 설명했듯이 어떤 사람들이 어떻게 활약하느냐에 따라 당신이 조직을 위해 이미 만들어 둔 스토리라인이 달라질 수 있다. 다음 [도표 21]을 통해 당신의 결정을 '재실행 회로'로 이끄는 외부 이해관계자의 존재에 대해 생각해 보라.

[도표 21] 이해관계자에 의한 재실행 회로

이해관계자	그들의 행동	나의 재실행 방안
고객	구매 패턴, 가격 예측, 브랜드 선호도, 구매 빈도 등이 어떻게 달라질 수 있는가?	
협력회사	공급망 문제, 가격 변화, 업종 통합 등이 당신에게 어떤 영향을 미칠 것인가?	
파트너	투자 파트너, 유통 채널 파트너, 제휴 파트너의 행동이 당신에게 어떤 영향을 미칠 것인가?	
투자자	투자자의 전망치 변화가 당신의 자본 확보 또는 실행 계획에 어떤 영향을 미칠 것인가?	
노동조합	노동조합의 정책과 역할의 변화가 당신에게 어떤 영향을 미칠 것인가?	
업종연합	업종의 합종연횡이 기존의 표준과 안전 규정, 구매비용 등에 어떤 영향을 미칠 것인가?	
규제기관	제품 생산을 위해 규제기관의 인증이 필요한가? 규제기관이 당신의 계획에 제동을 걸 여지는 없는가?	
이해집단	어떤 이해집단이 당신을 표적으로 삼는가?	
지역사회집단	당신의 회사나 정책에 반대하여 법적인 고려를 하고 있는 지역사회집단은 없는가?	
기타		

지식의 원천이 되는 이해관계자

이해관계자가 리더에게 방해되는 경우도 있지만, 정말로 현명한 리더는 판단 과정에서 그들을 지식의 원천으로 활용한다. 이해관계자와의 협력 자체가 판단 프로세스에 도움을 줄 수 있다는 뜻이다.

GE의 CEO 제프 이멜트는 고객과 경영진이 한데 모여 시장의 동향에 대해 논의하고 미래의 투자 방향을 모색하는 '고객 드리밍 세션'을 창안했다. 최근 이 드리밍 세션은 대체에너지 개발과 보건의료, 청정석탄 공급 등 여러 분야로 확장되고 있다.

이멜트와 경영진은 고객 CEO와 정부 관계자, NGO 리더, 학자 등을 1~2일 정도의 워크숍에 초대하여 미래의 동향에 대해 토론한다. 이멜트는 이 자리에 모인 사람들에게 질문을 던지거나 혹은 의견을 구함으로써 2억에서 4억 달러에 이르는 GE의 R&D 투자 방향을 타진한다. 요컨대 드리밍 세션은 GE의 감지와 규명, 명명과 구체화, 나아가 동원과 가동 단계의 동력으로 작용한다. 그러나 이해관계자들의 기여는 말 그대로 기여에 그칠 뿐 결정을 좌우하는 것은 아니다. 이멜트의 설명을 들어 보자.

> 나는 언제나 고객과 함께하며 고객을 사랑합니다. 이들에게 많은 지혜를 얻기도 하지요. 하지만 고객이 우리의 전략을 결정하지는 않습니다. 고객과의 대화는 나만의 언어를 완성하는 과정입니다. 고객은 우리를 먹여 살리는 고마운 존재지만, 그렇다고 우리의 인사를 좌우하거나 전략을 결정하지는 않습니다.[8]

베스트바이도 고객 중심 전략을 실행하기 위한 동원과 가동 단계에서 판매자들의 도움을 많이 받았다. 이 회사는 40개 이상의 주요 매장 운영자를 워크숍에 초대해 고객에 대한 정보를 얻고 회사의 전략도 논의한다. 비슷한 사례로 얌! 브랜드의 데이비드 노박 역시 주

[도표 22] 이해관계자의 기여

이해관계자	준비 단계에서 배울 점	결정 단계에서 배울 점	실행 단계에서 배울 점
고객			
협력회사			
파트너			
투자자			
노동조합			
업종연합			
규제기관			
이해집단			
지역사회집단			
기타			

요 가맹점주들과 워크숍을 열고 멀티브랜딩 전략의 추진 상황에 대해 논의한다. 이 워크숍을 통해 노박은 실행의 문제점이나 본사의 미비한 지원 등을 확인해 '학습과 수정'의 기회로 활용한다.

회사의 리더들이 개방적이고 솔직한 대화의 장을 마련한다는 점이 이 모든 모임의 공통점이다. 제프 이멜트도 말했듯이 조직의 리더는 자신만의 TPOV를 보유하되 이해관계자에게 배운 교훈을 바탕으로 이를 지속적으로 개선해야 한다. 효과적인 교육 사이클은 바로 이 과정에서 만들어진다. 앞에서 살펴본 '판단 프로세스'를 활용해 이해관계자들이 조직의 결정에 어떻게 기여할 수 있는지 생각해 보고, 그 내용을 [도표 22]에 적어 보라.

지역사회에서 기업이 할 일

많은 이해관계자 중에서도 최근의 환경에서 특별히 관심을 두어야 할 존재는 지역사회다. 기업의 회계부정이나 세계화에 대한 반발, 지구 온난화 등은 하나같이 기업의 시민의식을 강조하는 사례다. 제프 이멜트의 말처럼 다음 노동세대는 지역사회 활동에 더 많은 관심을 기울여야 한다. "사람들의 승리욕은 과거 어느 때보다 높습니다. 그러나 마음을 얻지 않고서는 진정으로 승리했다고 할 수 없습니다."

지역사회 참여는 도덕적·경제적 측면과 모두 관련된다. 기업이 중요한 결정을 내릴 때는 대부분 지역사회도 고려하게 마련이다. 한 예로 월마트는 다른 대형 유통회사들과 마찬가지로 캘리포니아와 일리노이 주의 특정 시장에 들어설 수 없었다. 당시 이 지역에서는 특정 분야에 한해 일정 기준을 넘어서는 '대형' 회사가 진출할 수 없도록 로비가 한창이었기 때문이다. 그런데도 월마트는 역사상 가장 규모가 큰 환경 캠페인에 참여했다. 전기나 종이 등 자원 절약 캠페인을 월마트 본사에서 적극적으로 추진해 지역민들의 관심을 얻었다. 그뿐 아니라 펩시와 P&G 등 자사의 공급회사들을 대상으로 환경 친화적이고 재활용 가능한 포장재로 바꾸도록 요구하기도 했다.

과거에 우리가 개최했던 워크숍에 참가한 어느 매장 관리자는 지역사회 참여의 필요성을 본사 CEO에게 이해시켜야 한다고 느끼면서도 그것이 자신에게 나쁜 영향을 미치지 않을지 걱정스러워했다. 그때 우리는 그 관리자에게 우회적으로 물었다. "지역사회의 삶의

[도표 23] 삶의 질을 구성하는 요소

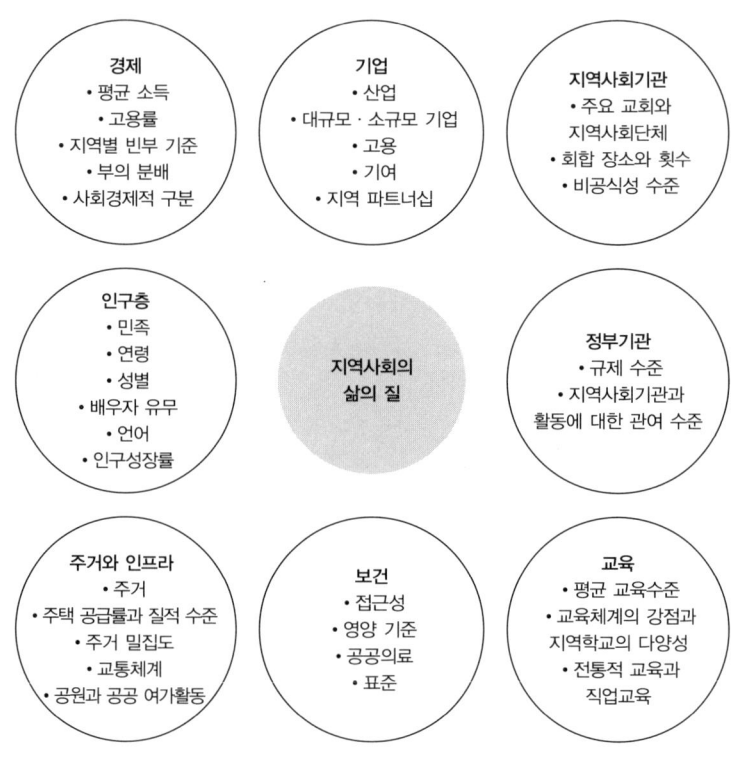

질이 당신의 고객과 직원들에게 어떤 영향을 미칠까요?" 그리고 우리는 삶의 질을 형성하는 여러 가지 요소에 대해 대화를 나누다가 그 관리자가 주민들의 소득수준이 상대적으로 낮은 지역에서 매장을 운영하고 있다는 사실을 알았다. 고객과 직원들은 매장까지 오기 위해 주로 버스를 이용하는데, 가장 가까운 정류장도 매장에서 거의

500미터나 떨어져 있었다. 게다가 정류장 건너편에는 경쟁 관계인 대형 매장이 있어서 직원을 뽑을 때마다 이 매장의 최고 인재들이 속속 빠져나갔다. 아무리 이 매장이 일하기에 좋은 환경이라 해도 한겨울에 500미터씩 걸어 다니기가 여간 힘들지 않았기 때문이다.

그러자 워크숍에 참석한 또 다른 매장 관리자가 그 관리자에게 시청에 찾아가 정류장 설치를 건의해 보았느냐고 물었다. 관리자가 아니라고 대답하자 이와 비슷한 경험이 있는 다른 참석자들이 앞다투어 시청과 지역사회단체를 찾아가 건의해 보도록 권유했다. 이는 단순히 버스 정류장 건립 허가를 얻기 위한 것만이 아니다. 버스 정류장을 세움으로써 지역사회에 경제적으로 기여하는 동시에 주민의 삶의 질까지 높이는 이중의 효과를 얻을 수 있다.

지역사회 참여의 또 다른 측면은 지역사회 리더들의 풍부한 인맥에서 찾을 수 있다. 실제로 주요 대도시 지역의 학생단체 책임자의 인맥은 놀라울 정도로 넓다. 주요 기업의 사장, 시장과 주지사, 비영리단체 운영자, 언론인 등 다양한 분야의 인맥을 갖고 있다. 그러므로 학생단체 책임자만 알고 있어도 그 지역에서 가장 영향력 있는 사람을 곁에 두는 셈이다.

자동차 부품 제조회사인 타워오토모티브의 CEO 캐시 리고키Kathy Ligocki는 한때 멕시코의 포드자동차를 이끌며 지역사회뿐 아니라 다양한 이해관계자와 관계를 형성했다. 특히 몇몇 주요 대리점 사장의 아내들이 종종 리고키를 찾아오곤 했다. 리고키가 멕시코 포드를 맡기 전까지 이 회사는 거의 30년간 매출의 일정 부분을 지역 교육과 환경 기금으로 기부해 왔는데, 기부금의 상당액은 학교 건립에 쓰였다. 하지만 대리점주 아내들은 학교 건립이 교육 문제의 일부에 불과할 뿐이라며 불평을 했다. 가정폭력이나 가정해체 같은 문제를 근본적으로 해결하지 않고서는 교육 문제도 해결하기 어렵다는 것이었다.

그녀들은 캐시 리고키가 20년 넘게 비즈니스에 종사해 왔다는 사실은 잘 알았지만, 오랜 시간 지역사회와 여성 문제에 관여해 왔다는 점은 알지 못했다. 리고키는 대리점주 아내들과의 만남을 또 다른 기회로 받아들이고 관계를 형성했다. 결과적으로 포드는 그녀들과의 접촉을 통해 지역사회를 위해 더 효율적으로 투자함으로써 고객(지역주민)의 생활과 경제적 안정에 기여했고, 동시에 그 지역에서 포드의 위상도 한층 높일 수 있었다. 리고키 자신도 포드의 핵심 이해관계자 집단과 인맥을 형성할 기회를 얻었다. 대리점들과의 관계는 포드의 성공을 위해 필수적인 요소였다. 따라서 대리점주의 아내들과 인맥을 형성했다는 것은 결국 대리점주들과 긍정적인 관계를 형성한 것으로 보아도 무방했다.

캐시 리고키는 대리점주 아내들과의 만남을 적극 활용했다. 한번은 포드 임원과 대리점주들을 소집한 자리에서 지역사회 기금의 운용을 대리점주 아내들에게 맡기자고 제안했다. 포드 내부에서는 그녀들이 포드의 직원이 아니라는 이유로 반대했지만, 리고키는 그녀들 또한 포드의 대리점 계약권을 소유한 이해관계자의 일원이라는 점을 강조했다.

리고키의 판단으로 대리점주 아내들의 역량이 강화되면서 다양한 프로그램이 도입되었다. "학교장과 교사들을 위한 훈련이나 주에서 인가한 다양한 프로그램, 소년과 소녀들이 참여하는 축구팀, 학교 컴퓨터센터 등 새로운 프로그램이 속속 등장했습니다." 리고키의 말이다. 대리점주의 아내들은 포드의 강력한 후원을 등에 업고 지역 비영리단체들과 연계해 컴퓨터센터를 건립하는 협상에 나서기도 했다. 또한 그녀들이 기금을 관리하게 되면서 가정폭력 예방을 위한 성인 야간학교도 만들어졌다. 대상자는 주로 여성이었지만 가정에서의 스트레스와 폭력을 적절히 해소하는 방법을 배우려는 남성도 30퍼센트 정도를 차지했다.

지역사회의 인맥은 포드의 미래 비즈니스에도 긍정적인 영향을 미칠 전망이다. 대리점주들의 아내 120명 중 70퍼센트가 어떤 식으로든 지역사회 활동에 참여하고 있다. 특히 이 여성단체의 대표자들은 포드와 관련된 여러 행사에서 적극적인 역할을 담당하곤 한다.

캐시 리고키가 멕시코 포드의 사장에 처음 취임했을 때만 해도 그녀의 인맥에 이 여성들은 존재하지 않았다. 그러나 인맥의 중요성과 지역사회 참여의 필요성을 누구보다 잘 알고 실천한 덕분에 지역사회와 포드에 모두 유익한 파트너십을 형성할 수 있었다.

지역사회 참여의 다양한 편익을 잘 알면서도 그 방법을 몰라 실천하지 못하는 리더도 많다. 그들 중 일부는 지역사회 참여에서 비롯되는 여러 가지 역동성을 간과한 채 이를 그저 기부 정도로만 이해하기도 한다. 하지만 오늘날 비즈니스를 추구하는 리더는 이 문제에 대해 반드시 자신만의 관점을 형성해야 한다.

다음 빈칸을 채워 보라. 지역사회 참여에 대한 당신만의 관점이 명확해질 것이다.

1. 지역사회에서 우리 회사의 역할에 대한 나의 TPOV

....

2. 지역사회가 안고 있는 심각한 문제들

....

3. 고객과 직원들에게 미치는 영향

....

4. 지역사회와 회사의 관계를 향상시킬 방안

....

SECTION 07
현명하게 결정하라

앞에서도 강조했듯이 조직의 리더는 판단 프로세스의 여러 가지 측면을 신중하게 고려해야 한다. 우리의 판단 프로세스가 당신과 팀, 조직이 직면하고 있는 문제들을 '감지·규명'하고 '명명·구체화'하는 데 도움이 되기 바란다.

완벽한 판단 프로세스는 없다. 그동안 우리는 수많은 위대한 리더와 대화하고 협력하고 또 그들을 관찰해 왔지만, 판단의 순간에 부딪힐 때마다 매번 완벽하게 해결한 리더는 보지 못했다. 하지만 판단력이 뛰어나다고 평가받는 리더에게는 다음과 같은 공통점이 있다.

- 상황을 면밀히 진단한다. 최적의 프로세스와 경쟁력을 추구하며 경쟁자에게 시선을 떼지 않는다. 이런 습관은 문제를 감지하고 규명하는 데 기여한다.

- **바람직한 인간관계를 형성한다.** 회사 내부와 외부에서 돈독한 유대관계를 형성한다.
- **품성과 용기가 있다.** 결정을 두려워하지 않으며 가치관을 바탕으로 결정한다.
- **결과를 측정한다.** 결정의 결과를 예의주시하며 실행 과정의 책임을 남에게 전가하지 않는다.
- **효과적인 교육 사이클을 창안한다.** 누구나 진실을 말하고 다른 사람을 교육할 수 있는 환경을 조성한다.
- **잘못되더라도 자신감을 잃지 않는다.** 잘못될 가능성은 언제나 존재하므로 늘 피드백을 구하고, 실수를 인정하며, 실행 과정에서 필요하면 과감하게 '재실행 회로'에 돌입한다.

이 안내서를 통해 리더의 성공적인 판단과 결정을 위한 지식 기반에 대해서도 강조했다. 지금까지 설명한 연습 내용은 리더로서 당신의 현재를 되돌아보고, 당신의 팀이 판단 과정에 얼마나 기여하는지 평가하고, 판단 프로세스에 조직을 관련시키고, 다양한 이해관계자와의 교류를 통해 리더의 역량을 강화하기 위한 것이다. 이제 당신은 현명한 판단에 필요한 여러 가지 요소를 이해하고, 또 실천의 필요성도 느꼈으리라 기대한다.

마지막으로 결정해야 할 것이 남아 있다. 그동안 당신 자신과 타인들에 대해 배운 것을 바탕으로 앞으로 해야 할 일을 결정하는 것이다. 모든 결정이 그렇듯 문제를 정확하게 규명하는 능력과 이를 해결하려는 의지도 중요하지만, 강력한 실행력이 뒷받침되지 않으면 모두 무용지물이다. 이를 위해 당신이 완수해야 할 다음 단계는 무엇인가?

문제	내가 해야 할 일	기한
......	......	......
......	......	......
......	......	......

참고문헌

1장

주석

1. Colvin, Geoffrey. "The Ultimate Manager." *Fortune*, November 22, 1999.
2. Byrne, John A. "How Jack Welch Runs GE: A Close-up Look at How America's #1 Manager Runs GE." *BusinessWeek*, June 8, 1998.
3. Rossetti, William Michael. *Life of John Keats*. London: Walter Scott, 1887.
4. Kennedy, John F. Address to the Massachusetts Legislature, January 9, 1961.
5. Sorenson, Ted. "Judgment and Responsibility: John F. Kennedy and the Cuban Missile Crisis" in *Presidential Judgment: Foreign Policy Decision Making in the White House*. Aaron Lobel, ed. Hollis, New Hampshire: Hollis Publishing Company, 2000.
6. Lobel, Aaron, ed. *Presidential Judgment: Foreign Policy Decision Making in the White House*. New Hampshire: Hollis Publishing Company, 2000.
7. Kahneman, Daniel. "New Challenges to the Rationality Assumption," *Journal of Institutional and Theoretical Economics*, 150, no. 1(1994): 18-36.
8. Auden, W. H. "For the Time Being." In *For the Time Being*. New York: Random House, 1944.
9. Lukacs, John. *Five Days in London: May 1940*. New Haven: Yale University Press, 1999.
10. Tedlow, Richard S. "The Education of Andy Grove." *Fortune*, December 12, 2005.
11. Drucker, Peter. *The Effective Executive: The Definitive Guide to Getting the Right Things Done*. New York: HarperCollins, 2003.

인터뷰

- Immelt, Jeffrey, General Electric. Interview by Noel Tichy, October 2001.

2장

주석

1. Immelt, Jeffrey, General Electric. Presentation at the University of Michigan, Stephan Ross School of Business, September 2004.
2. Maney, Kevin. "Chambers, Cisco Born Again." *USA Today*, January 21, 2004.
3. Ibid.
4. Andrew Grove. *Only The Paranoid Survive: How to Exploit Crisis Points that Challenge Every Company and Career*. New York: Currency, 1996.
5. Tuchman, Barbara W. *The March of Folly: From Troy to Vietnam*. New York: Ballantine Books, 1985.
6. Hewlett-Packard 2004 Annual Report.
7. Krames. *What the Best CEOs Know*. New York: McGraw-Hill, 2003.
8. Larry Bossidy and Ram Charan. *Execution: The Discipline of Getting Things Done*. New York: Crown Business, 2002.
9. Immelt, Jeffrey, General Electric. Presentation at the University of Michigan, Stephan M. Ross School of Business, August 2003.
10. Ibid.
11. Gladwell, Malcolm. *Blink: The Power of Thinking Without Thinking*. Boston: Back Bay Books, 2007.
12. Groopman, Jerome. *How Doctors Think*. Boston: Houghton Mifflin Company, 2007.

인터뷰

- Downing, Wayne, U.S. Army. Interview by Noel Tichy, May 2005.
- Immelt, Jeffrey, General Electric. Interview by Noel Tichy, October 2001.
- Welch, Jack, General Electric. Personal discussion with Noel Tichy, March 2001.
- Downing, Wayne, U.S. Army. Series of interviews by Noel Tichy, 2003-2005.
- Welch, Jack, General Electric. Personal discussion with Noel Tichy, March 2001.
- Personal discussion between Noel Tichy and a Best Buy Westminster, California, store associate, August 2004.

3장

주석

1. Congressional hearings. "Senate Armed Services Committee Holds Hearing on Boeing Company Global Settlement Agreement." August 1, 2006.
2. Pasztor, Andy. "Boeing to Settle Federal Probes for $615 Million." *Wall Street Journal*, May 15, 2006.
3. Congressional hearings. "Senate Armed Services Committee Holds Hearing on Boeing Company Global Settlement Agreement." August 1, 2006.
4. Ibid.
5. Teachable Point of View. Copyright Noel Tichy and Eli Cohen, 1997.
6. Tichy, Noel, and Chris DeRose. "Roger Enrico's Master Class." *Fortune*, November 1995.
7. Tichy, Noel, with Eli Cohen. *The Leadership Engine: How Winning Companies Build Leaders at Every Level*. New York: HarperCollins, 1997.
8. "Analyst Report: The Boeing Company Earnings Conference Call." Thompson Street Events, July 26, 2006.
9. The Boeing Company 2005 Annual Report.
10. *I Have a Dream: the Story of Martin Luther King in Text and Pictures*, New York: Time Life Books, 1968.
11. Congressional hearings. "Senate Armed Services Committee Holds Hearing on Boeing Company Global Settlement Agreement." August 1, 2006.

인터뷰

- McNerney, Jim, Boeing. Interview by Noel Tichy, June 2006.

4장

주석

1. Focus: HOPE mission statement, www.focushope.edu/about.htm.
2. Drucker, Peter. *The Effective Executive: The Definitive Guide to Getting the Right Things Done*. New York: HarperCollins, 2003.
3. Immelt, Jeffrey, General Electric. Presentation at the University of Michigan, Stephen M. Ross School of Business, August 2003.

4. Hackett, James, Steelcase. Presentation at the University of Michigan, Stephen M. Ross School of Business, August 2002.
5. Ibid.
6. Ibid.
7. Ibid.
8. Ibid.
9. Peters, Tom, and Robert Waterman. *In Search of Excellence*. New York: Harper & Row, 1982.
10. Greenblatt Stephen, et al. *The Norton Shakespeare*. New York: W.W. Norton, 1997.
11. Focus: HOPE mission statement, www.focushope.edu/about.htm.
12. Josaitis, Eleanor. "Strive to Build a World that Embraces Diversity." *Detroit Free Press*, September 24, 2001.
13. Gergen, David. Foreword to *Geeks & Geezers*. Warren Bennis and Robert J. Thomas. Boston: Harvard Business School Press, 2002.
14. Grove, Andrew. *Only the Paranoid Survive: How to Exploit the Crisis Points that Challenge Every Company and Career*. New York: Currency, 1996.
15. George, Bill. *Authentic Leadership: Rediscovering the Secrets to Creating Lasting Value*. San Francisco: Jossey-Bass, 2003.
16. Ibid.
17. Carlyle, Thomas. *Sartor Resartus: The Life and Opinions of Herr Teufelsdrockh*. Oxford: Oxford University Press, 1987.
18. Leaf, Clifton. "Temptation Is All Around Us: Daniel Vasella of Novartis Talks About Making the Numbers, Self-Deception, and the Danger of Craving Success." *Fortune*, November 18, 2002.
19. Focus: HOPE mission statement, www.focushope.edu/about.htm.

인터뷰
- Welch, Jack, General Electric. Personal discussion with Noel Tichy, March 2001.
- Hackett, James, Steelcase. Interview by Noel Tichy, August 2002.
- Liemandt, Joseph, Trilogy Software. Interview by Noel Tichy, November 2003.
- Gardner, John, Common Cause. Interview by Warren Bennis, August 2001.

5장

주석

1. Holstein, William J. "Best Companies for Leaders." *Chief Executive*, November 2005.

인터뷰
- Bennett, Steve, Intuit. Interview by Noel Tichy, July 2003.
- Lafley, A. G., Procter & Gamble. Interview by Noel Tichy, January 2006.
- Downing, Wayne, U.S. Army. Interview by Noel Tichy, May 2005.
- Liemandt, Joseph, Trilogy Software. Interview by Noel Tichy, November 2003.
- McNerney, James, Boeing. Interview by Noel Tichy, October 2005.

6장

주석

1. "Most Admired Companies." *Fortune*, January 1984-1990, February 1992-1993.
2. Colvin, Geoffrey. "The Ultimate Manager." *Fortune*, November 1, 1999.
3. Byrne, John A. "How Jack Welch Runs GE: A Close-up Look at How America's #1 Manager Runs GE." *BusinessWeek*, June 8, 1998.
4. Tichy, Noel, with Stratford Sherman. *Control Your Destiny or Someone Else Will*. New York: Doubleday, Currency, 1993.
5. From a whitepaper by Don Kane, Noel Tichy, and Gene Anderson.

인터뷰
- Welch, Jack, General Electric. Internal meeting, November 1985.
- Weiss, Bill, General Electric. Internal meeting, March 1993.
- Welch, Jack, General Electric. Personal meeting with Noel Tichy, 1986.

7장

주석

1. Immelt, Jeffrey, General Electric. Presentation at the University of Michigan, Stephen M. Ross School of Business, September 2005.

2. Deutsch, Claudia H. "At G.E., Whither the House Jack Built? His Successor Faces Skeptics and a Market Less in Awe." *The New York Times*, September 6, 2001.
3. Immelt, Jeffrey, General Electric. Presentation at the University of Michigan, Stephen M. Ross School of Business, September 2004.
4. Etzioni, Amitai. "Humble Decision Making." *Harvard Business Review*, July-August 1989.
5. Janis, Irving L. *Groupthink: Psychological Studies of Policy Decisions and Fiascoes*. Boston: Houghton Mifflin, 1983.
6. Lindblom, Charles. "The Science of 'Muddling Through'." *Public Administration Review* 19, no. 2, 79-88, 1959.
7. Etzioni, Amitai. "Humble Decision Making." *Harvard Business Review*, July-August 1989.
8. Ibid.
9. Selden, Larry, and Geoff Colvin. *Angel Customers and Demon Customers: Discover Which Is Which and Turbo-Charge Your Stock*. New York: Portfolio, 2003.
10. Fetterman, Mindy. "Best Buy Gets In Touch With Its Feminine Side." *USA Today*, December 20, 2006.
11. Owens, Jim. "Global Trade Galvanizes Caterpillar." *The Wall Street Journal*, February 26, 2007.
12. Ibid.

인터뷰
- Immelt, Jeffrey, General Electric. Interview by Noel Tichy, October 2001.
- Gilbert, Julie, Best Buy. Personal interview, March 2005.
- Novak, David, Yum! Brands. Interview by Noel Tichy, August 2005.
- McNerney, Jim, Boeing. Interview by Noel Tichy, October 2005.

8장

주석
1. Immelt, Jeffrey, General Electric. Presentation at University of Michigan, Stephen M. Ross School of Business, September 2004.

2. General Electric Annual Report letter by Jeffrey Immelt, 2005.
3. Immelt, Jeffrey, General Electric. Presentation at University of Michigan, Stephen M. Ross School of Business, September 2004.
4. General Electric Annual Report letter by Jeffrey Immelt, 2001.
5. Immelt, Jeffrey, General Electric. Presentation at University of Michigan, Stephen M. Ross School of Business, September 2004.
6. Ibid.
7. General Electric Annual Report 2005.
8. Immelt, Jeffrey, General Electric. Presentation at University of Michigan, Stephen M. Ross School of Business, September 2005.
9. Stewart, Thomas A. "Growth as a Process: An Interview with Jeffrey R. Immelt." *Harvard Business Review*, June 2006.
10. *GE Growth Tools*. GE internal document.
11. Charan, Ram. *Know-How*. New York: Crown Business, 2007.
12. Immelt, Jeffrey, General Electric. Presentation at University of Michigan, Stephen M. Ross School of Business, September 2005.
13. General Electric Annual Report letter by John Welch, 2000.
14. General Electric Annual Report 2005.
15. Guerrera, Francesco. "Companies International: Share Price Prevents Immelt Emerging from Welch's Shadow." *Financial Times*, February 26, 2007.
16. Immelt, Jeffrey, General Electric. Presentation at University of Michigan, Stephen M. Ross School of Business, September 2005.

인터뷰
- Little, Mark, General Electric. Personal interview by Noel M. Tichy, October 2006.

9장

주석

1. Lafley, A. G., Procter & Gamble. Presentation at the American Institute for Contemporary German Studies, January 13, 2005.
2. Lafley, A. G., Procter & Gamble. Presentation at University of Michigan

Stephen M. Ross School of Business, January 2006.
3. Young, N. Refugees and Asylum Seekers: Implications for ED Care in Auckland, New Zealand. *Journal of Emergency Nursing*, August 2003.
4. Zimmerman, P., Herr. Triage Secrets. St. Louis, MO: Mosby, Elsevier, 2005.
5. Blunt, James and John Blaire. *Leadership On the Future Battlefield*. Washington, D.C.: Pergamon-Brassey, 1985.
6. Ibid.
7. Smith, Ron, Buffalo State College. Web site: faculty.buffalostate.edu/smithrd/PR/Exxon.htm.
8. Tuchman, Barbara. *The March of Folly: From Troy to Vietnam*. New York: Ballantine Books, 1984.
9. Personal correspondence to Jac Nasser from Noel Tichy. May 30, 2001.
10. Wetlaufer, Suzy. "Driving Change: An Interview with Ford Motor Company's Jacques Nasser." *Harvard Business Review*, March-April 1999.
11. Ibid.

인터뷰

- Gallo, Kathy, North Shore-Long Island Jewish Health System. Interview by Noel Tichy, January 2006.
- Downing, Wayne, U.S. Army. Interview by Noel Tichy, May 2005.

10장

주석

1. Drucker, Peter. *Managing the Non-Profit Organization: Principles and Practices*. New York: HarperCollins, 1990.
2. Kelley, Jeffrey. "Circuit City Enters New Phase: Struggling Retailer Hopes a Shift in Strategy Brings a Change in its Fortunes." *Richmond Times*, May 20, 2007. This material is copyrighted by the *Times-Dispatch* and is used with permission.
3. Yum! Brands Annual Report letter by David Novak, 2006.

인터뷰

- Novak, David, Yum! Brands. Interview by Noel Tichy, August 2005.

11장

주석

1. Lafley, A. G., Procter & Gamble. Presentation at University of Michigan, Stephen M. Ross School of Business, January 2006.
2. Immelt, Jeffrey, General Electric. Presentation at University of Michigan, Stephen M. Ross School of Business, August 2003.
3. Lafley, A. G., Procter & Gamble. Presentation at University of Michigan, Stephen M. Ross School of Business, January 2006.
4. Stewart, Thomas A. "Growth as a Processs: An Interview with Jeffrey R. Immelt." *Harvard Business Review*, June 2006.
5. Lafley, A. G., Procter & Gamble. Presentation at University of Michigan, Stephen M. Ross School of Business, January 2006.
6. Ibid.
7. Ibid.
8. Ibid.
9. Charan, Ram. *Know-How*. New York: Crown Business, 2007.

인터뷰

- George, Bill, Medtronic. Interview by Noel Tichy, May 2003.

12장

주석

1. Mayor Michael Bloomberg Presentation at the University of Chicago Convocation Address, June 2006.
2. Ibid.
3. New York City Leadership Academy Web page: www.newyorkcity-leadershipacademy.org.
4. General Electric Annual Report letter by John F. Welch, 2000.

인터뷰

- Klein, Joel, NYC Leadership Academy. Interview by Noel Tichy, September 2006.

- Knowling, Bob, NYC Leadership Academy. Interview by Noel Tichy and Nancy Cardwell, September 2006.

리더십 판단을 위한 안내서

주석

1. George, Bill. *True North: Discover Your Authentic Leadership*. San Francisco: Jossey-Bass, 2007.
2. Miles, Rufus, *The Origin and Meaning of Miles' Law* Public Administration Review, vol. 38, no. 5 (Sep.-Oct., 1978), 399-403.
3. Granovetter, Mark. "The Strength of Weak Ties: A Network Theory Revisited." *Sociological Theory* 1, 201-233, 1983.
4. Tichy, Noel. *The Cycle of Leadership: How Great Leaders Teach Their Companies to Win*. New York: HarperCollins, 2002.
5. Byrne, John. "The Fast Company Interview: Jeff Immelt." *Fast Company*, July 2005.
6. Granovetter, op. cit.
7. Jeffrey Immelt, General Electric. Address to University of Michigan, Stephen M. Ross School of Business, August 2004.
8. Byrne, op. cit.

인터뷰

- George, William, Medtronic. Interviewed by Warren Bennis and Noel Tichy, May 2003.
- Downing, Wayne, U.S. Army. Series of interviews by Noel Tichy, 2003-2005.
- Gallo, Kathy, North Shore-Long Island Jewish Health System. Interview by Noel Tichy, January 2006.
- Owens, James, Caterpillar. Interview by Noel Tichy, August 2006.
- Schoonover, Philip, Circuit City. Personal discussions with Noel Tichy, 2006.
- Lafley, A. G., Procter & Gamble. Interview by Noel Tichy, September 2005.
- Immelt, Jeffrey, General Electric. Interview by Noel Tichy, September 2003.
- Novak, David, Yum! Brands. Interview by Noel Tichy, August 2005.
- Ligocki, Kathy, Tower Automotive. Interview by Noel Tichy, August 2005.

KI 신서 1995
판단력

1판 1쇄 발행 2009년 7월 27일
1판 4쇄 발행 2012년 1월 5일

지은이 워렌 베니스 · 노엘 티시 **옮긴이** 김광수
펴낸이 김영곤 **펴낸곳** (주)북이십일 21세기북스 **부사장** 임병주 **PB사업부문장** 정성진
기획 · 편집 이승희 **디자인** 나무의자, 씨디자인 **전략영업** 이양종
마케팅영업본부장 최창규 **마케팅** 김현섭 김현유 강서영 **영업** 이경희 정병철
출판등록 2000년 5월 6일 제10-1965호
주소 (우413-756) 경기도 파주시 문발동 파주출판단지 518-3
대표전화 031-955-2100 **팩스** 031-955-2151 **이메일** book21@book21.co.kr
홈페이지 www.book21.com **21세기북스 트위터** @21cbook **블로그** blog.naver.com/book_21

ISBN 978-89-509-1954-2 13320
책값은 뒤표지에 있습니다.

이 책 내용의 일부 또는 전부를 재사용하려면 반드시 (주)북이십일의 동의를 얻어야 합니다.
잘못 만들어진 책은 구입하신 서점에서 교환해 드립니다.